NCS 직업기초능력평가

2023

기출유형

54개 채용대행사
출제패턴
완전 정복

6회

고시넷 공기업

NCS 피듈형
통합 오픈봉투모의고사

동영상 강의 WWW.GOSINET.CO.KR

gosinet
(주)고시넷

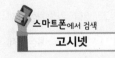

차례

✎ NCS 직업기초능력평가 정복

- 구성과 활용
- NCS '블라인드채용' 알아보기
- '모듈형', '피셋형', '피듈형', '응용모듈형'이 뭐야!?
- 피듈형 출제영역
- PSAT 알아보기
- NCS 10개 영역 소개
- 대행사 수주현황

NCS 피듈형 통합 오픈봉투모의고사

1회 기출예상문제 ·· 20
2회 기출예상문제 ·· 68
3회 기출예상문제 ·· 104
4회 기출예상문제 ·· 134
5회 기출예상문제 ·· 188
6회 기출예상문제 ·· 234

≫ 책 속의 책 정답과 해설

NCS 피듈형 통합 오픈봉투모의고사

1회 기출예상문제 ·· 2
2회 기출예상문제 ·· 15
3회 기출예상문제 ·· 23
4회 기출예상문제 ·· 32
5회 기출예상문제 ·· 44
6회 기출예상문제 ·· 55

1 '모듈형', '피셋형', '피듈형', '응용모듈형'이 뭐야!?

NCS 정통인 '모듈형'을 비롯한 '피셋형', '피듈형', '응용모듈형'의 특징을 설명하고 그에 따른 효율적인 학습방향을 제시하였습니다.

2 피듈형 모의고사 6회분

피듈형 문제들로 구성된 모의고사 6회분으로 효율적인 대비가 가능하도록 하였습니다.

모의고사 1~6회	의사소통, 수리, 문제해결, 자원관리, 조직이해, 정보, 기술, 자기개발, 대인관계, 직업윤리 ⇨ 각 회별 50 ~ 80문항

3 상세한 해설과 오답풀이가 수록된 정답과 해설

기출예상문제의 상세한 해설을 수록하였고 오답풀이 및 보충 사항을 수록하여 문제풀이 과정에서의 학습효과가 극대화될 수 있도록 구성하였습니다.

NCS(국가직무능력표준 ; National Competency Standards)란?

국가가 체계화한 산업현장에서의 직무를 수행하기 위해 요구되는 지식 · 기술 · 태도 등 능력 있는 인재 개발로 핵심인프라를 구축하고 나아가 국가경쟁력 향상을 위해서 필요함.

직무능력(직업기초능력+직무수행능력)이란?

⊕ 직업기초능력 : 직업인으로서 기본적으로 갖추어야 할 공통 능력

⊕ 직무수행능력 : 해당 직무를 수행하는 데 필요한 역량(지식, 기술, 태도)

NCS기반 블라인드채용이란?

⊕ 의의 : 채용과정에서 차별적인 평가요소(지연, 혈연, 학연, 외모)를 제거하고, 지원자의 실력(직무능력)을 중심으로 평가하는 인재채용

⊕ 특징 : 직무능력중심 평가(차별요소 제외), 직무수행에 필요한 직무능력이 평가기준

⊕ 평가요소

· 직무에 필요한 직무능력을 토대로 차별적 요소를 제외한 평가요소 도출 · 정의

· NCS에 제시된 직무별 능력단위 세부내용, 능력단위 요소의 K · S · A를 기반으로 평가요소 도출

· 기업의 인재상 · 채용직무에 대한 내부자료(직무기술서, 직무명세서로 응시자에게 사전 안내)

NCS기반 블라인드채용 과정은?

⊕ 모집공고 : 채용직무의 직무내용 및 직무능력 구체화 후 사전 공개

⊕ 서류전형 : 편견 · 차별적 인적사항 요구 금지, 지원서는 직무관련 교육 · 훈련, 자격 경험(경력) 중심 항목 구성

⊕ 필기전형 : 직무수행에 반드시 필요한 지식 · 기술 · 능력 · 인성 등, 필기평가 과목 공개(공정성 확보)

⊕ 면접전형 : 면접에 지원자 인적사항 제공 금지, 체계화된 면접으로 공정하게 평가 실시

'모듈형', '피셋형', '피듈형', '응용모듈형'이 뭐야!?

NCS 문제유형이란

정부는 능력중심 인재 개발과 스펙중심 탈피, 사교육 시장으로부터 해방, 편견과 차별에서 벗어난 인재 채용을 목적으로 NCS 블라인드채용을 도입하였다.

NCS기반 채용이 초반의 준비 부족으로 미흡이 없지 않았지만 해를 거듭하면서 안정을 찾아가고, 필기시험을 어찌 대비할지 몰라 했던 취업준비생들도 문제유형들이 드러나면서 무난하게 적응해 가고 있다.

취업준비생들은 누구나 NCS 채용시험 출제대행사에 대해 관심을 갖는다. 문제 유형과 내용이 출제대행사에 따라 다르기 때문이다. 그래서 '휴노형', '오알피형', '행과연형', '인크루트형', '한사능형', '사람인형' 등 대행사 이름을 붙인 유형명이 등장하고 NCS 교과서인 "워크북" 중심이냐 여부로 '모듈형', '피셋형', '피듈형', '응용모듈형'이란 유형명이 나타나기도 했다.

대행사별 유형 구분은 소수의 출제대행사가 대형시험들을 독과점하던 시기에는 큰 도움이 되었으나 대행사가 같아도 채용기업에 따라 유형이 다른 경우도 있고 대행사를 모르는 경우, 유형이 드러나지 않은 대행사들도 다수 등장하게 되면서 대행사별 유형뿐만 아니라 '모듈형', '피셋형', '피듈형', '응용모듈형'의 구분이 더 도움이 되고 있다.

'모듈형(Module形)' 이란

'모듈형'은 '피셋(PSAT)형'에 대립한다. 'NCS가 제공하는 직업기초능력평가의 학습모듈' 교과서인 "워크북"과 "NCS 필기평가 샘플문항"을 바탕으로 출제되는 유형을 '모듈형'이라 부른다. 정부가 제공한 학습자료와 샘플문항을 통해 직업기초능력을 기르고 이를 평가하는 문제유형이므로 NCS 취지에 가장 적합한 정통 유형이다.

직무능력 학습에 필요한 이론과 동영상 강의, 그리고 직무별, 영역별 예시문제들은 NCS 국가직무능력표준 홈페이지(www.ncs.go.kr)에서 제공하고 있다.

'피셋형(PSAT形)' 이란

NCS '피셋형'이란 5급 공무원(행정고시, 외무고시, 민간경력자 특채)과 7급 공무원(2021년 도입) 시험과목인 'PSAT (Public Service Aptitude Test)'에서 따온 말이다. PSAT는 정부 내 관리자로서 필요한 기본적 지식, 소양, 자질 등 공직자로서의 적격성을 종합적으로 평가한다.

PSAT는 1) 언어논리, 2) 자료해석, 3) 상황판단의 3가지 평가영역으로 구성되어 있는데 NCS의 의사소통능력, 수리능력, 문제해결능력 평가의 문제유형과 일부 유사하다. 그래서 NCS 문제집이 없었던 초기에는 PSAT 문제집으로 공부하는 이들이 많았다. PSAT 출제영역·내용과 난이도 차이를 감안하여 기출문제를 다루면 도움이 되지만 NCS는 문항당 주어지는 풀이시간이 1분 내외로 짧고, 채용기관이나 직급에 따라 난이도가 상이하며, 채용기관의 사규나 보도자료, 사업을 위주로 한 문제들이 나오기 때문에 이를 무시하면 고생을 많이 하게 된다. 뒤에 싣는 PSAT 안내를 참고해 주기 바란다.

'피듈형(Pdule形)', '응용모듈형' 이란?

'피듈형'은 NCS의 학습모듈을 잘못 이해한 데서 나온 말이다. 일부에서 NCS '워크북'의 이론을 묻는 문제 유형만 '모듈형'이라 하고 이론문제가 아니면 '피셋형'이라고 부르는 분위기가 있다. 「이론형」과 「비(非)이론형」이 섞여 나오면 '피듈형'이라 부르고 있으니 부적절한 조어이다. 실례를 들면, '한국수자원공사'는 시험에서 기초인지능력모듈과 응용업무능력모듈을 구분하고 산인공 학습모듈 샘플문항과 동일 혹은 유사한 문제를 출제해왔고, '국민건강보험공단'은 채용공고문의 필기시험(직업기초능력평가)을 "응용모듈 출제"라고 명시하여 공고하였는데도 수험커뮤니티에 "피셋형"으로 나왔다고 하는 응시자들이 적지 않다.

　　NCS 직업기초능력 학습모듈은 기본이론 및 제반모듈로 구성되고 이를 실제에 응용하는 응용모듈로 발전시켜 직무 상황과 연계되는 학습을 요구하는 것이다. NCS 필기평가 샘플문항도 직무별, 기업별 응용업무능력을 평가하는 문제 이므로 이론이 아닌 문제유형도 '모듈형'이라고 하는 것이 옳다.

　　이론문제가 아니면 모두 'PSAT형'이라고 한다면 어휘, 맞춤법, 한자, 어법 등의 유형, 기초연산, 수열, 거리 · 속도 · 시간, 약 · 배수, 함수, 방정식, 도형넓이 구하기 등 응용수리 유형, 명제, 논증, 논리오류, 참 · 거짓 유형, 엑셀, 컴퓨터 언어, 컴퓨터 범죄 등 PSAT시험에는 나오지도 않는 유형이 PSAT형이 되는 것이니 혼란스럽다.

　　모순이 있는 유형 구분에서 탈피하고 NCS 필기유형을 정확하게 파악하는 것이 시험 준비에 있어서 절대적으로 필요하다.

어떻게 준비할 것인가!!

행간을 채워라

　　위에서 말한 바처럼 '모듈형'과 '피셋형', '피듈형', '응용모듈형'으로 NCS 유형을 나누면 출제(학습)범위에서 놓치는 부분이 다수 나온다. 'PSAT형'은 '의사소통능력, 수리능력, 문제해결능력' 중심의 시험에서 의사소통능력은 어휘, 한자, 맞춤법 등과 NCS이론을 제외한 독해문제가 유사하고, 수리능력의 응용수리 문제를 제외한 자료해석이 유사하고, 문제해결은 'PSAT' 상황판단영역 중 문제해결 유형이 비슷하다.

　　대개 의사소통능력, 수리능력, 문제해결능력이 주요영역인 시험에서는 모듈이론이 나오는 경우는 없다. 자원관리, 조직이해, 정보, 기술, 자기개발, 대인관계, 직업윤리 영역을 내는 시험에서는 모듈이론, 사례 등과 응용모듈 문제가 나올 수밖에 없다. PSAT에는 없는 유형이고 NCS에만 있는 특유한 영역이다.

　　'모듈형'도 한국산업인력공단 학습모듈 워크북과 필기평가 예시유형에서만 나오지 않는다. 워크북 이론에 바탕을 두면서도 경영학, 행정학, 교육학, 심리학 등의 전공 관련 이론들이 나오고 있는 추세이다(교과서밖 출제). 또 4차 산업혁명의 이해 및 핵심기술, 컴퓨터 프로그래밍(코딩) 등도 자주 나온다. 그뿐 아니라, 어휘관계, 한글 맞춤법, 외래어 표기법, 유의어, 다의어, 동음이의어 등 어휘, 방정식, 집합, 수열, 함수, 거 · 속 · 시, 도형넓이 구하기 등 응용수리, 명제, 논증, 참 · 거짓, 추론, 논리오류 찾기 등은 워크북에서 다루지 않은 유형들이 나온다.

교과서 밖에서 나오는 문제에 대비하라

　　최근 공기업 채용대행 용역을 가장 많이 수주하는 업체가 '사람인HR'과 '인크루트'로 나타나고 있다. 이 업체들을 비롯해서 다수 대행사들이 한국산업인력공단의 NCS모듈형 학습자료(교과서)에 없는 이론과 자료를 항상 출제하고 있다. 즉, 명실상부한 응용모듈형의 문제를 출제하고 있는 것이다.

　　고시넷 초록이 모듈형 교재에는 NCS직업기초능력평가 시험 도입 이래 실제 시험에 출제된 교과서 밖 이론과 자료, 문제를 함께 정리하여 수록하고 있다. 단순히 한국산업인력공단의 워크북을 요약한 다른 교재에서는 볼 수 없는 이론과 문제유형을 통해 교과서 밖 학습사항과 방향을 제시하고 있다.

NCS워크북, 지침서, 교수자용 개정 전, 후 모두 학습하라

　　최근 한국산업인력공단 NCS 학습자료(워크북, 지침서, 교수자용, 학습자용 등)가 개정되었다. 허나 개정 후 시행된 필기시험에는 개정 전 모듈이론과 학습자료, 예제문제가 여전히 출제되고 있다.

　　이에 대비하여 개정 전 · 후를 비교하여 정리하여야 빠뜨리지 않는 완벽한 NCS 학습이 된다.

　　고시넷 초록이 모듈형1 통합기본서는 개정 전 · 후 자료를 모두 싣고 있으며 개정 전 자료는 '구 워크북'으로 표기를 하여 참고하면서 학습할 수 있도록 하였고, 고시넷 초록이 모듈형2 통합문제집에는 'NCS 학습모듈' 10개 영역 학습내용에서 출제하는 문제유형만을 연습할 수 있도록 구성하였다.

피듈형 출제영역 한눈에 보기

영역	출제경향
의사소통능력	대부분의 공기업에서 채택하는 중요한 영역이다. 20 ~ 25%의 비중을 차지하며, 문서를 읽고 답을 찾는 형태로 출제된다. 일반적인 비문학 독해 문제와 올바른 맞춤법 찾기, 공문서 작성하기 등 다양한 유형이 출제된다. 또한 설명서나 보고서, 기안서, 보도자료 등을 보고 상황에 적용하는 문제도 비중 있게 출제된다. 이는 실제 업무를 수행할 때 필요한 능력을 평가하기 위함이므로 꾸준한 훈련이 필요하다.
수리능력	직업기초능력평가의 핵심 영역으로 큰 비중을 차지한다. 직무상 필요한 사칙연산부터 통계자료, 그래프 이해 및 활용 능력, 도표 작성 능력을 평가하고 있다. 기초인지능력 평가에서는 수열, 요금 · 원가/손익 · 비율 · 속력과 거리 계산, 확률 등의 문항이 출제되며, 응용업무능력 평가에서는 표, 그래프 등을 분석하는 자료해석 문제가 문장형 · 사례형으로 출제된다.
문제해결능력	직업기초능력평가에서 중요한 3대 영역 중 하나로, 20% 이상의 비중을 차지하며, 의사소통, 수리, 자원관리 등 영역이 혼합된 다양한 문제가 출제된다. 기초인지능력 평가에서는 진위 판단, 명제 추론, 창의적 · 논리적 · 비판적 사고를 적용하는 기초적인 문제가 출제된다. 응용업무능력 평가에서는 실무 상황에서 발생하는 문제의 원인 파악과 해결 과정 이해, 해결 방안 적용이 상황별로 출제되며, 적절한 결과를 도출하거나 접근 방법의 오류 등을 묻는 문제도 출제된다.
자원관리능력	의사소통능력, 수리능력, 문제해결능력 다음으로 비중이 크다. 채택되는 경우 20% 전후의 출제 비중을 차지하며 난도가 높은 편이다. 직장 생활에서 실무적 시간개념과 물적 · 인적자원의 합리적 · 경제적 활용에 대한 계획과 집행에 대한 개념, 그리고 예산의 계획과 집행 및 관리에 관한 개념의 이해와 관리 능력을 확인한다. 수리능력이나 문제해결능력의 복합 문항이 출제되기도 한다.
조직이해능력	채택하는 기업이 점차 늘어나고 있으며 출제 비중은 5 ~ 10% 정도이다. 그러나 채택 여부와 무관하게 다른 능력과 함께 복합적으로 출제되기도 한다. 조직의 역할과 목적, 전략 등을 묻거나 실무와 관련된 상황이 제시되고 이를 정확히 이해했는지에 대해 묻는 유형이 출제된다.
정보능력	각 기업과 직군에서 점차 채택이 늘어나고 있는 영역이다. 출제 비중은 기업, 직군마다 차이가 있지만 5~10%를 차지한다. 컴퓨터 사용법과 엑셀 프로그램 사용법 등에서 주로 출제되고 있어서 수험생들은 어렵지 않게 생각하는 경향이 있다. 그러나 기업에 따라 문항 수와 출제 비중의 차이가 있고, 정보 분석과 정보 처리 문제도 난도가 높은 편이다.
기술능력	기술 직군에서 주로 채택되는 영역이다. 출제되는 기업이 많지 않고 다른 영역과 달리 출제 유형이 잘 드러나 있지 않다. 채택되는 경우 10 ~ 15%의 비중을 차지한다. NCS 모듈 예시 문항을 바탕으로 명령어 문제, 제품 설명서에 관한 문제 등이 출제된다. 관련 직군에서는 중요도가 높으므로 기술능력이 출제되는 기업의 경우에는 반드시 공부해야 한다.
자기개발능력	채택하는 기업이 많지 않고, 채택되어도 비중이 낮은 영역 중 하나이다. 시험에 출제되는 경우 대부분 자기개발의 필요성과 의미를 묻는 문제가 출제되거나, 자기개발의 하위항목과 관련한 상황을 설정하고 적절한 사례를 고르는 문제가 출제된다.
대인관계능력	고객이나 민원인을 직접 접촉하는 직무에서 주로 채택되지만, 출제비중이 높지 않으며 상식으로 풀 수 있는 문제가 많다. 대부분이 실제 있을 법한 상황 속에서 가장 적절한 판단이나 행동을 묻는 문제이므로 가장 합리적인 선택지를 골라야 한다.
직업윤리	채택하는 기업과 직군이 적고, 채택되더라도 5% 내외의 출제 비중을 갖는다. 기본적인 윤리의식에 관한 문제와 직업인으로서 지켜야 할 예절에 관한 문제로 구분되나 직업기초능력평가보다는 인성검사에서 다루어지는 경향이 있으므로 상식적인 선에서 답을 찾으면 된다.

PSAT 알아보기

PSAT를 NCS 직업기초능력평가 준비에 활용하기 위해 필요한 정확한 이해를 돕기 위한 안내입니다. PSAT 의 평가영역은 언어논리, 자료해석, 상황판단의 3개 영역으로 구성되어 있습니다. NCS와 유사한 부분을 정확히 알고 공부하는 것이 효율적이겠습니다.

– 정부 발간 "공직적격성테스트(PSAT) 예제집"을 인용하여 재정리하였습니다.

PSAT(Public Service Aptitude Test)란

정부 내 관리자로서 필요한 기본적 지식, 소양, 자질 등 공직자로서의 적격성을 종합적으로 평가하는 제도이다.

[1] 언어논리영역

언어논리 영역에서는 일반적인 학습능력의 하나인 언어능력을 측정한다. 언어논리능력은 모든 직무 영역에 공통적으로 요구되는 능력으로 대인관계, 보고서 작성 등의 직무수행에 필수적인 능력이다. 언어논리 영역은 대부분의 적성검사와 학업 수행능력을 평가하는 시험에서 사용되고 있는 영역으로 의사소통능력(타 영역 사업에 대한 이해와 자기의 사업에 대한 설명력)과 자신이 알고 있는 지식을 종합 · 통합할 수 있는 능력을 요구한다. 특히 PSAT의 언어논리 영역에서는 어휘력이나 문법적 지식과 같은 문장 수준의 처리능력보다는 텍스트의 처리와 관련된 능력을 측정하고자 한다.

[출제 영역]

- 인문과학 : 고전문학, 인류학, 현대문학 등
- 사회과학 : 경제, 국제, 통일, 사회, 정치 등
- 자연과학 : 공학, 과학, 환경 등
- 문화 : 예술, 스포츠 등
- 기타 : 교육, 국사, 서양사 등

[문제유형]

- 이해 : 추론이나 요약, 또는 새로운 글의 생성 등이 요구되지 않고, 단순히 주어진 지문에 대한 이해만으로 해결할 수 있는 문제이다. 세부유형은 글의 이해, 관련 단락, 비관련 단락 등이 있다.
- 추론 : 주어진 지문을 충분히 이해하고, 이를 바탕으로 논리적 추론을 해야만 해결할 수 있는 문제이다. 세부유형은 반론, 비판, 전제 추론, 추론되는 내용 등이 있다.
- 주제 찾기 : 주어진 지문을 충분히 이해하고 지문이 어떤 주장이나 논지를 전하고자 하는지를 파악할 수 있어야만 해결할 수 있는 문제이다. 세부유형은 제목 찾기, 주제 찾기 등이 있다.
- 문장 구성 : 주어진 지문에 대한 단순한 이해를 넘어서, 언어를 산출하는 능력, 즉 텍스트를 구성하는 능력을 묻는 문제이다. 세부유형은 다음 주제, 문단 구조 파악, 문단 배열, 앞 문단 누락, 중간단락 누락, 후속 등이 있다.

[2] 자료해석영역

자료해석 영역은 숫자로 된 자료를 정리할 수 있는 기초 통계 능력, 수 처리 능력, 응용 계산 능력, 수학적 추리력 등을 측정하는 영역이며 측정하는 능력들은 특히 수치 자료의 정리 및 분석 등의 업무수행에 필수적인 능력이다. 자료해석력은 논리, 수학적 능력과 관련되는 영역으로서 언어 능력과 더불어 일반적성의 주요 영역으로 대부분의 학업적성검사와 직무적성검사에 포함되고 있다. 특히 PSAT의 자료해석 영역은 통계 등 수치정보에서 추출하는 자료 및 정보분석 능력, 그리고 수많이 제시되는 자료 중 필요한 자료를 추출하는 능력 등을 측정한다.

[출제 영역]

■ 일반 행정 ■ 법률/사건 ■ 재무/경제 ■ 국제통상 ■ 정치/외교 ■ 보건/사회복지 ■ 노동/문화 ■ 기술/과학
■ 환경/농림수산 ■ 기타

[문제유형]

■ 자료 읽기 : 계산과 추론 등이 요구되지 않은 단순한 자료 읽기 문제이다. 문제에 대한 이해를 토대로 계산이 필요 없이 자료로부터 정답을 도출한다.

■ 단순 계산 : 문제의 요구에 따라 주어진 자료를 단순한 계산을 통해 정답을 도출하는 문제이다. 문제에서 요구하는 계산을 통해 정답을 도출한다.

■ 응용 계산 : 문제의 요구에 따라 주어진 자료를 응용 계산함으로써 정답을 도출하는 문제이다. 문제에 대한 이해를 토대로 필요한 계산공식과 과정을 도출하여 정답을 계산한다.

■ 자료 이해 : 문제의 요구에 따라 주어진 자료를 단순 또는 응용계산하고, 그 결과를 해석함으로써 정답을 도출하는 문제이다. 문제에서 요구하는 계산이나 또는 필요한 계산 공식과 과정을 스스로 도출하여 계산결과를 해석해야만 정답이 도출된다.

■ 자료 추리 : 문제의 요구에 따라 주어진 자료를 단순 또는 응용계산하고, 그 결과를 토대로 새로운 사실이나 미래의 상황을 추론함으로써 정답을 도출하는 문제이다. 문제에서 요구하는 계산공식/과정을 스스로 도출하여 도출된 결과를 토대로 관련 사실이나 미래에 대한 추론을 통해 정답을 도출한다.

[3] 상황판단영역

상황판단력은 제시된 자료에서 원리를 추리하고 자료와 정보를 올바르게 확장, 해석하는 능력과 논리적 추론을 하는 능력으로 기획, 분석, 평가 등의 업무수행에 필수적인 능력이다. 이 영역은 연역추리력, 문제해결, 판단 및 의사결정 능력을 측정한다. 문제해결의 경우 먼저 가능한 모든 방안을 머리 속에서 나열하고 각각의 방안에 대하여 문제해결에 도움이 되는지를 평가하고 최종적으로 문제해결책을 찾아내는 과정으로 구성되어 있다. 연역추리력과 판단 및 의사결정 과정도 여러 단계의 인지조작을 거쳐야만 문제를 해결할 수 있다. 모든 업무가 문제해결이나 판단·의사결정 등으로 구성되어 있으므로 이는 실제 과제를 수행하는 데 기본적인 능력이 있는지를 측정하는 영역이다. 자료해석력이 주로 귀납적 추리력을 측정하는 데 반해 이 영역은 연역추리와 종합추리 능력을 측정한다.

[출제 영역]

■ 문제 출제를 위한 특정 영역이 존재하지는 않으나, 가능한 현실적인 상황을 가지고 문항을 구성한다.

[문제유형]

■ 연역추리 : 주어진 사실(전제)들에서 논리적으로 정당한 결론을 도출해 낼 수 있는 능력을 측정하는 문제이다. 세부유형으로 결론유도, 논리구조, 논리적 인과, 논리적 타당성, 논증, 해석 등이 있다.

■ 문제해결 : 문제에 대한 적절한 표상을 형성하고, 목표달성에 도달하게 하는 적절한 조작자를 찾아내는 능력을 측정하는 문제이다. 세부유형으로 기획력, 여러 가능성 중 합리적 가능성을 묻는 문제, 문제에 대한 올바른 표상을 묻는 문제, 가능한 많은 문제해결 방식의 생성을 묻는 문제 등이 있다.

■ 판단 및 의사결정 : 주어진 정보와, 이 정보에서 유도된 정보들을 정확하게 판단하고, 그 판단에 근거하여 가장 합리적인 의사결정을 하는 능력을 측정하는 문제이다. 세부유형으로 판단과정에서 논리적 구조의 이해, 게임 이론, 판단 오류, 합리적 선택과정 등이 있다.

주요 5개 영역

인지적 능력

의사소통능력	상대방과 의견을 교환할 때 의미를 정확하게 전달하는 능력
수리능력	복잡한 연산 및 도표 분석으로 정보를 이해하고 처리하는 능력
문제해결능력	논리적·창의적인 사고로 문제를 바르게 인식하고 해결하는 능력
자원관리능력	주어진 자원을 효율적으로 활용하고 관리하는 능력
조직이해능력	조직의 체제와 경영, 국제 감각을 이해하는 능력

주요 영역 출제 키워드

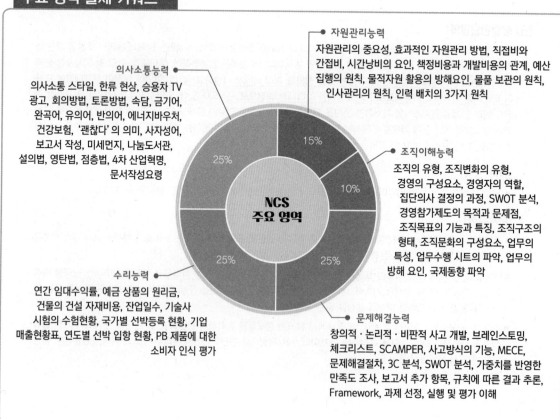

의사소통능력

의사소통 스타일, 한류 현상, 승용차 TV 광고, 회의방법, 토론방법, 속담, 금기어, 완곡어, 유의어, 반의어, 에너지바우처, 건강보험, '괜찮다'의 의미, 사자성어, 보고서 작성, 미세먼지, 나눔도서관, 설의법, 영탄법, 점층법, 4차 산업혁명, 문서작성요령

자원관리능력

자원관리의 중요성, 효과적인 자원관리 방법, 직접비와 간접비, 시간낭비의 요인, 책정비용과 개발비용의 관계, 예산 집행의 원칙, 물적자원 활용의 방해요인, 물품 보관의 원칙, 인사관리의 원칙, 인력 배치의 3가지 원칙

조직이해능력

조직의 유형, 조직변화의 유형, 경영의 구성요소, 경영자의 역할, 집단의사 결정의 과정, SWOT 분석, 경영참가제도의 목적과 문제점, 조직목표의 기능과 특징, 조직구조의 형태, 조직문화의 구성요소, 업무의 특성, 업무수행 시트의 파악, 업무의 방해 요인, 국제동향 파악

수리능력

연간 임대수익률, 예금 상품의 원리금, 건물의 건설 자재비용, 잔업일수, 기술사 시험의 수험현황, 국가별 선박등록 현황, 기업 매출현황표, 연도별 선박 입항 현황, PB 제품에 대한 소비자 인식 평가

문제해결능력

창의적·논리적·비판적 사고 개발, 브레인스토밍, 체크리스트, SCAMPER, 사고방식의 기능, MECE, 문제해결절차, 3C 분석, SWOT 분석, 가중치를 반영한 만족도 조사, 보고서 추가 항목, 규칙에 따른 결과 추론, Framework, 과제 선정, 실행 및 평가 이해

NCS 주요 영역: 25%, 15%, 10%, 25%, 25%

하위 5개 영역

인지적 능력

정보능력	컴퓨터를 활용하여 필요한 정보를 수집 · 분석 · 활용하는 능력
기술능력	직장 생활에 필요한 기술을 이해하고 선택하며 적용하는 능력

인성적 능력

대인관계능력	좋은 인간관계를 유지하고 갈등을 원만하게 해결하는 능력
자기개발능력	자신의 능력과 적성을 이해하여 목표를 수립하고 관리를 통해 성취해 나가는 능력
직업윤리	직업을 가진 사람이라면 반드시 지켜야 할 윤리 규범

하위 영역 출제 키워드

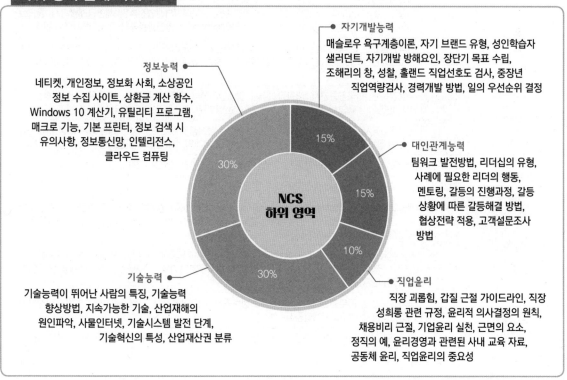

정보능력
네티켓, 개인정보, 정보화 사회, 소상공인
정보 수집 사이트, 상환금 계산 함수,
Windows 10 계산기, 유틸리티 프로그램,
매크로 기능, 기본 프린터, 정보 검색 시
유의사항, 정보통신망, 인텔리전스,
클라우드 컴퓨팅

자기개발능력
매슬로우 욕구계층이론, 자기 브랜드 유형, 성인학습자
샐러던트, 자기개발 방해요인, 장단기 목표 수립,
조해리의 창, 성찰, 홀랜드 직업선호도 검사, 중장년
직업역량검사, 경력개발 방법, 일의 우선순위 결정

대인관계능력
팀워크 발전방법, 리더십의 유형,
사례에 필요한 리더의 행동,
멘토링, 갈등의 진행과정, 갈등
상황에 따른 갈등해결 방법,
협상전략 적용, 고객설문조사
방법

직업윤리
직장 괴롭힘, 갑질 근절 가이드라인, 직장
성희롱 관련 규정, 윤리적 의사결정의 원칙,
채용비리 근절, 기업윤리 실천, 근면의 요소,
정직의 예, 윤리경영과 관련된 사내 교육 자료,
공동체 윤리, 직업윤리의 중요성

기술능력
기술능력이 뛰어난 사람의 특징, 기술능력
향상방법, 지속가능한 기술, 산업재해의
원인파악, 사물인터넷, 기술시스템 발전 단계,
기술혁신의 특성, 산업재산권 분류

NCS
하위 영역

30%

15%

15%

10%

30%

출제대행사별 수주 채용기업

출제대행사		채용기업
(주)사람인	2023년	국민연금공단, 한국가스공사, 한국전력거래소, 한국중부발전('22~'24), 한국환경공단, 서울주택도시공사, 주택도시보증공사, 한국주택금융공사, 한국예탁결제원, 한전원자력연료, 한국가스기술공사, 한전KPS, 도로교통공단, 코스콤, 한국방송광고진흥공사, 한국산업단지공단, 경기도 공공기관 통합채용, 부산광역시 공공기관 통합채용, 대전광역시 공공기관 통합채용, 전라남도 공공기관 통합채용, 경상북도 공공기관 통합채용, 평택도시공사, 인천신용보증재단, 전라북도콘텐츠융합진흥원, 평창군시설관리공단, 대구공공시설관리공단, 과천도시공사
	2022년	한국중부발전('22~'24), 한국가스공사, 한국가스기술공사, 한국남부발전, 전력거래소, 한전KPS, 국민연금공단, 한국자산관리공사, 한국주택금융공사, 예금보험공사, 경기도 공공기관 통합채용, 부산광역시 공공기관 통합채용, 전라남도 공공기관 통합채용, 경상북도 공공기관 통합채용, 한국산업단지공단, 대구환경공단, 인천도시공사
인크루트(주)	2023년	한국철도공사, 국민건강보험공단, 근로복지공단, 한국관광공사, 기술보증기금, 항만공사(인천·부산·울산·여수광양 / '23~'25), 한국과학기술기획평가원, 대한적십자사, 한국국학진흥원, 한국보훈복지의료공단보훈교육연구원, 과천도시공사, 용인도시공사, 세종특별자치시시설관리공단, 대전광역시사회서비스원, 서울특별시금천구시설관리공단, 포천도시공사, 남양주도시공사, 화성시여성가족청소년재단, 정선아리랑문화재단
	2022년	서울교통공사, 국가철도공단, 세종도시교통공사, 국민건강보험공단, 건강보험심사평가원, 근로복지공단, 한국동서발전, 한국전력기술, 한국장애인고용공단, 대한적십자사, 광주광역시 공공기관 통합채용, 국토안전관리원, 과천도시공사, 시흥도시공사, 환경보전협회, 한국양성평등교육진흥원, 한국연구재단, 경주시시설관리공단, 양산시시설관리공단
(주)트리피	2023년	한국가스안전공사, 한국전기안전공사, 한국승강기안전공단, 한국해양과학기술원, 한국산업안전보건공단, 한국해양교통안전공단, 한국디자인진흥원, 한국데이터산업진흥원, 새만금개발공사, 한국보건의료인국가시험원, 한국기상산업기술원, 국립해양박물관, 인천관광공사, 한국인터넷진흥원
	2022년	한국남동발전, 한국가스안전공사, 한국해양진흥공사, 한국해양과학기술원, 한국해양교통안전공단, 한국산업안전보건공단, 중소벤처기업진흥공단, 중소기업유통센터, 한국임업진흥원, 인천관광공사, 한국지방재정공제회
(주)엑스퍼트컨설팅	2023년	금융감독원, 한국공항공사, 대한적십자사 혈액관리본부, 한국재정정보원, 한국환경산업기술원, 용인시 공공기관 통합채용, 서울교통공사 9호선운영부문(2차), 한국원자력환경공단
	2022년	한국공항공사, 한국전기안전공사, 서울특별시농수산식품공사, 한국재정정보원, 경기도 성남시 공공기관 통합채용, 경기도 고양시 공공기관 통합채용, 코레일테크, 김포도시관리공사
(주)매일경제신문사	2023년	한국토지주택공사, 한국도로공사, 한국남동발전, 한국서부발전('22~'24)
	2022년	한국도로공사, 한국서부발전('22~'24), 한국지역난방공사
(주)휴스테이션	2023년	서울교통공사, 건강보험심사평가원, 서울시설공단, 서울신용보증재단, 한국교통안전공단, 한국석유공사, 한국항공우주연구원, 한국장애인개발원, 중소기업유통센터, 북한이탈주민지원재단, 대한무역투자진흥공사, 한국에너지공단
	2022년	서울신용보증재단, 서울시설공단, 한국항공우주연구원, 한국생산기술연구원, 한국에너지공단, 국립생태원, 국가평생교육진흥원, 서울디자인재단, 서울특별시 여성가족재단, 학교법인한국폴리텍, 북한이탈주민지원재단
(주)한국사회능력개발원	2023년	국가철도공단, 공무원연금공단, 한국국토정보공사, 대구교통공사, 국립공원공단, 경기도 의정부시 시설관리공단, 대구도시개발공사
	2022년	한국국토정보공사, 서울교통공사 9호선운영부문, 대구도시철도공사, 국립공원공단, 대구도시공사, 공무원연금공단

출제대행사별 수주 채용기업

출제대행사		채용기업
인트로맨(주)	2023년	서울교통공사 9호선운영부문, 한국문화재단, 대한적십자사, 서울특별시 여성가족재단, 한국수자원조사기술원, 한국식품산업클러스터진흥원, 대전광역시사회서비스원, 농림수산식품교육문화정보원, 세종특별자치시사회서비스원
	2022년	한국조폐공사, 남양주도시공사, 안산도시공사, 소상공인시장진흥공단, 한국교통안전공단, 한국수자원조사기술원, 대한적십자사, 대한장애인체육회, (재)서울산업진흥원, 한국문화재단, (재)경기문화재단, 가축위생방역지본부, (재)장애인기업종합지원센터, 국립농업박물관, 한국물기술인증원
(주)스카우트	2023년	인천국제공항공사, 중소벤처기업진흥공단, 한국과학기술원, 한국장학재단, 인천공항시설관리, 한국수산자원공단, 한국부동산원, 한국보훈복지의료공단
	2022년	한국환경공단, 도로교통공단, 서울주택도시공사, 인천교통공사, 한국원자력연료, 한국부동산원, 한국수산자원공단, 건설근로자공제회, 중소기업기술정보진흥원
(주)휴노	2023년	한국수자원공사, 한국수력원자력, 한국조폐공사, 코레일테크
	2022년	한국철도공사, 한국전력공사, 한국수자원공사
(사)한국행동과학연구소	2023년	농협중앙회, 농협은행
	2022년	한국수력원자력, 인천국제공항공사, 농협중앙회, 농협은행
(주)ORP연구소	2022년	한국승강기안전공단, 한국고용정보원, 항공안전기술원, 코레일유통, 국방기술품질원, 국방기술진흥연구소
	2021년	한국남동발전, 한국수목원관리원, 한국원자력환경공단, 금융감독원, 강원대학교병원, 국방기술품질원, 안양도시공사, 아동권리보장원, 한국국방연구원, 한국잡월드
(주)태드솔루션(TAD Solutions Co., Ltd.)	2023년	한전엠씨에스주식회사, 충남테크노파크, 국립낙동강생물자원관, 한국보건산업진흥원, 성남시 공공기관 통합채용, 화성시 공공기관 통합채용, 방송통신심의위원회, 한국교육시설안전원, 한국지방재정공제회, 국립호남권생물자원관, 정보통신산업진흥원
	2022년	한전KDN, 대한무역투자진흥공사, 한국산업기술시험원, 중소기업유통센터
(주)나인스텝컨설팅	2023년	인천교통공사(업무직), 한국해양조사협회, 한국임업진흥원
	2022년	서울에너지공사, 한국에너지기술평가원, 코레일네트웍스, 인천교통공사(업무직), 군포도시공사, 한국해양조사협회
(주)비에스씨	2022년	한국과학창의재단, 이천시시설관리공단
	2021년	한국환경공단(체험형), 이천시시설관리공단, 한국체육산업개발
(유)잡코리아	2023년	킨텍스, 경상남도 관광재단, (재)춘천시주민자치지원센터
	2022년	경상남도 관광재단, 코레일유통, 인천인재평생교육진흥원, 한국사회복지협의회
(주)잡플러스	2023년	축산물품질평가원, 한국연구재단
	2022년	한국식품안전관리인증원, 전주시시설관리공단
(주)커리어넷	2023년	국립부산과학관, (재)한국보건의료정보원
	2022년	세종도시교통공사, 가축위생방역지원본부, (재)경상남도 여성가족재단

출제대행사별 수주 채용기업

출제대행사		채용기업
(주)한국취업역량센터	2023년	아산시시설관리공단, 사천시시설관리공단
	2022년	전북개발공사, 원주문화재단, 경상남도 여성가족재단, 천안시시설관리공단, 사천시시설관리공단, 강화군시설관리공단
(사)한국능률협회	2023년	한국소비자원, 한국법무보호복지공단, 한국산림복지진흥원
	2022년	한국에너지공과대학교, 한국수목원정원관리원, 보령시시설관리공단, 경상남도 사천시 공공기관 통합채용
(주)한국인재개발진흥원	2023년	세종시문화재단, 오산시시설관리공단, 한국국제보건의료재단, 평창유산재단, 화성시사회복지재단
	2022년	김포도시관리공사, 인천광역시중구시설관리공단, 인천광역시 연수구시설안전관리공단, 광주광역시 서구시설관리공단, 오산시시설관리공단, 서울특별시 여성가족재단, 세종시문화재단, (재)화성시환경재단, (재)평창평화센터, (재)창원문화재단, 과학기술일자리진흥원
(주)엔잡얼라이언스	2022년	국립해양박물관
	2021년	우체국시설관리단
(주)한경디스코	2022년	(재)우체국시설관리단, 화성산업진흥원, 서울특별시미디어재단티비에스
	2021년	한국산업은행, 충주시시설관리공단
(주)굿파트너스코리아	2023년	한국항만연수원 부산연수원
	2022년	합천군시설관리공단
(주)더좋은생각	2023년	코레일네트웍스, 광주도시관리공사, 우체국물류지원단, 연구개발특구진흥재단
	2022년	대한체육회, 한국장애인개발원, 파주도시관광공사, 한국로봇산업진흥원, 중소기업기술정보진흥원, 인천공항시설관리
(주)스카우트에이치알	2022년	한국장애인고용공단(필기전형), 국립항공박물관
	2021년	농림식품기술기획평가원
(주)시너지인사이트	2022년	구미시설공단
	2021년	한국소비자원, 창원시설공단, 한국산림복지진흥원
(주)엔에이치알 커뮤니케이션즈	2023년	제주특별자치도 공공기관 통합채용, 서울물재생시설단, 서울시복지재단
	2022년	제주특별자치도 공공기관 통합채용, (재)서울시복지재단, 국가과학기술연구회, 창원레포츠파크, 정보통신산업진흥원, 한국소방산업기술원
(주)인사바른	2023년	한국마사회, 한국어촌어항공단, 한국해양수산연수원, 건설근로자공제회, 예술의전당, 국방기술진흥연구소, 한국산업기술시험원, 충북개발공사
	2022년	한국농어촌공사, 한국보건산업진흥원, 농림식품기술기획평가원

출제대행사별 수주 채용기업

출제대행사		채용기업
(주)잡앤피플연구소	2023년	한국에너지공과대학교, 한국석유관리원, 부여군시설관리공단, 춘천문화재단, 충주시시설관리공단, 인천시 부평구 시설관리공단, 여수시도시관리공단, 한국보육진흥원, 대구문화예술진흥원, 김천시시설관리공단, 세종시시설관리공단, (재)원주문화재단, 안양도시공사
	2022년	한국에너지공과대학교(2023), 부여군시설관리공단(2023), 국토안전관리원, 한국저작권보호원, 대전도시공사, 세종특별자치시시설관리공단, 아산시시설관리공단, 충주시시설관리공단, 울산시설공단, 전주시시설관리공단, 대구경북과학기술원, (재)원주문화재단, 한국석유관리원
(주)잡에이전트	2022년	서울특별시공공보건의료재단, 전라북도 공공기관 통합채용, (재)강릉과학산업진흥원, (재)김포시청소년재단
	2021년	전라북도 공공기관 통합채용, 대전도시공사, 서울특별시공공보건의료재단
(주)휴먼메트릭스	2022년	중소기업은행, 한국장애인고용공단(필기전형)
	2021년	한국데이터산업진흥원, 인천도시공사(공무직), 국립낙동강생물자원관
(주)한국고용연구원	2022년	우체국물류지원단
	2021년	한국로봇산업진흥원, 예술의전당, (재)장애인기업종합지원센터, 한국기술교육대학교
갓피플(주)	2023년	전라북도 공공기관 통합채용, 경상남도 김해시 공공기관 통합채용
	2022년	창원시설공단
(주)미래융합연구원	2022년	(재)서울문화재단
	2021년	한국승강기안전공단, 서울에너지공사
(주)시너지컨설팅	2022년	코레일테크, 방송통신심의위원회, 국방과학연구소, 평창군시설관리공단
	2021년	코레일테크
(주)커리어케어	2021년	국가철도공단, 에스알(SR), 코레일유통, 한전KDN, 한국지역난방공사, 한국환경공단, 국립공원공단, 한국수산자원공단, 한전원자력연료, 한국에너지공단, 한국양성평등교육진흥원 등
	2020년	국립공원공단, 서울시설공단, 인천관광공사, 인천시설공단, 한국철도시설공단, 한전KPS, 한전원자력연료, 한전KDN, 한국보건산업진흥원, 중소기업기술정보진흥원, 주택도시보증공사, 한국에너지공단, 방송통신심의위원회 등

취업준비생의 관심이 높은 채용기업을 중심으로 나라장터와 시험 후기를 취합하여 정리한 자료입니다. 개찰 결과가 공개되지 않는 경우 등 정보의 접근과 검증의 한계로 일부 부정확한 내용이 있을 수 있습니다. 이외의 출제대행사가 많다는 점도 참고하시기 바랍니다.

실시간으로 업데이트되는
공기업 필기시험 출제대행사 확인하기

고시넷 NCS 피듈형

유 형별 출제비중

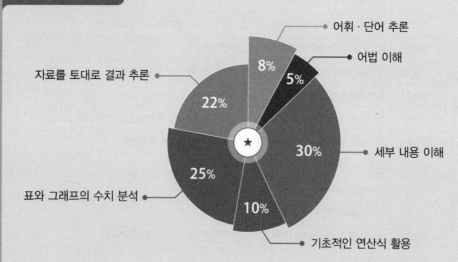

어휘 · 단어 추론

어법 이해

자료를 토대로 결과 추론

8%

5%

22%

30% 세부 내용 이해

25%

표와 그래프의 수치 분석

10%

기초적인 연산식 활용

출 제분석

피듈형 의사소통능력에서는 어법이나 단어의 의미 등 기본적인 지식을 이해하고 있는 경우 더 풀기 수월한 문제가 출제되었다. 또한, 글의 중심 내용을 파악하고 세부 내용을 이해하는 문제도 출제되었다. 수리능력에서는 응용수리와 자료해석 문제가 출제되어, 제시된 조건에 따라 문제가 요구하는 값을 산출하는 문제와 여러 자료를 분석하는 문제가 출제되었다. 문제해결 능력에서는 제시된 설명문을 이해하고 그 내용을 응용해 문제를 처리하는 유형이 주로 출제되었다. 의사소통능력과 마찬가지로 긴 길이의 지문이 제시되므로 이를 빠른 시간 내에 읽고 이해하는 능력이 요구된다.

1회 고시넷 NCS 피듈형

통합 오픈봉투 모의고사

영역	문항 수	시험시간	비고
의사소통능력 수리능력 문제해결능력	50문항	60분	코레일(한국철도공사), LH한국토지주택공사, 한국동서발전 등의 필기시험 유형을 기반으로 재구성하였습니다.

01. 다음 글의 주제로 가장 적절한 것은?

> 많은 사람에게 IT는 더 이상 정보기술(Information Technology)이나 산업기술(Industrial Technology)이 아니라 지능기술(Intelligent Technology)을 의미하게 되었다. 알파고가 이세돌을 이기자 영화에서 보던 인공지능의 무한한 가능성이 현실화되고 있음을 실감했다. 이는 인공지능이 우리의 삶을 편리하게 바꿀 수 있다는 기대와 노동의 종말에 대한 우려를 동시에 안겨 준다. 인공지능이 일자리를 없앨지 아니면 새로운 일자리를 더 늘릴지는 시간이 흘러봐야 알 수 있을 것이다. 그러나 인공지능이 우리의 직무와 노동방식에 중요한 영향을 줄 것이라는 점은 확실하다. 인공지능이 근로방식에 어떤 영향을 주는지에 대한 연구가 시급하고 이에 대응하기 위해 고용서비스가 어떻게 변화해야 하는지에 대한 연구도 필요하다. 인공지능은 기존의 신기술과 달리 인간의 개입 없이 스스로 학습을 통해 진화한다. 이는 컴퓨터 성능의 비약적 발전과 이와 관련된 투자비용의 감소로 인해 더욱 발전할 것이다. 이런 상황에서 근로방식과 이에 따른 고용서비스의 대응에도 근본적인 변화가 필요하다.

① 컴퓨터 투자비용 감소로 인한 고용서비스의 변화
② 알파고를 통해 확인한 인공지능의 무한한 가능성
③ 인공지능 시대의 지능기술 발전에 따른 노동방식의 변화
④ 변화하는 노동시장에서의 생존을 위해 업무 역량 계발의 필요성
⑤ 삶의 편리성 증대와 노동의 종말에 대한 우려 고찰

02. 다음 글을 통해 추론할 수 있는 것은?

현존하는 족보 가운데 가장 오래된 것은 성종 7년(1476)에 간행된 안동 권씨의 『성화보 (成化譜)』이다. 이 족보의 간행에는 달성 서씨인 서거정이 깊이 관여하였는데, 그가 안동 권씨 권근의 외손자였기 때문이다. 조선 전기 족보의 가장 큰 특징을 바로 여기에서 찾을 수 있다. 『성화보』에는 모두 9,120명이 수록되어 있는데, 이 가운데 안동 권씨는 9.5퍼센트인 867명에 불과하였다. 배우자가 다른 성씨라 하더라도 절반 정도는 안동 권씨이어야 하는데 어떻게 이런 현상이 나타났을까?

그것은 당시의 친족 관계에 대한 생각이 이 족보에 고스란히 반영되었기 때문이다. 우선 『성화보』에서는 아들과 딸을 차별하지 않고 출생 순서대로 기재하였다. 이러한 관념이 확대 되어 외손들도 모두 친손과 다름없이 기재되었다. 안동 권씨가 당대의 유력 성관이고 안동 권씨의 본손은 물론이고 인척 관계의 결연으로 이루어진 외손까지 상세히 기재하다 보니 조 선 건국에서부터 당시까지 과거 급제자의 절반 정도가 『성화보』에 등장한다.

한편 『성화보』의 서문에서 서거정은 매우 주목할 만한 발언을 하고 있다. 즉, "우리나라는 자고로 종법이 없고 족보가 없어서 비록 거가대족(巨家大族)이라도 기록이 빈약하여 겨우 몇 대를 전할 뿐이므로 고조나 증조의 이름과 호(號)도 기억하지 못하는 이가 있다."라고 한 것이 다. 『성화보』역시 시조 쪽으로 갈수록 기록이 빈약한 편이다. 『성화보』이후 여러 성관의 족보가 활발히 편찬되면서 양반들은 대개 족보를 보유하게 되었다. 하지만 가계의 내력을 정 확하게 파악할 수 있는 자료가 충분하지 않아서 조상의 계보와 사회적 지위를 윤색하거나 은폐하기도 하였다. 대다수의 양반 가계가 족보를 편찬하면서 중인은 물론 평민들도 족보를 보유하고자 하였다.

① 안동 권씨의 족보를 간행한 서거정은 실제로 안동 권씨는 아니었지만 안동 권씨인 권근의 사위 였기 때문에 『성화보』 제작에 깊이 관여하였다.

② 『성화보』 이후 양반 가계가 족보를 활발히 편찬하였던 것처럼 중인과 평민들도 조상의 계보와 사회적 지위를 은폐하기 위해 족보를 편찬했다.

③ 『성화보』는 부계 중심의 친족 사회를 보였던 조선 후기와 달리 외손들까지 반영하였기에 서거정 의 조상을 시대를 거슬러 완벽하게 파악할 수 있다.

④ 『성화보』 간행 이후 선조의 이름과 호를 기억하기 위한 족보의 중요성이 인식되었으며, 서거정 과 같이 외손 주도의 족보편찬이 빈번하게 발생하였을 것이다.

⑤ 태조부터 성종 때까지 과거급제자들 내에서 동일 성관끼리의 모임이 있었다면 안동 권씨 성관 모임은 대규모였을 것이다.

2회 기출예상

3회 기출예상

4회 기출예상

5회 기출예상

6회 기출예상

03. 다음 (가) ~ (다)를 읽고 추론할 수 있는 핀테크 기술의 올바른 발전 방향으로 적절하지 않은 것은?

(가) 정보통신기술(ICT)기업들의 핀테크(Fin-Tech, 금융+IT기술) 공략에 맞서 은행들이 본격적인 반격에 나섰다. 이대로 가다가는 거대한 모바일 금융 시장을 ICT기업에 모두 빼앗길 수 있다는 위기의식이 커졌기 때문이다. 정부도 은행권의 핀테크 혁신을 독려하고 나섰다. 세계 최초의 '웨어러블 뱅킹' 등 새로운 핀테크 서비스가 속속 등장할 전망이다. N 은행은 내년 1월부터 스마트 워치를 이용해 계좌 잔액과 거래 내역을 조회하고 본인 인증을 할 수 있는 '웨어러블 뱅킹(Wearable Banking)' 서비스를 실시한다. 이 서비스가 발전하면 계좌에서 돈이 들어오거나 빠져나갈 때, 신용카드 결제가 이뤄질 때 등 모바일 계좌의 변동 상황을 실시간으로 알 수 있다. 거래를 자주 하는 상대방에게 버튼 하나로 돈을 보낼 수 있는 '간편 이체' 서비스까지 조만간 도입된다. N 은행 관계자는 "스마트 워치를 이용한 간편 이체 서비스는 최근 핀테크의 중심으로 떠오른 뱅크월렛 K보다 쉽고 편리한 서비스"라며 "이러한 각종 서비스를 이용할 수 있는 웨어러블 뱅킹은 N 은행이 세계 최초"라고 밝혔다. N 은행은 인터넷 전문은행의 전 단계인 '스마트 금융센터'도 내년 4월까지 구축하기로 했다. 지역별, 연령별, 계층별로 세분화된 사이버 지점에서 고객별 전담직원이 ICT기술을 이용, 고객과 스마트폰 화면을 실시간으로 공유하면서 상품 가입이나 투자전략 등에 대해 대화를 나눈다. N 은행은 갈수록 줄어드는 오프라인 지점의 인력을 스마트 금융센터에 집중적으로 배치해 고객별 개인 상담을 하도록 할 계획이다. 이를 통해 장기적으로는 인터넷 전문은행으로 발전시킬 예정이다.

(나) 새로운 핀테크로 주목받는 웨어러블 뱅킹이 실제로 대중화되기 위해서는 뱅킹 플랫폼으로 안착되기에는 제약이 너무 많다는 시장의 부정적인 인식을 극복해야 한다. 일단 스마트 워치가 뱅킹시스템으로 전이되기에는 보급률에 있어 열세다. 디지털기기 가격이 높고 실제 사용자 수가 많지 않다는 점, 스마트폰과 함께 연동돼야 한다는 취약점이 있다. 또 다른 문제는 역시 보안성이다. 아직 기술 검증이 되지 않은 데다 위변조, 해킹 등 보안 취약점을 어떻게 극복하느냐가 숙제다. 비티웍스 등 국내 핀테크 기업이 개발한 스마트 워치 기반 뱅킹 시스템은 기기 정보 기반 암호화 등 보안을 대폭 강화했다. 하지만 보안성 심의 등 여러 규제를 어떻게 돌파하느냐가 핵심 쟁점으로 부상할 전망이다.

(다) 젊은층에게 당연한 인터넷 · 스마트뱅킹이 노인들에게는 다른 나라 이야기이다. 노인이 많은 지역에서는 은행의 대면 서비스는 도시와 달리 가장 중요하다. 읍내에 볼일이 있을 때마다 N 은행 횡성군지부를 찾는다는 이분남(79 · 가명) 할머니는 "입출금이랑 세금을 내려고 자주 들러."라면서 "젊은 사람들은 안방에서 휴대전화로 다 한다는데 우리는 불편해서 못 해. 우리한테는 N 은행 직원들이 스마트뱅킹이야."라고 말했다. N 은행 직원들은 창구를 찾은 노인들의 스마트폰에 애플리케이션을 깔아 주고 스마트뱅킹 사용법을 자세히 알려 준다. 하지만 70대 이상은 거의 이용하지 않는다. 일단 스마트폰 화면의 글자가 잘 보이지 않아서다. 또 통장에 들어오고 나간 돈이 숫자로 찍히지 않으면 안심이 안 된다.

① 신체에 착용할 수 있는 첨단 기술의 디지털 기기와 연동된 뱅킹 프로그램을 통해 실시간으로 계좌 정보가 연동되는 간편한 금융 생활을 할 수 있게 될 것이다.

② 웨어러블 뱅킹의 경우 해킹, 위·변조에 대한 우려를 극복하고 대중화로 나아가기 위해 현재보다 많고 다양한 인증 절차를 통해 보안성을 높여 나갈 것이다.

③ 스마트 워치와 같은 디지털기기의 가격이 떨어지고 보급률이 올라가게 되면 본격적으로 웨어러블 뱅킹 시스템이 확대될 수 있을 것이다.

④ 고객별 전담직원이 ICT기술을 이용하여 고객과 실시간으로 대화를 나눌 수 있게 되어 고객 맞춤 서비스가 가능해질 것이다.

⑤ 젊은층이 많은 도시 고객들에게는 스마트 금융센터와 같은 온라인 서비스 기반이 확대되겠지만, 온라인 소외계층인 노인들을 위한 맞춤형 대면 서비스 역시 계속해서 존속할 것이다.

04. 다음 글의 밑줄 친 ㉠~㉤ 중 어법이나 의미상 오류가 없는 표현은?

> 1990년대 초 우리나라에 처음 선보였던 휴대폰은 크고 무거운 고가의 사치품이었다. 그 모습이 마치 벽돌처럼 생겼다고 해서 벽돌폰이라고도 불렀다. 당시의 휴대폰은 ㉠단순이 이동하면서 통화하는 기능밖에 없었다. 그럼에도 불구하고 소수의 사람만이 가질 수 있어 부의 상징처럼 여겼다. 이제는 대부분의 사람들이 휴대폰을 가지고 있다. 그리고 단순 통화 기능을 ㉡너머서 트위터나 카카오톡 같은 SNS를 활발하게 이용하고 있다. 이는 인터넷이 가능한 스마트폰이 대중화되면서 가능해졌다. 또한 휴대폰으로 인터넷을 이용하는 사람이 늘어나면서 스마트폰 관련 시장도 점점 더 커지고 있다. 누구나 사용하니 어느 누구도 사용할 ㉢수밖에 없게 된 것이다. 이는 곧 상품이나 서비스의 품질보다는 얼마나 많은 사람이 사용하고 있느냐가 더 중요해졌다는 것을 뜻한다. 마케팅 분야에서는 이를 소비자가 현재 유행하고 있는 트렌드를 ㉣쫓아서 소비하는 '모방소비'라고 부른다. 기업에서는 모방소비를 소비자의 충동구매를 ㉤일으키는데 자주 활용하고 있다. 경제학에서는 이러한 효과를 어느 특정 상품에 대한 수요가 다른 사람들에게 영향을 주는 것이라고 정의하며, 사람들이 네트워크를 형성해 다른 사람의 수요에 영향을 준다고 설명한다.

① ㉠ 　　　　② ㉡ 　　　　③ ㉢

④ ㉣ 　　　　⑤ ㉤

05. 다음 글을 읽고 적절하게 추론한 것을 〈보기〉에서 모두 고르면?

> 전통적으로 돼지와 돗자리를 귀하게 여겨온 남태평양의 바누아투에는 다른 나라에서 찾아볼 수 없는 전통 은행이 있다. 이 전통 은행은 돼지와 돗자리를 현대 화폐와 교환해 주는 역할을 한다. 예를 들어 학비나 병원비를 내기 위해 돼지를 은행에 가지고 가면 현대 화폐로 바꿔주기도 하고, 돗자리를 가지고 가서 전통 은행에 보관하거나 돼지로 바꿔 올 수도 있다. 전통 은행에서도 통장과 같은 증서를 발급해 주기 때문에 바누아투 사람들은 다른 지역의 전통 은행에 가서도 같은 업무를 볼 수 있다.

보기

㉠ 모든 경제 문제의 해결이 전통과 관습에 의해 이루어지고 있다.
㉡ 국가의 관습에 따라 다른 국가에서는 찾아보기 힘든, 그 국가만의 고유한 금융업무가 존재할 수 있다.
㉢ 바누아투의 전통 은행은 학비, 병원비 지출 관련 송금의 업무도 담당하고 있다.
㉣ 전통 은행은 물물 교환의 거래 비용을 감소시켜 주는 역할을 하고 있다.
㉤ 바누아투의 사회적 취약계층은 돼지와 돗자리를 생계보조비 대신 지급받을 것이다.
㉥ 전통 은행에서 돼지와 돗자리를 고정된 금액의 현대화폐와 교환해 주는 것이라면 인플레이션이 발생했을 때 돼지와 돗자리의 가치가 하락할 것이다.

① ㉠, ㉡, ㉣   ② ㉠, ㉢, ㉤   ③ ㉡, ㉢, ㉣
④ ㉡, ㉣, ㉤   ⑤ ㉡, ㉣, ㉥

06. 다음 공문에 대한 이해로 적절하지 않은 것은?

〈한국○○공사〉

수신 : 한국○○공사 전 팀 및 협력사

제목 : 공사 신입사원 교육 안내

---

1. 귀사의 무궁한 발전을 기원합니다.

2. 한국○○공사는 신입사원 역량 강화를 위해 다음과 같이 교육을 실시합니다.

3. 전 팀원 및 협력사 여러분들의 많은 관심과 협조 부탁합니다.

　　가. 연수명 : 한국○○공사 및 협력사 신입사원 연수교육

　　나. 시행목적 : 신입사원 기초업무 및 역량개발 교육

　　다. 일시 : 202X년 3월 9일(월) 10 : 00 ~ 3월 10일(화) 17 : 00(1박 2일)

　　라. 장소 : 한국○○공사 □□시 연수원

　　마. 접수 : 공사 홈페이지에서 온라인 등록

4. 불참 시 사유서를 작성하신 후 이메일로 사전 제출해 주시기 바랍니다.

　　※ 수신처 : 한국○○공사 교육기획팀 담당자 앞

5. □□시 연수원에서 숙박이 예정되어 있으니 연수생분들께서는 간단한 세안, 취침도구를 지참해 주시기 바랍니다.

6. 담당자 : 교육기획팀 임태주 대리

[붙임]

1. 한국○○공사 신입사원 연수교육 세부일정 1부

2. 202X년 연간 연수교육 계획(안) 1부

3. 숙소 안내 1부. 끝.

한국○○공사 사장 김 △ △

---

① 협력사 등을 대상으로 한국○○공사에서 주관하는 신입사원 연수교육을 공지하기 위해 발송한 공문이다.

② 한국○○공사 및 협력사 신입사원이 참여할 수 있는 연수교육이 진행될 예정이다.

③ 신입사원의 기초업무 및 역량개발을 위한 교육이며, 해당 교육에 참여하기 위해서는 홈페이지를 통해 등록해야 한다.

④ 불참하는 경우에는 공사 홈페이지를 통해 불참 사유서를 사전에 제출해야 한다.

⑤ 교육 전체 일정은 1박 2일이며, 숙소와 관련된 안내 사항은 공문의 붙임 자료를 통해 확인할 수 있다.

07. 다음은 한국○○공사의 신입사원 교육과정 중 에너지 소비효율 등급표시제도에 대한 내용이다. 교육을 마친 직원들이 의견을 나누었을 때, 교육내용과 부합하지 않는 말을 한 사람은?

> 에너지 소비효율 등급표시제도란 제품이 에너지를 얼마나 소비하는지 1등급부터 5등급까지 나누어 표시하는 의무적인 신고제도이다.
>
> 에너지 소비효율 등급은 제품 간의 비교를 통해 상대적으로 정해진다. 그래서 등급 기준은 품목마다 다르고, 같은 품목이라 하더라도 제품의 용량이나 크기에 따라 달라진다. 한국○○공사의 자료에 따르면 42인치 텔레비전의 경우에 월간 소비 전력량이 1등급은 43.7kWh/월, 5등급은 105.9kWh/월로 그 차이가 매우 크다는 것을 알 수 있다.
>
> 에너지 소비효율 등급 기준은 소비 전력량 외에도 제품의 기술 개발 수준과 시장 점유율 등을 고려하여 정해진다. 그런데 시간이 지나 기술이 발전하거나 소비효율이 높은 제품들의 시장 점유율이 높아지면서 1등급 제품이 많아지게 되면 이전보다 강화된 등급 기준을 정하게 된다. 그래서 새로운 기준이 적용되는 시점부터 생산된 제품은 같은 모델이라 하더라도 그 이전에 생산된 제품과 등급이 다를 수 있다.
>
> 에너지 소비효율 등급을 표시하는 이유는 소비자로 하여금 에너지 소비효율이 높은 제품을 구입해 쓰도록 유도하기 위한 것이다. 그렇게 되면 생산자와 판매자도 에너지 소비효율이 높은 제품을 생산하고 판매하게 된다.
>
> 에너지 소비효율 등급을 표시한 라벨을 보면 등급 표시 아래에 월간 소비 전력량, 이산화탄소 배출량과 연간 에너지비용 등의 정보도 표시되어 있다. 특히 이산화탄소 배출량을 표시하는 것은 제품을 사용할 때 지구 환경을 해치는 이산화탄소의 배출량을 보여 줌으로써 에너지 소비에 대한 경각심을 일깨워 주기 위한 것이다.

① 일훈 : 이번 교육을 통해 에너지 소비효율 등급을 정하는 기준이 절대적인 소비 전력량이 아니라 품목별 특징에 따라 제품 간 비교를 통해 상대적으로 정해진다는 것을 알게 됐어.

② 이나 : 맞아. 이번 달에 부모님께서 김치냉장고를 구입하신다는데 덕분에 전기료가 상대적으로 적게 나오는 제품을 골라 드릴 수 있을 것 같아.

③ 삼호 : 김치냉장고의 기술 개발 수준이 일반 냉장고보다 더 높은 편이라는 전제하에 김치냉장고의 에너지 소비효율 등급이 일반 냉장고의 에너지 소비효율 등급보다 항상 더 높다는 것을 유념해야 해.

④ 사월 : 우리 이모께서는 작년에 산 우리 집 TV와 동일한 모델을 구입하실 예정인데 그 사이에 에너지 소비효율을 더 높이는 신기술이 다른 모델에 많이 적용되는 바람에 에너지 소비효율 등급이 낮아졌을 수 있을 것 같아.

⑤ 오선 : 에너지 소비효율 등급을 표기함으로써 소비자는 단순히 소비 전력량뿐만 아니라 이산화탄소 배출량과 같은 환경 보호를 위한 정보를 함께 접할 수 있어 환경 보호를 위한 소비를 하는 데 도움이 되는 것 같아.

08. 다음 글의 밑줄 친 결론을 이끌어 내기 위해 필요한 전제로 적절한 내용을 〈보기〉에서 모두 고른 것은?

이미지란 우리가 세계에 대한 시각을 통해 얻는 표상을 가리킨다. 상형문자나 그림문자를 통해서 얻은 표상도 여기에 포함된다. 이미지는 세계의 실제 모습을 아주 많이 닮았으며 그러한 모습을 우리 뇌 속에 복제한 결과이다. 그런데 우리의 뇌는 시각적 신호를 받아들일 때 시야에 들어온 세계를 한꺼번에 하나의 전체로 받아들이게 된다. 즉, 대다수의 이미지는 한꺼번에 지각되는 것이다. 예를 들어 우리는 새의 전체 모습을 한꺼번에 지각하지 머리, 날개, 꼬리 등을 개별적으로 지각한 후 이를 머릿속에서 조합하는 것이 아니다.

표음문자로 이루어진 글을 읽는 것은 이와는 다른 과정이다. 표음문자로 구성된 문장에 대한 이해는 그 문장의 개별적인 문법적 구성요소들로 이루어진 특정한 수평적 연속에 의존한다. 문장을 구성하는 개별 단어들, 혹은 각 단어를 구성하는 개별 문자들이 하나로 결합되어야 비로소 전체의 의미가 이해되는 것이다. 비록 이 과정이 무의식적으로 신속하게 이루어지기는 하지만 말이다. 알파벳을 구성하는 기호들은 개별적으로는 아무런 의미도 가지지 않으며 어떠한 이미지도 나타내지 않는다. 일련의 단어군은 한꺼번에 파악될 수도 있겠지만, 표음문자의 경우 대부분 언어는 개별 구성 요소들이 하나의 전체로 결합되는 과정을 통해 이해된다.

남성적인 사고는 사고 대상 전체를 구성요소 부분으로 분해한 후 그들 각각을 개별화시키고 이를 다시 재조합하는 과정으로 진행된다. 그에 비해 여성적인 사고는 분해되지 않은 전체 이미지를 통해서 의미를 이해하는 특징을 지닌다. 여성은 대체로 여성적 사고를, 남성은 대체로 남성적 사고를 한다는 점을 고려할 때 <u>표음문자 체계의 보편화는 여성의 사회적 권력을 약화시키는 결과를 낳게 된다.</u>

보기

㉠ 그림문자를 쓰는 사회에서는 남성의 사회적 권력이 여성의 그것보다 우월하였다.
㉡ 표음문자 체계는 기능적으로 분화된 복잡한 의사소통을 가능하도록 하였다.
㉢ 그림문자로 구성된 글의 이해는 여성적인 사고 과정을, 표음문자로 구성된 글의 이해는 남성적인 사고 과정을 거친다.
㉣ 글을 읽고 이해하는 능력은 사회적 권력에 영향을 미친다.
㉤ 남성들은 표음문자 도입을 주장함으로써 여성보다 높은 사회적 권력을 확보하였다.

① ㉠, ㉢　　　　　　② ㉠, ㉡, ㉤　　　　　　③ ㉡, ㉣
④ ㉢, ㉣　　　　　　⑤ ㉢, ㉣, ㉤

[09 ~ 10] 다음 글을 읽고 이어지는 질문에 답하시오.

데운 돌이란 뜻의 온돌은 한국 고유의 정서가 깃든 과학적인 상징물이다. 온돌은 열의 손실을 절약하고, 난방과 취사를 함께 해결할 수 있는 실용적인 도구다. 원리는 다음과 같다. 먼저 아궁이에 불을 때면 열이 바닥 돌을 덥힌다. 바닥 열이 방 전체에 열을 전달하고, 그 후 공기가 내부를 돌며 실내 공기가 훈훈해진다. 이는 열의 (㉠), (㉡), (㉢)을/를 활용한 과학적 방법이다.

선사시대부터 사용되었다고 여겨지는 온돌은 4세기경 황해도 안악 3호분 고분 벽화에도 등장한다. 삼국시대 중국 서적 구당서(舊唐書)의『고구려전』에 "겨울철에는 모두 긴 방고래를 만들어 밑에 불을 때어 따뜻하게 한다."라는 글로 파악했을 때 우리 민족이 온돌을 난방 도구로 계속 이어왔음을 알 수 있다. 일반적으로 온돌이 가옥에 쓰인 것은 고려시대며, 전국적으로 퍼져나간 것은 조선시대부터라고 전해진다.

역사를 이어온 온돌 중 가장 그 효능이 뛰어났다고 전해지는 것은 지리산 반야봉 칠불암의 아자방이다. 한 번 불을 지피면 온기가 49일 유지되었다고 하지만 그 사실에 관해서는 의견이 분분하다. 한국전쟁 때 파괴되어 다시 복원한 아자방은 현재 한 번 불을 지피면 봄·가을 약 7일간 온기가 지속된다고 한다.

온돌로 사용된 돌도 특별했다. 초창기에는 시냇가나 근처에 있는 돌을 주워 활용했다. 점차 열이 잘 통하는 돌을 찾기 시작하면서 화강암, 안산암, 화성암, 변성암류를 사용했다. 그중에서 단열 효과가 있으며 원적외선을 방출하는 운모 성분이 포함된 암석을 사용해 난방의 효율을 높였다. 왕실이나 일부 사대부는 더 나아가 흑운모로 구들장을 만들었다고도 한다. 흑운모는 고품질 온돌 재료로서 성능이 뛰어난 암석이다. 흑운모로 방을 데우면 원적외선이 방출돼 각종 질병의 통증을 없애주는 데 제격이었다고 한다. 온돌 문화가 그 옛날 왕실의 건강을 지키고 민초들의 삶을 따뜻하게 데운 것이다.

09. 다음의 밑줄 친 단어들 중 윗글의 빈칸 ㉠ ~ ㉢에 들어갈 단어와 동일한 것이 사용된 문장을 모두 고르면?

> ⓐ 생명체는 우주의 강렬한 <u>복사</u>를 견딜 수 없다.
> ⓑ 여름철에는 온난 다습해진 <u>기류</u>가 한반도에 많이 나타난다.
> ⓒ 새롭게 개발한 내장재는 열 <u>전도율</u>이 매우 낮다.
> ⓓ 아이들은 알코올의 <u>기화</u> 과정을 실험을 통해 살펴보았다.
> ⓔ 스트레스로부터 건강을 지키려면 혈관계의 <u>순환</u>을 증진시키는 훈련이 필요하다.
> ⓕ 날씨가 좋은 날은 상층과 하층의 온도 차이가 크므로 공기의 <u>대류</u> 운동이 활발하다.

① ⓐ, ⓒ, ⓕ   ② ⓐ, ⓒ, ⓓ   ③ ⓑ, ⓓ, ⓔ
④ ⓑ, ⓒ, ⓕ   ⑤ ⓒ, ⓓ, ⓕ

10. 윗글에서 언급된 온돌에 관한 설명으로 적절한 것은?

① 황해도 안악 3호분·고분 벽화는 선사시대의 온돌 사용에 대한 흔적을 찾을 수 있는 최고(最古)의 온돌이다.
② 아자방이 한국전쟁 때 파괴되지 않았다면 지금과 봄·가을에 온기가 지속되는 시간이 달랐을 가능성이 있다.
③ 온돌은 선사시대부터 전국적으로 퍼져나가 난방, 취사 등의 생활에 활용된 우리 민족의 필수 도구였다.
④ 변성암류는 단열 효과가 뛰어나고 원적외선이 방출된다는 점에서 왕실과 사대부가 구들장을 만들기 위해 가장 많이 사용한 돌이었다.
⑤ 지리산 반야봉 칠불암의 아자방은 원적외선이 방출되어 각종 질병의 통증을 없애 주는 효과가 있다.

[11 ~ 12] 다음의 제시된 상황을 보고 이어지는 질문에 답하시오.

상규 씨는 전세 계약을 하기에 앞서 다음과 같은 표준임대차계약서의 중요 확인사항을 정리하는 중이다.

〈계약체결 시 꼭 확인하세요〉

【대항력 및 ㉠우선변재권 확보】

① 임차인이 주택의 인도와 주민등록을 마친 때에는 그 다음 날부터 제3자에게 임차권을 주장할 수 있고, 계약서에 확정일자까지 받으면 후순위권리자나 그 밖의 채권자에 우선하여 권한을 받을 수 있습니다.

    – 임차인은 최대한 신속히 주민등록과 확정일자를 받아야 하고, 주택의 점유와 주민등록은 임대차 기간 중 계속 유지하고 있어야 합니다.

② 등기사항증명서, 미납국세, 다가구주택 확정일자 현황 등 반드시 확인하여 선순위 담보권자가 있는지, 있다면 금액이 얼마인지를 확인하고 계약 체결여부를 결정하여야 ㉡계약금을 지킬 수 있습니다.

    ※ 미납국세와 확정일자 현황은 임대인의 동의를 받아 임차인이 관할 세무서 또는 관할 주민센터 · 등기소에서 확인하거나, 임대인이 직접 납세증명원이나 확정일자 현황을 발급받아 확인시켜 줄 수 있습니다.

〈계약기간 중 꼭 확인하세요〉

【차임증액청구】

계약기간 중이나 ㉢묵시적 갱신 시 임 · 보증금을 증액하는 경우에는 5%를 초과하지 못하고, 계약 체결 또는 약정한 차임 등의 차증액이 있은 후 1년 이내에는 하지 못합니다.

【묵시적 갱신 등】

① 임대인은 임대차기간이 끝나기 6개월부터 1개월 전까지, 임차인은 1개월 전까지 각 상대방에게 기간을 종료하겠다거나 조건을 변경하여 재계약을 하겠다는 취지의 통지를 하지 않으면 종전 임대차와 동일한 조건으로 자동 갱신됩니다.

② 제1항에 따라 갱신된 임대차의 존속기간은 2년입니다. 이 경우 임차인은 언제든지 계약을 ㉣해제할 수 있지만 임대인은 계약서 제7조의 사유 또는 임차인과의 합의가 있어야만 가능합니다.

〈계약종료 시 꼭 확인하세요〉

【임차권등기명령 신청】

임대차가 종료된 후에도 보증금이 반환되지 아니한 경우 임차인은 임대인의 동의 없이 임차주택 소재지 관할 법원에서 임차권등기명령을 받아 등기부에 등재된 것을 확인하고 이사해야 우선순위를 유지할 수 있습니다. 이때 임차인은 임차권등기명령 관련 비용을 임대인에게 ㉤제청할 수 있습니다.

11. 위의 주요 확인사항을 근거로 할 때, 다음 질의응답 내용 중 적절하지 않은 것은?

> Q. 임대차 계약 만료일이 20일 남았는데 집 주인이 아직 별 얘기가 없네요. 계약이 자동 갱신된 것으로 봐도 될까요?
>
> A. ① 네, 맞습니다. 1개월도 안 남았다면 이미 묵시적 갱신에 동의한 것으로 간주합니다. 묵시적 갱신이므로 계약 조건도 종전 임대차와 동일하며 이때 갱신된 조건은 2년간 유지될 수 있습니다.
>
> Q. 임대인이 주택담보대출을 얻고 상환을 못 하게 되면 세입자도 보증금을 잃게 되나요?
>
> A. ② 그런 경우를 대비해서 계약체결 직후 주민등록을 하고 확정일자를 받으셔야 합니다. 확정일자를 받지 않은 상태에서는 후순위권리자나 채권자에 우선하여 권한을 주장할 수 없을 가능성이 있습니다.
>
> Q. 임대차 계약만 체결되고 나면 실거주를 안 하거나 주민등록을 이전해도 큰 상관은 없겠죠?
>
> A. ③ 임대차 계약만으로는 우선변제권을 확보할 수 없습니다. 세입자 보증금에 대한 변제권을 계약기간 내 계속 유지하기 위해서 주택 점유와 주민등록을 유지하시는 게 좋습니다.
>
> Q. 계약기간 중에 차임증액청구를 하는 데도 일정한 제한이 있나요?
>
> A. ④ 임·보증금을 증액한다면 5%를 초과하지 못하고, 계약체결 또는 약정한 차임 등의 차증액이 한번 있었다면 1년 이내에는 하지 못합니다. 임대인이 임대차기간이 끝나기 6개월부터 1개월 전까지 또는 임차인이 1개월 전까지 각 상대방에게 기간을 종료하겠다거나 조건을 변경하여 재계약을 하겠다는 취지의 통지를 하지 않은 경우에도 동일한 제한이 가해집니다.
>
> Q. 계약 기간이 종료되어도 임대인이 보증금을 반환해 주지 않을 경우 어떻게 해야 하나요?
>
> A. ⑤ 보증금을 받으실 때까지는 변제권을 위해 섣불리 주택 점유를 포기하거나 먼저 이사를 하지 않으셔야 합니다. 또한 임차인은 임차권등기명령을 받는 데 소요된 비용을 임대인으로부터 추후 받을 수 있습니다.

12. 윗글의 밑줄 친 ㉠ ~ ㉤ 중 어법이나 의미상 오류가 없는 표현은?

① ㉠   ② ㉡   ③ ㉢

④ ㉣   ⑤ ㉤

[13 ~ 14] ○○공단 자산팀 A 대리는 사내 업무능력 향상 평가를 치르기 위해 다음과 같은 표준공사
계약서의 일부를 공부하고 있다. 이어지는 질문에 답하시오.

〈표준공사계약서〉

도급인(이하 "갑"이라 한다)과 수급인(이하 "을"이라 한다)은 대등한 입장에서 서로 협력하여 신
의에 따라 성실히 아래와 같이 도급공사계약을 체결한다.

(중략)

제3조 〈계획안 합의사항〉 제출도면에 의거, 시공함을 원칙으로 하며 변경사항은 "갑"과 "을" 사이
에 사전합의가 있을 때에 한하여 할 수 있다(단, 변경 및 추가공사 발생 시는 변경 도면과 추가
비용 산정약정서에 쌍방이 서명한 후 공사하여야 한다).

제4조 〈하자 보수〉 "을"은 책임시공의 원칙하에 철저한 공사를 하여야 하고 하자에 대한 담보책임
을 진다.

① 기본적으로 "갑"의 고의나 실수로 인한 것이 아닌 하자에 대한 책임은 "을"에게 있다.

② 하자보수 이행 기간은 공사 완료 후 3년으로 한다.

제5조 〈공사기간의 연장〉 ① "갑"의 책임 있는 사유 또는 천재지변에 따른 공사의 지연 또는 중단
으로 업무의 수행이 어려운 경우 "을"은 "갑"에게 이 사실을 통지하고 공사기간을 연장할 수
있다.

② 제1항의 규정에 의거 공사가 연장된 때에는 그 사유를 기재한 공사 내역서가 공사대금 청구
서에 포함되어야 하고 연장기간에 대한 공사대금은 계약서에 산정한 단가로 한다.

제6조 〈기성부분급〉 ① 계약서에 기성부분급에 관하여 명시한 때에는 "을"은 이에 따라 기성부분
에 대한 검사를 요청할 수 있으며, 이때 "갑"은 지체 없이 검사를 하여야 한다.

② "을"은 제1항의 검사결과와 제6조의 공사가격 내역서의 단가에 의하여 산출한 기성금액을
요구할 수 있으며 "갑"은 계약서에 명시한 바에 따라 지급하여야 한다.

③ "갑"이 제2항의 규정에 의한 기성금액의 지급을 지연하는 경우에는 제22조 제4항의 규정에
의하여 계약의 목적물의 인도를 거절할 수 있다.

제7조 〈부분 사용〉 ① "갑"은 공사목적물의 인도 전이라 하더라도 "을"의 동의를 얻어 공사목적물
의 전부 또는 일부를 사용할 수 있다.

② 제1항의 경우 "갑"은 그 사용부분을 선량한 관리자의 주의로써 사용한다.

③ "갑"은 제1항에 의한 사용으로 "을"에게 손해가 있거나 "을"의 비용을 증가하게 한 때는 그
손해를 배상하거나 증가된 비용을 부담한다.

13. 다음 중 A 대리가 위 표준공사계약서를 이해한 내용으로 옳은 것은?

① 도급인의 요청이 있는 경우 수급인은 공사목적물의 사용에 대해 동의해 주어야 하며, 그 사용 과정에서 수급인에게 피해가 발생한 경우 도급인이 비용을 부담한다.

② 도급인이 기성금액의 지급을 지연하는 때도 수급인은 반드시 목적물을 먼저 인도해야 하며 추후 지연 금액을 청구할 수 있다.

③ 도급인이 충분한 주의를 기울이지 못하여 과실이 발생한 때도 그 하자에 대한 책임은 수급인에게 있다.

④ 태풍으로 인해 공사가 불가능해져 공사 기간이 연장된 경우 계약서에 산정된 단가에 의해 공사 대금을 산정하고, 계약서에 그 사유를 추가할 필요는 없다.

⑤ 수급인은 계약서상의 기성부분에 대한 검사를 요청할 수 있는 권리가 있으며, 이때 도급인은 검사일자를 미룰 수 있다.

14. 위 표준공사계약서를 참고하여 작성한 다음 FAQ 중 적절한 것은?

Q : 공사가 22년 9월에 시작하여 23년 10월에 완료 예정인데 사후 하자보수는 가능한 건가요?
A : ① <u>사후 하자보수 이행 기간은 공사 시작 후 2년이므로 25년 9월까지입니다.</u>
Q : 현재 여름 내 지속된 수해로 인해 공사가 지연되어 계약서에 공시된 착공 날짜에 공사가 불가능합니다. 추가경비가 들어가면 단가를 어떻게 산정해야 하나요?
A : ② <u>추가경비 내역서에 서명하시어 도급인에게 제출하시면 즉시 공사대금을 받을 수 있습니다.</u>
Q : 도급인이 아직 공사목적물 인도 전임에도 불구하고 사정상 일부를 먼저 사용하고 싶다고 합니다. 어떻게 해야 하나요?
A : ③ <u>수급인의 동의하에 도급인은 인도 전 일부 목적물을 사용할 수 있습니다. 단, 이때 도급인은 반드시 선량한 관리자 주의로써 사용해야 할 의무가 있습니다.</u>
Q : 지난달에 완성한 도로에 하자가 생겼다는 민원이 들어왔습니다. 도급인의 귀책사유인 것으로 판단되는데 어떻게 해야 하나요?
A : ④ <u>기본적으로 하자보수 이행 기간 내 발생한 모든 하자는 수급인의 책임 사항에 해당됩니다.</u>
Q : 작년에 저희가 제출했던 제출도면과는 달리 건물 처마의 두께를 일부 줄여야 할 것 같습니다. 이 경우 계약상의 문제가 없나요?
A : ⑤ <u>원칙은 제출도면과 동일하게 진행하는 것이지만 사전 합의 후 도급인과 협의하여 쌍방이 합의하여 구두 계약을 통해 도면을 변경하고 공사를 진행할 수 있습니다.</u>

[15 ~ 16] 다음 글을 읽고 이어지는 질문에 답하시오.

L사는 지난 7월 31일 국내 최초로 해외투자자를 대상으로 5년 만기로 1억 스위스 프랑(한화 기준 1,140억 원 상당) 소셜본드를 발행했다고 밝혔다. 이는 세계적인 환경·사회·지배구조(ESG) 전문평가사인 서스테널리틱스(Sustainalytics)로부터 소셜·그린본드 발행사 적격의견(인증)을 받은 지 1개월 만에 전격적으로 이루어진 것으로 인증과 동시에 H 증권을 주관사로 선정하고 신속하게 해외투자자를 물색한 결과다.

소셜본드는 사회적 가치 실현사업에 투자할 자금을 마련하기 위해 발행하는 해외채권으로 발행을 위해서는 ESG 평가사의 전문의견이 필요하다. 이번 소셜본드 발행은 국내 최초일 뿐만 아니라 스위스 프랑으로 발행된 세계 최초의 소셜본드인 동시에 주택임대사업을 영위하는 기업이 발행한 세계 최초의 서민주택 관련 소셜본드로 그 의미가 크다.

김○○ L사 자금지원부장은 "소셜·그린본드 발행 대부분이 미국달러나 유로화로 이루어지지만 최근 미국금리 상승으로 스위스 프랑이 금리 측면에서 더 메리트가 있어 일부 불확실성에도 불구하고 주관사인 H 증권과 긴밀한 협의 끝에 스위스 프랑으로 발행을 추진했다."라고 밝혔다. 실제로 L사는 국내 시중은행과 발행대금인 스위스 프랑을 1% 후반 금리로 원화와 통화스왑하여 동일 5년 만기 국고채(7/24 기준 2.34%)보다도 훨씬 낮은 금리로 자금을 조달하는 성과를 달성했다.

L사에서는 이번 소셜본드로 조달한 자금 전액을 임대주택건설 자금으로 활용할 계획이다. 또한 올 4분기에 1.6억 불 상당의 소셜본드를 추가로 발행할 계획이라고 밝혔다. 또한 공공기관 최초로 사회적 가치 영향평가 제도를 도입하는 등 사회적 가치실현에 가장 앞서가는 모습을 보이며, 경영 전반에 걸쳐 사회적 가치실현을 최우선 과제로 설정해 추진 중에 있다. 이번 소셜본드 발행 역시 이러한 노력의 일환으로서 L사의 사회적 가치실현을 위한 주도적 행보가 다른 공기업에 미칠 영향이 어디까지일지 주목된다.

15. 다음 중 윗글의 내용을 요약한 문장으로 가장 적절한 것은?

① L사는 낮은 금리로 자금을 조달하고 지속적 투자를 통한 사회적 가치를 실현함으로써 다른 공기 업들에 사회적 영향력을 발휘하고 있다.

② L사는 사회적 가치 실현을 주도하는 기업으로 이와 관련된 사업에 투자하기 위해 해외투자자를 상대로 세계 최초로 스위스 프랑으로 소셜본드를 발행했다.

③ L사가 발행한 소셜본드의 스위스 프랑과 관련하여 불확실성 방향에 귀추가 주목된다.

④ L사는 세계 최초로 H 증권을 주관사로 하여 외화 소셜본드를 발행하였다.

⑤ L사는 해외채권을 발행하기 위하여 세계 최초로 ESG 평가사의 전문의견을 득하였다.

16. 윗글을 읽고 보일 수 있는 반응으로 적절한 것은?

① L사에서 서스테널리틱스로부터 적격의견을 받고 1개월 내에 H 증권을 주관사로 선정한 것이 소셜본드를 발행하게 된 성공요인의 핵심이구나.

② L사가 올 4분기에 소셜본드를 추가로 발행하는 것은 조달한 자금을 전액 임대주택건설 자금으로 활용하기 위해서구나.

③ 이번에 L사가 성공적으로 소셜본드를 발행한 데에는 다른 공기업으로부터 큰 영향을 받아 사회적 가치실현을 위한 제도를 도입하는 등의 모습을 보여온 것이 큰 기여를 했을 거야.

④ 이번 소셜본드가 스위스 프랑으로 발행된 것은 달러화보다 금리 측면에서 더 유리했기 때문이라고 하더라고. 그러나 금리로 인한 장점보다는 불확실성이 더 커서 고민이겠다.

⑤ L사의 이번 소셜본드는 세계 최초로 스위스 프랑으로 발행된 소셜본드라고 해. 국내 최초의 서민주택과 관련한 소셜본드라는 점에서도 그 의미가 남다르네.

[17 ~ 18] 다음의 (가) ~ (라)는 '경쟁'에 대한 입장을 설명하는 서로 다른 글의 일부이다. 이어지는 질문에 답하시오.

(가) 시장은 자원의 효율적 이용과 개인의 자유를 신장할 수 있게 한다. 완전경쟁시장은 한정된 자원들을 효율적으로 이용하게 하므로 시장기구에 의존하는 사회는 실현 가능한 어떤 대안적 사회보다도 빠른 경제성장과 높은 물질적 생활수준을 누릴 수 있게 된다. 경쟁적 시장이 자원의 효율적 이용을 가능케 하는 요인은 두 가지이다. 우선 시장은 방대한 정보를 효과적으로 처리하는 탁월한 장치이다. 시장이 처리해 주는 가장 기본적인 정보의 한 가지는 무수히 많은 재화의 수요와 공급의 균형을 맞추는 데 필요한 정보이다. 예를 들어 어떤 재화의 수요가 공급을 초과하면 시장은 곧 그 재화의 가격을 올림으로써 기업과 소비자들에게 새로운 신호를 ⊙시달하며 이 새로운 정보에 접하여 기업들은 생산을 증가시키는 방법으로, 소비자는 소비를 줄이는 방향으로 각각 반응한다. 반대로 어떤 재화가 과잉 생산되고 있으면 시장은 곧 그 재화의 가격을 떨어뜨려 줌으로써 각 기업과 각 소비자들에게 공급과잉이 해소되는 방향으로 행동할 수 있게 필요한 정보를 흘린다. 기업들, 중간상, 도매상, 소매상, 소비자 등 관련자들이 직접 만나서 수요와 공급의 상황을 일일이 점검하고 조정할 필요가 없다. 다음으로 시장은 자원의 효율적 이용에 기여하는 행위가 ⓒ조장되도록 경제적 동기를 부여한다. 예를 들면 남보다 값싸고 질 좋게 생산하는 기업에 시장은 남보다 더 많은 이윤으로 보상을 해 줌으로써 그러한 행위를 장려하고, 남보다 더 열심히 일하는 노동자에게 시장은 남보다 더 많은 소득으로 보상해 줌으로써 그러한 행위를 장려한다.

(나) 모든 조직은 엄격한 위계질서를 갖추고 있어서 직위별로 책임의 강도를 반영하여 급료를 책정한다. 능력 발휘가 필요한 직위일수록 급료를 많이 받는다. 기업은 이런 영향력 있는 직위에 ⓒ적확한 유능한 후보자를 찾기 위해 애쓰고 기꺼이 그들에게 높은 가격을 지급하며, 사람들은 기꺼이 경쟁한다. 이때 높은 직위에 있는 사람들의 경우 직무수행능력에 조금만 차이가 나도 수익이 엄청나게 달라진다. 개개인의 미묘한 능력 차이에 따라 성과물이 엄청나게 달라지는 직위의 경우 시장이 그 직위에 오른 개인들에게 그들의 인적 자본에 비례하여 보상할 것이라고 예측할 수는 없다. 기업은 터무니없는 높은 급료를 지급하고 최고 실력자를 끌어들이는가? 개인의 능력이 결정적인 역할을 하는 직위의 경우 능력이 조금만 더 있어도 커다란 가치를 얻게 된다. 정상적인 경쟁시장에서보다 더 큰 보상이 주어진다. 경쟁은 유명세를 만들어 내고 영향력을 확대하여 더 많은 보상을 받는 데 있어서 필요조건은 되겠지만 충분조건은 결코 아니다.

(다) '경쟁'이라는 말은 어원적으로 '함께 추구한다'는 뜻을 내포한다. 경쟁의 논리가 기술의 진보와 생산성 향상에 크게 기여했음은 부인할 수 없다. 인간의 욕구 수준을 계속 높여 감으로써 새로운 진보와 창조를 가능케 한 것이다. 정치적인 측면에서도 경쟁 심리는 민주주의 발전의 핵심적인 동인(動因)이었다. 정치적 의지를 관철하려는 이익집단 또는 정당 간의 치열한 경쟁을 통해 민주주의가 뿌리내릴 수 있었다. 그러나 오늘날 경쟁은 어원적 의미와는 달리 변질되어 통용된다. 경쟁은 더 이상 목적을 달성하기 위한 수단들 가운데 하나가 아니다. 경쟁은 그 자체가 하나의 범세계적인 지배 이데올로기로 자리 잡았다. 경쟁 논리가 지배하는 사회에서는

승리자와 패배자가 확연히 ②변별된다. 물론 아무렇게나 경쟁하는 것은 아니다. '게임의 법칙'이 공정했을 때 패자도 승부의 결과를 받아들이게 된다. 그렇지만 경쟁 사회에서는 '협상'을 통해 갈등을 해소하거나 타협점을 찾을 여지가 없다. 경쟁에서 상대방을 이기면 된다는 간단한 논리만이 존재할 뿐이다. 경제적인 측면에서 살펴보면 경쟁이란 곧 상대의 이익을 빼앗는 과정이다.

(라) 어떤 마을에 누구나 가축을 방목할 수 있도록 개발된 공동의 땅이 있었다. 이 마을 주민들은 각자 자신의 땅을 갖고 있지만 이 공동의 땅에 자신의 가축을 가능한 한 많이 풀어 놓으려 한다. 자신의 비용 부담 없이 넓은 목초지에서 신선한 풀을 마음껏 먹일 수 있기 때문이다. 각 농가에서는 공유지의 신선한 풀이 자신과 다른 농가의 모든 가축을 기르기 충분한가 걱정하기보다는 공유지에 방목하는 자신의 가축 수를 늘리는 일에만 골몰하였다. 주인들의 이러한 행동으로 인하여 공유지는 가축들로 붐비게 되었고 그 결과 마을의 공유지는 가축들이 먹을 만한 풀이 하나도 없는 ⑩비옥한 땅으로 변하고 말았다.

17. 윗글의 ① ~ ⑩ 중 글의 흐름상 그 의미나 쓰임이 적절한 것은?

① ①　　② ⑥　　③ ⑥
④ ②　　⑤ ⑩

18. 윗글의 (가) ~ (라)에 대한 설명으로 올바른 것은?

① (가)-자원의 효율적인 이용을 위한 시장의 기능에 관해 서로 반대되는 의견을 제시하고 이를 대조하고 있다.
② (나)-개인들이 서로 경쟁을 한다고 해서 유명세를 만들어 내고 영향력을 확대하여 더 많은 보상을 받을 수 있는 것은 아니라고 주장하고 있다.
③ (가), (라)-구체적인 사례를 통해 시장경제에 대한 필자의 관점을 간접적으로 드러내고 있다.
④ (다)-'경쟁'이라는 단어의 어원적 의미로부터 시작하여 정치적 측면에서의 경쟁과 경제적 측면에서의 경쟁이 갖는 의미가 모두 동일하다고 주장하고 있다.
⑤ (라)-시장경제의 단점을 극복하고자 고안된 공유지의 한계에 관해 설명하고 있다.

19. A 공사의 시장조사팀은 주택만족도 설문조사를 실시하기 위해 팀원 4명(김 사원, 이 대리, 박 과장, 정 차장) 중 2명을 매일 선발할 계획이다. 신입 사원인 김 사원은 주택시장 교육차 첫 이틀은 반드시 설문조사에 참여하며, 나머지 3일 중 단 하루만 박 과장과 정 차장이 팀을 이루어 설문조사에 참여하고 그 외의 날짜에는 함께 참여하는 일이 없다고 할 때, 5일간의 일정을 정할 수 있는 경우의 수는 모두 몇 가지인가?

① 486가지   ② 675가지   ③ 972가지

④ 1,944가지   ⑤ 3,888가지

20. 2초마다 1회, 3초마다 1회, 4초마다 1회, 5초마다 1회, 6초마다 1회, 7초마다 1회, 8초마다 1회, 9초마다 1회, 10초마다 1회 점등하는 9종류의 전구가 장식된 크리스마스트리가 있다. 12월 24일 오전 0시 정각에 모든 전구를 동시에 점등할 때, 이를 포함하여 같은 날 오후 7시 30분까지 모든 전구가 동시에 점등되는 횟수는 몇 번인가?

① 24번   ② 25번   ③ 26번

④ 27번   ⑤ 28번

21. G사의 채용시험 지원자 중 절반이 1차에 합격하였고 1차에 합격한 지원자의 남녀비는 4 : 5이다. 이 중 2차 시험에 합격한 지원자의 남녀비는 3 : 7이고, 불합격한 지원자의 남녀비는 21 : 23이다. 2차 시험에 합격한 지원자가 50명일 때, G사의 채용시험의 지원자의 수는 몇 명인가?

① 135명   ② 270명   ③ 405명

④ 540명   ⑤ 675명

22. 다음은 보이스피싱(Voice Fishing, 전화금융사기) 피해신고 건수 및 금액에 대한 자료이다. 이에 대한 설명으로 옳지 않은 것은?

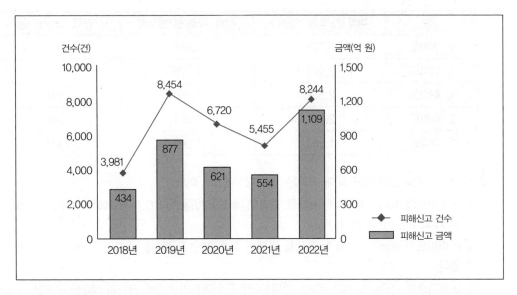

① 보이스피싱 피해신고 건수는 2019년 이후 점차 감소하다가 2022년에 다시 급격히 증가하였다.

② 2022년 보이스피싱 피해신고 금액은 2018년에 비해 2.5배 이상 증가하였다.

③ 2018 ~ 2022년 보이스피싱 피해신고 금액의 평균은 719억 원이다.

④ 2020년의 보이스피싱 피해신고 건수는 2018 ~ 2022년 보이스피싱 피해신고 건수의 평균보다 높다.

⑤ 전년 대비 2021년 보이스피싱 피해신고 건수의 감소율은 피해신고 금액 감소율보다 작다.

23. 다음은 A ~ E 아파트의 매매, 전세, 월세 가격을 나타낸 자료이다. 이에 대한 이해로 적절하지 않은 것은?

구분	매매 가격(천 원/m^2)	전세 가격(천 원/m^2)	월세 가격(천 원)
A 아파트	5,729	3,676	807
B 아파트	2,512	1,726	469
C 아파트	2,508	1,788	657
D 아파트	2,519	1,801	548
E 아파트	1,967	1,546	486

① A ~ E 아파트의 평균 매매 가격은 3,047천 원/m^2 이다.

② E 아파트의 40m^2 크기의 한 세대를 구매할 때 드는 비용보다 C 아파트에서 월세로 9년을 거주할 때의 비용이 더 적다.

③ B 아파트의 66m^2 크기의 한 세대를 구매한 이후 30년간 월세를 준다면 구매비용을 보전할 수 있다.

④ D 아파트의 165m^2 크기의 세대를 판매한다면 E 아파트의 210m^2 크기의 세대를 구매할 수 있다.

⑤ C 아파트의 전세 가격은 나머지 아파트의 월세 가격을 모두 더한 값보다 작다.

24. 다음은 연도별 서울시 주요 문화유적지 관람객 수에 대한 자료이다. 〈보고서〉의 내용을 근거로 A ~ D에 해당하는 문화유적지를 바르게 나열한 것은?

〈표 1〉 관람료별 문화유적지 관람객 수 추이

(단위 : 천 명)

문화유적지	관람료	2018년	2019년	2020년	2021년	2022년
A	유료	673	739	1,001	1,120	1,287
A	무료	161	139	171	293	358
B	유료	779	851	716	749	615
B	무료	688	459	381	434	368
C	유료	370	442	322	275	305
C	무료	618	344	168	148	111
D	유료	1,704	2,029	2,657	2,837	3,309
D	무료	848	988	1,161	992	1,212

※ 유료(무료) 관람객 수＝외국인 유료(무료) 관람객 수＋내국인 유료(무료) 관람객 수

www.gosinet.co.kr

1회 기출예상

2회 기출예상

3회 기출예상

4회 기출예상

5회 기출예상

6회 기출예상

〈표 2〉 외국인 유료 관람객 수 추이

(단위 : 천 명)

문화유적지 \ 연도	2018년	2019년	2020년	2021년	2022년
A	299	352	327	443	587
B	80	99	105	147	167
C	209	291	220	203	216
D	773	1,191	1,103	1,284	1,423

보고서

　　최근 문화유적지를 찾는 관람객이 늘어나면서 문화재청에서는 서울시 4개 주요 문화유적지(경복궁, 덕수궁, 종묘, 창덕궁)를 찾는 관람객 수를 매년 집계하고 있다. 그 결과, 2018년 대비 2022년 4개 주요 문화유적지의 전체 관람객 수는 약 30% 증가하였다.

　　이 중 경복궁과 창덕궁의 유료 관람객 수는 매년 무료 관람객 수의 2배 이상이었다. 유료 관람객을 내국인과 외국인으로 나누어 분석해 보면, 창덕궁의 내국인 유료 관람객 수는 매년 증가하였다.

　　이런 추세와 달리, 덕수궁과 종묘의 유료 관람객 수와 무료 관람객 수는 각각 2018년보다 2022년에 감소한 것으로 나타났다. 특히 종묘는 전체 관람객 수가 매년 감소하여 국내외 홍보가 필요한 것으로 분석되었다.

	A	B	C	D
①	창덕궁	덕수궁	종묘	경복궁
②	창덕궁	종묘	덕수궁	경복궁
③	경복궁	덕수궁	종묘	창덕궁
④	경복궁	종묘	덕수궁	창덕궁
⑤	경복궁	창덕궁	종묘	덕수궁

25. 다음 자료에 대한 설명으로 적절하지 않은 것은?

자료 1

〈연도별 재건축 추진현황〉

(단위 : 천 호)

구분		2018년	2019년	2020년	2021년	2022년
인가	합계	13.2	8.8	9.9	15.5	32.8
	수도권	9.7	2.0	2.9	8.7	10.9
	지방	3.5	6.8	7.0	6.8	21.9
준공	합계	5.1	11.6	7.1	16.7	16.2
	수도권	1.1	3.4	0.7	10.2	5.9
	지방	4.0	8.2	6.4	6.5	10.3

자료 2

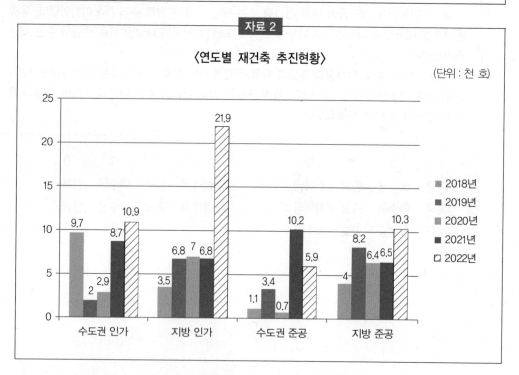

〈연도별 재건축 추진현황〉

(단위 : 천 호)

① 2018 ~ 2021년 기간 동안 총 재건축 인가 호수의 평균은 준공 호수의 평균보다 크다.

② 재건축 인가 호수에서 전년 대비 변동폭이 두 번째로 큰 것은 2019년 수도권이다.

③ 2022년 지방의 재건축 준공 호수는 전년 대비 60% 이상 증가하였다.

④ 수도권이 지방보다 재건축 인가/준공 호수의 합이 더 큰 해는 2번 있다.

⑤ 합계를 제외하면 연도별 증감 추이가 동일한 비교 항목은 없다.

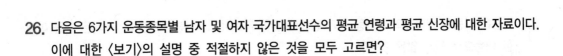

26. 다음은 6가지 운동종목별 남자 및 여자 국가대표선수의 평균 연령과 평균 신장에 대한 자료이다. 이에 대한 〈보기〉의 설명 중 적절하지 않은 것을 모두 고르면?

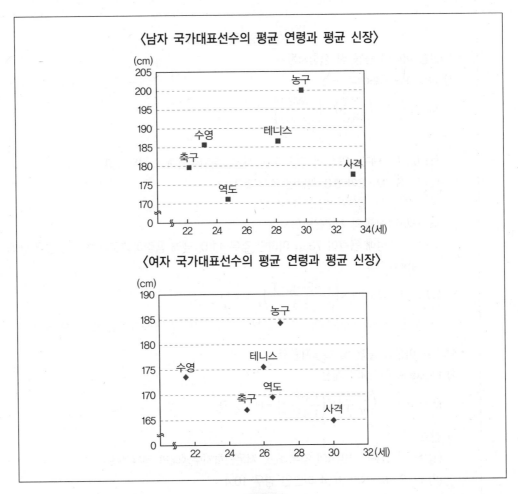

〈남자 국가대표선수의 평균 연령과 평균 신장〉

〈여자 국가대표선수의 평균 연령과 평균 신장〉

보기

㉠ 국가대표선수의 평균 연령이 높은 순서대로 나열하면 남자와 여자의 종목 순서는 동일하다.

㉡ 남자 국가대표선수의 평균 신장이 높은 순서대로 나열했을 때의 상위 종목 세 가지는 여자 국가대표선수의 평균 신장이 높은 순서대로 나열했을 때의 상위 종목 세 가지와 같다.

㉢ 축구를 제외하면 각 종목의 남자 국가대표선수의 평균 연령은 해당 종목 여자 국가대표선수의 평균 연령보다 높다.

㉣ 각 종목의 남자 국가대표선수의 평균 신장은 해당 종목 여자 국가대표선수의 평균 신장보다 10cm 이상 크다.

① ㉠, ㉡
② ㉠, ㉢
③ ㉠, ㉡, ㉣
④ ㉠, ㉢, ㉣
⑤ ㉡, ㉢, ㉣

27. 다음은 자동차 냉매제의 저감량 평가 방법에 관한 자료이다. 이를 참고할 때, 제시된 표를 이해한 내용으로 옳지 않은 것은?

〈저감량 평가 방법〉

- 10인승 이하의 승용 및 승합자동차

  1) Leakage Credit의 계산

  $$M \cdot C \times \left\{ 1 - \left(\frac{L \cdot S}{16.6} \right) \times \left(\frac{GWP}{1,430} \right) \right\} - H \cdot L \cdot D$$

  2) 참고

  (1) M · C : HFO−134a의 경우 7.0, 저온난화지수냉매의 경우 7.9

  (2) L · S : M · C가 8.3 미만인 경우 8.3

  ※ 단, 전기 압축기 방식은 4.1로 한다.

  (3) GWP : 냉매의 지구온난화지수

  (4) L · T : 냉매 용량이 733g 이하인 경우 11.0, 냉매 용량이 733g 초과인 경우 냉매 용량의 2%

  (5) H · L · D : $1.1 \times \left(\frac{L \cdot S - L \cdot T}{3.3} \right)$

  ※ 단, 냉매의 지구온난화지수가 150보다 크거나, 계산값이 0보다 작은 경우 0으로 한다.

- 11인승 이상의 승합 및 화물자동차

  1) Leakage Credit의 계산

  $$M \cdot C \times \left\{ 1 - \left(\frac{L \cdot S}{20.7} \right) \times \left(\frac{GWP}{1,430} \right) \right\} - H \cdot L \cdot D$$

  2) 참고

  (1) M · C : HFO−134a의 경우 8.6, 저온난화지수냉매의 경우 9.9

  (2) L · S : M · C가 10.4 미만인 경우 10.4

  ※ 단, 전기 압축기 방식은 5.2로 한다.

  (3) GWP : 냉매의 지구온난화지수

  (4) L · T : 냉매 용량이 733g 이하인 경우 11.0, 냉매 용량이 733g 초과인 경우 냉매 용량의 2%

  (5) H · L · D : $1.3 \times \left(\frac{L \cdot S - L \cdot T}{3.3} \right)$

  ※ 단, 냉매의 지구온난화지수가 150보다 크거나, 계산값이 0보다 작은 경우 0으로 한다.

구분	A 차	B 차	C 차	D 차
차량 구분	5인승	11인승	10인승	8인승
냉매의 종류	HFO-134a	저온난화지수냉매	저온난화지수냉매	HFO-134a
냉매 용량	600g	750g	650g	800g
전기 압축기	있음.	없음.	있음.	없음.
max credit(M · C)				
leak score(L · S)				
GWP			166	715
leak threshold(L · T)				
hileak dis(H · L · D)				

① B 차와 C 차의 M · C와 L · S는 다르다.
② A 차와 C 차의 H · L · D는 같다.
③ L · T가 가장 큰 것은 D 차이다.
④ D 차의 Leakage Credit은 5보다 크다.
⑤ A 차의 GWP는 150보다 크다.

[28 ~ 29] 다음은 우리나라의 성별, 연령별 인구 변화에 대한 자료이다. 이어지는 질문에 답하시오.

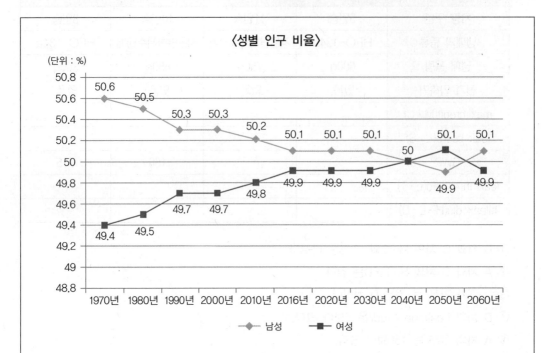

〈성별 인구 비율〉

〈성별, 연령별 인구 비율〉

(단위 : %)

구분		1970년	1980년	1990년	2000년	2010년	2016년	2020년	2030년	2040년	2050년	2060년
전 연령	남성	50.6	50.5	50.3	50.3	50.2	50.1	50.1	50.1	50.0	49.9	50.1
	여성	49.4	49.5	49.7	49.7	49.8	49.9	49.9	49.9	50.0	50.1	49.9
14세 이하	남성	51.9	51.8	52.0	52.9	52.1	51.6	51.4	51.3	51.3	51.3	51.3
	여성	48.1	48.2	48.0	47.1	47.9	48.4	48.6	48.7	48.7	48.7	48.7
15 ~ 64세	남성	50.1	50.5	50.6	50.8	51.2	51.3	51.4	51.7	52.0	52.2	51.8
	여성	49.9	49.5	49.4	49.2	48.8	48.7	48.6	48.3	48.0	47.8	48.2
65세 이상	남성	41.2	37.4	37.4	38.3	40.9	42.2	43.2	45.4	46.1	46.5	47.7
	여성	58.8	62.6	62.6	61.7	59.1	57.8	56.8	54.6	53.9	53.5	52.3

28. 다음 중 위 자료를 올바르게 설명한 것은?

① 1970년부터 2016년까지 매년 성별 인구 비율 격차가 감소하고 있다.

② 1970 ~ 2060년의 15 ~ 64세 여성 인구 비율은 매 기간 지속적으로 감소하고 있다.

③ 2020년 64세 이하 남성 수는 65세 이상 남성 수보다 5배 이상 많다.

④ 15 ~ 64세 인구의 남녀 비율 격차는 매 기간 지속적으로 커지고 있다.

⑤ 자료에 명시된 기간에 한하여, 남성의 비중이 여성의 비중보다 커진 것은 2050년이 최초이다.

29. 14세 이하와 15 ~ 64세에서 남녀 비율 차이가 가장 큰 해는 순서대로 각각 언제인가?

① 1990년, 2040년 ② 2000년, 2050년 ③ 2010년, 2060년

④ 2000년, 2040년 ⑤ 2050년, 2050년

1회 기출예상

2회 기출예상

3회 기출예상

4회 기출예상

5회 기출예상

6회 기출예상

[30 ~ 31] 다음 자료를 보고 이어지는 질문에 답하시오.

〈지역별 전통시장 BSI 추이(20X1년 12월 기준)〉

구분		20X1년						20X2년
		7월	8월	9월	10월	11월	12월	1월
서울	체감	42.3	49.3	75.4	71.1	73.6	45.8	–
	전망	71.5	54.2	110.9	103.9	103.5	89.4	83.1
경기	체감	39.7	51.8	77.7	78.6	84.8	58.6	–
	전망	67.4	62.5	116.1	109.8	104.0	87.1	89.7
충남	체감	48.1	61.5	87.2	83.3	89.1	51.3	–
	전망	74.4	78.2	105.1	114.1	103.8	83.3	92.3
전북	체감	44.4	55.6	90.5	69.0	80.2	67.5	–
	전망	76.2	73.8	102.4	101.6	104.0	91.3	94.4
제주	체감	53.3	62.0	80.4	70.7	71.7	67.4	–
	전망	83.7	68.5	113.0	96.7	94.6	107.6	105.4

※ BSI(Business Survey Index) : 기업경기실사지수

※ 경기동향 조사의 BSI 지수 산출방법

{(매우 악화 응답빈도×0)+(다소 악화 응답빈도×50)+(동일 응답빈도×100)+(다소 호전 응답빈도×150)+(매우 호전 응답빈도×200)}÷(지역별 업종별 응답빈도 수)

1회 기출예상

2회 기출예상

3회 기출예상

4회 기출예상

5회 기출예상

6회 기출예상

30. 다음의 자료를 참고할 때 지역별 전통시장의 BSI 추이에 대한 설명으로 옳지 않은 것은?

경기동향에 대한 기업가들의 판단·예측·계획의 변화 추이를 관찰하여 지수화한 지표 중 하나가 기업경기실사지수(BSI)이다. 주요 업종의 경기동향과 전망을 파악하여 기업의 경영계획 및 경기대응책 수립에 필요한 기초자료로 이용된다. 다른 경기 관련 자료와 달리 기업가의 주관적이고 심리적인 요소까지 조사가 가능하다.

BSI에 대한 해석은 지수의 수치가 높아질수록 경기 전망치가 상승한 것으로 보고, 수치가 낮아질수록 경기 전망치가 하락한 것으로 본다. 또한, 일반적으로 지수가 100 이상이면 경기가 좋고, 100 미만이면 경기가 안 좋다고 판단하게 된다.

① 20X1년 7 ~ 12월 동안 호황이 전망되었던 달이 가장 적은 지역은 제주이다.

② 모든 지역에서 체감 BSI는 20X1년 7월에 가장 낮았다.

③ 20X1년 7월부터의 전통시장 체감 BSI의 증감 추이가 제주와 다른 지역은 한 군데이다.

④ 충남 지역의 전월 대비 체감 BSI 증감률이 가장 작은 시기는 20X1년 10월이다.

⑤ 20X1년 7 ~ 12월 중 모든 지역의 전통시장 전망 BSI는 20X1년 9월에 최고점을 기록했다.

31. A시와 B시의 전통시장 200개 업체를 대상으로 경기 전망을 묻는 설문조사를 실시한 결과가 다음과 같을 때, 각 지역의 경기를 전망하는 BSI를 바르게 계산한 것은?

〈지역별 전통시장 사업체 경기 전망 현황〉

지역	매우 악화	다소 악화	동일	다소 호전	매우 호전
A	25개 업체	60개 업체	50개 업체	45개 업체	20개 업체
B	20개 업체	45개 업체	50개 업체	60개 업체	25개 업체

    A   B

① 93.75   106.25

② 94.75   106.25

③ 93.75   106.75

④ 94.75   106.75

⑤ 93.75   107.25

[32 ~ 33] 다음 자료를 보고 이어지는 질문에 답하시오.

〈논벼(쌀) 생산비〉

(단위 : 원, kg, %)

구분		2021년	2022년	전년 대비	
				증감	증감률
10a당 논벼 생산비		674,340	691,374	17,034	2.5
	직접생산비	440,821	447,775	6,954	1.6
	간접생산비	233,519	243,598	10,079	4.3
20kg당 쌀 생산비		24,025	25,322	1,297	5.4
10a당 쌀 생산량		539	527	−12	−2.2

〈연도별 논벼(쌀) 생산비 추이〉

(단위 : 천 원, kg)

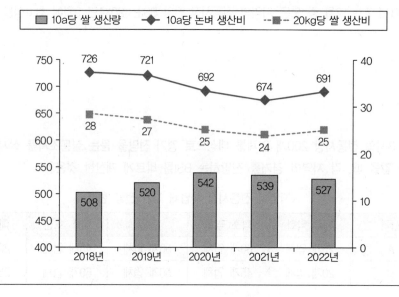

32. 위의 자료에 대한 ㉠ ～ ㉤의 해석 중 적절하지 않은 것은?

- ㉠ 2022년의 10a당 논벼 생산비는 69만 1,374원으로 전년 대비 2.5%(1만 7,034원) 증가 하였으며, 이는 직접생산의 노동비, 간접생산비의 토지용역비 등의 증가에 기인한 것으로 파악되었다.
  - 노동비 : (2021) 161,636원 → (2022) 167,910원(6,274원, 3.9%)
  - 토지용역비 : (2021) 224,534원 → (2022) 235,411원(10,877원, 4.8%)
- ㉡ 2022년의 20kg당 쌀 생산비는 2만 5,322원으로 전년 대비 5.4%(1,297원) 증가하였으며, 이는 10a당 논벼 생산비 증가(2.5%) 및 10a당 쌀 생산량 감소(-2.2%)에 기인한 것으로 파악되었다.
  - 재배면적 감소 및 모내기 시기의 가뭄, 잦은 강수 등 기상의 영향
- 한편, ㉢ 10a당 논벼 생산비와 20kg당 쌀 생산비는 2018년부터 2022년까지 매년 점차 감소하는 추이를 나타내는 것으로 파악되었다. 그러나 ㉣ 10a당 쌀 생산량은 2020년을 정점으로 조금씩 감소하여 대책이 필요한 것으로 보고되었다.
- 그러나 ㉤ 2018년 대비 2022년의 쌀 생산비와 생산량은 저비용과 고효율을 이루어 낸 성과를 보이고 있다.

① ㉠   ② ㉡   ③ ㉢   ④ ㉣   ⑤ ㉤

33. 논벼의 수익성을 다음 표와 같이 나타낼 때 빈칸 (A), (B)에 들어갈 수치는 차례대로 각각 얼마인가?

(단위 : 원, %, %p)

구분	2021년	2022년	전년 대비	
			증감	증감률
총수입(a)	856,165	974,553	118,388	13.8
생산비(b)	674,340	691,374	17,034	2.5
경영비(c)	426,619	(A)	6,484	1.5
순수익(a-b)	181,825	283,179	101,354	55.7
순수익률*	21.2	29.1	7.9	
소득(a-c)	429,546	541,450	111,904	26.1
소득률*	(B)	55.6	5.4	

* 순수익률(%)= $\dfrac{순수익}{총수입}$ ×100, 소득률(%)= $\dfrac{소득}{총수입}$ ×100

① 433,103, 45.2   ② 433,103, 50.2   ③ 423,605, 45.2
④ 423,605, 50.2   ⑤ 433,103, 55.3

[34 ~ 35] 다음 자료를 보고 이어지는 질문에 답하시오.

〈종사자 지위별 여성 취업자 구성비〉

(단위 : %)

구분		2018년	2019년	2020년	2021년	2022년
취업자		100.0	100.0	100.0	100.0	100.0
비임금 근로자	자영업주	15.2	14.8	14.5	14.1	14.4
	무급가족종사자	10.1	9.8	9.1	8.7	8.4
임금 근로자	상용근로자	40.7	42	43.1	44.6	45.7
	임시근로자	27.5	27.4	27.6	27.5	26.5
	일용근로자	6.5	6.0	5.7	5.1	5.0

※ 자영업주 : 자기 혼자 또는 무급가족종사자와 함께 자기 책임하에 독립적인 형태로 전문적인 업을 수행하거나 사업체를 운영하는 사람

※ 무급가족종사자 : 자기에게 직접 수입이 오지 않더라도 동일가구 내 가족이 경영하는 사업체, 농장에서 무보수로 14시간 일한 자

※ 상용근로자 : 고용계약기간이 1년 이상인 자 또는 고용계약기간을 정하지 않은 경우 소정의 채용절차에 의하여 입사한 사람으로 회사의 인사관리규정을 적용받는 자

※ 임시근로자 : 고용계약기간이 1년 미만인 자 또는 일정한 사업완료(사업완료기간 1년 미만)의 필요에 의해 고용된 자

※ 일용근로자 : 고용계약기간이 1개월 미만인 자 또는 매일매일 고용되어 근로의 대가로 일급 또는 일당제 급여를 받고 일하는 자

34. 위의 자료에 대한 설명으로 옳은 것은?

① 2021년과 2022년의 여성 비임금근로자 수가 같으므로 총 취업자 수 역시 동일하다.

② 조사기간 동안 매년 여성 취업자의 33% 이상은 1년 미만 계약직 근로자이다.

③ 2018 ~ 2022년의 여성 비임금근로자 중 무급가족종사자의 비율은 항상 38% 이상이다.

④ 2018 ~ 2022년의 전체 여성 취업자 중 무급가족종사자의 비율과 자영업주의 비율은 매년 각각 하락하고 있다.

⑤ 임금근로자의 비율은 매년 비임금근로자 비율의 2.5배 이상을 차지한다.

35. 2022년 전체 취업자 중 여성의 비율이 40%라면, 다음 자료를 참고할 때 여성 근로자 중 고용계약 기간이 1개월 미만인 자 또는 매일매일 고용되어 근로의 대가로 일급 또는 일당제 급여를 받고 일하는 자의 수는 몇 명인가?

〈최근 5년간 취업자 수〉

(단위 : 천 명)

구분	2018년	2019년	2020년	2021년	2022년
취업자	25,299	25,867	26,178	26,409	26,725

① 505,980명
② 517,940명
③ 523,560명
④ 534,500명
⑤ 546,100명

36. 다음은 A ~ D 지점 간의 금(金) 거래 현황 자료이다. 이에 대한 설명으로 옳은 것은? (단, 소수점 아래 둘째 자리에서 반올림한다)

(단위 : 톤)

구분	A 지점		B 지점		C 지점		D 지점		전체	
	매입량	매출량	매입량	매출량	매입량	매출량	매입량	매출량	매입량	매출량
2018년	346	265	413	533	168	83	196	242	1,123	1,123
2019년	275	234	363	412	278	315	524	479	1,440	1,440
2020년	366	196	227	315	412	273	(A)	380	1,164	1,164
2021년	415	227	369	259	157	329	313	439	1,254	1,254
2022년	387	455	169	247	(B)	521	367	152	1,375	1,375

① A 지점과 B 지점의 매출량 증감 추세는 동일하다.

② C 지점의 매입량은 2019년에 전년 대비 약 65.5% 증가하였고, 그 다음 해에는 전년 대비 약 58.5% 증가하였다.

③ 전년 대비 전체 매출량의 증감률이 가장 큰 해는 2019년이다.

④ 매입량과 매출량의 차이의 절댓값 추이는 B 지점과 D 지점이 동일하다.

⑤ 2022년에 매입량이 가장 많은 지점은 D 지점이다.

1회 기출예상
2회 기출예상
3회 기출예상
4회 기출예상
5회 기출예상
6회 기출예상

37. 5개의 팀이 1 ~ 6층 중 서로 다른 층을 사용하고 있다. 〈조건〉을 바탕으로 할 때, 사무실 위치에 관한 설명 중 반드시 참이라 볼 수 없는 것은? (단, 한 층은 비어 있다)

> **조건**
>
> • 금융혁신팀은 여수신관리팀과 연이은 층에 있지 않다.
> • 인재개발팀은 대출지원팀과 연이은 층에 있지 않다.
> • 수탁사업팀은 대출지원팀과 연이은 층에 있지 않다.
> • 대출지원팀은 여수신관리팀과 연이은 층에 있지 않다.
> • 수탁사업팀은 1층에 위치하며 인재개발팀은 2층에 위치하지 않는다.

① 여수신관리팀이 6층이라면 대출지원팀과 금융혁신팀은 연이은 층에 있다.
② 대출지원팀이 4층이라면 여수신관리팀은 2층이다.
③ 수탁사업팀과 여수신관리팀이 연이은 층에 있다면 대출지원팀은 3층에 위치하지 않는다.
④ 대출지원팀이 5층이라면 금융혁신팀과 인재개발팀은 연이은 층에 있다.
⑤ 인재개발팀이 5층이라면 대출지원팀은 3층이다.

38. 다음의 〈조건〉을 만족한다고 할 때, A, B, C의 현재 나이는?

> **조건**
>
> • 갑에게는 동생 A와 아들 B, 딸 C가 있다.
> • B는 C보다 나이가 많다.
> • A, B, C의 나이를 모두 곱한 값은 2,450이다.
> • A, B, C의 나이를 모두 합하면 갑의 아내 을 나이의 2배이다.
> • A의 나이는 B보다 많다.
> • 갑의 나이는 을보다 같거나 많다.
> • 사람의 수명은 100세까지로 전제한다.
> • 여성이 출산할 수 있는 나이는 19 ~ 34세로 전제한다.

	A	B	C		A	B	C		A	B	C
①	49	10	5	②	49	25	2	③	35	14	5
④	35	10	7	⑤	25	14	7				

www.gosinet.co.kr

1회 기출예상

2회 기출예상

3회 기출예상

4회 기출예상

5회 기출예상

6회 기출예상

39. 다음은 건축물의 에너지절약설계에 관한 기준의 일부를 발췌한 것이다. 에너지절약계획서 제출 예외대상 또는 에너지절약설계에 관한 기준의 적용예외 대상 건축물이 아닌 것은?

> **제3조(에너지절약계획서 제출 예외대상 등)** ① 영 제10조 제1항에 따라 에너지절약계획서를 첨부할 필요가 없는 건축물은 다음 각 호와 같다.
>
> 1. 「건축법 시행령」에 따른 변전소, 도시가스배관시설, 정수장, 양수장 중 냉·난방 설비를 설치하지 아니하는 건축물
> 2. 「건축법 시행령」에 따른 운동시설, 위락시설, 관광 휴게시설 중 냉·난방 설비를 설치하지 아니하는 건축물
> 3. 「주택법」 제16조 제1항에 따라 사업계획 승인을 받아 건설하는 주택으로서 「주택건설기준 등에 관한 규정」 제64조 제3항에 따라 「에너지절약형 친환경주택의 건설기준」에 적합한 건축물
>
> **제4조(적용예외)** 다음 각 호에 해당하는 경우 이 기준의 전체 또는 일부를 적용하지 않을 수 있다.
>
> 1. 지방건축위원회 또는 관련 전문 연구기관 등에서 심의를 거친 결과 새로운 기술이 적용되거나 연간 단위면적당 에너지소비총량에 근거하여 설계됨으로써 이 기준에서 정하는 수준 이상으로 에너지절약 성능이 있는 것으로 인정되는 건축물의 경우
> 2. 건축물의 기능·설계조건 또는 시공 여건상의 특수성 등으로 인하여 이 기준의 적용이 불합리한 것으로 지방건축위원회가 심의를 거쳐 인정하는 경우에는 이 기준의 해당 규정을 적용하지 아니할 수 있다. 다만, 지방건축위원회 심의 시에는 「건축물 에너지효율등급 인증에 관한 규칙」 제4조 제4항 각호의 어느 하나에 해당하는 건축물 에너지 관련 전문인력 1인 이상을 참여시켜 의견을 들어야 한다.
> 3. 건축물을 증축하거나 용도 변경, 건축물대장의 기재내용을 변경하는 경우에는 적용하지 아니할 수 있다. 다만, 별동으로 건축물을 증축하는 경우와 기존 건축물 연면적의 100분의 50 이상을 증축하면서 해당 증축 연면적이 2,000m² 이상인 경우에는 그러하지 아니한다.
> 4. 허가 또는 신고대상의 같은 대지 내 주거 또는 비주거를 구분한 제3조 제2항 및 3항에 따른 연면적의 합계가 500m² 이상이고 2,000m² 미만인 건축물 중 개별 동의 연면적이 500m² 미만인 경우
> 5. 열손실의 변동이 없는 증축, 용도 변경 및 건축물대장의 기재내용을 변경하는 경우에는 별지 제1호 서식 에너지절약 설계 검토서를 제출하지 아니할 수 있다.

① 에너지절약설계에 관한 기준에 명시되지 않았으나 지방건축위원회 또는 관련 전문 연구기관의 심의로 에너지절약 성능이 인정되는 건축물

② 증축, 용도 변경을 하였으나 열이 보존되는 수준에 변화가 없는 건축물

③ 연면적의 합계가 1,000m²이며 각 동의 연면적이 500m² 미만인 모든 건축물

④ 냉방 설비가 설치되지 않은 「건축법 시행령」에 따른 탁구장

⑤ 조건적인 특수성에 따라 기준에 적용되지 않으나 심의에 따라 인정된 건축물

[40 ~ 41] 다음 자료를 바탕으로 이어지는 질문에 답하시오.

회사의 경영 개선안 공모전에서 4개의 안건이 최종 상정되었고, 이에 대하여 3명의 심사위원이 각각 자신의 선호도를 다음과 같이 결정하였다.

선호도 \ 심사위원	박 상무	오 전무	한 이사
1순위	판촉방안	자산처분	판촉방안
2순위	해외진출	판촉방안	해외진출
3순위	원가절감	원가절감	자산처분
4순위	자산처분	해외진출	원가절감

※ 4개의 안건 중 전 직원의 투표에 의해 2개의 안건이 최종 선정되며, 선정된 안건에 대한 심사위원의 선호도 다수결에 따라 한 개의 최종 안건이 채택된다.

40. 직원들의 투표 결과에 의해 최종 선정된 2개 안건 중 하나가 '해외진출'일 때 일어날 수 있는 일로 옳은 것을 〈보기〉에서 모두 고르면?

> **보기**
>
> (가) 나머지 하나로 어떤 안건이 선정되어도 '해외진출'은 최종 채택되지 않는다.
> (나) 나머지 하나로 '원가절감'이 선정되면 '해외진출'이 선정된다.
> (다) 나머지 하나로 '판촉방안'이 선정되면 '해외진출'이 최종 채택되지 않는다.
> (라) '해외진출'이 최종 채택되는 경우는 한 가지밖에 없다.

① (가), (나) ② (나), (다) ③ (나), (라)
④ (가), (다) ⑤ (다), (라)

41. 전 직원의 투표에 의해 선정된 2개의 안건 중 직원 투표 1순위 안건은 심사위원의 선호도 다수결에서 한 표를 추가로 얻는다고 할 때, 다음 중 옳은 것은? (단, 복수의 안건이 동일 표수를 얻는다면 직원 투표 1순위 안건을 선정한다)

① '자산처분'이 1순위 안건일 경우, '자산처분'은 언제나 최종 안건으로 채택된다.
② '해외진출'이 1순위 안건일 경우, 최종 안건으로 채택될 수 있는 안건은 한 가지밖에 없다.
③ '판촉방안'은 직원 투표에 의해 2개의 안건으로 최종 선정될 경우, 언제나 최종 안건으로 채택된다.
④ '원가절감'은 그 어떤 경우에도 최종 안건으로 선택되지 못한다.
⑤ '해외진출'이 2순위 안건일 경우에도 최종 안건으로 채택될 수 있는 경우가 있다.

www.gosinet.co.kr

1회 기출예상
2회 기출예상
3회 기출예상
4회 기출예상
5회 기출예상
6회 기출예상

42. 다음은 환경친화적 토지공급체계 구축을 위한 제언이다. 글쓴이의 주장과 일치하지 않는 것은?

> 인구의 증가, 산업화 · 도시화의 진전에 따른 주택용지, 상 · 공업용지, 공공시설용지 등을 위한 토지공급의 대부분은 농지와 산지의 전용 및 간척 개발에 의해 이루어졌다. 한편으로는 토지이용의 효율성 제고라는 차원에서 농지 · 산지의 과다개발이 부추겨졌으며, 제도 · 정책의 잘못으로 농지 · 산지의 난개발이 야기되기도 했다. 그 결과 녹지가 줄어들고 수질오염, 대기오염이 심화되었다. 그리고 농지 · 산지의 전용 및 간척개발은 서로 대체 · 보완적인 관계를 맺으면서 중요한 비농업용 토지 공급원으로서의 기능을 수행하여야 한다. 대개 산지보다 농지가 중요시되어 농지보전을 위해 산지의 전용을 부추기는 경우도 생겨났고 농지확보를 위해 갯벌을 개발하기도 하였다.
>
> 그런데 최근에는 환경오염의 심화, 국민들의 녹지 수요 증대 등 여건변화에 따라 농지, 산지, 간척에 대한 인식이 전환되고 있다. 이러한 여건 변화에 대응하기 위해서는 발상의 전환이 필요하다. 과거 경제적 효율성 위주의 토지이용 및 공급체계를 탈피하여 이른바 '환경친화적 토지 이용 및 공급체계'의 구축이 요구된다. 그러나 토지공급원별 환경 측면에서의 객관적인 평가도 이루어지지 못하고 있으며, 이를 위한 기초자료조차 구축되어 있지 않다. 따라서 환경친화적인 토지 이용 및 공급체계 구축을 위한 다양한 정책대안의 모색이 시급하다.
>
> 우선 환경친화적 토지 이용 및 공급체계 구축과 관련하여 토지수요량 측정, 환경친화적 개발개념의 도입과 실천 가능성, 토지공급원별 환경적 가치의 인식, 환경보전 비용부담주체, 농촌토지이용계획 수립문제, 지방자치단체의 역할 등을 선정하여 검토할 것을 제안한다. 그리고 정책 개선방안으로 수자원을 포함한 국토 자원 전체에 대한 종합적인 이용계획의 수립, 농지 · 산지의 계획적 전용의 제도화, 토지공급원별 환경평가의 실시, 토지에 대한 수요관리 대책의 강화, 토지이용관리에 대한 지방자치단체와 지역주민의 역할 제고, 오염자부담원칙의 정립 등을 제안한다.

① 최근 환경에 대한 인식의 변화가 토지 이용 및 공급체계의 변화에 대한 요구로 이어지고 있다.
② 지금까지 농지 및 산지의 전용 및 간척 개발은 산업화 · 도시화의 진전을 위한 토지공급에 도움이 되었다.
③ 토지 개발 시 환경 측면의 문제도 객관적인 자료를 토대로 고려하여야 한다.
④ 농지, 산지의 개발 시 경제적 효율성을 최우선적으로 고려해야 한다는 점을 간과해서는 안 된다.
⑤ 현재까지는 환경친화적인 토지 이용에 대한 제도적 기반이 부족한 실정이다.

43. 다음은 임대주택에 대한 임대사업자와 임차인의 수선비 부담 및 시설물 원상복구에 관한 기준이다. 〈보기〉 중 임대인이 수선비를 부담해야 하는 경우는 총 몇 개인가?

항목	부과 여부	
	퇴거 시 미부과(임대인 부담)	퇴거 시 부과(임차인 부담)
기본 원칙	• 기간 경과, 노후화로 인한 부식, 박리, 탈락, 변색, 통상의 손모 등 • 자연재해에 의한 파손, 훼손, 멸실	• 임차인의 고의 · 과실, 비정상적인 사용으로 인한 오 · 파손, 훼손, 멸실 등 • 소모성 자재의 교체 등 유지 · 관리
도배 장판	• 압정, 핀 등의 구멍자국 • 일조에 의한 자연 변색 • 누수 등 하자로 인한 얼룩, 곰팡이 • 냉장고, TV 뒷면의 도배 변색(탄 자국) • 벽에 걸어둔 달력 또는 액자의 흔적 • 가구, 가전제품에 눌린 자국	• 임차인 책임의 찢김, 오염, 낙서 • 담배에 의한 눌은 자국, 탄 자국 • 이삿짐 운반으로 인한 바닥재 훼손 • 하자 방치로 인한 부식, 얼룩, 곰팡이 • 에어컨 누수 방치로 인한 벽 · 바닥의 부식, 얼룩, 오염 등 2차 피해 • 애완동물에 의한 도배 · 장판 훼손 • 흡연에 의한 변색, 냄새부착, 오염 • 음료 등을 쏟아 생긴 얼룩, 곰팡이 • 사회 통념을 벗어나는 과도한 못 박기
합판마루	누수 하자로 인한 변색, 곰팡이	임차인의 고의 · 과실에 의한 변색, 통상적인 범위를 넘어선 과도한 패임, 찍힘, 파손 등
도장	• 기간 경과, 일광에 의한 자연 변색, 손모 • 세대 공통으로 발생하는 박리, 탈락, 들뜸 • 누수 등 하자로 인한 곰팡이(누수의 방치로 확대된 곰팡이, 얼룩의 경우 임차인 부담)	• 못 박기로 인한 구멍, 파손, 콘크리트 탈락 • 하자 방치로 인한 오염, 변색, 곰팡이 및 주변 시설물의 2차 하자(예 싱크대 누수 방치(하자보수 미 요구)로 인한 주방가구 목재 썩음, 부풀음, 부식 하자)
타일	• 기간 경과로 인한 손모, 오염, 탈락 • 바탕면 거동으로 인한 타일 균열, 파손	• 임차인의 고의 · 과실, 사용상 부주의로 인한 오염, 탈락, 파손 • 시설물 고정을 위한 천공 및 그 충격으로 인한 파손, 깨짐
주방가구/ 신발장/ 반침장	• 기간 경과, 노후화에 의한 일괄 교체 • 누수 등 하자로 인한 피해, 손상 • 랩핑지 들뜸, 탈락 등 세대 공통적으로 발생하는 하자 • 고정 미흡에 의한 상부장 탈락(과도한 수납으로 인한 경우 임차인 부담)	• 사용 부주의로 인한 가구 그을림, 문짝 오염 등 • 주방 상판의 사용 부주의에 의한 음식물 자국 등 오염 • 정수기(별도 설치) 누수로 인한 주방가구의 부식, 파손
설비	사용 연수 경과에 따른 설비기기의 고장, 사용 불능, 작동 불량	• 오물, 쓰레기 투입 등으로 오수관, 배수관 막힘 • 임차인 과실에 의한 수도계량기, 보일러 동파

보기

㉠ 담배로 인해 악취, 변색 등의 손상이 발생한 경우

㉡ 임차인 거주 기간 동안 자연 변색이 된 경우

㉢ 압정을 박아 벽에 구멍이 발생한 경우

㉣ 이웃 세대에서도 유사하게 도장이 들뜨고 벗겨진 경우

㉤ 이물질로 인하여 오수관, 배수관이 막힌 경우

① 1개   ② 2개   ③ 3개

④ 4개   ⑤ 5개

44. A ~ F 여섯 명이 〈조건〉에 따라 일주일 근무 스케줄을 작성한다고 할 때, 반드시 참인 것은?

조건

• 일주일 중 야근을 포함하여 5일분을 일해야 하며 야근은 한 회당 0.5일 일한 것으로 간주한다.

• A, B, E는 주중에 야근을 할 계획이며, 나머지는 야근을 하지 않는다.

• C, D는 주말에만 이틀 일한다(주말에만 일하는 경우 2일만 일해도 된다).

• 하루에 3명이 출근해야 한다(야근 시 사람 수는 관계없다).

• A는 월요일 ~ 목요일에만 출근하며, A와 E 모두 주말 근무는 하지 않을 것이다.

• B는 월요일, 화요일에 여행을 갈 예정이고, 일요일에는 지방에 내려가야 하며, 그 외에는 출근한다.

• 막내인 F는 선배들의 스케줄 일정을 보고 회사 규정에 따라 출근한다.

① F는 월요일, 화요일, 수요일에 연속 근무를 한다.

② B와 D가 동시에 출근하는 요일은 없다.

③ F는 주말 근무를 하지 않는다.

④ 수요일에 출근하는 사람은 A, B, F이다.

⑤ E, F가 동시에 출근하는 요일은 월요일, 화요일, 금요일이다.

[45 ~ 46] 다음 자료를 참고하여 이어지는 질문에 답하시오.

〈의약품 허가 · 신고 현황 개요〉

(단위 : 품목)

국내제조(2,639)				수입(206)			
완제품 (2,597)	전문 (2,126)	허가(1,822)	본부(236)	완제품 (164)	전문 (154)	허가(150)	본부(121)
			지방청(1,586)				지방청(29)
		신고(304)	지방청(304)			신고(4)	지방청(4)
	일반 (471)	허가(35)	본부(35)		일반 (10)	허가(7)	본부(7)
		신고(436)	지방청(436)			신고(3)	지방청(3)
원료(42)		허가(10)	본부(10)	원료(42)		허가(6)	본부(6)
		신고(32)	지방청(32)			신고(36)	지방청(36)

※ 한약재는 제외한 수치임.

45. 다음 중 위의 자료를 올바르게 이해하지 못한 것은?

① 본부가 허가한 국내제조 완제품 일반의약품은 전문의약품의 15% 미만이다.

② 국내제조 완제품 일반의약품의 신고 품목 수는 허가 품목 수의 12배 이상이다.

③ 신고된 수입 원료의 약 17%가 허가되었다.

④ 국내제조 원료와 수입 원료의 허가와 신고 품목 수는 각각 다르다.

⑤ 본부에서는 국내제조 완제품 전문의약품 허가 업무를 가장 많이 수행하였다.

46. 위의 자료를 근거로 작성한 현황표로 적절하지 않은 것은?

① (단위 : 품목)

구분	본부	지방청	계
허가	415	1,615	2,030
신고	0	815	815

② (단위 : 품목)

구분	전문의약품	일반의약품
허가	1,972	42
신고	308	439
계	2,280	481

③ (단위 : 품목)

구분	본부	지방청
전문의약품 허가/신고	357	1,923
일반의약품 허가/신고	42	439
계	399	2,362

④ (단위 : 품목)

구분	허가	신고
국내제조 완제품	1,867	772
수입 완제품	163	43
계	2,030	815

⑤ (단위 : 품목)

구분	허가	신고	계
완제품	2,014	747	2,761
원료	16	68	84

[47 ~ 48] 다음 자료를 읽고 이어지는 질문에 답하시오.

〈직장어린이집 설치의무 관련 규정〉

1. 직장어린이집 설치의무 사업장

직장어린이집을 설치하여야 하는 사업장은 상시 여성근로자 300명 이상 또는 상시근로자 500명 이상을 고용하고 있는 사업장이다.

2. 미이행 사업장에 대한 이행강제금 부과제도

사업주의 직장어린이집 설치 등 의무를 미이행 시 연 2회(6월, 12월), 회당 1억 원 범위 내에서 이행강제금을 부과 및 징수한다(2016. 1. 1.부터 시행).

1. 직장어린이집 면적 기준 : 영유아 1명당 $4.5m^2$
2. 이행강제금 기준 : (보육대상 영유아 수×65%)×정부보육료 평균 지원단가의 50%×의무불이행기간(개월 수)
3. 현재 정부보육료 평균 지원단가 : 300,000원

〈2022년 1월 직장어린이집 설치 현황〉

기업명	근로자 수 (명)	여성근로자 수 (명)	보육대상 영유아 수(명)	이행강제금 부과 횟수 (의무불이행기간)
A	700	380	100	1회(6개월)
B	600	320	220	–
C	500	150	60	2회(12개월)
D	400	320	110	–

47. A 기업은 1층 사무실 3개를 리모델링하여 직장어린이집을 설치하려 한다. 향후 수요 증가를 감안하며 면적을 직장어린이집 면적 기준의 1.5배 이상, 2배 이하로 하고자 할 때, 조건에 맞지 않는 경우는? (단, 사무실 5의 마주보는 두 벽면의 길이는 서로 같다)

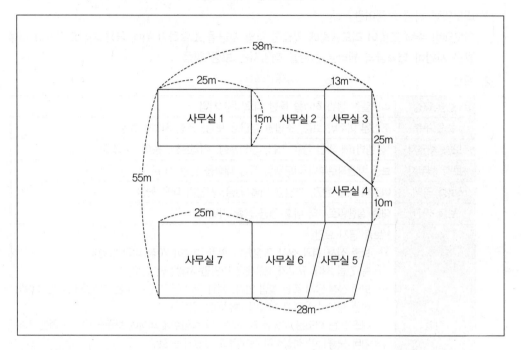

① 사무실 1, 사무실 2, 사무실 4   ② 사무실 2, 사무실 3, 사무실 4

③ 사무실 3, 사무실 4, 사무실 6   ④ 사무실 4, 사무실 5, 사무실 6

⑤ 사무실 4, 사무실 6, 사무실 7

48. 2021년의 A 기업과 C 기업의 직장어린이집 미설치에 따른 이행강제금의 총합은?

① 93,600,000원   ② 128,700,000원   ③ 187,200,000원

④ 200,200,000원   ⑤ 242,600,000원

[49 ~ 50] 다음은 리모델링 자금 보증에 대한 설명 자료이다. 이어지는 질문에 답하시오.

〈리모델링 자금 보증〉

1. 리모델링 자금 보증이란?

리모델링 주택 조합이 리모델링에 필요한 사업 자금을 조달하기 위해 금융 기관으로부터 대출받은 사업비 대출금의 원리금 상환을 책임지는 보증 상품

2. 개요

보증 대상	리모델링 행위 허가를 득한 리모델링 사업
보증 구분	조합원 이주비 보증, 조합원 부담금 보증, 조합 사업비 보증
보증 채권자	「은행법」에 의한 금융 기관, 산업은행, 기업은행, 농협, 수협 등
보증 채무자	보증 채권자로부터 리모델링 자금 대출을 받는 차주
보증 금액	이주비 대출 원금, 부담금 대출 원금, 사업비 대출 원금
보증 기간	대출 실행일로부터 대출 원금 상환 기일까지

기타	• 보증 금지 요건
	  – 보증 심사 결과 심사 평점표의 종합 평점이 70점 미만인 경우
	  – 총 건립 세대 규모가 150세대 미만인 사업장인 경우
	  – 보증 신청 당시 조합 설립 인가, 행위 허가 등의 무효 또는 취소를 다투는 소송이 진행 중으로 사업에 차질이 예상되는 경우
	  – 위조 또는 변조된 서류를 제출하는 등 속임수에 의하여 보증을 받고자 하는 경우
	  – 기타 보증함이 적절하지 못하다고 판단되는 경우
	 • 사업비 대출 보증 시공자 요건
	  – 신용 평가 등급이 BBB-등급 이상
	  – 고객 상시 모니터링 결과 경보 등급에 해당하지 않는 경우
	  – 책임 준공 의무 부담

3. 유의 사항 안내

구분	보증 한도	주채무자(연대 보증인)
조합원 이주비 보증	조합원별 종전 자산 평가액의 60%	조합원(조합)
조합원 부담금 보증	조합원별 부담금의 60%	조합원(조합)
조합 사업비 보증	총 사업비의 50%	조합

4. 보증료

• 보증료 산정식 : 보증료＝보증금액×보증료율×$\dfrac{\text{보증 기간에 해당하는 일수}}{365}$

• 심사 등급별 보증료율

상품명	이주비	부담금	사업비		
			1등급	2등급	3등급
보증료율(연)	0.35%	0.20%	0.45%	0.62%	0.92%

49. 조합원 H는 보증 회사로부터 이주비 보증을 받으려고 한다. 다음을 참고할 때, 옳지 않은 것은?

- H의 자격 심사 결과 심사 평점표의 종합 평점이 70점이었다.
- 건립 세대 규모는 165세대이다.
- H의 종전 자산 평가액은 10억 원이고 보증 기간은 60일이다.

① H의 종합 평점은 보증 자격 요건을 충족한다.

② H가 이주비 보증을 받기 위해서는 추가적으로 신용 평가 등급을 조회해 보아야 한다.

③ H가 이주비 보증을 받기 위해서는 사업에 차질을 줄 수 있는 소송의 진행 여부를 확인해 보아야
한다.

④ H가 받을 수 있는 최대 보증료는 약 34만 5천 원이다.

⑤ H의 건립 세대 규모는 보증을 받기에 충분하다.

50. 다음 3개 조합이 보증을 받으려고 한다. 보증료가 높은 순서대로 바르게 나열한 것은? (단, 천의
자리에서 반올림한다)

구분	상품명	등급	보증금액	보증 기간
A	사업비	1	200억 원	200일
B	부담금	-	200억 원	365일
C	이주비	-	300억 원	150일

① A-B-C   ② B-A-C   ③ C-A-B

④ A-C-B   ⑤ C-B-A

유형별 출제비중

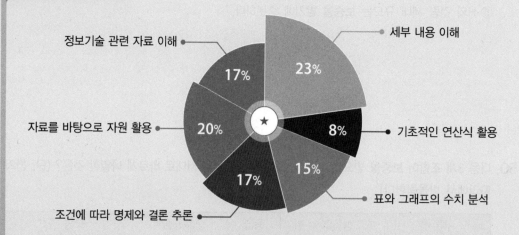

- 정보기술 관련 자료 이해
- 세부 내용 이해
- 자료를 바탕으로 자원 활용
- 기초적인 연산식 활용
- 조건에 따라 명제와 결론 추론
- 표와 그래프의 수치 분석

17% 23% 8% 15% 17% 20%

출제분석

피듈형 의사소통능력에서는 지문을 읽고 내용을 이해하는 문제와 더불어 문맥에 맞게 글을 재배열하는 문제가 주로 출제되었다. 수리능력에서는 일수, 월급, 인원 수, 금액 계산 등의 기초적인 응용수리 문제와 도표자료의 수치를 분석하는 자료해석 문제가 출제되었다. 문제해결능력에서는 명제를 바탕으로 추론하거나 조건과 자료를 활용하여 결과를 도출하는 문제가 주로 출제되었다. 자원관리능력에서는 자원관리의 과정을 이해하고 예산, 시간, 인적자원 관련 자료의 분석을 바탕으로 적절한 결론을 도출하는 문제가 출제되었다. 정보능력에서는 정보에 대한 기본 지식을 묻는 문제와 컴퓨터 프로그램, 단축키 활용, 컴퓨터 보안, 정보기술 등의 컴퓨터활용 및 IT 분야와 관련된 기초 지식을 묻는 문제가 골고루 출제되었다.

2회 고시넷 NCS 피듈형

통합 오픈봉투 모의고사

영역	문항 수	시험시간	비고
의사소통능력 수리능력 문제해결능력 자원관리능력 정보능력	50문항	60분	부산교통공사, 한국가스공사, 한국남동발전 등의 필기시험 유형을 기반으로 재구성하였습니다.

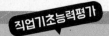
01. 다음 글의 빈칸 ⓐ에 들어갈 내용으로 가장 적절한 것은?

> 에르빈 슈뢰딩거는 파동역학 이론을 통해 독특한 입자의 행동을 수학적으로 기술한 물리학자이다. 아인슈타인과 슈뢰딩거는 상대성 이론과 파동역학으로 물리학에서 중요한 발자취를 남겼다. 아인슈타인과 슈뢰딩거는 물리학에 관한 이야기를 나누는 동료이자, 서로의 이론을 가지고 논쟁도 벌이는 라이벌이기도 했다.
>
> 이들은 양자역학이라는 새로운 학문이 만들어지는 데 기여하긴 했지만, 실제론 양자역학을 못마땅하게 여겼다고 한다. 여기서 막스 보른을 언급할 필요가 있다. 막스 보른은 독일의 물리학자이며, 파동함수를 통계적으로 해석해 양자역학이라는 학문을 개척하고 노벨물리학상을 받았다.
>
> 보른은 슈뢰딩거의 파동함수에 확률을 도입하여, 양자가 일종의 확률로 움직인다고 주장했다. 이에 대해 아인슈타인과 슈뢰딩거는 거세게 반박하며, 양자는 확률이 아닌 입자의 확정적인 운동으로 이루어진다고 주장했다. 이때, 아인슈타인의 위대한 명언이 탄생한다.
> "＿＿＿＿＿＿＿＿＿＿ⓐ＿＿＿＿＿＿＿＿＿＿"
>
> 슈뢰딩거는 유명한 사고 실험을 고안해 내게 되는데, '양자역학' 하면 바로 생각나는 고양이가 바로 그 실험이다. '상자를 열지 않는 한, 산 것도 죽은 것도 아닌 고양이'라는, 이른바 '슈뢰딩거의 고양이'라는 사고 실험을 만들어 낸 것이다. 이는 직접 판독하지 않는 한, 양자의 붕괴 여부를 알 수 없어 중첩 상태로 있는 것을 상자 속의 고양이로 비유해 말한 것이다. 이렇게 탄생한 아인슈타인의 명언과 슈뢰딩거의 사고 실험은 양자역학의 모순을 드러내는 발언으로 알려져 있다.

① 신은 주사위 놀이를 하지 않는다.
② 나는 우주의 원리가 아름답고 단순할 것이라고 굳게 믿는다.
③ 지식보다 중요한 것은 상상력이다.
④ 진정한 예술은 창조적인 예술가의 견딜 수 없는 충동에 의해 생긴다.

02. 다음 자료를 활용하여 판매 촉진 활동을 효과적으로 할 수 없는 기업체는?

> 화학적 방법에 의하여 중합된 합성고분자를 원료로 하는 섬유, 즉 합성섬유는 놀라운 발명 중 하나이다. 면을 제조할 때보다 물 낭비도 훨씬 적고, 목화를 재배하느라 독성 살충제를 쓸 일도 없다. 그렇다면 합성섬유가 친환경적인가? 결론은 'NO'이다. 2000년을 기점으로 '패스트 패션'의 고성장은 폴리에스터라는 합성섬유가 없었다면 불가능했을 것이다. 값싸고 쉽게 구할 수 있는 폴리에스터는 이제 생산되는 모든 섬유의 무려 60% 정도를 차지하고 있다. 하지만 폴리에스터 섬유는 제조 과정에서 화석연료를 면보다 훨씬 많이 소비하여 면섬유와 비교했을 때 거의 세 배에 달하는 탄소를 배출시킨다. 패션산업이 환경오염을 가장 많이 일으키는 업종 중 하나가 된 이유는 바로 탄소를 많이 배출시킬 뿐 아니라 썩지 않는 쓰레기를 남기는 폴리에스터를 과도하게 사용하고 있기 때문이다. 합성섬유로 만든 옷을 세탁기에 넣고 돌리면 '미세섬유'라 부르는 매우 작은 섬유 가닥이 방출된다. 미세섬유는 현미경으로 봐야만 확인할 수 있는 아주 작은 '플라스틱' 조각이다. 우리가 세탁기를 한 번 돌릴 때마다 수십만 개의 미세섬유가 하수구로 흘러들어가 많은 양이 바다에 도달한다. 물고기나 다른 바다생물들을 통해 먹이사슬을 따라 이번에는 우리 식탁으로 다시 돌아오게 되는 것이다. 세계자연보전연맹(IUCN)의 보고서에 따르면 전체 해양 플라스틱 오염의 15 ~ 31%가 가정 및 산업용 제품에서 방출된 미세한 입자 때문이라는 결론을 내렸다. 흔히 생각하는 바다로 흘러들어온 뒤 분해되는 큰 플라스틱 덩어리가 문제가 아니었다. 세계자연보전연맹은 미세플라스틱 오염의 약 35%는 합성섬유 제품을 세탁하는 과정에서 발생한다고 추산했다. 유럽과 중앙아시아에서만 한 사람이 매주 54개의 비닐봉지에 해당하는 양의 미세플라스틱을 바다에 버리고 있는 셈이다.

① 합성섬유를 대체할 신소재 원료 개발사
② 양식에 사용하는 어구 · 부표 생산 공장
③ 세탁기 · 하수 처리장용 미세섬유 필터 제조업체
④ 중고 · 빈티지 의류 혹은 업사이클링 체인점

1회 기출예상

2회 기출예상

3회 기출예상

4회 기출예상

5회 기출예상

6회 기출예상

[03 ~ 04] 다음은 정부조세정책에 관련된 글이다. 이어지는 질문에 답하시오.

정부는 조세를 부과함으로써 재정 사업을 위한 재원을 마련한다. 그런데 조세 정책의 원칙 중 하나가 공평 과세, 즉 조세 부담의 공평한 분배이기 때문에 누구에게 얼마의 조세를 부과할 것인가는 매우 중요하다. 정부는 특정 조세에 대한 납부자를 결정하게 되면 조세법을 통해 납부 의무를 지운다. 그러나 실제로는 납부자의 조세 부담이 타인에게 전가되는 현상이 흔히 발생하는데, 이를 '조세전가(租稅轉嫁)'라고 한다.

정부가 볼펜에 자루당 100원의 물품세를 생산자에게 부과한다고 하자. 세금 부과 전에 자루당 1,500원에 100만 자루가 거래되고 있었다면 생산자는 총 1억 원의 세금을 납부해야 할 것이다. 이로 인해 손실을 입게 될 생산자는 1,500원이라는 가격에 불만을 갖게 되므로 가격을 100원 더 올리려고 한다. 생산자가 불만을 갖게 되면 가격이 상승하기 시작한다. 그러나 가격이 한없이 올라가는 것은 아니다. 가격 상승으로 생산자의 불만이 누그러지지만 반대로 소비자의 불만이 증가하기 때문이다. 결국 시장의 가격 조정 과정을 통해 양측의 상반된 힘이 균형을 이루는 지점에 이르게 되며, 1,500 ~ 1,600원 사이에서 새로운 가격이 형성된다. 즉 생산자는 법적 납부자로서 모든 세금을 납부하겠지만 가격이 상승하기 때문에 한 자루당 실제 부담하는 세금이 그만큼 줄게 되는 셈이다. 반면에 소비자는 더 높은 가격을 지불하게 되므로 가격이 상승한 만큼 세금을 부담하는 셈이 된다.

한편, 조세전가가 같은 방향으로만 발생하는 것은 아니다. 동일한 세금을 소비자에게 부과한다고 하자. 소비자는 한 자루당 1,500원을 생산자에게 지불해야 하므로 실제로는 1,600원을 지출해야 한다. 이에 대해 소비자는 불만을 가질 수밖에 없다. 소비자의 불만이 시장에 반영되면 시장의 가격 조정 기능이 작동하여 가격이 하락하게 되며, 최종적으로 소비자는 가격 하락 폭만큼 세금 부담을 덜 수 있게 된다. 즉 정부가 소비자에게 세금을 부과한다 해도 생산자에게 조세가 전가된다.

그렇다면 양측의 실제 부담 비중은 어떻게 결정될까? 이는 소비자나 생산자가 제품 가격의 변화에 어떤 반응을 보이는가에 따라 달라진다. 예를 들어 가격 변화에도 불구하고 소비자가 구입량을 크게 바꾸지 못하는 경우, 어느 측에 세금을 부과하든 소비자가 더 많은 세금을 부담하게 된다. 생산자에게 세금을 부과할 때는 가격 상승 요구가 더욱 강하게 반영되어 새로운 가격은 원래보다 훨씬 높은 수준에서 형성될 것이다. 즉 생산자의 세금이 소비자에게 많이 전가된다. 그러나 소비자에게 세금을 부과할 때에는 가격 하락 요구가 잘 반영되지 않아 가격이 크게 떨어지지 않는다. 그로 인해 소비자가 대부분의 세금을 부담하게 된다. 한편, 가격 변화에도 불구하고 생산자가 생산량을 크게 바꾸지 못하는 경우에는 누구에게 세금이 부과되든 생산자가 더 많은 세금을 부담하게 될 것이다. 이러한 조세전가 현상으로 인해 정부는 누가 진정한 조세 부담자인지를 파악하는 데 어려움을 겪을 수밖에 없다.

03. 다음 중 윗글의 내용과 일치하는 것은?

① 유행이 바뀌어서 재료를 급히 처분해야 하는 의류생산자는 소비자에게 조세전가를 많이 하기 어려울 수 있어 더 많은 세금을 부담하게 될 가능성이 높다.

② 정부는 조세부과 시 조세전가를 정확히 예측할 수 있다.

③ 정부가 소비자에게 세금을 부과하는 경우 소비자는 마지막 단계에 있으므로 조세전가를 할 방법이 없다.

④ 조세전가는 항상 생산자에게서 소비자에게 전가되는 방향으로 발생한다.

04. 윗글에서 말하는 조세전가에 대한 설명으로 적절하지 않은 것은?

① 조세전가로 인해 정부가 조세를 부과하도록 법으로 정한 자와 실제로 조세를 부담하는 자가 다를 수도 있다.

② 결국 조세전가는 시장에서 생산자의 가격에 대한 반응 정도와 소비자의 가격에 대한 반응 정도에 따라 결정된다고 할 수 있다.

③ 정부가 부동산의 소유자에게 조세를 새로이 부과하거나 올릴 경우 해당 부동산 임차인의 월세(월차임)가 상승하는 것을 조세전가의 전형적인 예로 볼 수 있다.

④ 조세전가는 의식주 등에 관련된 필수재화의 경우 발생할 확률이 적다고 볼 수 있다.

1회 기출예상

2회 기출예상

3회 기출예상

4회 기출예상

5회 기출예상

6회 기출예상

05. K 공단에서 근무하는 이 사원은 '디지털기기의 원자력발전소 안전계통에의 도입'에 관한 다음 글을 사보에 실을 예정이다. (가) ~ (마)를 글의 흐름에 맞게 나열한 것은?

(가) 그러나 설계와 제작의 측면에서도 디지털 기기를 이용할 경우 단순화·표준화로 인한 설계 편의성 및 유지보수 편의성 등 많은 장점이 있다. 또한 아날로그 산업체의 위축에 따라 기술 지원 및 부품 조달의 어려움으로 인한 아날로그 기기의 계속 사용에 어려움이 있으며, 기존 원전들도 유지·보수에 어려움을 겪고 있다. 이러한 이유로 전 세계적으로 연구·설계 중인 차세대 원자력 발전소에서 디지털 계측제어계통의 전면 채택이 중요한 특징 중 하나가 되고 있다.

(나) 이렇게 디지털 계측기기의 사용이 일반화된 일반 산업계와 달리 원자력발전소에는 디지털 기기가 안전기능을 담당하는 부분에 대해서는 극히 제한적으로 사용되어 왔다. 가장 큰 이유는 안전성을 중요시하는 원자력산업계에서 고장 메커니즘이 불명확하고 급속한 디지털 기술진보는 엄격히 요구되는 원자력 산업계의 안정성을 검증하기 어렵기 때문이다.

(다) 국내에서는 차세대원전의 원자력 보호계통과 공학적 안전설비 자동계통과 같은 안전기능을 수행하는 계통에 디지털계측기술을 적용하고 있으며, 가동 중인 원천에 대해서도 노후 기기에 대한 디지털 기기로의 대체가 추진되고 있다. 원전의 계측제어계통은 원전 운전 상태를 감시하고 제어하며, 이상사건 발생 시 인적·물적 안전을 보장하는 역할을 수행한다. 디지털 기술 특유의 불확실성·불명확성을 극복하고 원자력발전소의 안전관련 계통에 효율적으로 적용하기 위해서는 확률론적 안전성 평가와 같은 정량평가 방법의 적극적인 활용이 중요한 역할을 할 것으로 판단된다.

(라) 1980년대 이후 마이크로프로세서와 소프트웨어 기술의 획기적인 발전으로 디지털 기기는 기존의 아날로그 시스템과는 다른 뛰어난 데이터의 전송과 처리, 저장능력 및 향상된 정확도와 계산능력 등의 장점을 가지면서 동시에 경제성도 만족시킬 수 있게 되어, 일반 산업계에서는 그 사용이 급속히 확산되어 왔으며, 현재는 기존의 아날로그 기기를 거의 완전히 대체하고 있다.

(마) 하지만 디지털 기술의 여러 가지 장점에도 불구하고 고장 내구성, 자가진단, 신호검증 등 기존 아날로그 기술과 다른 계측제어 구현 방법에 대한 검증의 어려움과 디지털 기능이 가지는 불확실성 때문에 세계 각국의 안전규제 기관은 신중하고 유보적인 입장을 견지하고 있어 이러한 설계의 실제 채택에 어려움으로 작용하고 있다. 또한 신기술의 도입에 따른 새로운 고장 요소 발생 가능성도 디지털 기술 도입에 대한 우려 중 하나이다. 따라서 디지털 기기로의 전환 및 관련 연구는 피할 수 없는 당면과제로 대두되고 있다.

① (다)-(라)-(마)-(나)-(가)
② (다)-(마)-(나)-(라)-(가)
③ (라)-(나)-(가)-(마)-(다)
④ (라)-(마)-(다)-(가)-(나)

06. 다음 글을 내용상 두 문단으로 나눌 때, 두 번째 문단의 시작으로 가장 적절한 곳은?

전 세계적으로 집값이 극단적인 수준의 변동성을 보였음에도 불구하고 휴스턴의 집값이 보합세를 유지할 수 있었던 이유는 수요 변화에 맞춰 주택 공급도 변했기 때문이다. (가) 집값 거품이 정점에 달했던 2006년에 해리스 카운티는 3만 채가 넘는 주택 건설을 허용했는데, 그때 지어진 집들은 주택 가격을 낮게 유지하는 데 도움이 되었다. (나) 또한, 2008년에 신규 주택 건설 물량이 절반으로 뚝 떨어진 것은 주택 가격 하락의 완충제 역할을 해 주었다. (다) 이러한 탄력적인 주택 공급은 일반적으로 가격 거품을 막아 주는 효과도 낳는다. (라) 1996 ~2006년 평균적으로 주택 공급이 가장 어려웠던 미국 26개 도시의 실질 집값은 무려 94% 가 올랐다. 반면 주택 공급 제한이 덜 했던 28개 도시의 실질 집값은 28% 오르는 데 그쳤다.

① (가)   ② (나)
③ (다)   ④ (라)

07. 다음 기사의 제목으로 적절한 것은?

10대는 니코틴 중독에 성인보다 더욱 취약한데 이는 금연에 실패하고 평생 흡연으로 이어질 가능성이 높아 청소년 흡연에 대한 경각심이 높아지고 있다. 하지만 미질병통제예방센터(CDC)가 발표한 '2018년 청소년 흡연 실태 보고서'에 따르면 고등학생의 27.1%, 중학생의 7.1%가 최근 30일 내에 담배 제품을 흡입한 적이 있고, 최근 30일 내에 흡연 경험이 있는 10대는 2017년 360만 명에서 2018년 470만 명으로 증가했음을 알 수 있다. 한편 미국에서는 18세 이상이면 담배를 구입할 수 있는 현행법이 청소년 흡연율과 연관성이 있다는 주장이 지속적으로 제기되면서 담배 구입 가능 연령 상향 조정의 필요성이 제기되고 있다. 이에 하와이, 캘리포니아, 뉴저지, 오레곤, 메인, 매사추세츠, 알칸소 주 등은 21세부터 담배 구매가 가능하도록 현행법을 바꾸었고, 2019년 7월 1일부터 일리노이 주와 버지니아 주를 시작으로 워싱턴(2020년 1월 1일), 유타(2021년 7월 1일) 주에서도 담배 구매 가능 연령을 향후 상향할 것이라고 발표했다.

① 미국, 청소년 흡연 실태 조사 결과 대다수의 중·고등학생이 흡연 유경험자로 나타나
② 미국, 심각한 청소년 흡연율로 인한 미 전역 담배 구입 연령 상향 조정
③ 흡연 연령과 청소년 흡연율의 관계가 밝혀짐에 따라 담배 구입 연령 상향 조정
④ 미국, 심각한 청소년 흡연율에 다수의 주들 담배 구입 연령 21세로 상향 조정

1회 기출예상

2회 기출예상

3회 기출예상

4회 기출예상

5회 기출예상

6회 기출예상

[08 ~ 10] 다음은 ○○기업 김 사원이 바이오시밀러에 대해 조사한 자료이다. 이어지는 질문에 답하시오.

바이오시밀러(Biosimilar)는 사람이나 다른 생물체에서 유래된 세포 · 조직 · 호르몬 등의 유효물질을 이용하여 유전자재결합 또는 세포배양기술을 통해 분자생물학적 기법으로 개발한 의약품인 바이오의약품(생물학적제제 · 유전자재조합의약품 · 세포배양의약품 · 세포치료제 · 유전자치료제 등)의 복제약(특허가 만료된 오리지널 의약품을 모방하여 만든 약품)을 뜻하는 말이다.

바이오시밀러는 동등생물의약품 또는 FOB(Follow—on Biologics)라고도 하며, 오리지널 바이오의약품과 동등한 품목 · 품질을 지니며, 비임상 · 임상적 비교동등성이 입증된 의약품이다.

화학 합성의약품 복제약(제네릭 ; Generic)의 경우 오리지널 약품의 화학식만 알면 쉽게 만들 수 있고, 화학반응에 이변이 없어 오리지널 의약품의 공정과 똑같이 생산된다. 반면 살아 있는 단백질 세포 등을 이용하여 만드는 바이오시밀러의 경우 아무리 염기서열이 동일한 의약품을 개발하려 해도 구조적 복잡성으로 인하여 특성 분석이 어렵고, 배양배지 · 배양온도 · 배양크기에 따라 매우 민감하여 오리지널 약품과 똑같은 복제약을 제조하는 것은 불가능하며 단지 유사한 복제약을 개발할 수 있을 뿐이다. 또 합성의약품 복제약을 개발할 때에는 임상시험이 생략되지만 바이오시밀러의 경우에는 비임상 · 임상시험에 통과해야 한다.

바이오시밀러는 고가의 오리지널 바이오의약품에 비해 상대적으로 저렴하다는 장점이 있으며, 많은 오리지널 바이오의약품들이 2012년 이후 특허가 만료되어 바이오시밀러 시장이 확대될 것으로 보인다.

www.gosinet.co.kr **g**osi**net**

1회 기출예상

2회 기출예상

3회 기출예상

4회 기출예상

5회 기출예상

6회 기출예상

08. 다음 중 윗글의 자료를 정리한 내용으로 적절하지 않은 것은?

구분	바이오시밀러	제네릭
① 복제대상	바이오의약품	화학 합성의약품
② 안정성	환경에 따라 민감	비교적 안정적
③ 허가 절차	비임상 · 임상시험	임상시험 생략
④ 개발 비용	상대적으로 낮음.	상대적으로 높음.

09. 김 사원은 바이오시밀러 산업을 지원해야 하는 이유를 설명하고자 한다. 그 내용으로 적절하지 않은 것은?

① 오리지널 바이오의약품과 거의 동일한 효과를 보인다면 바이오시밀러가 가격면에서 경쟁력이 있다.

② 가격이 비싸 의약품 혜택을 못 받는 저개발국 환자들을 치료할 수 있는 길을 열 수 있다.

③ 제네릭에 비해 엄격한 허가 기준을 충족시켜야 하므로 진입 장벽이 높아 경쟁력이 있고, 오리지널 바이오의약품만큼 또는 그 이상으로 좋은 제품이 될 수 있다.

④ 고령화 등으로 인하여 고가의 바이오의약품에 대한 수요가 증가하는 상황에서 바이오시밀러가 의료 관련 사회적 부담 비용을 낮출 수 있다.

10. 바이오시밀러에 대한 설명으로 옳지 않은 것은?

① 살아 있는 단백질 세포 등을 이용하여 만든다.

② 오리지널 바이오의약품과 동등한 품목 · 품질을 지닌다.

③ 오리지널 의약품의 공정과 똑같이 생산한다.

④ 바이오의약품과 비임상 · 임상적 비교동등성이 입증된 의약품이다.

11. 다음 〈상황〉을 참고할 때 A 씨의 월급은 얼마인가?

> **상황**
>
> A 씨는 월급의 $\frac{1}{4}$을 대출금을 상환하는 데 사용하고, 남은 금액의 $\frac{1}{3}$은 세금을 납부하는 데 사용하였다. 세금 납부 후 남은 금액 중 36만 원은 교육비로 사용하였고, 교육비 지출 후 남은 금액의 $\frac{2}{5}$는 통장에 저축하였다. 저축 후 남은 금액에서 생활비 52만 원을 제외하였더니 남은 금액이 월급의 $\frac{1}{14}$이었다.

① 310만 원   ② 314만 원
③ 318만 원   ④ 322만 원

12. 다음은 어느 스키장의 코스별 정보이다. 세 사람이 12시 정각에 서로 다른 코스의 정상에서 동시에 출발한다면, 그 다음으로 세 사람이 코스 정상에서 동시에 출발하는 시간은 언제인가?

구분	정상에서 코스 끝까지 내려오는 데 걸리는 시간	리프트를 타고 정상으로 이동하는 데 걸리는 시간	정상에서의 출발 전 대기 시간
초급자 코스	12분	2분	1분
중급자 코스	9분	2분	3분
상급자 코스	7분	3분	2분

① 6시   ② 6시 30분
③ 6시 45분   ④ 7시

13. S 시의 지역화폐 1만 원권은 10%를 할인받아 현금 9천 원에 살 수 있고, 지역화폐 액면가의 80% 이상을 사용하면 현금으로 거스름돈을 받을 수 있다. 매일 한 번씩 지역화폐를 사용할 수 있는 음식점에서 8천 원짜리 백반을 사 먹는다고 할 때, 현금 20만 원으로 지역화폐와 현금을 사용하여 백반을 사 먹을 수 있는 날은 최대 며칠인가?

① 25일   ② 26일

③ 27일   ④ 28일

14. A 회사의 신입사원 채용에 지원한 60명 중 경제학을 전공한 사람은 37명, 경영학을 전공한 사람은 30명이다. 경제학과 경영학을 제외한 분야의 전공자는 5명이고 경제학, 경영학을 복수전공한 사람은 12명이라고 할 때, 경제학만을 전공한 사람은 몇 명인가? (단, 경제학과 경영학을 복수전공한 사람 외에 다른 복수전공자는 없다)

① 20명   ② 23명

③ 25명   ④ 27명

15. 26세인 A 씨가 입사하기 전 인사팀의 평균 나이는 34세였다. A 씨가 입사한 후 인사팀의 평균 나이가 두 살 적어졌다면, 인사팀의 인원은 A 씨를 포함하여 총 몇 명인가?

① 3명   ② 4명

③ 5명   ④ 6명

[16 ~ 17] 다음은 ○○은행의 예금 상품이다. 이어지는 질문에 답하시오.

A 씨는 올해 퇴직금(8,000만 원)을 받아 은행에 예금을 넣고자 한다.

〈○○은행 예금 상품〉

구분	기간	기본 이율	신용카드 계열사 이율
복리희망상품	2년	연 5%	연 8%
단리대박상품	2년	연 9%	연 11%

16. A 씨가 퇴직금을 복리희망상품으로 넣을 때와 단리대박상품으로 넣을 때, 만기 시 받는 금액의 차이는 얼마인가? (단, 이율은 기본 이율로 계산한다)

① 540만 원   ② 580만 원
③ 620만 원   ④ 660만 원

17. A 씨가 단리대박상품에 퇴직금을 예치하고자 한다. 신용카드를 개설할 경우, 기본 이율에 비해 만기 시 얼마의 이득을 얻을 수 있는가?

① 280만 원   ② 300만 원
③ 320만 원   ④ 340만 원

18. 다음은 인구 천 명당 주택 수에 대해 조사한 자료이다. 이에 대한 설명으로 옳은 것은?

〈인구 천 명당 주택 수〉

(단위 : 천 명, 천 호, 호/천 명)

구분	20X0년			20X5년		
	인구수	주택 수	주택 수/ 인구 천 명	인구수	주택 수	주택 수/ 인구 천 명
전국	46,136	11,472.4	248.7	47,279	13,222.6	279.7
수도권	21,354	4,731.2	221.6	22,767	5,781.8	254.0
서울	9,895	1,973.2	199.4	9,820	2,321.9	236.4
부산	3,663	830.2	226.6	3,524	967.1	274.4
대구	2,481	545.0	219.7	2,465	608.9	247.0
인천	2,475	632.1	255.4	2,531	723.6	285.9
광주	1,353	338.1	249.9	1,418	379.3	267.5
대전	1,368	333.5	243.8	1,443	379.9	263.3
울산	1,014	239.0	235.7	1,049	276.6	263.7

① 20X5년 주택 1호당 평균 인구수는 약 3.8명이다.

② 20X5년의 전국 주택 수는 20X0년 대비 20% 이상 증가하였다.

③ 인구수가 많은 지역일수록 주택 수도 많다는 것을 알 수 있다.

④ 20X5년에 주택 수가 가장 적은 광역시의 인구수는 5년 전 대비 3% 이상 증가하였다.

1회 기출예상

2회 기출예상

3회 기출예상

4회 기출예상

5회 기출예상

6회 기출예상

19. 다음은 어린이 교통사고에 대한 월별·학년별 피해자 현황 자료이다. 이에 대한 설명으로 적절하지 않은 것은?

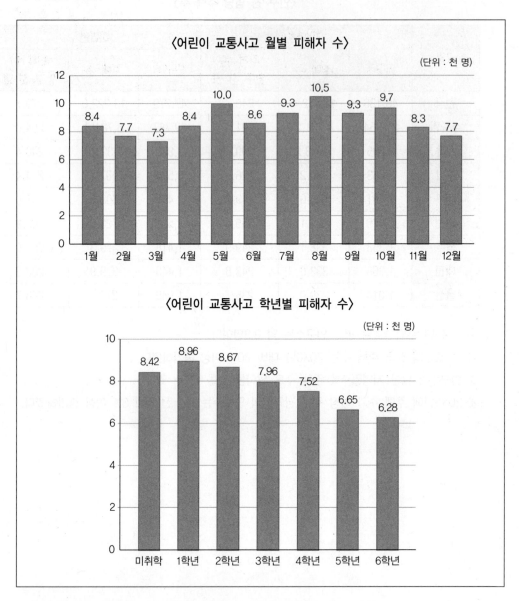

〈어린이 교통사고 월별 피해자 수〉

(단위 : 천 명)

〈어린이 교통사고 학년별 피해자 수〉

(단위 : 천 명)

① 대체적으로 하반기가 상반기보다 어린이 교통사고 피해자가 더 많다.

② 어린이의 나이가 어릴수록 교통사고 피해자가 더 많다.

③ 봄, 겨울보다 여름, 가을에 어린이 교통사고 피해자가 더 발생한다.

④ 가장 교통사고 피해자가 많은 학년은 1학년이다.

20. 다음은 ○○공사 전 직원의 구강건강 실태조사 자료이다. 이에 대한 설명으로 옳은 것을 〈보기〉에서 모두 고르면?

〈○○공사 전 직원의 구강건강실태〉

구분		대상자 (명)	구강건강실태(%)				
			매우 건강	건강	보통	건강하지 않음	매우 건강하지 않음
전체		19,597	6.87	34.60	42.46	14.75	1.32
성별	남성	10,154	6.99	35.47	40.97	15.33	1.23
	여성	9,443	6.74	33.65	44.08	14.11	1.41
연령별	20대	4,784	9.66	39.00	34.69	14.29	2.36
	30대	4,365	7.14	37.49	40.88	13.85	0.64
	40대	5,173	5.95	34.32	46.01	12.95	0.77
	50대 이상	5,275	4.84	28.09	47.93	17.67	1.46
근무지	A 지사	8,487	7.44	36.62	40.34	14.01	1.58
	B 지사	8,555	6.51	33.69	43.83	14.94	1.03
	본사	2,555	5.77	27.60	46.18	18.53	1.91

※ 구강건강실태(%)는 소수점 아래 셋째 자리에서 반올림한 값임.

─── 보기 ───

㉠ 연령대가 낮을수록 구강건강이 보통인 직원의 비율이 높다.
㉡ 구강건강이 매우 건강하지 않은 직원들 중에서 B 지사에서 근무하는 직원이 A 지사에서 근무하는 직원보다 더 많다.
㉢ 전체 직원 중에서 구강건강이 매우 건강한 직원은 1,300명 이상이다.
㉣ 구강건강이 매우 건강한 남성 직원이 구강건강이 매우 건강한 여성 직원보다 더 많다.

① ㉠, ㉡
② ㉠, ㉢
③ ㉡, ㉣
④ ㉢, ㉣

21. □□기업은 면접관 건, 곤, 감, 리와 지원자 갑, 을, 병, 정 여덟 명의 인원을 다음 〈조건〉에 따라 네 개의 테이블에 앉혀 일대일 면접을 진행하였다. 이때 가능하지 않은 것은?

조건

- 각 테이블의 면접관은 왼쪽부터 건, 곤, 감, 리 순으로 앉아있고, 테이블의 배치는 일직선 이다.
- 지원자 병의 면접관은 감이 아니다.
- 지원자 정은 지원자 갑보다 왼쪽에 앉는다.
- 지원자 을은 가장 오른쪽 테이블에 앉지 않는다.

① 지원자 병이 면접관 곤의 테이블에 앉고, 지원자 정이 면접관 감의 테이블에 앉았다.

② 지원자 병이 면접관 리의 테이블에 앉고, 지원자 정은 면접관 건의 테이블에 앉았다.

③ 지원자 을이 지원자 갑보다 왼쪽에 앉는다.

④ 지원자 정이 면접관 리의 테이블에 앉는다.

22. 다음 명제가 모두 참일 때 반드시 참인 것은?

- 승용차를 좋아하는 사람은 자전거를 좋아한다.
- 지하철을 좋아하는 사람은 버스를 좋아하지 않는다.
- 버스를 좋아하는 사람은 킥보드를 좋아하지 않는다.

① 버스를 좋아하지 않는 사람은 자전거를 좋아한다.

② 버스를 좋아하는 사람은 지하철을 좋아한다.

③ 킥보드를 좋아하는 사람은 버스를 좋아하지 않는다.

④ 승용차를 좋아하지 않는 사람은 자전거를 좋아하지 않는다.

23. ○○컴퍼니에서 근무하는 한 부장은 업무협약과 관련해 7명의 담당자와 각각 미팅을 약속하였다. 미팅약속 순서에 관한 다음 〈정보〉를 참고할 때, 한 부장이 세 번째로 만날 담당자는 누구인가?

정보

- 제일 처음으로 만나는 사람은 B가 아니다.
- G는 E, F보다 나중에 만난다.
- G보다 C를 나중에 만난다.
- B보다 F를 나중에 만난다.
- D보다 G를 먼저 만난다.
- D는 A보다 먼저 만난다.
- D를 만나고 바로 A를 만나지 않는다.
---

① B   ② E
③ F   ④ G

24. 하 사원은 메모지에 거래처 직원의 연락처를 적어 두었으나 커피를 쏟아 전화번호의 마지막 세 자리를 알아볼 수 없게 되었다. 하 사원은 다음의 〈보기〉를 바탕으로 숫자를 조합하여 전화번호를 다시 찾을 수 있었다. 찾은 세 자리의 숫자로 적절한 것은?

보기

- 맨 끝자리 숫자는 홀수였다.
- 뒤 세 자리 숫자는 서로 중복되지 않는다.
- 뒤 세 자리 숫자에는 '0'과 '9'가 없다.
- 뒤 세 자리 숫자 중 첫 번째 숫자는 다른 두 숫자의 합과 같았다.
- 뒤 두 자리 숫자는 연속되는 수였고, 맨 끝자리 숫자가 더 큰 수였다.
---

① 123   ② 367
③ 523   ④ 743

[25 ~ 26] 다음 〈시설 공사계획〉을 읽고 이어지는 질문에 답하시오.

〈시설 공사계획〉

1. 산림공원 내 시설 확장
   • 원활한 차량 진·출입을 위해 각 출입문 도로 확장 및 주차장 배치
   • 공원 출입구 주변에 관리사무소 및 진입광장을 배치하여 이용객 안내 및 만남의 장소 제공
   • 산림공원 내부에 국악 공연장, 동상, 자연박물관을 적정 위치에 배치
   • 공원 동쪽에 있는 기존의 대나무 숲 최대한 보존
   • 화장실, 벤치, 그늘막 등의 이용객을 위한 공원 내 편의시설을 적절한 위치에 배치

2. 한지체험박물관 건설
   • 청소년과 지역 주민들이 쉽게 접근할 수 있도록 주거지역과 인접한 곳에 건설
   • 박물관 혹은 기념관과 프로그램 연계를 위해 간접 지역에 건설
   • 산림공원 이용객이 접근하기 쉽도록 산림공원의 대나무 숲과 연결도로 확장
   • 산림공원 연결로를 통한 산림공원 내 주차장 공동 이용
   • 한지 공장에서 물품 공수를 위해 이용도로 확장

3. 도시 외곽 체육시설 건설
   • 강변 운영으로 수영장과 수상스포츠 시설 시공
   • 원활한 차량 출입을 위해 순환도로와 연결된 출입로를 확장하고 주차장 배치
   • 인접 산의 암벽 지역에 자연 암벽장 시공
   • 암벽장 내에 강의용 건물을 적정 배치하고 내부에 강의용 인공 암벽장 배치
   • 자연 암벽장의 이용에 불편점이 없도록 공간 확보
   • 이용객들의 휴식을 위해 수변 공원 및 편의시설 배치

25. 본 공사 계획에는 각각 다른 건설사가 각 사업을 진행한다. 다음 〈건설사 시공 내역〉을 참고할 때, 참여하지 않는 건설사는?

〈건설사 시공 가능내역〉

건설사	주차장	도로 확장	공용 편의시설	수상스포츠 시공	자연 암벽장	건축물
갑	X	O	X	O	X	X
을	O	O	X	X	O	O
병	O	O	O	X	X	O
정	O	O	O	O	O	O

① 갑   ② 을
③ 병   ④ 정

26. 다음은 건설 부지 명단과 입지 여건이다. 위의 공사계획에 따랐을 때 우선순위가 가장 낮은 부지끼리 짝지은 것은?

구분	입지 여건
A 부지	• 동쪽으로 일반 주거 지역과 역사박물관이 있으며, 서쪽으로 산림 공원과 맞닿음. • 북쪽으로 청소년 수련원 및 골프연습장이 위치함.
B 부지	• 자연녹지 지역으로 폭 12m 도로와 접하고 있으며, 산림 공원 내 위치함. • 서쪽에 스쿨존이, 남쪽에는 주거 지역 및 상업 지역과 인접해 있음. • 동쪽으로 대나무 숲이 위치함.
C 부지	• 자연녹지 지역이며 일반 주거 지역 내부에 있음. • 외곽 순환 도로와 접해 있음. • 서쪽과 남쪽에 강을 따라 농장 및 논과 밭이 있음.
D 부지	• 일반 주거 지역 내부에 있으며 서쪽에는 고등학교, 중학교, 한지 공장이 있음. • 강변에 위치하여 순환 도로와 접해 있음. • 서쪽에 대나무 숲이 위치함.
E 부지	• 도시 외곽에 위치한 자연 녹지 지역으로 서쪽으로 순환도로가 있음. • 남쪽으로 절이 위치하며, 북쪽으로 강이 흐르고 있음. • 부지 동남쪽으로 △△산 자연 암벽 지형이 있음. • 부지 내에 공터 및 주차장이 조성되어 있음.

① A, C   ② A, D
③ C, D   ④ D, E

[27 ~ 28] 다음 상황을 보고 이어지는 질문에 답하시오.

AA 항공사 지상직 승무원인 박 씨는 수하물 처리 및 승객 안내 업무를 맡고 있다.

〈AA 항공사 국제선 수하물 규정〉

• 기내 반입 수하물(무료)
  – 가로, 세로, 높이의 총합이 120cm(3면의 최대 허용 길이 : 가로 60cm, 세로 40cm, 높이 20cm) 이하이고, 무게가 10kg 이하인 수하물 한 개만 허용

• 위탁 수하물
  – 30kg 이하인 수하물 한 개 무료
  – 수하물이 2개 이상일 경우, 무게의 총합이 30kg 이하여도 무료 위탁 수하물로 지정한 것을 제외하고 무게에 따라 운임 부과

〈전광판 화면〉

항공사	편명	이륙예정 시간	변경 시간	목적지	탑승구	비고
AA	AU1002	18 : 00		상하이	05	결항 CANCELLED
BB	PW710	18 : 00	18 : 30	도쿄	07	수속 PROCESSING
CC	SU106	18 : 10	18 : 50	나리타	09	지연 DELAYED
AA	AU1005	18 : 30		베이징	12	결항 CANCELLED
AA	AU1008	17 : 00	19 : 20	상하이	14	지연 DELAYED
DD	KZ226	16 : 00		상하이	18	결항 CANCELLED
CC	SU314	18 : 45		나리타	10	수속 PROCESSING
AA	AU1017	18 : 50		도쿄	11	수속 PROCESSING

※ 현재 시간은 18 : 30이다.
※ 전광판에 표시되어 있는 것 외의 AA 항공사의 항공편은 없다.

27. 박 씨는 탑승구 안내를 요청하는 승객의 비행기 티켓을 살펴보았다. 박 씨가 안내할 탑승구로 올바른 것은?

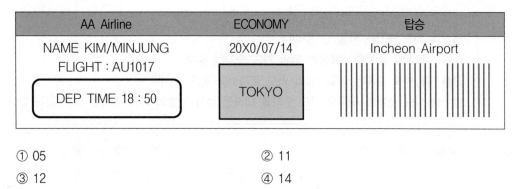

AA Airline	ECONOMY	탑승
NAME KIM/MINJUNG FLIGHT : AU1017 DEP TIME 18 : 50	20X0/07/14 TOKYO	Incheon Airport

① 05   ② 11

③ 12   ④ 14

28. 다음의 요청을 받은 박 씨의 응대로 적절한 것은?

승객 R

안녕하세요. 제가 지금 들고 있는 이 짐 3개를 수하물로 보내려고 하는데 운임을 가장 저렴하게 하려면 어떻게 해야 되나요?

승객 R의 수하물 크기 및 무게		
구분	크기	무게
서류가방	가로 : 30cm, 세로 : 20cm, 높이 : 5cm	5.0kg
쇼핑백	가로 : 60cm, 세로 : 20cm, 높이 : 20cm	7.3kg
여행가방	가로 : 60cm, 세로 : 30cm, 높이 : 30cm	8.9kg

① 쇼핑백은 기내로 반입, 여행가방은 무료 위탁 수하물로 지정하시면 됩니다.

② 쇼핑백은 기내로 반입, 서류가방은 무료 위탁 수하물로 지정하시면 됩니다.

③ 여행가방을 무료 위탁 수하물로 지정하시고 세 개 모두 위탁 수하물로 보내시면 됩니다.

④ 서류가방은 기내로 반입, 여행가방과 쇼핑백은 무료 위탁 수하물로 지정하시면 됩니다.

29. 하늘, 구름, 별, 달 네 사람이 각각 1 ～ 4가 쓰인 카드를 한 장씩 뽑았다. 다음 네 명의 진술 중 한 명의 진술은 거짓이라고 할 때, 네 명이 뽑은 카드에 적힌 숫자를 바르게 연결한 것은?

> 별 : 내 카드 숫자는 제일 큰 수이다.
>
> 하늘 : 내 카드 숫자를 2배하면 달의 카드 숫자와 같다.
>
> 구름 : 내 카드 숫자는 하늘, 별의 카드 숫자보다 작은 수이다.
>
> 달 : 내 카드 숫자와 구름의 카드 숫자를 더하면 하늘과 별의 카드 숫자를 더한 값과 같다.

	하늘	구름	별	달			하늘	구름	별	달
①	1	2	4	3		②	1	3	4	2
③	2	1	4	3		④	2	3	1	4

30. 다음 전제들로부터 도출할 수 있는 결론으로 적절한 것은?

전제 1	검소한 사람은 이기적이다.
전제 2	검소하지 않은 사람은 뻔뻔하다.
전제 3	이기적인 사람은 뻔뻔하거나 검소하지 않다.
결론	

① 뻔뻔한 사람은 이기적이다.

② 검소한 사람은 뻔뻔하다.

③ 이기적이지 않은 사람은 뻔뻔하다.

④ 이기적인 사람은 검소하다.

31. 다음 〈보기〉에서 설명하고 있는 자원관리의 과정은?

> 자원을 적절하게 관리하기 위해서는 기본적으로 아래와 같은 4단계의 자원관리 과정을 거친다.

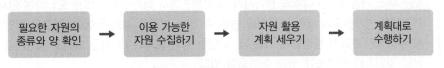

| 필요한 자원의 종류와 양 확인 | → | 이용 가능한 자원 수집하기 | → | 자원 활용 계획 세우기 | → | 계획대로 수행하기 |

> **보기**
>
> 업무를 추진하는 데 있어서 어떤 자원이 필요하며, 또 얼마만큼 필요한지를 파악하는 단계 이다. 자원의 종류는 크게 시간, 예산, 물적자원, 인적자원으로 나누어지지만 실제 업무 수행 에서는 이보다 더 구체적으로 나눌 필요가 있다. 구체적으로 어떤 활동을 할 것이며, 이 활동에 어느 정도의 시간과 돈 그리고 물적 · 인적자원이 필요한지를 파악한다.

① 필요한 자원의 종류와 양 확인　　② 이용 가능한 자원 수집하기
③ 자원 활용 계획 세우기　　　　　　④ 계획대로 수행하기

32. 다음 탈무드 속 이야기가 주는 메시지를 바르게 이해한 것은?

> 못생긴 랍비를 비웃는 황제의 딸에게 랍비는 뜬금없이 술을 어디에 담느냐고 질문한다. 술은 질그릇 항아리에 담는다고 황제의 딸이 대답하자 랍비는 왕이 마시는 술인데 은과 금으로 된 비싼 그릇이 아닌 왜 그런 싸구려 그릇에 담느냐고 한다. 랍비의 말을 듣고 황제의 딸은 즉시 모든 술을 은과 금 그릇에 옮겨 담는데, 그 후로 술맛이 이상하게 변하고 만다. 랍비는 때로는 귀한 것이라도 보잘것없는 그릇에 담는 것이 더 좋을 때도 있다고 말한다.

① 유사품은 인접한 장소에 보관해야 한다. 그래야 특정 물품의 정확한 위치를 모르더라도 대략의 위치를 알고 있음으로써 찾는 시간을 단축할 수 있다.
② 회사에서 새로운 비품을 구입했을 때에는 물품의 활용계획이나 여부를 확인하는 것이 바람직하다.
③ 물품을 정리하고 보관하고자 할 때에는 해당 물품을 앞으로 계속 사용할 것인지, 그렇지 않은지를 구분하는 것이 선행되어야 한다.
④ 물품은 일괄적으로 같은 장소에 보관하는 것이 아니라, 개별 물품의 특성을 고려하여 보관 장소를 선정해야 한다.

1회 기출예상　2회 기출예상　3회 기출예상　4회 기출예상　5회 기출예상　6회 기출예상

33. 다음의 〈상황〉을 보고 사원들이 이해한 내용으로 적절하지 않은 것은?

상황

 기존의 인사평가가 직속 상사에 의해서만 이루어질 경우 여러 가지 문제가 발생할 수 있어 최근 여러 기업에서는 다수의 평가자가 여러 방면에서 평가하는 방법을 도입하여 인사고과의 객관성과 평가결과에 대한 수용성을 높일 수 있는 방안을 검토 중이다. 새로운 방안을 도입 시 부정적인 효과가 발생할 수 있는데, 다양한 평가 방식과 그 기준 그리고 평가자를 어떻게 정할 것인가를 연구해야 하는 어려움이 있다.

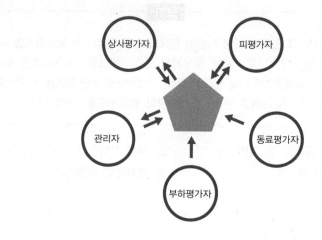

① 평가를 하기 전 명확한 기준부터 세워야 한다.
② 인사고과를 다양한 기준으로 평가할 수 있는 방법으로는 360° 다면평가제가 있다.
③ 기존의 인사고과 평가방법은 고과자의 주관적인 감정이 개입될 가능성이 크다.
④ 평가자의 숫자가 늘어나면 그에 비례해 정확성도 같이 높아진다.

34. 다음 글이 설명하는 성향을 가진 사람의 특징에 관한 내용으로 적절한 것은?

> 연애하듯 일을 해온 김일중 씨(46)는 남다른 업무수행능력까지 인정받아 입사 20년 만에 대기업 기획실장에 오른 '잘나가는 사람'이었다. 그가 의사로부터 만성간염 진단과 함께 3 ~ 4개월간의 휴식을 권장 받은 것은 1년 전 쯤의 일. 김일중 씨는 이후 극심한 우울증에 빠졌다.
>
> "다른 동료들은 이 시간에도 일을 하고 있을 텐데 나는 휴식해야 하다니. 정말 견디기 힘듭니다."
>
> 눈자위가 붉게 충혈된 김일중 씨가 안쓰러울 만큼 쉰 목소리로 정신과 의사에게 호소한 말이다. 김일중 씨처럼 놀기보다 일을 좋아하고 일이 없으면 오히려 불안해지는 사람들이 의외로 많다. 정신과에서 이들에게 붙여지는 진단명이 '일중독증'이다.
>
> 연세대 영동세브란스병원 이○○ 교수는 "일중독증은 업무 때문에 생기는 스트레스를 잘 관리하지 못할 때 발생하는 병리현상을 일컫는 말로 현대사회가 만들어 낸 또 하나의 사회적 성인병"이라고 설명했다.

① 가시적인 업무보다 최우선 업무에 전력을 다한다.

② 다른 사람에게 자신의 일을 잘 맡긴다.

③ 생산성이 낮은 일에 집중하는 경향이 있다.

④ 피로를 호소하며 무기력증에 빠지는 경향이 있다.

35. A 기업의 〈경비 목록〉의 비용을 다음의 기준에 따라 나눌 때, 간접비용으로 옳은 것은?

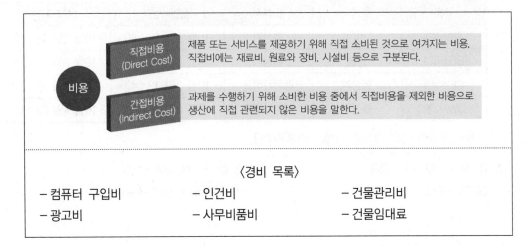

〈경비 목록〉

- 컴퓨터 구입비	- 인건비	- 건물관리비
- 광고비	- 사무비품비	- 건물임대료

① 건물관리비, 광고비, 사무비품비   ② 컴퓨터 구입비, 인건비, 건물임대료

③ 건물임대료, 광고비, 사무비품비   ④ 컴퓨터 구입비, 건물관리비, 사무비품비

[36 ~ 37] L 씨는 다음 〈보기〉에 따라 여행을 계획하고 있다. 이어지는 질문에 답하시오.

> 보기
>
> • L 씨는 10월에 아이슬란드 레이캬비크로 여행을 떠날 것이다.
> • 오로라 최대 경관일은 13일마다 반복된다.
> • 8월 첫 최대 경관일은 8월 첫째 주 월요일로, 예상과 일치한 날짜였다.
> • 하지만 8월의 마지막 최대 경관일은 예상일보다 빠르게 8월 19일 월요일에 나타났다.

36. L 씨는 여행 중 오로라 관측을 위해 계획을 세우고 있다. 10월 마지막 최대 경관일로 예상 가능한 날짜는? (단, 마지막 최대 경관일을 기준으로 날짜를 예상한다)

① 10월 10일
② 10월 13일
③ 10월 20일
④ 10월 23일

37. L 씨는 경유 시간을 제외하고 비행시간이 가장 적은 항공편을 선택하려고 한다. 다음 중 L 씨가 선택할 항공편은?

〈항공편〉

구분	출발지	도착지	출발 시간	도착 시간
AK-433	인천	헬싱키	10월 1일 23:40	10월 3일 15:20
BG-873	인천	헬싱키	10월 1일 23:35	10월 3일 15:25
CE-359	헬싱키	레이캬비크	10월 3일 13:42	10월 3일 23:37
DW-198	헬싱키	레이캬비크	10월 3일 16:35	10월 4일 02:15

※ 출발 및 도착시간은 각 현지시간을 기준으로 한다.

① AK-433, CE-359
② AK-433, DW-198
③ BG-873, CE-359
④ BG-873, DW-198

38. 다음 〈사례〉의 K 씨의 인재유형과 그 관리방법을 〈알리바바의 인재유형별 관리법〉에 따라 판단할 때 옳은 것은?

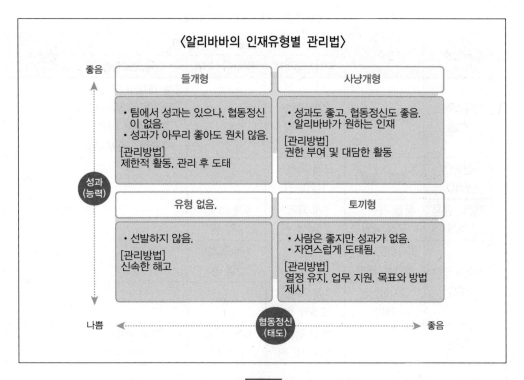

〈알리바바의 인재유형별 관리법〉

	들개형	사냥개형
좋음 ↑	· 팀에서 성과는 있으나, 협동정신이 없음. · 성과가 아무리 좋아도 원치 않음. [관리방법] 제한적 활동, 관리 후 도태	· 성과도 좋고, 협동정신도 좋음. · 알리바바가 원하는 인재 [관리방법] 권한 부여 및 대담한 활동
성과 (능력)	유형 없음.	토끼형
↓ 나쁨	· 선발하지 않음. [관리방법] 신속한 해고	· 사람은 좋지만 성과가 없음. · 자연스럽게 도태됨. [관리방법] 열정 유지, 업무 지원, 목표와 방법 제시

협동정신(태도) 나쁨 ←→ 좋음

사례

K 씨는 성격이 온순하고 평소에 주변 동료들에게 먼저 커피도 한 잔 타 줄 정도로 배려심이 많다. 근무태도도 매우 훌륭해서 3년간 근무하는 동안 지각을 단 한 번도 한 적이 없으며 항상 자리에 앉아서 열심히 업무에 집중한다. 그러나 업무 성과는 주변 동료들에 비하면 저조한 편이다. 성격이 너무 신중하고 소심하기도 하고, 신속히 처리해도 될 일을 곰곰이 생각해서 하는 경향이 있기 때문이다. 남들이 1시간이면 끝낼 일을 K 씨는 2 ~ 3시간이 걸려서 끝내는 경우가 허다하다. 그렇다 보니 매사에 열심히 일하는 K 씨도 가끔씩은 열정이 식어 지금 직장을 계속 다녀야 하는 건지 고민하기도 한다.

① '들개형'에 속하므로 다른 팀원들과 협동을 할 수 있도록 격려해 주고 독단적인 업무 진행을 제한한다.

② '유형 없음.'에 속하므로 지금 회사하고 맞지 않는 사람일 가능성이 크다고 판단하여 신속하게 해고한다.

③ '사냥개형'에 속하므로 더 많은 업무를 맡겨서 더 큰 성과를 낼 수 있도록 독려한다.

④ '토끼형'에 속하므로 태도와 열정에 대해 항상 칭찬해 주고 지속적인 업무 지원으로 조금씩 성과를 높일 수 있도록 도움을 준다.

[39 ~ 40] 다음은 중소기업 스마트 기술개발연구 사업 공고이다. 이어지는 질문에 답하시오.

〈사업별 지원 분야 및 계획〉

사업명	분야	신규과제 추진계획			연구비
		지정공모과제	품목지정과제	자유공모과제	
신규서비스 창출	서비스 개발	2개 과제/ 4.5억 원	–	2개 과제/4.5억 원 -연구비 : 과제 개수 따른 배분 예정 -주관연구기관/기업	9억 원
산학연 R&D	협력 개발	1개 과제/ 1.7억 원	–		1.7억 원
제품·공정 개선	품질 개선· 공정 개발	7개 과제/ 2.24억 원	4개 과제/ 4억 원		6.24억 원
스마트공장 R&D	클라우드 기반 플랫폼 개발	–	1개 과제/ 2억 원		4.5억 원
	디지털현장 개발	1개 과제/ 2.5억 원	–		
합계	–	11개 과제/ 10.94억 원	5개 과제/ 6억 원	2개 과제/ 4.5억 원	21.44억 원

- 세부사업 통합(신기술·신제품 개발, 제품·공정혁신 개발, 스마트공장·산학연 R&D → 스마트 기술개발연구에 따라 기존 세부사업의 내역사업을 기준으로 분야 구분)
  - 서비스 : 신규 비즈니스 모델 창출을 위한 서비스 기술 개발
  - 품질공정 : 기존 제품의 품질 개선 및 공정에 따라 기술 개발
  - 협력 : 협력 R&D 활성화를 통한 기술 개발
  - 디지털현장 : 생산현장 노하우 디지털화
  - 클라우드 기반 플랫폼 : 전 과정의 추가 관리를 위한 클라우드 기반 스마트공장 솔루션 개발 지원

〈공모과제 방식〉

공모유형	내용
지정공모과제	중소기업 스마트 기술개발연구 사업에 있어 반드시 추진하여야 하는 연구개발과제를 중소벤처기업부 장관이 지정하고, 공모에 따라 과제를 수행할 주관연구기관을 선정하는 과제
품목지정과제	중소벤처기업부 장관이 품목을 지정하되, 제시된 품목 내에서 자유공모방식으로 과제를 수행할 주관연구기관을 선정하는 과제
자유공모과제	연구개발과제와 주관연구기관을 모두 공모에 따라 선정하는 과제

39. 중소벤처기업부 장관으로부터 지정받은 품목 또는 연구과제에 대해 연구를 진행하는 경우, 다음 중 한 과제당 2억 원 이상 ~ 3억 원 이하의 예산에 해당되지 않는 사업은?

① 생산현장 노하우 디지털화를 위한 공장 연계형 소프트웨어 개발

② 신규 서비스기술 연구 및 신규 비즈니스 모델 구축

③ 제품·공정설계, 생산의 전 주기 관리를 위한 클라우드 플랫폼 개발

④ 기존 제품의 성능 및 품질 향상 등 제품경영의 강화를 위한 기술 및 공정 개발

40. 최종 선정된 지정공모과제 1개와 품목지정과제 4개에 대한 총 예산은 5억 7천만 원이다. 이에 대한 설명으로 옳은 것은?

① 예산에는 지정공모과제 중 7개의 분야가 포함되지 않는다.

② 품질 개선·공정 개발 및 신규서비스 창출 개발에 대한 연구과제는 모두 포함된다.

③ 중소벤처기업부 장관이 품목을 지정하는 과제의 분야 중 하나가 포함되지 않는다.

④ 제시된 품목 내에서 자유공모방식으로 과제를 수행할 주관연구기관은 1개이다.

41. 다음 표의 ㉠ ~ ㉢에 들어갈 말을 바르게 짝지은 것은?

㉠	㉡	㉢
자료를 특정한 목적과 문제해결에 도움이 되도록 가공한 것	객관적 실제의 반영이며, 그것을 전달할 수 있도록 기호화한 것	정보를 집적하고 체계화하여 장래의 일반적인 사항에 대비해 보편성을 갖도록 한 것

	㉠	㉡	㉢		㉠	㉡	㉢
①	정보	자료	지식	②	정보	지식	자료
③	지식	자료	정보	④	지식	정보	자료

42. 다음 중 바이러스 예방에 관한 내용으로 적절하지 않은 것은?

① 바이러스는 자신을 복제할 수 있고, 다른 프로그램을 감염시킬 수 있다.
② 바이러스 예방 프로그램을 램(RAM)에 상주시켜 바이러스 감염을 예방한다.
③ 바이러스가 활동하는 날에는 컴퓨터를 사용하지 않는다.
④ 출처가 불분명한 전자 우편의 첨부파일은 백신 프로그램으로 바이러스 검사 후 사용한다.

43. 다음에서 설명하는 프로그램은?

- 표 계산 프로그램으로 문서를 작성하고 편집할 수 있다.
- 계산 결과를 차트와 같은 다양한 형태로 표시할 수 있다.
- 파일 간을 서로 연결시켜 내용의 복사, 이동, 연산을 할 수 있다.
- 필요에 따라 함수를 이용하여 복잡한 계산을 할 수 있다.

① 워드프로세서
② 컴파일러
③ 파일 압축 유틸리티
④ 스프레드시트

44. 한글 2010에서 다음과 같은 화면을 실행시키는 단축키는?

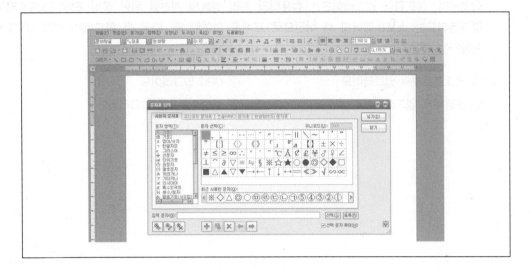

① Ctrl+F3　　　　　　　　　　　② Ctrl+F4

③ Ctrl+F9　　　　　　　　　　　④ Ctrl+F10

45. 다음 설명과 그에 해당하는 용어가 바르게 연결된 것은?

A : 인공위성의 신호를 수신하는 장치로, 위치·정보 서비스 등에 사용된다.

B : 실제 사물이나 환경에 3D의 가상 이미지를 중첩하여 부가 정보를 보여 주는 기술로, 카메라로 주변을 비추면 인근 상점의 위치, 전화번호 등의 정보가 입체영상으로 표시된다.

C : 인터넷에 연결된 기기를 활용해 다른 기기에서 인터넷 접속이 가능하도록 해 주는 기술이다. 인터넷에 연결된 기기와 그렇지 않은 기기를 USB나 블루투스로 연결한다.

D : 10cm 이내의 가까운 거리에서 무선으로 데이터를 전송하는 무선 태그 기술이다. 보안성이 우수하고 가격이 저렴하여, 블루투스처럼 매번 기기 간 설정을 하지 않아도 된다.

ㄱ 증강현실(AR)　　　　　　　　　ㄴ 테더링(Tethering)

ㄷ NFC(Near Field Communication)　　ㄹ GPS(Global Positioning System)

① A-ㄴ　　　　　　　　　　　② B-ㄴ

③ C-ㄹ　　　　　　　　　　　④ D-ㄷ

46. 업그레이드란 컴퓨터의 하드웨어나 소프트웨어를 일부 교체 또는 추가하여 기능을 향상시키는 작업이다. 하드웨어 업그레이드는 컴퓨터의 처리 성능의 개선을 위한 장비 교체, 소프트웨어 업그레이드는 소프트웨어의 새 버전으로 교체를 의미할 때, 다음 중 하드웨어 업그레이드에 해당하는 것은?

① 워드프로세서 업그레이드　　　　② CPU 업그레이드
③ 운영체제 업그레이드　　　　　　④ 백신프로그램 업그레이드

47. A 공사 김 팀장은 팀원들의 전자금융사기 예방을 위한 교육 자료를 정리하고 있다. 다음 내용에 해당하는 용어는?

> • 은행을 사칭하여 저금리 대출상품 안내 문자메시지를 보내거나 은행 직원을 사칭하여 가짜 재직증명서를 보내는 경우
> • 고금리 대출을 먼저 상환해야 저금리 대출을 받을 수 있다며 개인명의 계좌로 입금을 요구하는 경우
> • 검찰·경찰·금융감독원 직원인 척하여 계좌 도용, 대포통장 개설, 개인정보 유출 등이 되었다며 안전계좌로 입금을 요구하는 경우

① 피싱(Phishing)　　　　　　　② 파밍(Pharming)
③ 스미싱(Smishing)　　　　　　④ 스푸핑(Spoofing)

48. ○○기업에서는 최근 각광받고 있는 IoT에 대한 설명회를 준비하였다. 다음 중 IoT를 이해한 내용으로 적절하지 않은 것은?

> IoT는 'Internet of Things'를 뜻하며, 사물에 센서를 부착해 인터넷을 통해 실시간으로 데이터를 주고받는 기술이나 환경을 일컫는다. 인터넷에 연결된 기기는 사람의 도움이 개입되지 않아도 서로 알아서 정보를 주고받으며 대화를 나눌 수 있다. 이를 돕기 위해서는 블루투스나 근거리무선통신(NFC), 센서데이터, 네트워크가 자율적인 소통의 핵심적인 기술이 된다. 사물인터넷은 사람과 사람 간의 통신을 넘어 사물에 IP 주소를 부여하고 사람과 사람 혹은 사물과 사물 간의 통신을 이끌어 내는 기술을 의미하기도 한다. 흔히 원격에서 조작을 하는 기기를 사물인터넷으로 생각하곤 하는데, 사물인터넷은 그 기기에 설정된 인터넷시스템까지도 포함하는 개념인 것이다.

① 우리가 사용하는 스마트폰은 인터넷 연결은 되지만 사람의 도움 없이는 작동하지 않기 때문에 IoT라고 볼 수 없다.

② 귀에 꽂으면 자동으로 연결되는 블루투스 이어폰도 IoT라고 할 수 있다.

③ 화분의 습도를 측정한 다음 알아서 물을 주는 화분은 IoT에 해당한다.

④ 최근에는 자동차에도 IoT를 도입해서 교통사고가 나면 알아서 구급차를 부르는 기능도 생겼다.

1회 기출예상

2회 기출예상

3회 기출예상

4회 기출예상

5회 기출예상

6회 기출예상

[49 ~ 50] 다음은 자주 사용되는 엑셀 단축키이다. 이어지는 질문에 답하시오.

〈유용한 엑셀 단축키〉

단축키	기능	단축키	기능
[Ctrl]+[W]	열린 문서 닫기	[Ctrl]+[U]	텍스트(글꼴) 밑줄
[Ctrl]+[O]	파일 열기	[Ctrl]+[P]	인쇄 미리 보기
[Ctrl]+[N]	새로 만들기	[Ctrl]+[L] or [T]	표 만들기 창
[Ctrl]+[R]	좌측(왼쪽) 값 복사	[Ctrl]+[X]	셀 잘라내기
[Ctrl]+[D]	위쪽 값 복사	[Ctrl]+[C]	셀 복사
[Ctrl]+[Z]	실행 취소	[Ctrl]+[V]	셀 붙여넣기
[Ctrl]+[Y]	다시 실행	[Ctrl]+[G]	이동 창
[Ctrl]+[B]	텍스트(글꼴) 굵게	[Ctrl]+[K]	하이퍼링크 창
[Ctrl]+[I]	텍스트(글꼴) 기울임	[Ctrl]+[;]	현재 날짜 입력
[Ctrl]+[F1]	탭 메뉴 숨기기/보이기	[Ctrl]+[F6]	다른 문서로 이동
[Ctrl]+[F2]	인쇄 미리 보기	[Ctrl]+[F9]	창 최소화
[Ctrl]+[F3]	이름 관리자 창 열기	[Ctrl]+[F10]	창 최대화/창 복원
[Ctrl]+[F4]	현재 문서 닫기	[Ctrl]+[F11]	새 매크로 시트 삽입

49. 다음 L 대리의 지시를 보고 R 사원이 활용할 단축키를 모두 고른 것은?

R 사원,
이번에 엑셀 작업한 것을 봤는데요.
전체적으로 우리 회사 양식에 안 맞는 부분이 있네요.
수정해서 다시 제출하도록 하세요.
작성했던 파일을 열어, 제목 텍스트는 굵게 바꾸세요.
맨 아래 있는 각주는 밑줄을 쳐서 강조하도록 하고요.
좌측 열에 있는 종류에 해당하는 내용은 기울임을 주세요.
그리고 모든 서류는 가급적이면 인쇄했을 때
한 페이지 안에 들어가는 것이 좋아요.
인쇄했을 때 어떻게 나오는지도 꼭 확인해 보세요.

−L 대리−

① [Ctrl]+[B], [Ctrl]+[I], [Ctrl]+[U], [Ctrl]+[P], [Ctrl]+[V]

② [Ctrl]+[O], [Ctrl]+[B], [Ctrl]+[U], [Ctrl]+[I], [Ctrl]+[P]

③ [Ctrl]+[G], [Ctrl]+[U], [Ctrl]+[N], [Ctrl]+[I], [Ctrl]+[P]

④ [Ctrl]+[O], [Ctrl]+[P], [Ctrl]+[U], [Ctrl]+[V], [Ctrl]+[B]

50. 다음은 L 대리가 작업 중인 서류이다. L 대리가 활용했을 것으로 생각되는 엑셀 단축키가 아닌 것은?

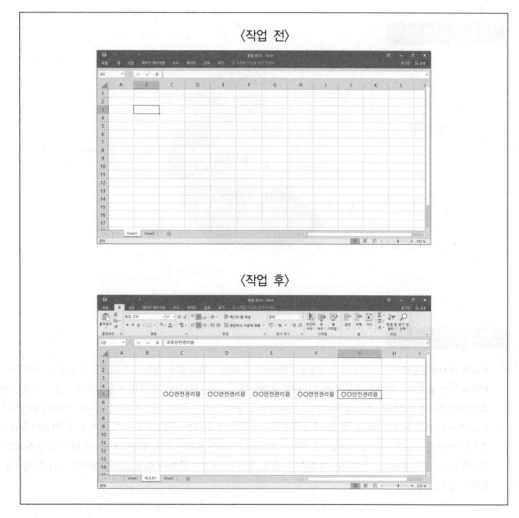

① [Ctrl]+[R]

② [Ctrl]+[L]

③ [Ctrl]+[F11]

④ [Ctrl]+[V]

www.gosinet.co.kr

1회 기출예상

2회 기출예상

3회 기출예상

4회 기출예상

5회 기출예상

6회 기출예상

유형별 출제비중

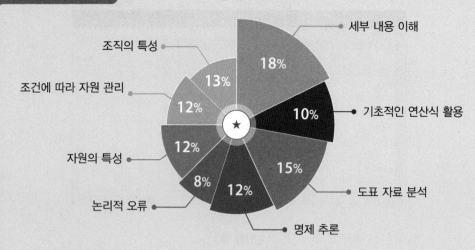

세부 내용 이해 18%

조직의 특성 13%

조건에 따라 자원 관리 12%

기초적인 연산식 활용 10%

자원의 특성 12%

도표 자료 분석 15%

논리적 오류 8%

명제 추론 12%

출제분석

피듈형 의사소통능력에서는 글의 세부 내용을 이해하는 문제와 자료의 용도, 경청의 방해요인 등 이론을 파악하는 문제, 각 지문에 맞는 표현이나 주제를 찾는 유형의 문제가 출제되었다. 수리능력에서는 증가율, 승률 계산과 같은 기초적인 연산능력을 파악하는 문제와 그래프나 자료를 해석하는 문제가 주로 출제되었다. 문제해결능력에서는 주어진 명제를 바탕으로 한 추론 문제나 여러 가지 논리적 오류의 특징이나 유형을 묻는 문제가 주로 출제되었으므로 평소 이에 대한 학습이 필요하다. 자원 관리능력에서는 지문이나 자료를 바탕으로 자원의 특성을 파악하는 문제가 주로 출제되며 계산문제 또한 출제되었다. 조직이 해능력에서는 조직설계의 요소, 조직도에 대한 이해 등 조직 내 역할과 관계에 대한 문제와 조직의 특성 및 전략을 분석하는 문제가 출제되었다.

3회 고시넷 NCS 피듈형

통합 오픈봉투
모의고사

영역	문항 수	시험시간	비고
의사소통능력 수리능력 문제해결능력 자원관리능력 조직이해능력	50문항	60분	경기도 공공기관 통합채용 및 전국 시·도 공공기관 등의 필기시험 유형을 기반으로 재구성하였습니다.

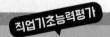

3회 기출예상문제

시험시간 | 60분
문항수 | 50문항

정답과 해설 23쪽

01. 다음에서 설명하고 있는 언어의 성격으로 적절한 것은?

> 언어는 시간의 흐름에 따라 끊임없이 생성, 성장, 소멸한다.

① 사회성　　　　　　　　　② 역사성
③ 규칙성　　　　　　　　　④ 창조성

02. 다음 (가), (나)가 공통적으로 시사하는 내용으로 적절한 것은?

> (가) 왕발이 젊을 때에 꿈에 강신(江神)이 나타나 "내일 등왕각을 중수하는 낙성식이 있다. 그 자리에 참석하여 글을 내도록 하여라."라고 말했다. 꿈에서 깨어나서 헤아려보니 등왕각까지 700리나 떨어진 곳이라 하룻밤에 가기에는 아무래도 불가능해 보였다. 그러나 왕발은 꿈이 너무나 생생하여 배에 올랐고 갑자기 순풍이 불어와 마치 나는 듯이 달려 등왕각에 이르렀다. 왕발은 〈등왕각서〉라는 명문장으로 세상에 이름을 떨칠 수 있었다고 한다.
>
> (나) 강서성 천복산에는 천복비라는 비석이 있었다고 한다. 한 가난한 서생이 천복비 비문을 탁본해 오면 보수를 후하게 주겠다는 말에 천복산으로 향하였다. 그러나 수천 리 길을 달려 당도한 그날 밤에 벼락이 떨어져 비석이 산산이 조각나고 말았다고 한다.

① 하루라도 선한 일을 거르지 말라.
② 사람의 운수는 하늘이 이끈다.
③ 악에는 반드시 하늘의 응징이 따른다.
④ 만족을 알고 그쳐야 할 때를 알면 일생이 편안하다.

03. 다음 글을 참고할 때 밑줄 친 부분이 어법상 옳은 문장은?

> 몇 해 전 유명 발레리나의 발 사진이 공개된 적이 있었다. 사진 속 그녀의 발은 굳은살로 울퉁불퉁해져 있었다. 굳은살은 그 사람이 얼마나 치열한 삶을 살았는지를 보여 주는 증표다.
>
> 흔히 손이나 발 등에 굳은살이 생긴 모습을 표현할 때 '굳은살이 배기다.' 또는 '굳은살이 박히다.'라고 한다. 이는 바른 표현일까? 둘 다 아니다. '굳은살이 박이다.'로 써야 한다.
>
> '박이다'를 쓸 자리에 '배기다'를 쓰는 경우를 종종 본다. '배기다'는 '바닥에 닿는 몸의 부분에 단단한 것이 받치는 힘을 느끼게 되다.'라는 뜻으로 몸의 일부가 다른 부분과 접촉한 상태에서 힘을 느낄 때 사용하는 말이다. '하루 종일 방바닥에 누워 있었더니 등이 배긴다.', '오래 앉아 있었더니 엉덩이가 배긴다.' 따위로 쓰인다. '박이다'는 '버릇, 생각, 태도 따위가 깊이 배다.', '손바닥, 발바닥 따위에 굳은살이 생기다.'라는 뜻으로 반복적인 생활 습관으로 몸의 일부에 변화가 와 있는 상태를 이르는 말이다. 즉, 손이나 발바닥 따위를 오랫동안 반복적으로 사용해 살이 단단해진 상태를 이를 때는 '굳은살이 박이다.'라고 쓴다.
>
> '박이다'를 쓰면서 '박히다'와 혼동하는 사례도 많다. '박히다'는 '박다'의 피동사로 '의자에 박힌 못', '방구석에 박혀 나오질 않는다.'처럼 쓰인다. '박히다'는 사람이 적극적으로 박는 경우에 사용되는 말로 의도적으로 그렇게 했다는 의미가 담겨 있다.

① 나는 자기 전에 물을 마시는 습관이 몸에 <u>베겨</u> 있다.

② 날씨가 좋은데 집에만 <u>박여</u> 있을 수 있나.

③ 주말마다 등산하는 버릇이 몸에 <u>박혀</u> 이제는 포기할 수 없다.

④ 선생티가 <u>박인</u> 삼촌은 언제나 훈계조로 말한다.

04. 다음 〈보기〉 중 공문 작성 시 유의사항으로 적절하지 않은 것을 모두 고르면?

> 보기
>
> ㄱ. 본문에는 관련 근거를 명확히 표기해야 한다.
>
> ㄴ. 제목은 공문 내용을 포괄적으로 암시하여 자세하게 작성해야 한다.
>
> ㄷ. '1. → 가. → 1) → 가) → (1) → (가) → ① → ㉮' 순으로 항목번호를 붙인다.
>
> ㄹ. 첨부물을 표시할 때는 본문의 내용이 끝난 줄 다음에 '붙임' 표시를 하고 명칭과 수량 등을 기입한다.
>
> ㅁ. 공문은 내부적으로 업무담당자 사이에 주고받는 것이므로 행정용어 순화, 오탈자 수정 등 담당자의 철저한 재검이 요구된다.

① ㄱ, ㄴ   ② ㄴ, ㅁ

③ ㄷ, ㄹ   ④ ㄹ, ㅁ

05. 다음 대화의 밑줄 친 부분에서 드러난 경청의 방해요인으로 적절한 것은?

> 을 사원 : 팀장님, 잠시 상의 드릴 게 있습니다.
>
> 갑 팀장 : 네. 무슨 일 있나요?
>
> 을 사원 : 요즘 팀원들 사이에서 저에 대한 안 좋은 소문이 돌고 있는 것 같습니다.
>
> 갑 팀장 : 그런 일이 있었나요? 구체적으로 어떤 소문인가요?
>
> 을 사원 : 제가 너무 이기적이라고 하더라고요. 아마도 제가 표현이 부족한 탓인 것 같은데, 제 딴에는 팀원들을 돕기 위해 여러 가지로 신경쓰고 힘든 일을 도맡아서 한다고 했지만 그게 팀원들 눈에는 부족했…
>
> 갑 팀장 : <u>아니, 그것보다는 제가 봤을 때 을 사원은 일의 처리과정에 문제가 좀 있는 것 같아요. 상대방의 업무를 이해하고 표현을 조금 더 적극적으로 하는 게 어떨까요?</u>
>
> 을 사원 : ……
>
> 갑 팀장 : 을 사원은 이런 면에 있어선 많이 서툰 것 같아요. 이는 을 사원은 물론 우리 팀의 업무 성과와도 관련이 있으니 조금 더 신경 써 보는 게 어떨까요?

① 짐작하기   ② 슬쩍 넘어가기

③ 언쟁하기   ④ 다른 생각하기

06. 다음 글을 읽고 이해한 내용으로 적절하지 않은 것은?

> 독일 과학자들이 코로나19 백신 중 아스트라제네카와 얀센의 부작용이 발생하는 원인을 찾았고, 이를 해결할 방법도 제공할 수 있다고 주장했다. 두 백신은 접종 뒤 2주 안에 혈소판 감소를 동반하는 매우 드문 혈전증인 뇌정맥동혈전증(CVST), 내장정맥혈전증(SVT) 등을 유발하는 것으로 나타나 일부 국가에서 사용이 중지됐다. 영국에서는 아스트라제네카 백신 접종자 3,300만 명 가운데 309명에게 희귀 혈전이 생겼고, 56명이 사망했다. 유럽에서는 1,600만 명 접종자 중 142명에게서 혈전증이 발생했다.
>
> 아스트라제네카와 얀센 백신은 약한 감기 바이러스인 아데노바이러스에 비활성화한 코로나 바이러스를 집어넣은 뒤 인체에 투입해 면역반응을 끌어낸다. 아데노바이러스가 매개체가 돼 코로나 바이러스의 스파이크 단백질을 몸속으로 들여보내는데, 이 과정에서 문제가 발생한다. 스파이크 단백질이 세포핵으로 들어가면 특정 부분이 떨어져 나와 돌연변이 버전을 만드는데, 이 돌연변이 단백질들이 세포막에 결합하지 못한 채 신체에 분비돼 혈전을 유발한다는 것이다. 연구를 주도한 M 교수는 "바이러스 유전자들이 세포핵에 있을 때 몇몇 문제가 발생한다."라고 말했다.
>
> 화이자와 모더나 백신은 아스트라제네카 등과 달리 바이러스보다 더 작은 '메신저 리보핵신'을 이용해 스파이크 단백질의 유전물질을 세포핵이 아닌 세포액으로 전달한다. 이런 차이로 인해 혈전 부작용이 발생하지 않는다고 연구진은 주장했다. M 교수는 백신 제조업체가 매개체가 되는 아데노바이러스를 수정하면 문제를 해결할 수 있을 것이라고 전망했다.

① 독일 과학자들이 아스트라제네카와 얀센의 부작용인 혈전의 발생 원인을 찾았다.

② 연구진은 바이러스 매개체로 쓰이는 아데노바이러스가 주요 원인이라고 주장했다.

③ 영국에서 아스트라제네카 백신을 접종한 사람들 중 약 9%의 사람들에게 혈전증이 생겼다.

④ 모더나 백신과 아스트라제네카 백신은 둘 다 코로나 바이러스의 스파이크 단백질을 사용한다.

1회 기출예상

2회 기출예상

3회 기출예상

4회 기출예상

5회 기출예상

6회 기출예상

07. 다음에 제시된 자료의 용도는?

> 1. 프로젝트명 : ○○마을, △△마을 취약지역 생활여건 개조사업
> 2. 목적
>   1) 취약지역 주민의 기본적인 생활수준 보장을 위해 안전, 위생, 생활 인프라 확충 및 주거
>   환경 개선, 주민역량 강화 등 지원
>   2) 본 사업의 목적과 지역적 특성을 충분히 고려하여 기능, 구조, 미적으로 적합하도록 설
>   계 수립
> 3. 대상
>
>> ■ ○○마을, △△마을 취약지역 생활여건 개조사업 세부설계 용역
>> • 사업대상지 개요
>>   – 사업위치 : 전라남도 함평군 함평읍 ○○마을, △△마을 일원
>>   – 사업대상구역 : 300ha
>>   – 사업기간 : 20X0 ~ 20X3년, 총 4년간
>> • 용역대상사업비 : 1,200백만 원(토목 및 조경, 자부담 포함)
>>   – 과업내역 : 세부설계 1식
>>   생활 · 위생 · 안전 인프라, 주택정비, 마을환경개선 등(세부내역 : 과업의 규모 참조)
>> ※ 세부설계는 기본계획 승인기관 승인 후 시행하며, 용역대상사업비는 기본계획 금액으로 변경하
>> 되, 과업대상의 세부내역은 세부설계 추진 중 관련기관 협의, 주민 협의, 관련법 등에 의해 변경
>> 될 수 있음.
>
> 4. 규모와 내용
>   4.1. 규모
>   ※ 기본계획에 의한 생활 · 위생 · 안전 인프라, 주택정비, 마을환경 개선 등으로 구분하여 작성
>   4.2 내용
>   ※ 본 용역의 과업범위는 토목, 조경 부문으로 하되, 건축 및 기전분야 설계가 필요할 경우 건축사 등의
>   설계를 통해 과업을 수행하여야 한다(추진위원회 회의 및 마을 추진협의체 회의를 통한 사업내용이
>   변경될 경우).
>   ※ 과업수행 중 수반되는 각종 인 · 허가 자료작성 및 협의, 지자체 공공디자인, 협의 및 반영, 시행계획
>   수립 및 협의, 농지전용, 산지전용, 하천점용, 도로점용 등도 과업에 포함된다(건축시설 설치와 관련된
>   건축 인 · 허가 관련 업무도 포함한다).
>
> (하략)

① 기안서   ② 지출결의서

③ 기성품의서   ④ 과업지시서

08. 다음은 ◇◇기업에 근무하는 오 사원이 작성한 보도자료이다. 밑줄 친 ㉠~㉤ 중 쓰임이 어색한 것은 모두 몇 개인가?

충북도는 ◇◇기업이 충청권과 수도권 일부 건설현장의 안전관리 강화를 위해 청주에 중부지사를 설립하고 XX일부터 업무를 시작한다고 밝혔다. ◇◇기업은 201X. XX. XX. △△기업과 ■■기업을 통합해 새로이 ㉠ 창설됐다.

◇◇기업은 전국에 ㉡ 산적해 있는 건설공사 · 시설물 및 지반침하 등의 관리 및 감독, 사고대응 조치 등 시설물의 생애주기 전반의 안전관리를 위해 수도권과 비수도권에 5개 권역별로 지사를 ㉢ 개설했다.

수도권 지사는 종전의 중부권안전관리본부에서 수행하던 재난대응실과 시설물정보관리실 업무, 하지분쟁조정위원회사무국(중부권사무소) 업무를 ㉣ 종전대로 수행하고, 새로이 신설되는 지방의 4개 지사는 설계단계부터 준공 및 유지관리단계에 이르는 건설현장의 안전 관련 관리 · 감독업무를 수행한다.

청주시에 위치한 중부지사는 충청권과 수도권 일부(인천, 경기남부)를 ㉤ 관활하며 운영관리팀, 건설안전실, 건설안전점검실 등으로 구성된다. 80여 명의 인원이 근무하게 되는데, 이는 비수도권 지사 중 가장 큰 규모이다.

충북도 관계자는 "충북도 내 ◇◇기업 중부지사 설립으로 지역 수요자 중심의 현장밀착형 안전관리 · 감독이 가능해져 ○○화재사고와 같은 재난사고를 미리 예방할 수 있을 것"이라며, "사고발생 시 짧은 시간 내에 신속하게 초동 대처하는 등 도민 생명과 재산 지키기에 크게 기여할 것으로 기대된다."라고 말했다.

---

① 1개　　　　　　　　　　　② 2개

③ 3개　　　　　　　　　　　④ 4개

[09 ~ 10] 다음 글을 읽고 이어지는 질문에 답하시오.

우리는 자신이 소유하고 있는 것을 알고 있기에 그것에 매달림으로써 안정감을 찾는다. 그런데 만약 자기가 소유하고 있는 것을 잃어버리면 어떻게 될까? 소유하고 있는 것은 잃어버릴 수 있기 때문에 필연적으로 가지고 있는 것을 잃어버릴까 봐 항상 걱정하게 된다. 도둑을, 경제적 변화를, 혁신을, 병을, 죽음을 두려워한다. 따라서 늘 걱정이 끊이지 않는다. 건강을 잃을까 하는 두려움뿐만 아니라 자신이 소유한 것을 상실할까 하는 두려움까지 겹쳐 만성 우울증으로 고통받게 된다. 더 잘 보호받기 위해서 더 많이 소유하려는 욕망 때문에 방어적이게 되고 경직되며 의심이 많아지고 외로워진다.

그러나 존재 양식의 삶에는 자기가 소유하고 있는 것을 잃어버릴지도 모르는 위험에서 오는 걱정과 불안이 없다. 나는 '존재하는 나'이며 내가 소유하고 있는 것이 내가 아니기 때문에, 아무도 나의 안정감과 주체성을 빼앗거나 위협할 수 없다. 나의 중심은 나 자신 안에 있으며 나의 존재 능력, 나의 기본적 힘의 발현 능력은 내 성격 구조의 일부로서 나에 근거하고 있다. 물론 이는 정상적인 삶의 과정에 해당하며 사람을 무력하게 만드는 병이나 고문, 그 밖의 강력한 외부적 제약이 있는 상황에는 해당되지 않는다. 소유는 사용함으로써 (㉠)되는 반면, 존재는 실천함으로써 (㉡)한다. 쓰는 것은 잃어버리는 것이 아니고 반대로 보관하는 것이 잃어버리는 것이다.

존재 양식의 삶을 살 때도 위험은 있지만, 유일한 위험은 내 자신 속에 있다. 그것은 삶에 대한 믿음의 결핍, 창조적 능력에 대한 믿음의 부족, 퇴보적 경향, 내적인 나태, 내 삶을 다른 사람에게 떠맡기려는 생각 등에 도사리고 있다. 그러나 이들 위험이 존재에 반드시 내재하는 것은 아니다. 소유 양식의 삶에 상실의 위험이 늘 있는 것과는 사정이 다르다. 아예 비교할 수조차 없는 것이다.

09. 윗글을 읽고 필자의 생각으로 적절하지 않은 것은?

① 소유하려는 욕망 때문에 인간이 외로워진다.

② 소유 양식의 삶에는 늘 상실의 위험이 있다고 볼 수 있다.

③ 존재 양식의 삶은 소유 양식의 삶보다 주체성이 있다고 본다.

④ 존재 양식의 삶에는 위험이 전혀 존재하지 않는다.

10. 윗글의 흐름을 고려했을 때 ㉠, ㉡에 들어갈 말로 적절한 것은?

	㉠	㉡		㉠	㉡
①	감소	성장	②	감소	퇴보
③	증가	진보	④	증가	성장

11. 다음은 A 국가의 20X0 ~ 20X1년 무역수지와 무역규모를 나타낸 자료이다. A 국가의 20X1년 수입액은 전년 대비 약 몇 퍼센트 증가하였는가?

〈A 국가의 무역수지 및 무역규모〉

(단위 : 억 달러)

구분	무역수지	무역규모
20X0년	10	2,390
20X1년	36	2,436

※ 무역수지＝수출액－수입액
※ 무역규모＝수출액＋수입액

① 0.64%

② 0.72%

③ 0.84%

④ 1.18%

12. 중국 원대의 수학서인 『산학계몽』에는 다음과 같은 문제가 있다. 이 문제의 정답은?

> 지금 베 짜는 일꾼 24명이 있으면 192일 동안 비단 1,152필을 짠다. 56명이 240일 동안 비단을 짜면 몇 필인가?

① 3,360필

② 3,420필

③ 3,480필

④ 3,540필

[13 ~ 15] 다음은 총 38경기를 치르는 축구리그에서 4개 팀 A, B, C, D의 성적을 정리한 표이다. 이어지는 질문에 답하시오.

구분	승	무승부	패
A	17	13	8
B	21	7	10
C	20	8	10
D	22	5	11

13. 경기에서 승리하면 승점 3점, 비기면 승점 1점, 지면 승점 0점을 얻는다고 한다. 승점이 많은 순서대로 순위를 매길 때 4개 팀 중 순위가 가장 높은 팀은?

① A   ② B

③ C   ④ D

14. 승리한 경기 수를 승리한 경기와 패배한 경기를 합한 수로 나누어 승률을 계산할 때, 4개 팀 중 승률이 가장 높은 팀은?

① A   ② B

③ C   ④ D

15. 승리한 경기 수를 전체 경기 수로 나누어 승률을 계산할 때, 4개 팀 중 승률이 가장 낮은 팀은?
(단, 무승부=승리×0.5로 간주한다)

① A   ② B

③ C   ④ D

16. 다음은 20X0년 도시별 출산율 통계 자료이다. 이에 대한 설명으로 옳지 않은 것은?

〈20X0년 도시별 출산율 통계〉

구분	가임기 여성 인구 (만 명)	합계 출산율 (명)	모의 연령별 출산율(명)					
			20 ~ 24세	25 ~ 29세	30 ~ 34세	35 ~ 39세	40 ~ 44세	45 ~ 49세
A 도시	122	0.761	3.5	21.5	73.8	45.3	7.1	0.2
B 도시	77	0.987	6.5	40.9	96.1	45.2	5.4	0.1
C 도시	56	1.131	9.2	55.7	106.7	45.6	6	0.1
D 도시	48	1.566	12.4	85.8	143.7	61.3	9.5	0.3
E 도시	83	0.952	8.3	41.8	88.6	42.9	5.5	0.2

※ 합계출산율 : 가임기 여성 1명이 평생 동안 출산할 것으로 예상되는 평균 출생아 수
※ 모의 연령별 출산율 : 해당 연령 여성 인구 1천 명당 출생아 수

① 40 ~ 44세와 45 ~ 49세의 출산율 차이가 가장 큰 도시는 A이다.
② A ~ E 도시 모두 30 ~ 34세의 여성이 가장 높은 출산율을 보인다.
③ D 도시의 합계출산율은 A 도시 합계출산율의 두 배가 넘는다.
④ 가임기 여성 인구수가 적을수록 합계출산율이 올라가는 경향을 보인다.

17. 갑 공사 직원 30명이 추석 동안 먹은 송편의 개수를 조사하여 다음과 같은 표를 작성하였다. 자료의 중앙값이 5개라고 할 때, (x, y)로 가능한 경우의 수를 구하면?

송편의 수(개)	직원 수(명)
2	4
3	6
4	x
5	y
6	6
7	3
합계	30

① 3가지
② 4가지
③ 5가지
④ 6가지

[18 ~ 19] 다음 자료를 보고 이어지는 질문에 답하시오.

〈연령계층별 경제활동참가율(20X7년)〉

(단위 : %)

구분	한국	일본	호주	프랑스
전체	66.2	73.6	75.2	70.1
15 ~ 24세	28.2	44.9	70.8	39.8
25 ~ 54세	75.4	53.3	82.8	88.1
55 ~ 64세	62.0	65.4	59.3	61.3

※ 전체 경제활동참가율은 15 ~ 64세 기준임.

〈산업 대분류별 취업자 구성(20X7년)〉

(단위 : %)

구분	한국	일본	대만	호주
농림어업	7.4	4.2	5.3	3.4
광업	0.1	0.1	0.1	1.0
제조업	17.6	18.7	27.6	10.3
전기 · 가스 및 수도업	0.4	0.5	0.9	0.8
건설업	7.9	8.6	8.2	9.0
도소매 및 음식 · 숙박업	24.4	23.7	23.9	23.9
운수 · 창고 및 통신업	6.4	8.6	10.0	10.3
금융 · 보험 · 부동산 · 사업서비스업	13.5	19.8	14.7	25.2
공공개인사회 및 기타서비스업	22.4	15.8	9.4	16.0
전 산업	100.0	100.0	100.0	100.0

18. 20X7년 한국의 전국 인구수가 4,500만 명이고, 그 해 경제활동 인구 중 여성이 차지하는 비율이 34%라고 할 때, 20X7년 경제활동 인구 중 남성 인구수는 약 몇 명인가?

① 1,966만 명   ② 2,024만 명

③ 2,098만 명   ④ 2,123만 명

19. 20X7년 한국의 전 산업 취업자 수가 5천 명이라고 할 때, 광업과 건설업에 종사하는 취업자는 총 몇 명인가?

① 350명　　　　　　　　　　　　　② 400명
③ 450명　　　　　　　　　　　　　④ 500명

20. 다음은 공공기관 공사 발주현황에 대한 자료이다. 이에 대한 설명으로 옳은 것은?

〈공공기관 공사 발주현황〉

(단위 : 건, 백억 원)

구분		20X0년		20X1년		20X2년	
		건수	금액	건수	금액	건수	금액
수도권	소계	10,320	7,669	10,530	8,175	8,475	7,384
	대형공사	92	1,886	92	2,065	91	1,773
	소형공사	10,228	5,783	10,438	6,110	8,384	5,611
비수도권	소계	22,043	10,114	22,033	9,674	29,000	11,426
	대형공사	73	1,476	53	1,107	61	1,137
	소형공사	21,970	8,638	21,980	8,567	28,939	10,289

① 20X1년 수도권의 전체 공사 발주금액은 81조 750억 원이다.

② 20X2년 비수도권의 소형공사 발주금액은 10조 2,890억 원이다.

③ 20X0년 수도권과 비수도권의 대형공사 발주금액 차이는 4조 원 이상이다.

④ 20X2년의 경우 수도권 발주건수 8,475건, 발주금액 7조 3,840억 원 가운데 대형공사 91건이 1조 7,730억 원을 차지하는 것으로 나타났다.

21. 문제해결을 위한 문제의 유형은 발생형 문제, 탐색형 문제, 설정형 문제로 구분할 수 있다. 다음 중 문제의 유형이 나머지와 다른 하나는?

① 신입사원 이직률 상승
② SNS 환경에서의 유명세 확보
③ 인사평가제도의 공정성에 대한 의혹 지속
④ 업무환경에 관한 여직원들의 불만사항 증가

22. 다음 중 ㉠의 사례에 대한 설명으로 옳지 않은 것은?

> 대부분의 사람들은 의사결정에 있어 효용을 극대화하기 위한 정보가 부족하고, 정보를 수집하기 위한 시간도 부족하다. 정보를 처리하기 위한 인지적 능력에도 한계가 있다. 따라서 인간의 합리성이란 제한된 합리성(Bounded Rationality)일 수밖에 없다. 제한된 합리성으로 인해 인간은 최선의 선택을 하지 못하고 자신이 충분하다고 생각하는 만족할 만한 수준에서 사고를 멈추고 단순한 모형이나 대략적인 추측에 의존하여 의사결정을 하게 된다. 이 단순화되는 의사결정 과정에 작용하는 것이 바로 ㉠휴리스틱(Heuristics)이다. 사람들이 휴리스틱을 사용하는 것은 생각하기를 싫어하는 인지적 구두쇠(Cognitive Miser)로서의 특성 때문이다. 그 결과 휴리스틱은 편리성과 편향성을 함께 지니고 있다.

① 닻내림 효과 : 초기에 제시된 정보나 강렬한 정보가 전체적인 판단에 매우 강력한 영향을 미치는 현상
② 현상유지 편향 : 현재 상태를 특별한 이득이 주어지지 않는 한 바꾸지 않으려는 경향
③ 사후판단 편향 : 사후 성공 및 실패 가능성을 역추정하면서 사전에 예측하지 못했음에도 불구하고 그 사건을 예측 가능했거나 발생할 확률이 매우 높았다고 사후에 느끼는 경향
④ 클러스터 착각 : 손실을 기피하기 때문에 어떤 대상물을 포기하는 비용이 동일 재화를 획득하는 비용 대비 더 크다고 생각하는 경향

23. 다음에 나타난 논리적 오류로 적절한 것은?

> • 상대방의 주장과는 전혀 상관없는 논리를 통해 다른 방향으로 주장하는 경우이다.
> • 피의자는 자동차 사고빈도가 높고, 음주운전을 시행한 전력도 있어 자동차 피규어를 수집한다.

① 논점 일탈의 오류　　　　　　　② 무지의 오류
③ 원인 오판의 오류　　　　　　　④ 복합 질문의 오류

24. 다음은 한국 속담에 나타난 편향(Bias)에 대해 직원들끼리 나눈 대화이다. 잘못된 발언을 한 직원은?

① 김 사원 : '핑계 없는 무덤 없다'는 속담은 자신이 의사를 결정하면 반대 정보라도 자신의 의견을 보완하는 정보로 해석하는 확증 편향의 사례입니다.
② 최 사원 : '하나를 보면 열을 안다'는 속담은 어떤 사건이 전체를 대표한다고 판단하고 빈도와 확률을 무시하여 판단하는 기저율 무시 편향의 사례로 볼 수 있습니다.
③ 이 사원 : '친구 따라 강남 간다'는 속담은 다수의 사람이 혹은 다른 사람이 하는 행동을 무턱대고 믿고 따르는 밴드왜건 효과로 이해할 수 있습니다.
④ 민 사원 : '개똥밭에 굴러도 이승이 좋다'는 속담은 현재를 미래에 비해 훨씬 더 중요하다고 느끼며, 현재와 멀어질수록 중요도가 멀어진다고 믿는 과대 할인 편향의 사례로 볼 수 있습니다.

25. SWOT 분석 방법에는 외부환경요인 분석과 내부환경요인 분석이 있다. 다음 중 내부환경요인 분석에 대한 내용으로 적절한 것은?

① 동일한 데이터라도 자신에게 긍정적으로 전개되면 기회로, 부정적으로 전개되면 위협으로 분류한다.
② MMMITI(Man, Material, Money, Information, Time, Image) 체크리스트를 활용할 수 있지만 반드시 적용할 필요는 없다.
③ 언론매체, 개인 정보망 등을 통하여 입수한 상식적인 세상의 변화 내용을 시작으로 당사자에게 미치는 영향을 순서대로 점차 구체화한다.
④ 자신을 제외한 모든 정보를 기술한다.

1회 기출예상

2회 기출예상

3회 기출예상

4회 기출예상

5회 기출예상

6회 기출예상

26. 다음은 서로 다른 무게를 가진 물체 5개에 대한 〈정보〉이다. 가벼운 물체부터 무거운 물체 순으로 바르게 나열한 것은?

정보

- ●●는 □□와 ★보다는 가볍다.
- ▲는 □□보다는 무겁고, ♣보다는 가볍다.
- □□는 가장 무겁지도 않고, 세 번째로 무겁지도 않다.
- ♣는 세 번째로 무겁지도 않고, 네 번째로 무겁지도 않다.
- ★는 가장 무겁지도 않고, 두 번째로 무겁지도 않다.

① ▲ < □□ < ●● < ♣ < ★
② ★ < □□ < ▲ < ♣ < ●●
③ ●● < ▲ < ★ < □□ < ♣
④ ●● < □□ < ★ < ▲ < ♣

27. ○○식당에는 4인용 테이블이 5개 있다. 〈조건〉에 따라 대기 손님을 전부 받았을 때 테이블을 정리한 횟수는 몇 번인가? (단, 손님들은 대기번호 순서대로 모두 동시에 들어오고 떠나며, 떠난 후 테이블 전체를 정리하는 것을 한 번으로 간주한다)

대기번호	인원
1	3
2	6
3	8
4	6
5	5
6	7

조건

- 대기번호 순서대로 입장해야 한다.
- 동시에 들어온 팀들은 모두 동시에 떠난다.
- 서로 다른 팀끼리 같이 앉을 수 없다.
- 테이블 수용 인원을 초과할 경우 남은 인원을 수용하는 만큼의 테이블을 사용해야 한다.

① 2번
② 3번
③ 4번
④ 5번

28. 다음 명제를 통해 도출할 수 있는 결론은?

- 팀 프로젝트를 잘하는 직원은 모두 좋은 대학을 나왔다.
- 좋은 대학을 나온 직원은 영어를 잘한다.
---

① 영어를 잘하는 모든 직원은 좋은 대학을 나왔다.

② 팀 프로젝트를 잘하는 직원은 모두 영어를 잘한다.

③ 좋은 대학을 나온 직원은 모두 영어를 잘한다.

④ 좋은 대학을 나온 어떤 직원은 영어를 잘하지 못한다.

29. 다음 명제가 모두 참일 때 반드시 참이라고 할 수 없는 것은?

- 불을 무서워하는 사람은 고소공포증이 있다.
- 고소공포증이 있는 어떤 사람은 겁이 있다.
- 겁이 있는 모든 사람은 귀신을 무서워한다.
---

① 겁이 없는 모든 사람은 고소공포증이 없다.

② 불을 무서워하는 모든 사람은 귀신을 무서워한다.

③ 고소공포증이 없는 사람은 불을 무서워하지 않는다.

④ 고소공포증이 있는 어떤 사람은 귀신을 무서워한다.

1회 기출예상
2회 기출예상
3회 기출예상
4회 기출예상
5회 기출예상
6회 기출예상

30. 다음 〈보기〉는 △△구 축구대회에서 6개 팀이 리그전으로 축구시합을 한 결과를 정리한 내용이다. 해왕성팀에게 패배한 팀은?

> 보기
>
> • 축구시합에는 수성팀, 지구팀, 목성팀, 화성팀, 토성팀, 해왕성팀이 참가하였다.
> • 수성팀의 성적은 2승 3패이다.
> • 지구팀은 승리한 경기가 없다.
> • 화성팀의 성적은 1승 2무 2패이다.
> • 화성팀은 토성팀을 이겼다.
> • 토성팀의 성적은 3승 2패이다.
> • 해왕성팀은 한 경기에서만 승리하였다.

① 수성팀
③ 목성팀
② 지구팀
④ 화성팀

31. 다음은 ○○기업의 외식사업 영업직무를 개발하기 위한 직무개발절차이다. (가)에 해당하는 문서에 들어가기 적절한 내용을 모두 고른 것은?

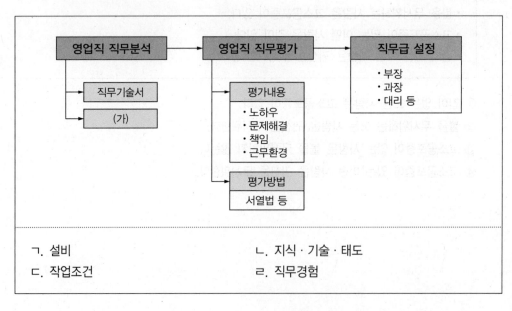

ㄱ. 설비
ㄷ. 작업조건
ㄴ. 지식 · 기술 · 태도
ㄹ. 직무경험

① ㄱ, ㄴ
③ ㄴ, ㄷ
② ㄱ, ㄹ
④ ㄴ, ㄹ

32. 다음 〈보기〉에서 설명하는 직무설계 방법에 대한 내용으로 옳지 않은 것은?

> 보기
>
> 업무를 성질별로 구분하여 한 가지의 주된 업무를 분담시키는 것으로, 기능·업무의 동질성을 기준으로 조직을 편성하는 것을 의미한다.

① 조직 전체의 업무를 종류와 성질별로 나누어 조직구성원이 가급적 한 가지의 주된 업무만을 전담하게 하는 방식이다.

② 업무량의 변동이 심하거나 원자재의 공급이 불안정한 업무에는 적용이 어렵다.

③ 조직구성원에게 심리적 소외감이 생길 수 있다.

④ 작업 전환에 소요되는 시간(Change-over Time)이 증가할 수 있다.

33. 다음은 A 직위를 수행하는 박 대리의 직무 특성을 열거한 자료이다. 이를 토대로 박 대리의 후임을 선발하고자 할 때 집중적으로 평가하지 않아도 되는 항목은?

> 〈박 대리 직무수행 내용 녹취록〉
>
> 대부분의 업무가 정형적이거나 그날의 상황에 많이 좌우된다. 하지만 나는 컴퓨터를 사용하고 다양한 위기상황에 대응하는 데 많은 시간을 소비한다. 예를 들면 어느 날 타 부서의 동료가 특정한 고객의 자료를 잘못 입력하여 대출을 해 줄 수가 없었다며 당황한 모습으로 나를 불렀다. 나는 동료가 문제를 정확하게 찾아 자료를 수정하고 그 고객을 만나는 데 필요한 모든 배경 정보를 수집하는 것을 도와주었다.
>
> 연말에 까다로운 문제가 하나 발생하였다. 회사에 입사한 지 6개월밖에 안 되었던 때라 엄청난 스트레스를 받았다. 처리해야 할 업무가 산더미처럼 많아, 나는 우선 무엇을 해야 할지를 파악해야 했다. 하나의 문제에서 다른 문제로 옮길 수 있는 유연성이 A 직위를 수행하는 데 가장 중요한 기술이라고 생각하였다.

① 혁신적 사고력   ② 융통성 있는 태도

③ 위기 대응 능력   ④ 정보 수집 능력

34. 다음과 관련된 설명으로 옳지 않은 것은?

① 위와 같은 것을 QR-Code라 한다.

② 위 코드는 2차원 형식의 코드이다.

③ 위 코드를 사용하기 위해서는 지식재산권 사용에 따른 비용을 지불해야 한다.

④ 기존의 바코드보다 많은 정보를 담을 수 있다.

35. 강 사원이 〈지시사항〉에 따라 업무 순서를 정리할 때, 〈보기〉의 업무를 순서대로 바르게 나열한 것은? (단, 현재 시각은 1시이다)

> **지시사항**
>
> 　강 사원, 내일 아침에 출근하자마자 업무보고 해 주세요. 그리고 오늘은 김 사원이 휴가를 가서 강 사원이 김 사원의 업무를 대신 해야 할 것 같습니다. 오늘 회의 끝나고 저랑 용산역 행사장에 가서 행사에 필요한 현수막을 설치해야 합니다. 행사장을 방문하고 나면 저녁 먹을 시간이니 용산역 가기 전에 근처 식당에 예약 좀 해 주세요. 그리고 오늘 3시에 이번 프로모션 안건에 대해 회의가 있습니다. 그 전에 제가 보낸 회의 자료를 인쇄해서 회의 참여 인원만큼 준비해 주세요. 내일 오전 11시에는 팀장 회의가 있으니 회의 전에 회의실 테이블 배치를 전에 공지한 대로 변경해 주시고, 마이크가 잘 작동되는지 확인을 꼭 부탁드립니다.

> **보기**
>
> ㉠ 현수막 설치　　　　　　　　㉡ 회의자료 준비
> ㉢ 식당 예약　　　　　　　　　㉣ 테이블 재배치 및 마이크 확인
> ㉤ 업무보고

① ㉠-㉢-㉣-㉡-㉤　　　　　　　② ㉡-㉠-㉢-㉤-㉣

③ ㉡-㉢-㉠-㉤-㉣　　　　　　　④ ㉤-㉣-㉢-㉠-㉡

36. ○○센터 인사팀은 기획팀 직원 선발에서 다음 〈합격자 선발 기준〉을 토대로 평가요소별 합산 값이 제일 높은 사람을 선발하고자 한다. 최종 합격자로 선발될 사람은? (단, 비율화된 점수의 합은 100점을 초과할 수 없으며, 각 비율은 소수점 아래 첫째 자리에서 반올림한다)

〈지원자별 점수현황〉

(단위 : 명)

구분	서류심사	AI 면접	필기시험	PT 평가
임경호	86	85	90	80
고상덕	75	85	90	80
진혜민	80	90	85	95
최창로	90	80	90	85

〈합격자 선발 기준〉

평가요소	서류심사	AI 면접	필기시험	PT 평가	합계
비중	20%	25%	25%	30%	100%

※ AI 면접평가 90점 이상자는 기존 AI 면접 비중에 5%p 추가하여 합산함.

① 임경호
② 고상덕
③ 진혜민
④ 최창로

37. ○○기업 김 대리는 미국 캘리포니아로 출장을 가기 위해 인천에서 출발하는 항공권을 알아보고 있다. 미팅은 현지시각 2월 17일 14시로 예정되어 있고, 적어도 하루 전에는 온타리오 공항 현지에 도착하여 숙박하려 한다. 경비를 최소로 사용해야 하며 김 대리가 조사한 항공권과 숙박비용이 다음과 같을 때 김 대리가 선택할 항공권은? (단, 돌아오는 날짜와 항공권은 동일하다)

〈인천공항 → 온타리오 공항 항공권〉

항공권	출발시간	소요시간	가격(원)	비고
A	2/17 21 : 15	13 : 30	1,700,000	직항
B	2/14 07 : 30	16 : 50	1,280,000	경유 1회
C	2/15 11 : 35	15 : 30	1,340,000	경유 1회
D	2/16 15 : 55	17 : 00	1,420,000	경유 1회

※ 서울시간 : GMT+9
※ 태평양표준시 : GMT−8

〈날짜별 숙박 비용〉

(단위 : 원)

날짜	2/13	2/14	2/15	2/16	2/17	2/18	2/19
숙박비	150,000	150,000	180,000	180,000	130,000	130,000	150,000

① A
③ C
② B
④ D

[38 ~ 40] 다음은 ○○공사의 진급대상자인 A ~ D의 특성을 정리한 표이다. 이어지는 질문에 답하시오.

구분	근속연수 (년)	실적	교육이수 학점	건강상태	인성		
					사회성	책임감	신중함
A	19	하	중	상	상	중	상
B	15	중	중	중	중	중	상
C	13	하	상	상	하	상	하
D	13	중	중	중	상	중	중

※ 근속연수를 제외한 모든 특성에 다음과 같이 점수를 부여함.
 상 : 3점, 중 : 2점, 하 : 1점

38. A ~ D 중 책임감과 신중함 점수가 가장 높은 사람을 선정한 후 그중에서 실적이 가장 높은 사람을 진급시키려고 한다. 다음 중 선발될 사람은?

① A
③ C
② B
④ D

39. A ~ D 중 인성 점수가 가장 높은 사람을 진급시키려고 한다. 다음 중 선발될 사람은?

① A
③ C
② B
④ D

40. 다음 중 표의 내용과 일치하지 않는 것은?

① A는 근속연수가 가장 길고, 건강상태 점수도 가장 높다. 그러나 다른 사람에 비해서 실적은 가장 낮은 편이다.
② B는 가장 신중하지만, 다른 모든 특성에서 중간 수준이다.
③ C는 교육이수 학점, 건강상태, 책임감에서 가장 높은 점수를 받았지만 사회성은 가장 낮은 점수를 받았다.
④ D는 책임감과 신중함에서 가장 높은 점수를 받았지만 교육이수 학점이 다른 사람과 비교했을 때 가장 낮다.

41. 다음 그래프에 제시된 조직 유형의 특성으로 올바른 것은?

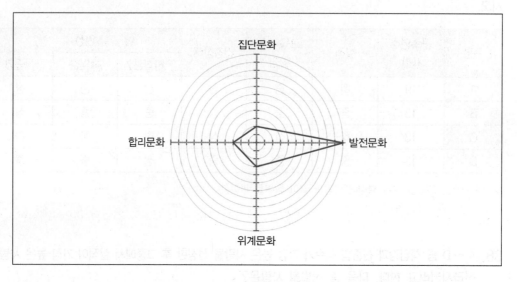

① 해당 조직은 가족 같은 운명공동체로서의 특성을 가진다.

② 해당 조직은 진취적이며 위험을 감수하려는 경향이 강하다.

③ 해당 조직의 성공기준은 효율성, 원가절감 등이다.

④ 해당 조직은 생산성 및 업적을 가장 중요시한다.

42. 다음은 환경 불확실성에 따른 조직설계와 관련된 내용이다. ㉠에 들어갈 내용으로 옳지 않은 것은?

		환경의 복잡성	
		단순	복잡
환경의 동태성	안정적		
	동태적	㉠	

① 유기적 조직

② 소수의 변경조직

③ 다소 높은 불확실성

④ 낮은 차별화의 적은 통합방법

43. 다음 중 조직목표의 특징에 대한 설명으로 옳지 않은 것은?

① 여러 개의 조직목표를 추구할 수 있다.

② 조직목표 간에는 위계적 상호관계가 있다.

③ 공식적 목표와 실제 목표는 항상 같아야 한다.

④ 조직목표는 조직의 구성요소와 상호관계를 가진다.

44. 다음 미국 오스틴시(市)의 교통체증을 줄인 성공사례에서 사용한 경영전략으로 적절한 것은?

- 배경 : 미국 오스틴시(市)에는 자가용 외에도 공유 자전거·자동차 등 많은 대체 교통수단이 존재하고 있지만 교통 수요자들은 관성적으로 자가용 위주의 기존 교통수단을 이용한다. 이를 해결하기 위하여 시에서는 '스마트 트립 오스틴' 프로그램을 도입하였다. 20X5년 시범 도입한 이후 단계적으로 확대 중인 이 프로그램은 20X7년까지 6만 가구가 참여하여 승용차 이용률 저감에 도움을 주었다.
- 문제 현황 : 오스틴시(市)는 미국 내에서도 교통체증이 유독 심한 지역이다. 자동차를 대체하는 수단은 늘었지만, 여전히 많은 시민들이 기존의 교통수단을 이용한다. 최근 버스, 기차 등의 대중교통 외에도 자전거, 공유 자동차·자전거·킥보드, 카풀과 같은 다양한 대체 교통수단이 등장하였지만, 그에 대한 인식 저조로 많은 시민이 기존의 교통수단을 이용하는 실정이다.
- 오스틴시(市) 경영전략
  - 대상 지역 주민의 교통수단 이용패턴을 조사
  - 스마트 트립 홍보대사 고용
  - 주민이 어디에 가고 싶은지, 어떤 수단을 이용할 수 있는지, 어떻게 준비해야 하는지, 어떤 문제점이 있는지를 파악한 후 맞춤형 교통수단 이용 계획·경로를 제안

---

① 집중화 전략

② 원가우위 전략

③ 차별화 전략

④ 다각화 전략

www.gosinet.co.kr gosinet

1회 기출예상
2회 기출예상
3회 기출예상
4회 기출예상
5회 기출예상
6회 기출예상

45. 다음은 조직목표와 개인목표의 통합을 위한 접근법에 대한 사례이다. (가)와 (나)에 해당하는 모형을 바르게 연결한 것은?

> (가) 젊은 청년을 군 입대로 유인하기 위해 애국심이나 국토방위 의무의 정당성을 매일 교육하면 국가를 위해 충성을 다하는 것을 개인목표로 삼게 되며, 이는 조직목표와 통합될 것이다.
>
> (나) 열심히 일하는 사원에게 월급을 올려 주면 개인적 성취에 따라 개인목표 달성을 위해서 조직목표를 향하여 고군분투할 것이다. 즉, 두 목표가 동시에 달성되는 계기가 된다.

	(가)	(나)		(가)	(나)
①	교화모형	교환모형	②	교환모형	수용모형
③	수용모형	교화모형	④	수용모형	교환모형

46. 다음 그림의 내용을 추구하는 기업의 특성에 대한 설명으로 옳지 않은 것은?

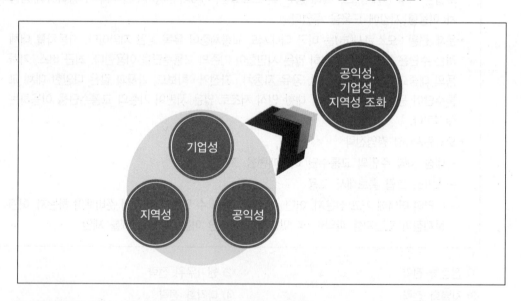

① 일반적인 공공수요를 충족시키기 위하여 일반적인 행정활동 외에 비교적 기업성이 강한 사업도 시행한다.

② 기업의 경제성보다 공공복리를 증대하도록 운영함을 기업의 기본원칙을 규정한다.

③ 지방자치단체가 주민의 복지 증진을 목적으로 직·간접으로 경영하는 기업을 의미한다.

④ 공익성이 크고 지역적으로 독점이 보장되며, 요금이나 서비스에 대하여 공공성을 고려해야 한다.

[47 ~ 48] 다음 마케팅 믹스(Marketing Mix) 4P 전략을 정리한 표를 바탕으로 이어지는 질문에 답하시오.

(가)	(나)
• 생산한 제품과 서비스를 소비자에게 전달하는 활동을 의미함. • SNS 활동, 입소문, 인적판매 등이 해당됨.	• 유형의 물건과 서비스, 브랜드, 디자인 등을 포함하는 것으로 장점과 편리성 등 소비자의 필요요건을 충족시킬 수 있어야 함. • 고객들의 욕구를 사전에 파악함이 중요함.
(다)	(라)
• 경쟁사와 비교하여 판매 가능한 고객수요의 판단이 선행되어야 함. • 타깃에 따른 적정가치 산정이 필요하며 향후 할인, 할부기간 등도 고려하여야 함.	• 소비자에게 제품을 전달할 수 있는 경로를 의미함. • 온 · 오프라인 등 유통의 전 과정을 포함함.

47. 위 표의 (가) ~ (라)에 들어갈 내용을 적절하게 짝지은 것은?

	(가)	(나)	(다)	(라)
①	Promotion	Product	Price	Place
②	Place	Price	Product	Promotion
③	Price	Place	Product	Promotion
④	Product	Place	Price	Promotion

48. 다음 중 마케팅 믹스 4P 전략을 활용하는 방법이 적절하게 짝지어진 것은?

	Product	Price	Place	Promotion
①	A/S 서비스	고가격전략	온라인플랫폼	라디오 광고
②	A/S 서비스	품질관리	라디오 광고	현수막 광고
③	온라인 플랫폼	고가격전략	오프라인 매장	품질관리
④	품질관리	온라인 플랫폼	라디오광고	A/S 서비스

1회 기출예상 · 2회 기출예상 · 3회 기출예상 · 4회 기출예상 · 5회 기출예상 · 6회 기출예상

49. ○○금융개발원 책임연구원 A 씨는 다음 7S 모델로 내부 환경을 분석하였다. ㉠～㉏에 들어갈 내용이 아닌 것은?

요소	내용
전략(Strategy)	• 국민 중심의 공공금융서비스 제공 • (㉠)
조직구조(Structure)	• 위탁업무 중심의 조직으로 업무 효율성 저하 • (㉡)
시스템(System)	• 위탁업무로 인한 재량권 낮음. • (㉢)
공유가치(Shared Value)	• 안정적 금융생활을 선도하는 금융서비스 전문기관 • (㉣)
기술/역량(Skill)	• 민간 금융 경력직을 포함한 금융전문가 조직 • (㉤)
직원/인력(Staff)	• 팀의 특성에 따른 직급별 인력 비중 상이 • (㉥)
조직문화(Style)	• 세대 간 인식차이 및 갈등요소 증가 • (㉦)

① 미래 금융기능 강화를 위한 대비 미흡
② 급변하는 미래를 대비한 중장기 경영목표 수립
③ 일부 부서의 인력 부족 심화로 업무리스크 증가
④ 신규사업 발굴을 통한 지속가능한 공공기관 도약

50. 다음은 어느 기업의 조직운영방식의 변화 과정을 도식으로 나타낸 것이다. (가) ~ (다)에 해당
하는 운영방식을 적절하게 연결한 것은?

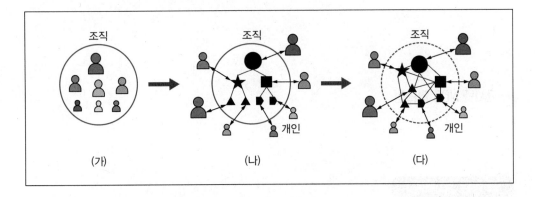

	(가)	(나)	(다)
①	직무중심 운영	직급중심 운영	인간중심 운영
②	직급중심 운영	직무중심 운영	인간중심 운영
③	직급중심 운영	인간중심 운영	직무중심 운영
④	인간중심 운영	직급중심 운영	직무중심 운영

1회 기출예상

2회 기출예상

3회 기출예상

4회 기출예상

5회 기출예상

6회 기출예상

유형별 출제비중

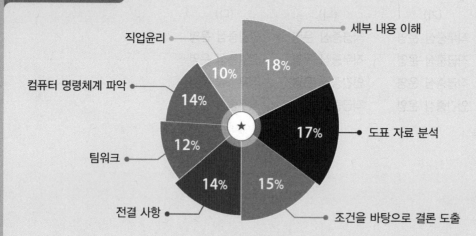

- 직업윤리 10%
- 컴퓨터 명령체계 파악 14%
- 팀워크 12%
- 전결 사항 14%
- 세부 내용 이해 18%
- 도표 자료 분석 17%
- 조건을 바탕으로 결론 도출 15%

출제분석

피듈형 의사소통능력에서는 긴 지문의 세부 내용을 이해하고 추론하는 문제가 주로 출제되었었고, 안내 자료의 내용을 이해하여 적절한 조치를 취하는 문제도 출제되었다. 수리능력에서는 표와 그래프 자료의 내용과 수치를 분석하는 문제가 다수 출제되 었다. 문제해결능력에서는 자료를 바탕으로 선택하고 정보를 분석하며 수치를 계산하는 문제가 출제되었고, SWOT 분석에 관한 문제도 출제되었다. 조직이해능력에서는 전결 사항, 조직 전략, 조직 구성 등 다양한 주제의 문제가 골고루 출제되었다. 대인관계능력에서는 경력개발과 팀워크에 관한 문제가 주로 출제되었다. 정보능력에서는 제시된 프로그램 조작 자료를 바탕 으로 결과를 산출하는 문제가 주로 출제되었다. 직업윤리에서는 직업·기업윤리의 기본 사항과 관련된 이해를 파악하는 문제 가 다수 출제되었으며, 직장 내 예절에 관한 문제도 함께 출제되었다.

4회　고시넷 NCS 피듈형

통합 오픈봉투
모의고사

영역	문항 수	시험시간	비고
의사소통능력 수리능력 문제해결능력 조직이해능력 대인관계능력 정보능력 직업윤리	60문항	60분	한전KDN, 한국도로공사, 국민연금공단 등의 필기시험 유형을 기반으로 재구성하였습니다.

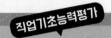
[01 ~ 02] ○○연구소에서 'CEO의 역할'에 대한 강연을 실시하였다. 이어지는 질문에 답하시오.

(가) 한때 세상을 품었던 C사, N사 등의 글로벌 기업은 자신의 분야에 안주하다 우월적 지위를 잃어버렸다. 이런 우를 범하지 않기 위해서는 경쟁력이 있는 분야와 함께 새로운 혁신 분야를 끊임없이 연구하고 개척해야 한다. 어느 기업이나 미래를 위해서 신사업을 창출하고 새로운 먹거리를 개발하는 것은 기업의 생존 방정식이다.

(나) 요즘처럼 경기가 불황일 때는 미래 지속가능성이 경영에서 제일 우선시되는 목표가 된다. 이를 위해서는 꾸준히 잘 수행해 왔던 부문을 유지하고 그동안 하지 않았던 새롭고 어려운 과업에도 지속적으로 도전해야 한다. 현재와 미래, 오른손과 왼손에 대한 동시 고려는 기업과 정부 등 사회의 모든 조직은 물론 우리 모두의 최우선 핵심 과제이다. 선진국에서처럼 100년 이상 장수하게 될 우리 기업이 앞으로 얼마나 나올지 벌써 궁금해진다. 우리도 당장 덜 사용해 온 손으로 글도 써 보고, 식사를 하며 100세 시대를 대비해야 하지 않을까.

(다) 기업 경영에서도 이와 똑같은 이치가 적용된다. 기업들은 관성에 따라 수행하기 익숙한 것에 집중하는 경향이 있다. 현재 잘나가는 제품, 기술이나 사업부문에만 집착하다 보면 결국 뒤처지게 된다.

(라) 모든 것은 시간이 흐름에 따라 익숙해지지만 낡고 약해진다. 우리 몸도 마찬가지다. 한 부분을 오랫동안 사용하다 보면 숙련되지만 고장이 나는 경우가 생긴다. 어느 한쪽 손을 주로 사용하다 보면 나이가 들면서 손목이나 관절에 문제가 발생하게 된다. 주로 오른손을 사용하는 사람의 경우 오른손이 탈나게 되면 왼손을 대신 사용하면 좋을 텐데, 평생 생활이 오른손에 익숙해진 터라 왼손이 대신 채워 주기에는 역부족이다.

(마) 저명한 혁신 연구가인 찰스 오라일리 스탠퍼드대 교수는 이를 '양손잡이 경영'이라 부르며 이야기한 바 있다. 현재 잘하는 분야를 계속해서 개발(exploitation)하여 효율성과 생산성을 높이는 데 초점을 맞추면서, 창조성과 모험성을 강조하는 탐사(exploration) 활동을 통해 미래 성장을 꿈꿀 수 있다는 것이다. 현재의 성공 사업을 잘 유지해 수익을 창출하고 미래의 성장 동력을 찾아 대박을 낼 사업을 키우는 것이 양손잡이 경영의 핵심이다. 실패 위험이 높은 혁신 활동을 전담할 조직은 최고경영자(CEO)가 직접 챙겨야 한다. 미래 핵심 사업을 창조하고 위험에 대비하는 것이 기업 경영의 요체이고 CEO의 역할이자 의무이기 때문이다.

01. (가) ~ (마)를 글의 흐름에 맞게 순서대로 나열한 것은?

① (다) - (가) - (나) - (마) - (라)　　　　② (라) - (다) - (가) - (마) - (나)

③ (라) - (나) - (마) - (가) - (다)　　　　④ (마) - (나) - (가) - (라) - (다)

⑤ (마) - (라) - (나) - (가) - (다)

02. 다음 글을 윗글에 추가하고자 할 때, 들어갈 위치로 가장 적절한 곳은?

> 얼마 전 오른쪽 손목 문제로 병원 신세를 진 필자도 왼손을 대신 사용하는 생활과 습관을 들여 세월의 변화와 미래에 대비해야겠다고 다짐하고 있으나 실제로 이를 실천에 옮기기에는 보통의 의지력으로는 매우 힘들다.

① (가) 문단 뒤　　　　② (나) 문단 뒤　　　　③ (다) 문단 뒤

④ (라) 문단 뒤　　　　⑤ (마) 문단 뒤

[03 ~ 04] 다음 글을 읽고 이어지는 질문에 답하시오.

현대 생명윤리는 크게 두 가지 관점을 통해서 해결에 접근한다. 그것은 바로 자유주의 윤리학과 공동체주의 윤리학이다. 주목할 점은 자유주의 윤리학과 공동체주의 윤리학은 동시에 대립하며 발전한 것이 아니라 자유주의 윤리학의 이론과 적용에 대하여 공동체주의 윤리학이 반론을 제기하면서 발전했다는 점이다. 그러므로 대응방식으로서 생명윤리학의 현대적 의의는 자유주의 윤리학에 대한 공동체주의 윤리학의 보충이 아닌 맞대응이라고 할 수 있다. 여기서 맞대응은 생명윤리의 전제조건에 대한 전환을 말한다.

자유주의 진영에서 존 롤스(John Rawls)의 출현은 규범적 전환이라고 불릴 정도로 규범에 관한 논쟁을 일으켰다. 대표적인 논쟁이 규범윤리학 방법론이다. 생명윤리 문제에서 공동체주의의 대응은 원칙주의와 결의론 등 자유주의적 관점이 지닌 문제점에 대한 인식에서 나왔다. 현대 바이오테크놀로지(Biotechnology)는 기술만으로는 해결하기 어려운 많은 생명윤리적 쟁점과 질문을 동시에 세상에 내놓았다. 이와 같은 한계를 극복하고 문제를 해결하는 대응으로 출현한 것이 공동체주의 관점의 생명윤리학이다.

자유주의 생명윤리가 개인의 자율성을 강조한 것에 대항하여 공동체주의 학자 샌델(Michael Sandel), 매킨타이어(Alasdair MacIntyre), 테일러(Charles Taylor), 왈저(Michael Walzer)는 각자의 정치철학 이론에 기초하여 생명윤리관을 서술했다. 이들은 정의로운 사회란 공동체가 공유하는 가치와 선(Good)으로 구성된다고 말한다.

다시 말하자면 공동체주의는 공동선(Common Good)이 옳기 때문에 정의의 자격이 부여되는 것이 아니라 그것을 사람들이 좋아하고 그로 인해 행복할 수 있기 때문에 정의로서 자격을 갖춘다고 주장한다. 하지만 공동체주의적 접근방식은 공동선을 강조하다 보니 인간의 권리와 자유를 소홀히 할 수 있고, 공동체에 대한 개념과 공동체가 지닌 현실적 한계가 무엇인지 모호하다는 비판이 있다. 그러나 이런 한계에도 불구하고 공동체주의 접근방식은 개인의 자율성으로 경도되어 지나치게 보호하는 자유주의적 관점에 대하여 개인이 현실적으로 속해 있는 공동체와 대화할 수 있는 길을 열어 주었다는 점에서 큰 공헌을 했다. 사실 현실 세계와 분리된 상황에서 인간의 도덕적 지위를 확립하고 그 이념에 따라 모든 인간이 올바른 가치판단을 내리면서 올바르게 삶을 선택한다면 좋겠지만 현실 속의 인간은 추상화된 개념의 이상(理想) 속에 고립되고 한정된 존재가 아니라는 점을 간과해서는 안 된다. 추상적 존재로도 불리지만 현실적, 경험적 인간이 속해 있는 공동체의 가치와 선을 고려한다는 것은 삶이 허무주의로 흐를 수 있는 고립된 자아를 좋은 삶을 위한 방향으로 수정할 수 있는 기회를 제시해 주는 것과 같다. 이 점은 개인과 공동체 사이에 여러 가지 차이와 간극이 있음에도 불구하고 공동체주의가 주는 현실적 가치임을 기억해야 한다.

www.gosinet.co.kr

1회 기출예상

2회 기출예상

3회 기출예상

4회 기출예상

5회 기출예상

6회 기출예상

03. 윗글에 대한 이해로 옳지 않은 것은?

① 현대 바이오테크놀로지는 기존의 자유주의 윤리학의 관점만으로는 해결하기 어려운 생명윤리적 쟁점을 가진다.

② 자유주의 윤리학은 공동체주의 윤리학에 선행하여 발생하였으며 공동체주의 윤리학은 자유주의 윤리학을 반박하는 개념이다.

③ 개인의 자율성을 지나치게 보호하는 자유주의적 관점을 따를 경우 자아가 고립되어 삶이 허무주의로 흐를 가능성이 있다.

④ 공동체주의는 절대적으로 정의로운 공동선을 설정한 후 이에 기초한 올바른 가치판단을 내리는 삶을 이상적으로 본다.

⑤ 각자의 공동체주의적 정치철학 이론에 기초하여 생명윤리관을 서술한 학자로는 샌델, 매킨타이어, 테일러, 왈저 등이 있다.

04. 다음 중 공동체주의 생명윤리 사상을 가진 사람이 제시할 만한 연명치료에 대한 의견으로 적절한 것은?

① 의사는 의학적으로 전문가니까 연명치료 중단 여부도 주치의 의견에 최대한 따르는 것이 맞지 않을까?

② 가족들의 동의가 없더라도 환자 본인이 원한다면 연명치료를 중단할 수 있도록 해야 해.

③ 극한 상황에서는 정상적인 판단이 어려울 수 있으니까 아프기 전의 생각에 따라서 연명치료 여부를 결정해야 해.

④ 의식불명 환자가 현재 치료 중단을 요구하지 못하더라도 과거에 연명치료를 원치 않는다는 의견을 표명했다면 환자의 의지를 중시하여 연명치료를 중단하는 것이 옳아.

⑤ 개개인의 의지에 따라 연명치료를 중단하는 것은 결국 사람을 죽도록 방치한다는 측면에서 사회통념상 옳지 않고 사회적으로 악용될 우려도 있으니 신중한 검토가 필요해.

[05 ~ 06] 다음 자료를 읽고 이어지는 질문에 답하시오.

설마 했던 브렉시트(영국의 유럽연합 탈퇴)가 국민투표로 확정되자 국제금융시장이 요동쳤다. 탈퇴 확정 소식이 알려지자마자 영국의 통화인 파운드화 가치는 10% 이상 폭락했고, 기축 통화 역할을 했던 미국 달러화나 일본 엔화 가치 등은 치솟았다. 각국 증권시장의 출렁거림도 가히 역대급 태풍에 견줄 만했다. 그동안 양적 완화를 통해 자국 통화 가치를 떨어뜨렸던 경제대국들은 이번 사태가 실물경제로 이어지지 않을까 좌불안석인 모양이다.

사실 이번 결정이 어떤 배경에서 나온 것인지 어리둥절했다. 지난 수십 년 동안 자유무역의 확장만이 유일무이한 정답인 것처럼 의심의 여지없이 주입받아 왔다고 볼 수 있기 때문이다. 유럽 이민자들의 유입으로 일자리를 빼앗겼다는 등의 얘기가 전해진다. 그러나 통합에 따른 편익을 꼽자면 얼마든지 그 이상의 것을 거론할 수도 있지만 지금 당장 ㉠종합적인 계산서를 뽑아 보기는 어렵다. '국경 없는'이란 표현이 진부하게마저 느껴지는 요즘 세상에 국경의 담벼락을 높이 쌓게 된 이유를 유심히 들여다봐야 한다.

"출렁이는 파도가 아니라, 그 밑에 거대하게 흐르고 있는 해류(海流)의 모습을 이해해야 합니다." 대학 시절, 연일 계속된 시위로 몇 개월 만에 겨우 성사된 수업 시간에 노교수가 아날학파를 설명했던 것으로 기억한다. 왕의 이름이나 임진왜란 등이 일어난 연도를 외우는 것이 고작이었던 역사를 보는 시각에 약간의 변화가 생긴 것은 당연했다. 그러나 이후로도 루시앙 페브르와 마르크 블로흐는 그저 잡담의 소재 정도였을 뿐, 진정으로 시대를 이해하고 반응하는 데 큰 촉매가 되지는 않았다. 간간이 사회 양상이―내 주변과 우리 사회, 나아가 글로벌한 차원에서―잘못 전개되고 있다는 느낌을 받은 적은 많다. 그래도 출렁이는 파도에 뱃멀미를 느끼기 바빴을 뿐 해류가 어떻게 흘러가고 있는지에 대해서는 관심을 두지 못했다.

일상에 치여 사는 생활인으로서 자책까지 할 필요는 없다. 다만, 이번 브렉시트를 계기로 당연하게 생각했던 많은 것을 꺼내 놓고 "뭣이 중헌디."라고 자문해 볼 필요는 있을 것 같다.

05. 다음 중 밑줄 친 ㉠이 의미하는 것은?

① 통화가치 하락에 따른 득실 계산
② 유럽 이민자 유입에 의한 경제적 영향
③ 유럽연합 탈퇴에 따른 손익
④ 해류 중심의 역사 해석이 주는 득실
⑤ 브렉시트에 대한 각국의 찬반 여부

06. 윗글을 통해 알 수 있는 내용으로 적절하지 않은 것은?

① 필자는 브렉시트를 지난 수십 년 동안 이어져 온 자유 무역의 확장이란 방향에서 어긋난 결정으로 본다.
② 필자는 국가 간 보호무역으로의 회귀가 가져올 결과를 부정적으로 보면서 이에 대한 반대 입장을 보이고 있다.
③ 루시앙 페브르와 마르크 블로흐는 아날학파와 관련된 인물들이다.
④ 필자는 이민자의 유입을 막기 위해 브렉시트를 결정했다고 보는 것은 너무 단순한 해석이라고 보고 있다.
⑤ 브렉시트는 국경의 담벼락을 높이 쌓는 결정이라고 할 수 있다.

1회 기출예상

2회 기출예상

3회 기출예상

4회 기출예상

5회 기출예상

6회 기출예상

[07 ~ 08] 다음은 코로나19 관련 사회적 거리두기 2단계에 관한 자료이다. 이어지는 질문에 답하시오.

(가) 사회적 거리두기 2단계 기준 및 방역 조치

개념	지역 유행 급속 전파, 전국적 확산 개시
상황	1.5단계 조치 후에도 지속적으로 유행이 증가하는 양상을 보이며, 유행이 전국적으로 확산되는 조짐이 관찰됨.
기준	다음의 3개 중 1개라도 충족 시 적용 가. 유행권역에서 1.5단계 조치 1주 경과 후, 확진자 수가 1.5단계 기준의 2배 이상 지속 나. 2개 이상 권역에서 1.5단계 유행이 1주 이상 지속 다. 전국 확진자 수 300명 초과 상황 1주 이상 지속
핵심 메시지	지역 유행 본격화, 위험지역은 불필요한 외출과 모임 자제, 사람이 많이 모이는 다중이용시설 이용 자제

(나) 사회적 거리두기 2단계 일상 및 사회 · 경제적 활동

마스크 착용 의무화	실내 전체, 위험도 높은 실외 활동
모임 · 행사	100인 이상 금지
스포츠 관람	관중 입장 제한(전체 관중의 10%)
교통시설 이용	마스크 착용 의무화, 교통수단(차량) 내 음식 섭취 금지
직장근무	기관부서별 재택근무 등 확대 권고, 환기 · 소독, 근로자 간 거리두기 등 의무화, 고위험 사업장 마스크 착용

07. 위의 자료를 이해한 내용으로 적절한 것은?

① 1개의 권역에서 1.5단계 유행이 1주 이상 지속되면 2단계로 격상될 것이다.

② 1.5단계 조치 후 2 ~ 3일 일시적인 유행 양상을 보이더라도 2단계로 격상될 수 있다.

③ 유행권역에서 1.5단계 조치 후 2 ~ 3일 동안 확진자 수가 1.5단계 기준의 2배 이상이라면 전국적 대유행으로 판단될 것이다.

④ 전국 확진자 수가 300명이 초과되는 상황이 1주 이상 지속된다면 스포츠 경기는 관중 입장이 전체 관중의 10%로 제한될 것이다.

⑤ 유행권역에서 확진자가 100명 이상일 때, 1.5단계 조치를 취했을 경우 조치 다음 날 확진자 수가 200명 이상이 되면 곧바로 2단계로 격상될 것이다.

08. 위의 자료를 바탕으로 할 때, 다음 상황에서 ○○기관이 취해야 할 조치로 적절하지 않은 것은?

> ○○기관에서는 사회적 거리두기 1.5단계일 때 기관 전체의 $\frac{1}{5}$ 수준의 직원이 재택근무를 실시하였으며, 외부강사를 초빙하여 직원 100명을 대상으로 청렴교육을 진행하기로 계획하였다. 그러나 청렴교육 실시일 전에 사회적 거리두기가 2단계로 격상되었다.

① 100인 이상의 모임은 금지되므로 계획된 청렴교육은 실시할 수 없다.

② 실내 및 실외 전체에서 마스크 착용을 의무화해야 한다.

③ 환기와 소독을 자주 하고 근로자 간 거리두기 등을 의무화해야 한다.

④ 재택근무를 확대하는 방안에 대해 논의해야 한다.

⑤ 지역 유행이 본격화되고 있으므로 불필요한 외출과 모임은 최대한 자제한다.

1회 기출예상

2회 기출예상

3회 기출예상

4회 기출예상

5회 기출예상

6회 기출예상

[09 ~ 10] 다음의 제시상황과 자료를 보고 이어지는 질문에 답하시오.

○○산업연구기관의 K 연구원은 해외 주요국과 한국의 전력 소비량을 비교하고 있다.

〈해외 주요국 전력 소비량(단위 : TWh)〉

조사 연도 국가명	1990년	2000년	2010년	2020년
중국	478	1,073	3,493	5,582
미국	2,634	3,500	3,788	3,738
인도	212	369	720	1,154
일본	771	969	1,022	964
독일	455	484	532	519
한국	94	240	434	508
브라질	211	321	438	499
프랑스	302	385	444	437
영국	274	329	329	301
이탈리아	215	273	299	292
…	…	…	…	…
전 세계 합계	9,702	12,698	17,887	

09. 다음 중 K 연구원이 위 자료를 파악한 내용으로 적절하지 않은 것은?

① 제시된 국가들 중 1990년 전력 소비량이 가장 큰 국가는 같은 해 전 세계 합계 전력 소비량의 25% 이상을 소비했다.

② 제시된 국가들 중 1990년 대비 2000년 전력 소비량 증가값이 가장 큰 국가는 중국이다.

③ 제시된 국가들 중 2000년 대비 2010년 전력 소비량은 영국을 제외한 모든 국가에서 증가했다.

④ 제시된 국가들 중 2010년 대비 2020년 전력 소비량이 감소한 국가 수는 증가한 국가 수보다 많다.

⑤ 제시된 국가들 중 2020년에 전력 소비량이 가장 많은 국가와 가장 적은 국가의 전력 소비량 차이는 5,290TWh이다.

10. K 연구원은 위 자료를 토대로 전 세계 전력 소비량과 한국 전력 소비량의 증감률을 비교하고 있다. 다음 중 ㉠~㉣에 들어갈 값으로 적절한 것은? (단, 증감률은 소수점 둘째 자리에서 반올림한다)

〈전 세계 및 한국 전력 소비량 증감률(단위 : %)〉

이전 조사 년도 대비 증감률	2000년	2010년
한국	㉠	㉡
전 세계 합계	㉢	㉣

① ㉠ : 282   ② ㉡ : 72.4   ③ ㉢ : 30.9

④ ㉣ : 25.2   ⑤ ㉣ : 41.6

11. 다음은 20XX년 국내 주요 도시의 전출·입 인구 자료이다. 이에 대한 해석으로 적절하지 않은 것은?

〈국내 5개 도시 전출·입 인구〉

(단위 : 명)

전입 \ 전출	서울	부산	대구	인천	광주	계
서울	190,065	183	1,029	50,822	95	242,194
부산	3,225	81,566	75	4,550	152	89,568
대구	2,895	622	69,255	202	122	73,096
인천	8,622	326	192	19,820	256	29,216
광주	3,022	118	82	268	36,562	40,052
계	207,829	82,815	70,633	75,662	37,187	474,126

① 대구에서 부산으로 전입해 온 사람의 수는 622명이다.

② 같은 도시로 전출 간 사람의 수가 3번째로 적은 곳은 대구이다.

③ 서울은 전체 전출 인구의 약 10% 이상이 다른 도시에서 전입해 온 것이다.

④ 인천으로 전입해 온 사람의 수는 75,662명이다.

⑤ 광주에서 다른 도시로 전출을 제일 많이 간 곳은 서울이다.

1회 기출예상

2회 기출예상

3회 기출예상

4회 기출예상

5회 기출예상

6회 기출예상

12. 다음은 어느 포장이사 전문 기업 프레젠테이션의 일부이다. ㉠~㉣ 중 표에 대한 설명으로 옳지 않은 것을 모두 고르면?

〈20X1년 10월 인구이동 예상〉

구분		20X1년		
		9월	10월(예상)	전년 동월 대비
이동자 수 (천 명, %)	계	591	529	−14.2
	시도 내	405	365	−14.1
	시도 간	186	164	−14.5
이동률 (%, %p)	계	1.15	1.03	−0.17
	시도 내	0.79	0.71	−0.12
	시도 간	0.36	0.32	−0.05

안녕하십니까. 기획팀의 김유진 팀장입니다. 프레젠테이션을 시작하겠습니다. 우선 20X1년 10월 인구이동 예상지표와 관련하여 말씀드리겠습니다. ㉠ 20X1년 10월에는 전년 동월 대비 약 14.2% 감소한 약 52만 9천 명의 인구이동이 예상되는데, 이는 10월에 추석 연휴가 있기 때문입니다. 그렇기 때문에 10월에는 포장이사 시장에서 경쟁이 더욱 치열해질 것이므로 공격적인 마케팅이 필요하다고 생각합니다. 특히 ㉡ 20X1년 10월 이동 예상 인원 중 시도 내 이동자 수가 차지하는 비중은 약 69%이고, 전년 동월 대비 전체 이동자 수의 감소율보다 시도 내 이동자 수의 감소율이 더 작으므로 ㉢ 전체 예상 이동자 수에서 시도 내 이동자 수가 차지하는 비중은 20X0년 10월에 비해 감소할 것으로 예상됩니다. 따라서 장거리 포장이사에 배치된 인력을 단거리 포장이사 부문으로 인사이동을 미리 준비해서 인력자원을 안정적으로 운용하여야 할 것입니다. 마지막으로, 인구 100명당 이동자 수를 의미하는 이동률은 ㉣ 20X1년 10월에 전년 동월 대비 약 0.17% 감소할 것으로 예상됩니다. 최근 이동률의 감소폭이 둔화되고 있어 이동률 지표가 안정화 단계에 들어선 것이라 추산할 수 있으며, 이에 따라 저렴한 이사비용을 전면에 내세우는 우리 기업의 방침에서 탈피하여 보급형과 고급형에 이르는 다양한 포장이사 서비스를 개발하는 것이 시급하다고 생각합니다. 이상 프레젠테이션을 마치겠습니다. 감사합니다.

① ㉠, ㉡　　　　　② ㉠, ㉣　　　　　③ ㉡, ㉢
④ ㉡, ㉣　　　　　⑤ ㉢, ㉣

13. 다음은 지역 A ~ F에서 발생한 교통사고에 대한 자료이다. 〈조건〉에 따를 때, A, C에 해당하는 도시를 적절하게 연결한 것은?

〈교통사고 발생 현황〉

(단위 : 건)

구분	A	B	C	D	E	F
20X9년	37,219	63,360	44,006	45,555	53,692	219,966
20X8년	36,330	61,017	40,698	44,304	51,784	217,598
20X7년	34,794	57,837	37,766	40,510	52,055	204,313
20X6년	34,934	57,816	36,333	40,017	48,031	203,197

〈교통사고 사망자 수〉

(단위 : 명)

구분	A	B	C	D	E	F
20X9년	185	354	77	238	308	250
20X8년	197	409	93	246	354	304
20X7년	236	425	86	307	351	343
20X6년	219	495	99	284	388	368

〈교통사고 부상자 수〉

(단위 : 명)

구분	A	B	C	D	E	F
20X9년	64,851	100,425	70,908	75,377	92,635	321,675
20X8년	63,242	96,775	64,612	70,737	88,928	318,192
20X7년	20,982	91,447	59,579	66,704	91,852	297,364
20X6년	63,032	94,882	57,920	67,922	85,282	296,073

조건

• 교통사고 건수가 매년 증가하는 지역은 경북, 대전, 전북, 서울이다.
• 교통사고 건수와 교통사고 사망자 수가 반비례하는 지역은 강원, 경북, 충남, 서울이다.
• 교통사고 사망자 수와 부상자 수가 반비례하는 지역은 강원, 전북, 충남, 서울이다.
• 20X7년 교통사고 사망자 수는 전년 대비 증가했지만, 교통사고 부상자 수는 전년 대비 감소한 지역은 강원, 전북이다.

	A	C		A	C		A	C
①	서울	강원	②	충남	대전	③	대전	서울
④	경북	충남	⑤	강원	대전			

[14 ~ 15] 다음의 제시상황과 자료를 보고 이어지는 질문에 답하시오.

○○기관 직원 Y는 차기 예상 발전량에 관한 보고서를 작성하기 위해 2X20년도 발전원별 발전 전력량 추이를 열람하고 있다.

(단위 : GWh)

구분	3월	4월	5월	6월	7월	8월	9월	10월	11월	12월
총발전량 (증감률)	46,141 (−2.3)	42,252 (−3.9)	41,578 (−6.2)	43,825 (0.1)	46,669 (−6.2)	51,245 (−1.2)	44,600 (0.3)	43,164 (−3.3)	64,932 (−0.5)	51,601 (2.6)
기력 (증감률)	14,025 (−19.8)	15,001 (2.0)	14,876 (−2.1)	16,520 (−5.9)	19,058 (−14.6)	20,850 (−9.3)	19,038 (−9.2)	14,512 (−27.7)	34,880 (−22.3)	16,631 (−15.9)
원자력 (증감률)	14,463 (3.1)	13,689 (−3.3)	15,258 (3.3)	14,069 (3.6)	13,721 (17.5)	12,526 (2.7)	9,293 (−10.0)	13,468 (27.1)	14,048 (37.4)	15,060 (26.2)
복합 (증감률)	13,477 (10.2)	9,287 (−21.0)	7,555 (−29.0)	9,439 (0.6)	10,367 (−30.9)	13,346 (4.0)	11,966 (20.1)	11,483 (10.0)	12,732 (0.7)	16,382 (0.7)
수력 (증감률)	534 (18.4)	511 (−3.5)	563 (4.2)	513 (6.7)	612 (8.0)	1,074 (78.8)	880 (55.6)	474 (−13.2)	425 (−5.9)	496 (−0.7)
대체에너지 (증감률)	2,904 (−0.8)	3,069 (13.0)	2,607 (−16.6)	2,402 (−11.6)	2,153 (−22.6)	2,693 (−13.6)	2,718 (6.0)	2,897 (30.3)	2,613 (33.7)	2,728 (30.3)
기타 (증감률)	738 (857.0)	695 (680.6)	719 (817.8)	882 (922.8)	788 (805.0)	756 (650.5)	705 (746.0)	330 (−55.6)	234 (−68.0)	304 (−48.5)

※ ( ) 내의 숫자는 전년 동월 대비 증감률을 의미함.

14. 다음은 직원 Y가 위 자료를 파악한 내용이다. 이 중 적절한 것은?

① 2X20년 4월 총발전량은 2X20년 3월 대비 3.9% 감소하였다.

② 2X20년 4월 복합 발전원은 동년 전월 대비 발전전력량이 제일 크게 증가하였다.

③ 2X20년 6월과 9월의 발전원별 발전전력량 순위는 같다.

④ 수력 발전원의 발전전력량이 가장 적은 달은 11월이다.

⑤ 2X20년 10월 발전전력량이 전월 대비 증가한 발전원의 수가 감소한 발전원의 수보다 많다.

15. 직원 Y는 위 자료를 바탕으로 보고서에 삽입할 〈보기〉와 같은 그래프를 작성하였다. 다음 중 ㉠ ～ ㉣에 들어갈 발전원을 바르게 연결한 것은?

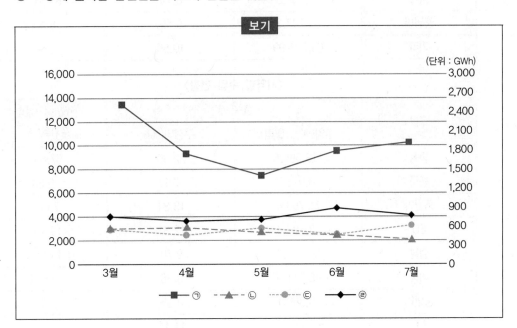

	㉠	㉡	㉢	㉣
①	수력	기력	복합	대체에너지
②	수력	기타	원자력	기력
③	기력	원자력	수력	복합
④	복합	수력	기타	원자력
⑤	복합	대체에너지	수력	기타

1회 기출예상

2회 기출예상

3회 기출예상

4회 기출예상

5회 기출예상

6회 기출예상

16. 다음은 20X5년 우리나라의 상품수지 현황에 관한 자료이다. 이에 대한 설명으로 옳은 것을 〈보기〉에서 모두 고르면?

〈지역별 수출 현황〉

구분	20X5년		20X0년 대비 증가율(%)
	수출(백만 달러)	구성비(%)	
동남아	143,868.1	23.81	-0.32
중국	131,577.1	21.78	14.04
미국	95,485.0	15.81	4.96
EU	65,306.5	10.81	5.06
일본	35,593.0	5.89	17.94
중동	34,758.3	5.75	89.54
중남미	33,747.3	5.59	38.40
기타	63,791.99	10.56	-

〈지역별 수입 현황〉

구분	20X5년		20X0년 대비 증가율(%)
	수입(백만 달러)	구성비(%)	
중동	118,985.5	22.96	67.65
중국	88,973.7	17.17	-6.33
동남아	71,756.4	13.84	7.06
EU	63,787.4	12.31	19.10
일본	50,297.5	9.70	14.35
미국	48,511.9	9.36	-22.74
중남미	18,389.1	3.55	7.23
기타	57,591.17	11.11	-

보기

㉠ 20X5년 우리나라의 상품수지 흑자규모는 850억 달러 이상이다.

㉡ 20X0년에 비해 20X5년 우리나라 상품수지 흑자액은 중국보다 미국이 더 많이 증가했다.

㉢ 20X6년에 20X5년의 수출 상위 3개 지역만 수출액이 20%씩 증가한다면 수출 총액은 7,000억 달러 이상이 된다.

㉣ 20X5년에 기타를 제외한 7개 지역 중 우리나라가 상품수지 적자를 보이고 있는 지역은 2개 지역이다.

① ㉠, ㉡　　　　　② ㉠, ㉢　　　　　③ ㉡, ㉢

④ ㉠, ㉢, ㉣　　　　　⑤ ㉠, ㉡, ㉢, ㉣

17. ○○공사의 재무팀에서 근무하는 김필승 대리는 중대한 세미나를 앞두고 세미나 장소를 대관하려고 한다. 〈평가 기준〉에 근거하여 다음의 5개 후보지 중 총점이 가장 높은 곳을 대관하려고 할 때, 김필승 대리가 대관하게 될 세미나 장소는?

〈세미나 장소 정보〉

구분	○○공사로 부터 이동시간	수용 가능인원	대관료	세미나 참석자들을 위한 교통편	빔 프로젝터 사용가능 여부
갑 센터 401호	1.5시간	400명	65만 원	불량	O
을 구민회관 2층	2시간	500명	60만 원	양호	O
병 교통회관 302호	1시간	350명	90만 원	양호	O
정 지역 상공회의소 3층	3시간	700명	70만 원	양호	O
무 빌딩 5층	2.5시간	600명	100만 원	매우 양호	X

〈평가 기준〉

• ○○공사로부터 이동시간, 수용가능인원, 대관료는 각 장소마다 1 ~ 5점을 준다.
• ○○공사로부터 이동시간과 대관료는 적을수록, 수용가능인원은 많을수록 높은 점수가 부여된다.
• 세미나 참석자들을 위한 교통편이 매우 양호하면 5점, 양호하면 4점, 불량하면 2점이 부여된다.
• 빔 프로젝터 사용이 가능하면 가점 2점이 붙는다.

① 갑 센터 401호　　　　　② 을 구민회관 2층

③ 병 교통회관 302호　　　　　④ 정 지역 상공회의소 3층

⑤ 무 빌딩 5층

1회 기출예상

2회 기출예상

3회 기출예상

4회 기출예상

5회 기출예상

6회 기출예상

[18 ~ 19] 다음 자료를 보고 이어지는 질문에 답하시오.

〈터널에 영향을 미치는 현상과 요인〉

역학적 거동		원인	㉠ 특수지형	㉠ 특수지질	㉠ 저온	㉠ 기타	㉡ 설계불량	㉡ 천장공극	㉡ 복공불량	㉡ 배수불량	㉡ 시공불량	㉡ 기타
하중증가	토압증대	이완토압·소성압		◎				◎				
		절리 등		◎				◎				
		편토압·사면활동 등	◎	○			○					
	수압증대	수원지 인접										◎
		지하수 차단·배수불량		○			○			◎		
		지표수 유입				○				○	○	
	동상압	복공압력		○	◎							
	기타	지진				◎	○					
지반지내력저하	지반이완	균열확대·고결도 저하		◎				◎		○	◎	
	습윤	흡수·팽창		◎			○			○		
	간극수압	전단강도 저하		○						◎		
복공내력저하	구조열화	균열·박리·단면변형						◎	◎	○		
		침하·이동·경사	○	◎			○				○	
	재료열화	경시 변화·중성화				○						
		저온·습윤			◎					◎		
		배합불량									◎	
	기타	지진				◎						
		화재·교통사고										◎

※ ◎ : 주요 원인, ○ : 원인

18. 다음 중 위 표에 대한 설명으로 옳지 않은 것은?

① 지진, 화재나 교통사고와 터널 주변의 특수지질로 인한 균열과 단면변형은 복공내력 저하를 유발한다.

② 시공불량으로 인해 지표수가 유입되거나 설계불량으로 인해 배수불량이 나타나면 수압이 증대될 수 있다.

③ 터널에서 토압이 증대될 경우, 지형이나 지질이 특수한 것은 아닌지 의심해 볼 필요가 있다.

④ 복공압력에 이상이 나타날 경우, 복공불량을 의심할 것이 아니라 저온과 지질의 특수성을 살펴봐야 한다.

⑤ 지반지내력이 저하될 경우, 지질의 특수성이나 배수불량을 더 면밀히 살펴볼 필요가 있다.

19. 다음 중 위 표를 통해 추론한 정보로 옳지 않은 것은?

① 지반이완이 나타날 때는 천장공극이나 시공불량 또는 특수지질을 먼저 의심해 보고 만약 아닌 경우, 배수불량은 아닌지 확인해 봐야 한다.

② 터널을 제작할 때는 특수지형, 특수지질, 저온, 설계불량, 복공불량 중에서 지질의 특수성에 대해 알아보는 데 가장 많은 노력을 기울여야 한다.

③ 터널에 이상이 생기는 요인은 크게 인위적 요인과 자연적 요인으로 구분할 수 있으며, ㉠에는 인위적 요인, ㉡에는 자연적 요인이 들어간다.

④ 터널을 설계하고 시공할 때 배수에 대해서 세심하게 고려하지 않으면, 터널의 하중증가, 균열확대, 재료열화 등 7가지의 문제점이 발생할 수 있다.

⑤ 터널을 설계하고 시공할 때 지형의 특수성을 고려하지 않으면, 터널의 하중증가와 복공내력 저하의 문제가 발생할 수 있다.

1회 기출예상 2회 기출예상 3회 기출예상 4회 기출예상 5회 기출예상 6회 기출예상

[20 ~ 21] 다음 자료를 보고 이어지는 질문에 답하시오.

SWOT이란 강점(Strength), 약점(Weakness), 기회(Opportunity), 위협(Threat)의 머리글자를 모아 만든 단어로, 경영전략을 수립하기 위한 도구이다. SWOT 분석을 통해 도출된 조직의 내부 · 외부 환경의 분석 결과를 통해 각각에 대응하는 전략을 도출하게 된다.

SO 전략이란 기회를 활용하면서 강점을 더욱 강화하는 공격적인 전략이고, WO 전략이란 외부 환경의 기회를 활용하면서 자신의 약점을 보완하는 전략으로 이를 통해 기업이 처한 국면의 전환을 가능하게 할 수 있다. ST 전략은 외부환경의 위협요소를 회피하면서 강점을 활용하는 전략이다. WT 전략이란 외부환경의 위협요인을 회피하고 자산의 약점을 보완하는 전략으로 방어적인 성격을 갖는다.

내부환경 외부환경	강점(Strength)	약점(Weakness)
기회(Opportunity)	SO 전략 (강점-기회 전략)	WO 전략 (약점-기회 전략)
위협(Threat)	ST 전략 (강점-위협 전략)	WT 전략 (약점-위협 전략)

20. 다음 □□식당의 환경 분석결과에 따른 전략으로 옳은 것은?

□□ 식당	
강점(Strength)	저렴하고 깔끔한 식당 이미지
약점(Weakness)	국내 점포 수 부족
기회(Opportunity)	1인 가구 증가로 인한 간단한 식사에 대한 선호 증가
위협(Threat)	재료 값 상승으로 인한 재료비용 증가

내부환경 외부환경	강점(S)	약점(W)
기회(O)	① 1인 가구를 위한 저렴한 가격의 간편 메뉴 추가	② 가족 단위 고객에게 어필할 수 있는 깔끔한 음식 이미지 광고
위협(T)	③ 점포 수 증가를 통한 재료 대량구매 시스템 구축	④ 국내산 재료를 사용하여 고급스러운 이미지 구축 ⑤ 1인분 용량 메뉴의 다양화

21. 다음 ○○케이크 전문점의 환경 분석결과에 따른 전략으로 옳은 것은?

○○ 케이크 전문점	
강점(Strength)	• 다양한 종류의 미니 케이크와 저렴한 가격 • 뛰어난 SNS 활용 능력과 그 결과 SNS상에서 형성된 유행
약점(Weakness)	• 부족한 생산능력으로 인한 물량 부족 • 현재 입점 위치의 낮은 접근성
기회(Opportunity)	• 영업점 근처의 버스 노선 신설 • 예쁜 디저트에 대한 계속되는 유행
위협(Threat)	• 생과일 케이크의 신선도 논란으로 인한 소비자들의 불안감 확산 • 대형 카페들의 연이은 케이크 신메뉴 출시

내부환경 외부환경	강점(S)	약점(W)
기회(O)	① SNS 계정을 이용하여 버스 노선 신설 소식을 알리고 이를 통해 예비 고객들이 접근성 향상	② 부족한 생산능력을 인지하고 논란 중인 생과일 케이크를 메뉴에서 제거
위협(T)	③ 대형 생산 시설에 생산을 위탁하여 충분한 물량 확보	④ 현재 판매하는 미니 케이크들의 가격을 인상하여 고급화 전략 추진 ⑤ 예쁜 디저트라는 점을 SNS에 더욱 활발히 홍보

[22 ~ 23] 다음 K시 소재 S 연구기관의 계약 절차 및 유의사항의 일부를 보고 이어지는 질문에 답하시오(단, 다음 내용에 기재된 금액은 모두 부과세 10%가 포함된 값이다).

□ 계약 준비 시 고려사항
• 물품, 제조, 인쇄
　– 1백만 원을 초과하고 2.2천만 원 이하인 경우에는 소액 수의계약 추진
　– 2.2천만 원 초과인 경우 경쟁입찰을 통한 계약 추진(물품구매의 경우 계약부서로 구매가능여부 문의, 특정한 경우 사유서 제출 후 수의계약 가능)
　– 2천만 원 이하는 견적서 1개 이상, 2천만 원 초과는 견적서 2개 이상 필수
• 용역
　– 3백만 원을 초과하고 3천만 원 이하인 경우 수의계약 추진
　– 3천만 원 초과인 경우 경쟁입찰을 통한 계약 추진(1억 원 이하의 경우 특정한 경우 사유서 제출 후 수의계약 가능)
　– 3천만 원 이하의 경우 견적서 1개 이상, 3천만 원 초과는 견적서 2개 이상 필수
□ 계약의 종류
• 제한경쟁 중 지역제한 계약 : 법인등기부상 본점 소재지가 해당 물품 납품지 혹은 용역결과물 납품지의 지역 관할 구역 안에 있는 자로 입찰참가자격을 제한 가능(물품과 용역의 경우 추정가격 2억 원 미만)
• 수의계약
　– 물품, 제조, 인쇄 : 견적서 1개 이상, 구매물품사양서 첨부하여 계약 신청하며, 1천만 원 이상의 경우 일상감사 결재 필수, 예산 2.2천만 원 이하 인쇄 시 수의계약
　– 용역 : 견적서(혹은 산출내역서 1개), 과업내용이 필요할 경우 2개 이상의 업체 견적서를 첨부
□ 계약신청서 내부결재선
• 물품, 제조, 인쇄

계약 금액	1천만 원 이하	1천만 원 초과 ~ 3천만 원 이하	3천만 원 초과 ~ 5천만 원 이하	5천만 원 초과 ~ 1억 원 이하	1억 원 초과
결재선	실장	센터장	차상위부서장	부원장(원장 직속 부서일 경우 원장)	원장

• 용역

계약 금액	3천만 원 이하	3천만 원 초과 ~ 5천만 원 이하	5천만 원 초과 ~ 1.5억 원 이하	1.5억 원 초과 ~ 3억 원 이하	3억 원 초과
결재선	실장	센터장	차상위부서장	부원장(원장 직속 부서일 경우 원장)	원장

• 수의계약

계약 금액	2천만 원 이하	2천만 원 초과 ~ 3천만 원 이하	3천만 원 초과
결재선	차상위부서장	부원장(원장 직속 부서일 경우 원장)	원장

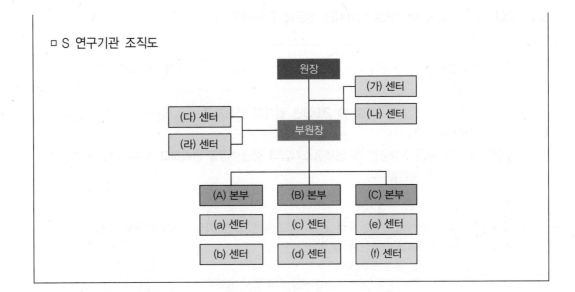

□ S 연구기관 조직도

22. 다음과 같은 5명의 연구원이 각각의 업무를 수행하고자 할 때, 최종 결재선이 다른 사람은?

① (가) 센터 박 연구원 - 동영상 편집 용역, 2.5천만 원, 수의계약
② (c) 센터 김 연구원 - 홍보물 인쇄, 3천만 원
③ (라) 센터 정 연구원 - 사업평가 연구 용역, 5천만 원, 경쟁입찰
④ (d) 센터 이 연구원 - 연구 장비 구입, 2천만 원, 경쟁입찰
⑤ (e) 센터 한 연구원 - 교재개발 요역, 3.5천만 원, 경쟁입찰

23. S 연구기관의 신입사원 구○○ 씨는 K시 소재의 G사와 다음과 같은 계약을 진행하게 되었다. 선배 사원이 구○○ 씨에게 조언할 말로 적절하지 않은 것은?

> • 계약명 : 온라인 교육 콘텐츠 개발
> • 금액 : 90,000,000원(부가세 10% 별도)
> • 계약내용 : 6차시(1차시당 30분) 6개 과목 교재개발 및 동영상촬영
> • 진행부서 : (나) 센터

① 최종 결재선은 원장입니다.
② 어떤 경우에도 수의계약은 진행할 수 없습니다.
③ 지역제한 경쟁입찰로 진행할 수 있습니다.
④ 견적서는 2개 이상 있어야 합니다.
⑤ 수의계약을 진행할 경우 견적서를 첨부합니다.

www.gosinet.co.kr gosinet

1회 기출예상
2회 기출예상
3회 기출예상
4회 기출예상
5회 기출예상
6회 기출예상

[24 ~ 25] 다음 자료를 바탕으로 이어지는 질문에 답하시오.

○○기업 경영지원부에서 근무하는 P는 일자리 안정자금 관련 업무를 담당하고 있다.

〈자료 1〉 20X8년 일자리 안정자금

• 일자리 안정자금이란?

최저임금 인상에 따른 소상공인 및 영세중소기업의 경영부담을 완화하고 노동자의 고용불안을 해소하기 위한 지원 사업입니다.

• 지원대상 기업

　－30인 미만 고용사업주(단, 공동주택 경비·청소원은 30인 이상 고용사업주도 지원)

　※ 제외 ⅰ) 고소득 사업주(과세소득 5억 원 초과)

　　　　 ⅱ) 임금체불 명단 공개 중인 사업주

　　　　 ⅲ) 공공기관, 국가로부터 인건비 재정지원을 받고 있는 사업주

　　　　 ⅳ) 당해 연도 최저임금을 준수하지 않는 사업주

• 지원 요건(지원대상 근로자)

대상 기업의 근로자 중 아래의 요건을 충족한 근로자에 대해 인건비 중 일부를 사업주에게 지원

　ⅰ) 월평균 보수액 190만 원 미만 근로자(단, 배우자, 사업주의 직계존비속은 제외)

　ⅱ) 1개월 이상 고용을 유지하고 있는 근로자

〈자료 2〉 20X9년 달라지는 일자리 안정자금

• 지원대상이 확대되었습니다.

55세 이상 고령자를 고용하고 있는 경우 고용규모가 30인 이상 300인 미만이면 지원 가능합니다 (단, 공동주택 경비·청소원을 포함 사회적기업, 장애인활동지원기관, 자활기업, 노인돌봄서비스 제공기관, 노인장기요양기관의 경우 기업 규모와 상관없이 지원 가능).

• 월평균 보수액 기준이 확대되었습니다.

월평균 보수액 210만 원 이하 근로자에게 일자리 안정자금이 지원됩니다.

• 5인 미만 사업장의 경우 근로자 1인당 2만 원이 추가로 지원됩니다.

5인 미만 사업장의 경우 노동자 1인당 15만 원, 5인 이상 사업장의 경우 노동자 1인당 13만 원이 지원됩니다.

• 20X9년 최저임금 기준이 반영됩니다.

월평균 보수액을 월평균 근로시간으로 나눈 금액이 20X9년 최저임금(8,350원)보다 적은 근로자가 있는 사업장에 대한 지원이 불가능합니다.

24. 다음 중 20X8년 대비 20X9년에 새롭게 지원대상 기업이 될 수 있는 사업주의 개수는? (단, 최저임금 기준은 모두 충족하며, 20X8년과 20X9년에 모두 신청했다고 가정한다)

〈20X9년 일자리 안정자금 지원신청 내역〉

사업주	고용 규모(명)	과세소득(원)	업종	비고
A	35	4억	공동주택 경비	−
B	30	5억	소매업	−
C	310	3억	노인돌봄 서비스제공	−
D	30	4억	운수업	55세 이상 고령자 고용 기업
E	4	2억	소매업	−
F	15	5억	유치원	국가 인건비 재정지원
G	300	4억	사회적기업	55세 이상 고령자 고용 기업
H	29	5억 5천	운수업	−
I	29	5억	요식업	−
J	15	4억 5천	요식업	임금체불 명단 공개 중
K	40	4억	공동주택 청소	−

① 2개 ② 3개 ③ 4개

④ 5개 ⑤ 6개

25. 다음의 일자리 안정자금 지원신청 세부내용을 바탕으로 사업주가 지원받을 수 있는 금액은 얼마 인가?

〈20X9년 일자리 안정자금 지원신청 세부내용〉

1. 기업 정보

업종	과세소득	비고
장애인활동지원기관	4억 9천만 원	55세 이상 고용

2. 고용인 정보

성명	20X8년 월평균 보수액	20X9년 월평균 보수액	20X9년 월평균 근로시간	비고
김○○	1,800,000원	1,800,000원	200시간	
윤○○	2,000,000원	2,100,000원	209시간	
송○○	2,000,000원	2,000,000원	200시간	사업주의 직계 비속
이○○	2,400,000원	2,500,000원	209시간	
최○○	1,600,000원	1,650,000원	209시간	

① 지원 불가능
② 26만 원
③ 39만 원
④ 45만 원
⑤ 48만 원

26. △△사는 회사의 매출 향상과 업무 효율성 증진을 위해 대대적인 조직 개편을 단행하였다. △△사 조직도의 전후가 다음과 같을 때, 이를 분석한 내용으로 적절하지 않은 것은?

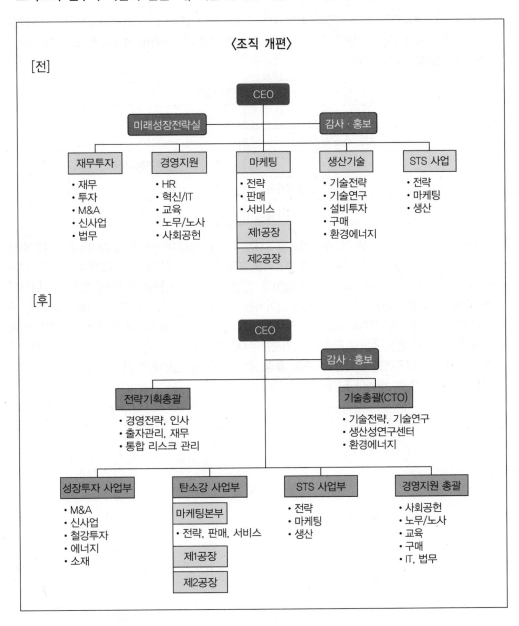

① 생산기술부서에서 기술부문을 독립시킨 기술총괄부를 새로 만들었다.

② 여러 부서에서 분산 수행되던 투자기능을 성장투자 사업부로 합하였다.

③ 마케팅과 생산부서를 통합해 탄소강 사업부로 개편하였다.

④ STS 사업부와 감사·홍보 부서는 조직개편 전과 후에 달라진 것이 없다.

⑤ 미래성장전략실이 폐실되었다.

[27 ~ 28] 다음 글을 읽고 이어지는 질문에 답하시오.

> 표준근무가능시간은 정원 산정을 위한 가장 기초적인 자료로, 시간외근무시간(OT), 사고일수, 여유율 등을 고려하여 산출된다. 각 기관 또는 기업별 정규직에 한하여 적용되며, 표준근무가능시간의 구성형태는 다음과 같다.
>
> | 365일×1일 근무시간 | | |
> |---|---|---|
> | 법정 공휴일 | | |
> | 시간외 근무시간 | | 표준근무가능시간 |
> | 사고일수 | | |
> | 여유율 | 생활여유율 | |
> | | 관리여유율 | |
>
> 표준근무가능시간은 (1년 365일−공휴일+시간외 근무시간(OT)−휴가 및 사고일수−여유율)로 산출한다. 이때 기준이 되는 근무시간은 각 기관 또는 기업별로 상이하다. 사고일수는 휴가, 연가 등의 법정 공휴일을 제외한 휴가일수를 말한다. 법정근로시간 8시간을 기준으로 연간 표준근무가능시간을 산정하며, 연간 OT시간 적용에 있어서는 재단에서 인정하는 초과근무일을 적용한다. 초과근무는 공휴일 근무시간과 평일 초과근무시간으로 분류된다. 공휴일 기준은 법정 공휴일과 인사규정상 공휴일을 합한 것으로 적용하며, 기준근무시간에 포함되지 않는다. 여유율은 피로회복이나 생리적 욕구에 의거하는 인적행위, 교육, 출장, 결재 대기 및 업무대기 시간과 같은 관리행위 등 업무성격에 따라 그 비율이 달라질 수가 있다.

27. 윗글을 참고할 때 업무량 산정에 대한 설명으로 옳지 않은 것은?

① 기준시간은 기관마다 다를 수 있다.

② 추석은 기준근무시간에 포함하여야 한다.

③ 병원 치료를 위한 휴가는 사고시간으로 계산하여야 한다.

④ 공휴일 근무시간과 평일 초과근무시간을 기록하여야 한다.

⑤ 연간 OT시간 적용에 있어서는 재단에서 인정하는 초과근무일을 적용한다.

28. 다음 중 업무량 산정에 대한 이해로 옳지 않은 것은?

① OT시간은 합산해서 계산한다.

② 파견근로자에게는 적용할 수 없다.

③ 사고시간은 차감하고 산정한다.

④ 1년 기준은 365일 근무 기준이다.

⑤ 여유율은 국가에서 정해 놓은 비율을 적용한다.

1회 기출예상

2회 기출예상

3회 기출예상

4회 기출예상

5회 기출예상

6회 기출예상

29. 다음 글의 내용처럼 조직에 발생할 수 있는 문제점으로 적절하지 않은 것은?

> '자신이 남보다 서열이나 신분이 높다고 여기고, 자기가 옳다는 생각을 하면서 남에게 충고하는 걸 당연하게 생각하며, 권위주의적이고 특권의식에 사로잡힌 사람'
>
> 소위 젊은이들에게 '꼰대'라 불리며 신뢰받지 못하는 어른들을 일컫는 말이다. 이들은 사회 전반에서 남들 모르게 맹렬히 활동하며 세대 간 소통을 가로막고 본인 스스로만 인지하지 못하는 폭력을 행사하고 있다.
>
> 특히 조직에서 이러한 '꼰대'를 많이 발견할 수 있는데, 명령이나 지시라는 명목으로 부하 직원에게 자신의 생각을 강요하는 상사, 조직에 대한 헌신을 당연하게 여기며 집단 중심에서 개인 중심으로 변화하는 시대에 적응하지 못하는 기성세대들이 그 대표적 예이다.
>
> 조직에서의 꼰대 상사는 "내가 해 봐서 아는데", "그건 이게 문제야", "그건 말이지 ~" 등과 같은 단정적이고 권위적인 표현을 자주 사용한다. 일의 원칙과 기준에 대한 충분한 대화와 토론 없이 일방적인 지시와 복종을 강요하여 대화를 단절시키기도 하며, 조언을 빙자한 잔소리와 오지랖으로 일관하거나, 극단적인 질투, 막말을 쏟아내는 무례한 언어폭력을 행하기도 한다.

① 조직 내 상사와 구성원 간의 대화 단절로 신뢰를 상실할 수 있다.

② 경쟁사와의 갈등이 심화되어 기업 경쟁력이 점차 약화될 가능성이 커진다.

③ 상사와의 갈등으로 부서를 옮기거나 조직을 떠나는 직원들이 발생할 수 있다.

④ 상사의 단정적이고 권위적인 표현으로 인해 구성원들이 자신의 의견을 말하기 곤란해한다.

⑤ 조직 내 경직적인 분위기가 형성되어 창의와 도전이 발생하기 어렵게 된다.

[30 ~ 31] 다음 자료를 보고 이어지는 질문에 답하시오.

> 동기부여 강화이론은 특정한 자극과 반응을 반복하는 것으로 개인의 행동을 증가 또는 감소시키는 행동 변화 방법을 설명한 이론이다. 바람직한 행동을 증가시키거나 바람직하지 못한 행동을 감소시키기 위하여 4가지 강화전략을 통한 변화를 유도한다.

강화전략	내용
㉠	바람직한 행동이 일어난 후 긍정적 자극을 주어 그 행동을 반복하게 하는 전략
㉡	바람직한 행동이 일어난 후 부정적 자극을 감소시켜 그 행동을 반복하게 하는 전략
㉢	바람직하지 않은 행동이 일어난 후 긍정적 자극을 감소시켜 그 행동을 감소시키는 전략
㉣	바람직하지 않은 행동이 일어난 후 부정적 자극을 주어 그 행동을 감소시키는 전략

30. A 온라인 쇼핑몰의 사장 김 씨가 고객들을 효율적으로 관리하기 위해 위 이론을 활용하여 전략을 수립하였다. 다음 중 전략 내용과 강화전략 유형의 연결이 옳지 않은 것은?

최종 관리목표	고객 로열티 확보 및 매출 향상
강화전략의 목표	• 단골 고객 구매 활성화 및 신규 고객 구매 유도 • 블랙컨슈머 분류 및 제재 조치

① ㉠ : 사진을 첨부한 구매후기를 작성한 고객은 상품 구매 적립 포인트를 2배로 제공
② ㉡ : 1분기 동안 누적 구매 금액 50만 원 이상인 고객은 다음 분기 동안 배송비 감면
③ ㉢ : 지속적으로 악의적 후기를 작성하는 고객에게 법적 제재 조치
④ ㉢ : 제품에 대해 근거 없는 악성 후기를 게시하는 고객의 마일리지 적립 2달간 정지
⑤ ㉣ : 반복해서 제품 사용 후 반품 또는 환불을 요구하는 고객은 경고 후 1달간 구매 제한 조치

31. B 레스토랑 매니저인 한 씨가 직원들을 효율적으로 관리하기 위해 위 이론을 활용하여 전략을 수립하였다. 다음 중 전략 내용과 강화전략 유형의 연결이 옳지 않은 것은?

최종 관리목표	전년 대비 매출 50% 상승
강화전략의 목표	• 비위생적 요소 제거 • 고객서비스 만족도 향상

① ㉠ : 고객 응대가 뛰어난 직원을 선발하여 소정의 상품 부여
② ㉡ : 근무 태도가 불량한 직원에게 경고 부여
③ ㉢ : 위생 규정을 지속적으로 준수하지 않은 직원에게 보너스 미지급
④ ㉢ : 일정 주기마다 재료의 신선도를 평가하여 관리가 소홀한 직원에게 벌점 부과
⑤ ㉣ : 재료의 보관 환경을 수시로 점검하여 책임이 있는 직원에게 야간 청소 근무 배정

[32 ~ 34] 다음 〈결재규정〉을 보고 이어지는 질문에 답하시오.

〈결재규정〉

- '결재'라 함은 사무의 내용에 따라 결재권을 가진 자(이하 결재권자)가 직접 행하는 결재를 말한다.
- '전결'이라 함은 회사의 경영활동이나 관리활동을 수행함에 있어 의사 결정이나 판단을 요하는 업무에 대하여 최고결재권자의 결재를 생략하고, 결재권을 위임받은 자의 책임하에 최종적으로 의사 결정이나 판단을 하는 행위를 말한다.
- 결재 시 최고결재권자(이사)와 담당자를 포함한 이하 직책자의 결재를 받아야 한다. 이하 직책은 차례로 부장 < 처장 < 이사 순서이다.
- 전결사항에 대해서도 위임받는 자를 포함한 이하 직책자의 결재를 받아야 한다. 다만, 전결사항을 위임받은 자가 결재 전결 당사자일 경우 직책자의 결재는 불필요하다.
- 전결사항 시 최고결재권자의 결재란에는 위임받은 자의 직책을 표시하고 최고결재권자로부터 전결사항을 위임받은 자는 결재란에 전결이라고 표시한다. 결재가 불필요한 자의 결재란은 상향선을 기입한다.
- 결재사항 및 최고결재권자로부터 위임된 전결사항은 아래의 표에 따른다.

구분	내용	금액기준	결재서류	부장	처장	이사
업무 지원비	교육훈련비, 연료유지비	5백만 원 이하	지출결의서 기안서 출장계획서		◇	◈
		3백만 원 이하			◈◇	
		1백만 원 이하		◈◇		
업무 추진비	프로모션 행사비	5백만 원 이하	기안서 사업보고서		◈	◇
		2백만 원 이하		◈		
		1십만 원 이하		◈◇		
시설공사 추진비	사업부서 내부 기준에 따른 고정가격	2억 원 이하	기안서 공사계획보고서 지급요청서			◈◇
		1억 원 이하			◈◇	
		5천만 원 이하		◈◇		
복리 후생비	의료비, 동호회 지원비 등	30만 원 초과	지출결의서 비용청구서		◈	
		30만 원 이하		◈		

※ 일반적인 시설공사는 1억 원, 전기공사 · 정보통신공사 · 소방시설공사는 1천만 원

※ ◇ : 기안서, 출장계획서

※ ◈ : 지출결의서, 지급요청서, 비용청구서, 각종 보고서

32. 총무팀 신 사원은 신제품 출시 후 70만 원이 소요되는 소규모 프로모션 행사를 기획하여 소요비용을 결재받으려 한다. 결재양식으로 옳은 것은?

①

기안서					
결재	담당	부장	처장	이사	최종결재
	신		전결		처장

②

지출결의서					
결재	담당	부장	처장	이사	최종결재
	신	전결			부장

③

기안서					
결재	담당	부장	처장	이사	최종결재
	신			결재	이사

④

사업보고서					
결재	담당	부장	처장	이사	최종결재
	신				처장

⑤

기안서					
결재	담당	부장	처장	이사	최종결재
	전결				부장

1회 기출예상 2회 기출예상 3회 기출예상 4회 기출예상 5회 기출예상 6회 기출예상

33. 기획팀 권 과장은 다음 달부터 새로운 사업으로 소방시설공사를 추진하려고 한다. 공사의 추정가격이 9천만 원이라면, 권 과장이 작성한 결재양식으로 옳은 것은?

①

비용청구서					
결재	담당	부장	처장	이사	최종결재
	권		전결		처장

②

공사계획보고서					
결재	담당	부장	처장	이사	최종결재
	권			전결	이사

③

지출결의서					
결재	담당	부장	처장	이사	최종결재
	권			전결	이사

④

기안서					
결재	담당	부장	처장	이사	최종결재
	권	전결			부장

⑤

지출결의서					
결재	담당	부장	처장	이사	최종결재
	권				전결

34. 마케팅팀 윤 대리는 외부 강사를 초청해 1회에 45만 원씩, 총 10회로 진행되는 교육을 진행하고자 한다. 이때 윤 대리가 작성할 결재양식으로 옳은 것은?

①

기안서					
결재	담당	부장	처장	이사	최종결재
	윤		전결		처장

②

지출결의서					
결재	담당	부장	처장	이사	최종결재
	윤	전결			부장

③

기안서					
결재	담당	부장	처장	이사	최종결재
	윤			결재	이사

④

지급요청서					
결재	담당	부장	처장	이사	최종결재
	윤		전결		처장

⑤

기안서					
결재	담당	부장	처장	이사	최종결재
	윤	전결			이사

35. 전략기획팀에서 근무하는 박 사원은 5 Force Model을 이용하여 자사 역량을 분석한 후, 다음과 같이 보고서를 작성하였다. 작성된 보고서의 항목 중 그 내용이 적절하지 않은 것은?

보고서

1. 잠재적 진입자의 위협
   - 시장의 진입 장벽이 낮다.
   - 본 기업에 대한 고객 충성도가 낮다.

2. 기존 경쟁자의 경쟁 정도
   - 경쟁자가 많다.
   - 서비스의 차별화 요소가 적다.

3. 대체재의 위협
   - 대체재의 위협이 크다.
   - 본 기업의 서비스와 제품을 대체할 수 있는 다른 재화가 충분히 많다.

4. 공급자의 협상력
   - 협력 업체들이 제공하는 제품의 대체재가 많아 협상력이 강하다.
   - 공급자를 교체하는 비용이 커 협상력이 강하다.

5. 수요자의 협상력
   - 다수의 구매자가 본 기업 제품에 대해 불매운동을 하고 있다.
   - 본 기업의 제품에 대한 소비자들의 충성도가 낮다.

① 잠재적 진입자의 위협 　　② 기존 경쟁자의 경쟁 정도
③ 대체재의 위협 　　　　　④ 공급자의 협상력
⑤ 수요자의 협상력

36. 분노의 감정은 직접적인 공격 활동 외에 다양한 방법으로 표현될 수 있다. 다음 중 공 대리의 행동은 무엇과 관련 깊은가?

> 공 대리는 결재를 올린 기획서 건으로 상사인 박 과장에게 혼이 났다. 이런 저런 트집을 잡힌 공 대리는 박 과장 앞에서는 아무 말도 하지 못하고 진 사원에게 화풀이를 했다. 동료인 김 대리는 박 과장에게 혼이 난 후 자신보다 약한 진 사원에 분풀이를 한 공 대리가 한심스러웠다.

① Sublimation(승화) ② Forgiveness(용서)
③ Introjection(내적 투사) ④ Passive Aggression(수동 공격)
⑤ Displacement Activity(전위(戰位) 행동)

37. 다음 글은 안중근 의사가 쓴 '동양평화론' 중 일부이다. 이 글에서 교훈을 얻어 직장생활에 적용하려고 할 때, 〈보기〉 중 적절한 것을 모두 고르면?

> 무릇 '합하면 성공하고 흩어지면 실패한다.'는 말은 만고불변의 진리이다. 지금 세계는 지역이 동쪽과 서쪽으로 갈라지고 인종도 제각기 달라 서로 경쟁하기를 마치 차 마시고 밥 먹는 것처럼 한다. 농사짓고 장사하는 일보다 무기를 연구하는 일에 더 열중하여 전기포·비행선·잠수함을 새롭게 발명하니 이것들은 모두 사람을 해치고 사물을 손상시키는 기계이다. 청년을 훈련시켜 전쟁터로 몰아넣어 수많은 귀중한 생명을 희생물처럼 버리니 핏물이 내를 이루고 살점이 땅을 덮는 일이 하루도 끊이지 않는다. 살기를 좋아하고 죽기를 싫어하는 것은 모든 사람의 보통 마음이거늘 맑고 깨끗한 세상에 이 무슨 광경이란 말인가? 말과 생각이 여기에 미치자 등골이 오싹하고 마음이 싸늘해진다.

보기

> ㉠ 동료와 협력하고 화합하라.
> ㉡ 가까운 사람과 좋은 관계를 유지하라.
> ㉢ 창의적인 아이디어로 문제를 해결하라.
> ㉣ 경쟁에서 살아남을 수 있는 역량을 키워라.

① ㉠, ㉡ ② ㉠, ㉢ ③ ㉡, ㉣
④ ㉠, ㉡, ㉢ ⑤ ㉡, ㉢, ㉣

38. 다음 두 사람의 대화는 협상 5단계 중 어느 단계에 해당하는가?

> 집주인 : 세입자님, 202X년 12월에 전세계약이 만료되어서 전세계약을 갱신할 것인지, 퇴거
> 할 것인지를 정해 주셔야 할 것 같습니다.
>
> 세입자 : 먼저 알려 주셔서 감사합니다. 벌써 그렇게 되었군요. 좋은 집에서 거주해서 그런지
> 2년이란 시간이 금방 지나갔네요.
>
> 집주인 : 저도 좋은 세입자 분을 만나서 큰 걱정이 없었습니다. 제가 더 감사합니다.
>
> 세입자 : 저는 집주인 분만 괜찮으시다면 전세계약을 갱신하여 계속 거주하고 싶습니다. 혹시
> 원하시는 조건이나 내용이 있다면 말씀해 주시겠습니까?
>
> 집주인 : 서로가 원하는 조건을 딱 맞게 맞추는 것은 항상 어려운 것 같습니다. 얼마 전 주택
> 임대차보호법도 개정되었으니, 저는 최대한 세입자 분의 입장을 경청하면서 법을 존
> 중하는 계약을 하고 싶습니다.
>
> 세입자 : 먼저 좋은 의견을 말씀해 주셔서 감사합니다. 저도 집주인 분의 의견과 입장을 존중
> 하면서 세입자로서의 역할에 어긋나지 않도록 계약을 진행하겠습니다.
>
> 집주인 : 그럼 이쯤에서 우리 서로의 입장은 확인되었으니 12월 중순에 새로운 전세계약을
> 위해 협상하는 것이 좋을 것 같습니다.
>
> 세입자 : 네, 저도 그때까지 충분히 준비하여 좋은 계약이 이루어질 수 있도록 노력하겠습
> 니다.

① 협상 시작　　② 상호 이해　　③ 실질 이해　　④ 해결 대안　　⑤ 합의 문서

39. 다음 사례에서 드러나는 효과적인 팀의 특징으로 옳지 않은 것은?

> 　A 부서장은 연초에 부서의 목표를 규정하는 과정에 부서원들이 관여하도록 하고 있으며,
> 부서원들이 실패에 대한 두려움 없이 새로운 프로세스를 도입하도록 격려한다. 부서원들은
> 열정적으로 협력하여 일하는 것을 선호하며, 서로 직접적이고 솔직하게 대화한다. 또한 A 부
> 서장은 모든 부서원이 감독자로서 능력을 발휘할 기회를 제공하여 역할을 이해할 기회를 제
> 공하고 있다.

① 팀의 풍토를 계속 발전시켜 나간다.
② 팀을 운영하는 방식이 창조적이다.
③ 명확하게 기술된 팀 목적 및 목표를 가진다.
④ 팀 내 구성원에게 리더십 역량이 공유된다.
⑤ 팀 내 구성원 간 불화 및 의견 불일치가 발생하지 않는다.

40. 다음 글은 팔로워십(Followership)에 대한 설명이다. 훌륭한 팔로워가 되기 위한 조건으로 적절하지 않은 것은?

> 팔로워십의 사전적 의미는 상사를 대하는 부하의 바람직한 특성과 행동으로, 단순히 상사에게 'YES'만을 외치는 사람이라고 해서 좋은 팔로워(Follower)가 되는 것은 아니다. 상황에 맞게 자신의 의견을 제시하는 팔로워가 되어야 하며, 팔로워들의 역량에 따라 훌륭한 리더가 만들어진다.

① 대안을 제시한다. 조직에 위기 상황이 닥쳐 리더가 갈피를 잡고 있지 못할 경우 리더의 결정만을 기다리기보다는 대안을 제시하여 조직 운영에 적극적으로 참여해야 한다.

② 헌신을 두려워하지 않는다. 조직의 일은 상황, 조건에 따라 달라지는 변수가 많으므로, 자신의 업무가 끝난 경우 주저하지 않고 다른 팀원의 업무를 돕는다.

③ 책임감을 가진다. 각자가 맡은 일을 완벽하게 수행하여, 리더의 업무에 보탬이 될 수 있어야 한다.

④ 리더의 마음가짐을 갖는다. 리더와 팔로워는 결국 하나의 조직을 함께 이끌어 나가기 위한 공동체이므로, 리더의 생각과 자신의 생각이 같음을 인지하며 자신의 의견대로 리더를 움직일 수 있어야 한다.

⑤ 책임감을 가진다. 리더와 하나의 공동의 목표를 가지고 일하는 파트너임을 인지하고 있어야 한다.

1회 기출예상

2회 기출예상

3회 기출예상

4회 기출예상

5회 기출예상

6회 기출예상

41. 다음 글을 통해 추론할 수 있는 오 박사에게 부족한 대인관계능력은?

> 202X년 8월 학술대회 회원 20명이 워크숍을 떠났다. 워크숍 장소에 도착하자 회원들은 각자 맡은 일을 하느라 분주하게 움직였다. 개인별 워크숍 자료도 정리하고 발표 장소도 세팅하고, 식사 및 음료도 준비해야 했기 때문이다.
>
> 배 박사와 신 박사는 짐을 풀자마자 발표 장소를 정리하는 등 바쁘게 움직였지만 오 박사는 오로지 자기가 발표해야 할 자료만을 정독하느라 바빴다. 이윽고 워크숍이 시작되자 오 박사는 가장 먼저 발표 순서를 차지했고, 본인의 발표가 끝나자 제일 먼저 휴식시간을 가졌다.

① 강한 자신감으로 상대방의 사기를 높이는 태도
② 협력하며 각자의 역할과 책임을 다하는 태도
③ 솔직한 대화로 서로를 이해하는 태도
④ 칭찬하고 감사하는 마음
⑤ 공동의 목표를 성취하기 위한 강한 도전의식을 지니는 태도

42. 다음은 A 공사에 신설된 공공사업부의 특징과 운영 방식을 점검한 내용이다. 공공사업부는 현재 팀의 발전 단계 중 어느 단계에 해당하는가?

> 〈점검 내용〉
> • 공공사업부 팀원들은 과제 수행을 위한 체계를 갖게 되면서 서로 간의 경쟁과 마찰이 발생하고 있다. 뿐만 아니라 업무에 대한 책임, 규칙, 보상체계, 평가 기준에 대한 팀원들의 질문이 제기되고 있다.
> • 효과적인 경쟁과 원활한 의사소통을 통해 시험과 검증의 자세에서 문제해결의 자세로의 변화가 요구된다.

① 형성기   ② 격동기   ③ 규범기
④ 성취기   ⑤ 해산기

43. ○○기관의 인사팀 A 대리는 B 사원의 사내 설문조사 항목 중 팀워크 관련 응답을 검토하고 있다. 다음 중 A 대리가 B 사원을 평가한 항목으로 옳지 않은 것은?

〈B 사원의 설문조사 응답표〉

항목	1	2	3	4	5
동료에게 솔직하게 의견을 말하며 상대방의 입장을 이해하고자 노력하는 편이다.				●	
나는 주로 팀 내에서 동기를 부여하는 역할을 맡는다.		●			
처음 업무를 시작할 때 개인 업무를 파악하는 것이 조직 전반에 대해 파악하는 것보다 더 중요하다.				●	
동료가 나와 상반된 의견을 주장하면 한 귀로 듣고 한 귀로 흘린다.	●				
팀 성과를 내는 것이 나의 역량을 개발하는 것보다 중요하다.	●				

〈척도표〉

1	2	3	4	5
매우 그렇지 않다	그렇지 않다	보통이다	그렇다	매우 그렇다

① 전사적인 목표 달성보다 개인의 목표를 우선시하는 자기중심적인 면이 있다.

② 솔직한 대화를 통해 개인적인 의견을 피력함으로써 팀워크 유지에 도움이 된다.

③ 자신감 넘치는 태도로 상대방의 사기를 높이는 타입은 아니다.

④ 조직에 대한 이해도를 높이려는 노력이 부족하여 팀 구성원 간 협력에 부정적인 영향을 미칠 수 있다.

⑤ 사고방식의 차이가 생기면 상대방을 무시하는 태도를 보여 공동의 목적 달성에 방해가 될 수 있다.

44. 임파워먼트의 장애요인은 다음과 같이 구분된다. ㉠에 들어갈 내용으로 옳은 것은?

장애요인	내용
개인 차원	
대인 차원	
관리 차원	㉠
조직 차원	

① 책임감 부족   ② 약속의 불이행

③ 정책 및 기획의 실행 능력 결여   ④ 갈등처리 능력 부족

⑤ 동기 결여

45. 다음 사례에서 박 과장이 사용한 협상전략은?

> 박 과장은 급하게 이사를 가야 하는 상황이다. 박 과장은 자금마련을 위해 연봉협상에서 20%의 연봉 인상을 요구했다. 사측은 박 과장이 회사의 중요한 인재이지만 10% 이상 인상은 수용하기 어렵다는 입장이었다. 박 과장은 대신 연봉의 5% 인상과 회사가 담보가 되어 대출금을 지원해 줄 것을 요구했다. 회사 입장에서는 박 과장이 대출금을 갚지 못하더라도 퇴직금으로 문제를 해결할 수 있기 때문에 제안이 크게 부담이 되지 않았다. 이 제안을 통해 박 과장은 자금마련 목표를 달성했고, 회사는 인재 유출을 방지할 수 있었다.

① 유화전략   ② 협력전략   ③ 회피전략

④ 경쟁전략   ⑤ 강압전략

46. 직업인은 고객의 소리를 경청하고 요구사항을 해결하기 위해 일하는 '봉사' 정신이 요구된다. 다음 중 고객 서비스(SERVICE)의 7가지 의미에 해당하지 않는 것을 모두 고르면?

> ⊙ S(Smile&Speed) : 서비스는 미소와 함께 신속하게 하는 것
> ⓒ E(Equality) : 서비스는 고객을 나와 동등한 시각으로 바라보는 것
> ⓒ R(Respect) : 서비스는 고객을 존중하는 것
> ② V(Value) : 서비스는 고객에게 가치를 제공하는 것
> ⓜ I(Investment) : 서비스는 고객에게 최상의 상품을 제공하기 위해 투자하는 것
> ⓗ C(Courtesy) : 서비스는 예의를 갖추고 정중하게 대하는 것
> ⊗ E(Experience) : 서비스는 고객에게 잊지 못할 경험을 선사하는 것

① ⊙, ⓒ, ⊗   ② ⊙, ②, ⓗ   ③ ⊙, ⓜ, ⓗ
④ ⓒ, ⓜ, ⊗   ⑤ ⓒ, ⓗ, ⊗

47. 박성호 씨는 인사팀의 조직문화 담당자로 현재 팀워크 개선 프로젝트를 진행하고 있다. 다음 자료를 참고할 때 현재 조직에 필요한 조언으로 가장 적절한 것은?

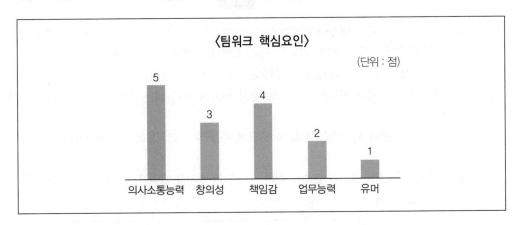

① 구성원들은 대화할 때 상황에 맞는 적절한 농담을 던지는 것이 좋습니다.

② 구성원들 각자는 스스로의 행동에 책임을 져야 합니다.

③ 생각과 관점을 넓히기 위해 박물관 및 각종 전시회에 참여해 보기를 권장합니다.

④ 상대방의 뜻한 바를 파악하고 자신의 뜻한 바를 글과 말을 통해 정확하게 표현할 줄 알아야 합니다.

⑤ 우선순위를 정하여 효율적으로 업무를 수행할 수 있어야 합니다.

48. 다음 코딩조건을 참고할 때, 로봇이 청소를 완료하기 위해 필요한 코드 순서로 적절한 것은?

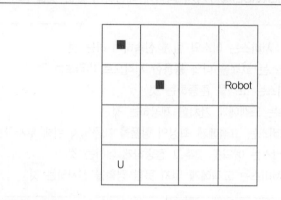

이동		행동	
↑	Up	일어나기	Stand
↓	Down	앉기	Sit
←	Left	청소하기	Clean
→	Right	넣기	Put

조건

1. 코드를 입력할 때, 이동은 Move(code1, code2..), 행동은 Act(code1, code2..)로 입력해야 하며, 이동 코드와 행동 코드는 따로 입력해야 한다.

2. ■는 쓰레기, U는 쓰레기통을 의미한다.

3. 쓰레기를 청소하기 위해서는 로봇이 해당 위치에 가서 앉은 후 청소를 하고 일어나야 한다.

4. 쓰레기는 한 번에 한 개씩만 주울 수 있으며, 주운 후 쓰레기통에 가서 넣어야 다시 청소가 가능하다.

5. 코드 입력 시 같은 동작을 연속할 경우 코드 앞에 숫자를 붙이면 인식할 수 있다(예 3Up : 위로 3칸 이동).

① Move(Left, Up, 2Left), Act(Sit, Clean, Stand), Move(3Down), Act(Sit, Put, Stand), Move(2Up, Right), Act(Sit, Clean, Stand), Move(Left, 2Down), Act(Sit, Put, Stand)

② Move(2Left), Act(Sit, Clean, Stand), Move(Down, Left, Down), Act(Put), Move(3Up), Act(Sit, Clean, Stand), Move(3Down), Act(Put)

③ Move(Up, 3Left), Act(Sit, Clean, Stand), Move(Down, Right), Act(Sit, Clean, Stand), Move(2Down, Left), Act(Put)

④ Move(2Down, 2Left, 2Up), Act(Sit, Clean, Stand), Move(Left, 2Down), Act(Put), 3Up, Act(Sit, Clean, Stand), Move(3Down), Act(Put)

⑤ Move(Left, Up, 2Left), Act(Clean), Move(3Down), Act(Put), Move(2Up, Right), Act(Clean), Move(Left, 2Down), Act(Put)

49. 다음 글에서 설명하는 용어는?

- 인터넷을 사용하여 전 세계 사람들과 대화를 나눌 수 있도록 만들어진 채팅프로그램이다.
- 문서, 동영상, 사진 전송 등도 가능하다.
- 수많은 사용자들을 위해 별도로 대화를 할 수 있는 다양한 채널을 가지고 있고, 관심 분야에 따라 이 채널에서 저 채널로 옮겨 다닐 수도 있다.
- 일반 PC통신과 비슷하지만, PC통신은 개인적인 성격인 강한 반면, 이는 클라이언트 프로그램이나 클라이언트를 제공하는 서버에 접속하기만 하면 시간이나 공간에 구애받지 않고 전 세계의 어떤 사람과도 대화가 가능하다. 동시에 다중 대화가 가능한 채팅 프로그램이다.

① WAIS   ② FTP   ③ USENET

④ IRC   ⑤ TELNET

1회 기출예상

2회 기출예상

3회 기출예상

4회 기출예상

5회 기출예상

6회 기출예상

[50 ~ 53] 다음의 제시상황과 자료를 보고 이어지는 질문에 답하시오.

직원 K는 아래와 같은 진단 프로그램을 담당하게 되어 조작법을 숙지하고 있다.

• Condition Check(초기 진단)

구분	설명	종류	
Device Type	장치 종류	Control(C)	제어장치
		Logic(L)	연산/논리 장치
		Memory(M)	기억장치
Detecting Error Code	• 탐지된 에러의 상세 분석 • 3종류의 Error Factor로 구성 • 복수의 Error Code 발생 시 동일 Factor별 합산값 사용	Hazard Value(HV)	에러의 위험도
		Complexity Value(CV)	에러의 복잡도
		Influence Value(IV)	에러의 확산성

예시	Detecting Error Code······ Error 783 : HV(3), CV(11), IV(7) → Error 783의 위험도 3, 복잡도 11, 확산도 7

• Action Code Function(조치 코드 기능)

조치 코드는 A ~ K의 알파벳으로 구성되며, 각 코드는 사용 가능한 Device와 Error Factor에 대한 조치 능력이 상이함. 탐지된 에러에 대하여 모든 Error Factor와 동일한 조치 능력을 지니도록 3종의 조치 코드를 조합하여 입력해야 함.

조치 코드	적용 Device	조치 능력		
		Hazard	Complexity	Influence
A	C	1	1	0
B	C	2	0	0
C	L	0	1	1
D	L	0	2	0
E	M	1	0	1
F	M	0	0	2
G	C, L, M	1	1	1
H	C, L, M	2	2	2

I	C, L, M	3	0	0
J	C, L, M	0	3	0
K	C, L, M	0	0	3

- 복수의 조치 코드의 조직 능력 계산 시 동일 Factor에 대한 처리능력은 합연산으로 적용
- 조치 코드는 항상 알파벳 순서대로 기입
- 조치 코드 간에는 +를 사용해서 연결
- 조치 코드는 중복하여 사용 불가능

[예시 1]

```
Confirm Device Type……
Device Type is Control.

Detecting Error Code……
Error 872 : HV(1), CV(2), IV(0)
Error 959 : HV(3), CV(0), IV(5)

Input code? : _____
```

Device Type은 Control, 각 Error Factor의 합산값은
HV : 1+3=4, CV : 2+0=2, IV : 0+5=5 이다.

Control Device에 사용 가능한 조치 코드 중 Influence Value에 대해 5의 조치 능력을 지니려면 H, K 조치 코드를 반드시 사용해야 한다.
H+K의 조치 능력은 HV(2), CV(2), IV(5)이므로 HV(2)의 조치 능력이 더 필요하다.

이를 충족시키는 조치 코드는 B이다. 따라서 조치 코드는 B+H+K이다.

[예시 2]

```
Confirm Device Type……
Device Type is Logic.

Detecting Error Code……
Error 872 : HV(2), CV(0), IV(1)
Error 959 : HV(2), CV(2), IV(1)

Input code? : _____
```

Device Type은 Logic, 각 Error Factor의 합산값은
HV : 2+2=4, CV : 0+2=2, IV : 1+1=2 이다.

Logic Device에 사용 가능한 조치 코드 중 Hazard Value에 대해 4의 조치 능력을 지니려면 G, I 조치 코드를 반드시 사용해야 한다.
G+I의 조치 능력은 HV(4), CV(1), IV(1)이므로 CV(1), IV(1)의 조치 능력이 더 필요하다.

이를 충족시키는 조치 코드는 C이다. 따라서 조치 코드는 C+G+I이다.

- 시스템 설명 요약

구분	Device Type		Detecting Error Code	
설명	장치 종류		• 탐지된 에러의 상세 분석 • 3종류의 Error Factor로 구성 • 복수의 Error Code 발생 시 동일 Factor별 합산값 사용	
종류	Control	제어장치	Hazard Value(HV)	에러의 위험도
	Logic	연산/논리 장치	Complexity Value(CV)	에러의 복잡도
	Memory	기억장치	Influence Value(IV)	에러의 확산성

조치 코드	적용 Device	Hazard	Complexity	Influence
A	C	1	1	0
B	C	2	0	0
C	L	0	1	1
D	L	0	2	0
E	M	1	0	1
F	M	0	0	2
G	C, L, M	1	1	1
H	C, L, M	2	2	2
I	C, L, M	3	0	0
J	C, L, M	0	3	0
K	C, L, M	0	0	3

50. 다음 중 제시된 프로그램에 대한 설명으로 적절하지 않은 것은?

① 모든 종류의 Error Factor에 조치 능력을 지닌 조치 코드는 2개이다.

② 모든 종류의 장치에 적용할 수 있는 조치 코드는 5개이다.

③ 각 장치별로 처리 가능한 조치 능력이 가장 높은 Error Factor는 서로 다르다.

④ Memory Device는 Influence Value에 대해 최대 7의 조치 능력을 지닐 수 있다.

⑤ HV, CV, IV가 모두 3인 Error에 대해 G+H 코드를 입력할 수 있다.

51. 다음 중 아래의 모니터에 나타난 정보를 바탕으로 입력할 조치 코드로 적절한 것은?

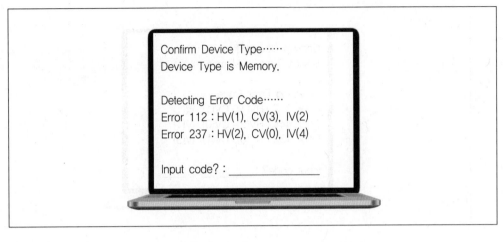

Confirm Device Type······
Device Type is Memory.

Detecting Error Code······
Error 112 : HV(1), CV(3), IV(2)
Error 237 : HV(2), CV(0), IV(4)

Input code? : _____

① E+H+K   ② F+G+K   ③ G+H+K
④ H+I+K   ⑤ I+J+K

52. 다음 중 아래의 모니터에 나타난 정보를 바탕으로 입력할 조치 코드로 적절한 것은?

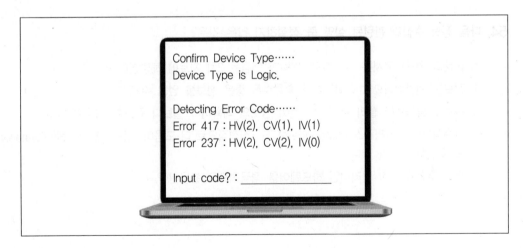

Confirm Device Type······
Device Type is Logic.

Detecting Error Code······
Error 417 : HV(2), CV(1), IV(1)
Error 237 : HV(2), CV(2), IV(0)

Input code? : _____

① C+D+H   ② C+G+I   ③ D+G+I
④ G+I+J   ⑤ I+J+K

53. 다음 중 아래의 모니터에 나타난 정보를 바탕으로 입력할 조치 코드로 적절한 것은?

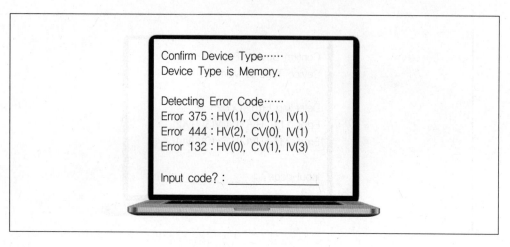

Confirm Device Type······
Device Type is Memory.

Detecting Error Code······
Error 375 : HV(1), CV(1), IV(1)
Error 444 : HV(2), CV(0), IV(1)
Error 132 : HV(0), CV(1), IV(3)

Input code? : _____

① E+F+H   ② E+F+K   ③ F+G+H

④ F+G+K   ⑤ G+H+K

54. 다음 정보 수집과 관련된 설명 중 적절하지 않은 것은?

① 신문과 연구보고서는 1차 자료, 편람과 연감은 2차 자료에 해당한다.

② 정보는 인간력이므로 신뢰관계가 좋을수록 좋은 정보를 얻을 수 있다.

③ 정보를 남들보다 빨리 수집하는 것이 정보의 내용이나 질보다 중요한 경우가 있다.

④ 단순정보인 인텔리전스(Intelligence)보다는 직접적으로 더 도움이 되는 인포메이션(Information)을 수집할 필요가 있다.

⑤ 정보 수집을 위한 물리적인 하드웨어를 적극적으로 활용한다.

55. 다음은 K 공단의 시민참여 게시판 공지사항 중 일부이다. 인터넷의 역기능 중 밑줄 친 내용과 가장 관련이 깊은 것은?

◎ 게시물 삭제 관련 사항

　시민참여 게시판 운영 목적에 부합하고 건전한 토론 문화 정립을 위하여 다음 사항 중 하나 이상 해당할 경우, 사전 예고 없이 삭제 조치할 예정이오니 양해 부탁드립니다. 또한 다음 삭제사항에 해당되지 않더라도 글의 성격상 별도의 답변이 필요 없을 경우 답변을 생략할 수 있습니다.

✓ 비실명 사용 또는 인적사항을 허위로 작성하는 경우
　※ 게시자와 답변자 모두 실명 사용 원칙에 따라 비실명으로 작성된 글은 삭제 조치합니다.
✓ 비속어 사용, 타인을 비방·명예 훼손하는 내용
✓ 상업성 광고, 장난·반복성 게시물

---

① 사이버 언어폭력　　　② 사이버 사기　　　③ 인터넷 중독
④ 언어 훼손　　　　　　⑤ 저작권 침해

56. 다음 중 기업윤리에 대한 설명으로 적절하지 않은 것은?

① 기업의 윤리 문제는 비즈니스의 성과와 무관하게 존재한다.
② 기업의 지배구조가 안정적일수록 윤리적 가치를 존중하는 경향이 크다.
③ 내부고발제도와 내부고발자의 보호는 윤리경영 체계를 공고히 하기 위해 필수적이다.
④ 기업윤리는 해당 이슈의 옳고 그름에 대한 판단보다는 개인과 조직의 판단에 따라 이러한 결정을 실행에 옮길 수 있는지 없는지가 핵심이다.
⑤ 기업의 고용, 시장, 조직, 환경, 소비자 마케팅에 이르기까지 광범위하게 적용된다.

1회 기출예상
2회 기출예상
3회 기출예상
4회 기출예상
5회 기출예상
6회 기출예상

57. 다음 사례에서 나타나는 직업윤리의 덕목으로 적절하지 않은 것은?

> 디자이너 A 씨는 자신의 직무에 만족하며 능력을 개발하고자 하는 의욕을 가지고 본인의 직업에 종사하고 있다. 자신의 직업 활동을 통해 사회에 기여하고, 자신이 만드는 도안을 통해 세상이 아름다워진다고 믿는다. 그는 자신의 일은 자신의 재능과 부합하여 하늘이 맡긴 일이라는 생각을 종종 하기도 한다. 큰 프로젝트를 마친 후, 그는 보육원 벽화 봉사 등 자신의 손길이 필요한 곳을 찾아가기도 한다.

① 소명의식　　　　　② 직분의식　　　　　③ 천직의식
④ 봉사의식　　　　　⑤ 전문가의식

58. 다음은 □□공사에서 강조하는 임직원 행동강령을 정리한 그림이다. 이에 대한 설명으로 적절하지 않은 것은?

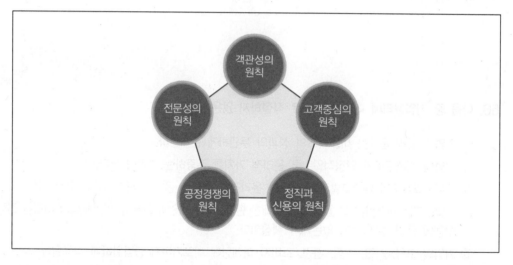

① 기본적인 윤리기준에 입각하여 개인이익을 최우선으로 공인으로서의 직분을 수행해야 한다.
② 업무의 공공성을 바탕으로 모든 것을 숨김없이 투명하게 처리해야 한다.
③ 자기업무에 자부심을 가지고 직무 능력을 향상시키며 성실하게 맡은 바 임무에 최선을 다해야 한다.
④ 업무와 관련된 모든 것을 숨김없이 정직하게 수행하고 본분과 약속을 지켜 신용을 유지해야 한다.
⑤ 고객 봉사를 최우선으로 생각하고 현장과 실천을 중심으로 일한다.

1회 기출예상

2회 기출예상

3회 기출예상

4회 기출예상

5회 기출예상

6회 기출예상

59. 다음 P 회사 내 〈전화 응대 매뉴얼〉 중 옳지 않은 것은?

〈전화 응대 매뉴얼〉

① 전화 응대의 하위요소 중 하나인 '말하기'에는 목소리 톤, 억양, 속도, 뉘앙스 등이 있습니다.

② 전화 응대를 잘하기 위해서는 말하기ㆍ듣기ㆍ생각하기가 서로 유기적으로 연결되어야 합니다.

③ 전화 응대 시 펜과 메모지를 곁에 두어 고객의 말을 메모하고 고객이 원하는 것이 무엇인지 정확하게 파악하는 것이 중요합니다.

④ 생동감 있고 명랑하게 말하며, 고객에게 신뢰를 주기 위해 전문적이고 추상적인 단어를 선택하도록 합니다.

⑤ 고객의 용건에 즉답하기 어려운 경우 시간이 조금 걸리더라도 어떻게든 확인해 주겠다는 긍정적인 태도로 응대합니다.

---

60. 조선 후기의 실학자 정약용은 『목민심서』에서 수령이 지켜야 할 지침으로 율기육조(律己六條)를 제시하였다. 다음 내용과 가장 가까운 것은?

   선물로 보내온 물건이 비록 아주 작은 것이라 하더라도 온정(溫情)이 이미 맺어졌으니 사사로운 정이 이미 행하게 되는 것이다. 격 고을의 수령 원의가 조신에게 뇌물을 보내어 명예를 사고자 일찍이 산도에게 살 때 근을 보냈다. 산도가 남달리 하고 싶지 않아서 실을 받아 대들보 위에 얹어 두었다. 뒤에 원의의 일이 탄로되었는데, 산도가 대들보 위에서 실을 가져다가 아전에게 내주었다. 이미 몇 해가 지났기 때문에 실에 먼지가 끼고 누렇고 검게 되었는데, 봉인한 것은 처음 그대로였다.

---

① 절용(節用)　　　　② 청심(淸心)　　　　③ 병객(屛客)

④ 칙궁(飭躬)　　　　⑤ 제가(濟家)

유형별 출제비중

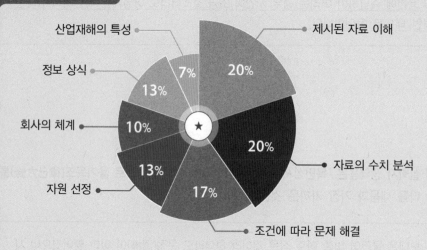

- 산업재해의 특성 — 7%
- 정보 상식 — 13%
- 회사의 체계 — 10%
- 자원 선정 — 13%
- 제시된 자료 이해 — 20%
- 자료의 수치 분석 — 20%
- 조건에 따라 문제 해결 — 17%

출제분석

피듈형 의사소통능력에서는 제시된 글의 내용을 이해하여 연관된 자료를 선정하거나 소재의 특성을 파악하는 문제가 다수 출제되었다. 수리능력에서는 제시된 자료에 대해 해석한 다음 이를 통해 증가율 또는 비율을 계산하는 문제가 출제되었다. 문제해결능력에서는 제시된 조건에 따라 문제를 해결하고 처리하는 방법을 평가하는 유형의 문제가 다수 출제되었다. 자원관리능력에서는 일수, 비용 등을 계산하여 물품이나 공급처 선정과 같은 결론을 도출하는 유형의 문제가 출제되었으므로, 필요한 조건을 빠른 시간 내에 확인하는 능력을 연습하는 것이 좋다. 조직이해능력에서는 회사의 체계나 체제 등을 이해하는지 평가하는 문제가 출제되었다. 정보능력에서는 데이터베이스, 인텔리전스, 텍스트에디터와 같은 정보 상식을 확인하는 문제가 출제되었다. 기술능력에서는 산업재해의 예방대책 과정과 원인, 기술 이론 전반에 대한 이해를 확인하는 문제가 출제되었다.

5회

회 고시넷 NCS 피듈형

통합 오픈봉투
모의고사

영역	문항 수	시험시간	비고
의사소통능력 수리능력 문제해결능력 자원관리능력 조직이해능력 정보능력 기술능력	60문항	60분	한국수력원자력, 한국농어촌공사 등의 필기시험 유형을 기반으로 재구성하였습니다.

5회 기출예상문제

시험시간 | 60분
문항수 | 60문항

정답과 해설 44쪽

01. ○○공사 김 사원은 노후화 교량 현황에 대한 글을 작성하고 있다. 글에 활용할 자료로 적절하지 않은 것은?

〈국내 노후화 교량 현황〉

우리나라의 주요시설물은 국가 경제발전 및 현대화와 더불어 1970년대 이후부터 급격히 증가하고 있다. 2013년도까지 시공된 교량은 도로교량 29,190개소, 철도교량 2,800개소이다. 이 중 주요 교량으로 안전 및 유지관리 대상인 1층 및 2층 교량은 도로교량 8,383개소(연장 2,270km), 철도교량 808개소(연장 481km)이다.

교량은 경상권과 수도권에 52%가량 건설되어 있으며, 연도별 교량 건설 추세는 전국적으로 비슷하게 분포되어 있고 2020년 이후 노후화 교량으로 편입될 구조물은 상대적으로 경상권에 가장 많이 분포되어 있다.

도로교량은 1970년대 경부고속도로의 개통 이후 본격적인 현대화가 이루어지면서 도로 건설과 더불어 교량의 건설도 비약적으로 증가하기 시작하였으며, 특히 2000년대에는 경제 정책에 부흥하여 전체 교량의 절반 가량의 교량이 건설되었다. 사회기반 시설의 평균 내용 연수를 40 ~ 50년으로 가정했을 때, 경제 발전 부흥시기(1971 ~ 1980년)를 포함한 1970년 대 교량은 2020년부터 노후화가 예상(전체 대비 2.8%)되며, 그 이후 급격히 증가할 것으로 예상된다.

자동차의 보급이 거의 없었던 해방초기(1960년대 이전)는 기존에 건설되었던 철도가 주 운송수단이었으며, 자원의 대량 수송이 가능한 철도를 우선적으로 기반시설 건설에 적용하였다. 2000년대 들어 철도의 복선화 사업, 고속철도의 건설 등으로 철도교 건설이 비약적으로 증가하였다. 초기 철도교의 활발한 건설로 1960년 이전에 신설된 교량이 많아 2020년부터 노후화가 예상(전체 대비 22.5%)돼, 2000년대 준공된 교량이 노후화되는 2050년대에 유지 관리비용이 급격히 증가할 것으로 분석된다.

국내의 경우 주요 선진국에 비해 사회기반시설 확충 시점이 늦어 대부분의 교량은 현재 내구수명 이내로 신규 건설 대비 유지관리비용이 현재 8.0% 수준으로, 단순 유지관리를 통해 기능을 유지하고 있으나, 급속으로 진행된 산업개발로 국내교량은 한 시점에서 집중적으로 노후화 증가가 예상되므로 앞으로 다가올 교량 노후화 시대를 대비하고 유지관리 시장에 대한 미래 먹거리 모색을 위하여 유지관리 대책수립과 기술개발 등에 지속적으로 매진할 필요가 있다.

---

① 건설 연도별 철도교 준공현황

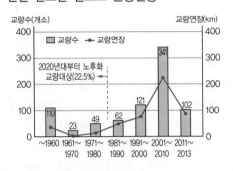

② 건설 연도별 도로교 준공상황

③ 지역별 교량현황

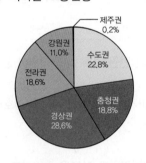

④ 2013년 기준 안전 및 유지관리 대상 교량 현황

구분	시공된 교량 (개)	안전 및 유지관리 대상 교량 (개)
도로교량	29,190	8,383
철도교량	2,800	808

⑤ 국가별 신규 건설 대비 유지비용

국가	이탈리아	영국	한국	독일	일본	미국	프랑스
비용(%)	57.2	38.0	26.0	21.7	15.8	10.0	8.0

02. 다음은 글을 읽고 동사무소 직원들이 나눈 대화이다. 대화의 빈칸에 들어갈 문장으로 가장 알맞은 것은?

키오스크(Kiosk)란 '신문, 음료 등을 파는 매점'을 뜻하는 영어단어로, 정보통신에서는 정보 서비스와 업무의 무인·자동화를 통해 대중들이 쉽게 이용할 수 있도록 공공장소에 설치한 무인단말기를 말한다. 공공시설, 대형서점, 백화점이나 전시장 또는 공항이나 철도역 같은 곳에 설치되어 각종 행정절차나 상품정보, 시설물의 이용방법, 인근지역에 대한 관광정보 등을 제공한다. 대부분 키보드를 사용하지 않고 손을 화면에 접촉하는 터치스크린(Touch Screen)을 채택하여 단계적으로 쉽게 검색할 수 있다. 이용자 편의를 제공한다는 장점 외에도 정보제공자 쪽에서 보면 직접 안내하는 사람을 두지 않아도 되기 때문에 인력절감 효과가 크다. 특히 인터넷을 장소와 시간에 구애받지 않고 쓸 수 있는 인터넷 전용 키오스크가 관심을 끌고 있다.

A : 요즘 각종 증명서도 키오스크를 통해 발급받을 수 있어서 민원 업무 처리 직원이 줄어들고 있어.

B : 맞아. 민원인들도 차례를 기다리면 대기하는 시간이 짧아져서 키오스크 사용을 선호하는 편이야.

C : 하지만 (   )

D : 게다가 점자나 음성이 지원되지 않는 점 때문에 시각장애인들도 불편을 호소하고 있어. 이 문제점에 대한 개선이 필요해.

① 키오스크가 모든 사람을 대체하기에는 아직 기술적인 한계가 있어.

② 기술이 발달함에 따라 키오스크에서 발생할 수 있는 오류가 줄어들고 있어.

③ 중요한 업무 처리에서 키오스크 도입의 부작용에 대한 우려의 목소리도 나오고 있어.

④ 디지털 기기에 익숙하지 않은 일부 시민들은 키오스크 이용에 어려움을 느끼기도 해.

⑤ 기계가 사람보다 더 중요하다고 생각될까 봐 염려스러워.

03. 다음 내용을 읽고 배외측 전전두엽이 담당하는 역할과 관련되어 있는 생각을 하는 사람을 〈보기〉에서 모두 고른 것은?

전두엽은 목표를 세워 행동하고 수집하는 집행기능의 역할이 가능하도록 도와준다. 특정 행동 혹은 활동을 하기 위해서는 6가지의 과정을 거쳐야 하는데, 각 과정마다 담당하는 뇌 부위가 있다. 이를 목표지향행동을 하는 순서에 따라 설명하면 다음과 같다. 우선 어떤 행동을 하기 위해서는 행동을 시작하는 동기와 힘이 필요한데, 이는 내측 전전두엽의 보조운동영역과 전측대상피질이 담당한다. 만약 이 부위에 문제가 생긴다면 모든 일에 무관심해져서 아무런 행동도 하지 않는 증상이 발현된다. 즉, 호기심이 생기지 않으며 문제를 해결하려는 의욕도 상실되고 의사소통에 있어서도 무기력한 모습을 보인다. 문제를 시작하는 데 문제가 없다면 다음 단계로 목표를 선정해야 한다. 이는 배외측 전전두엽과 내측 전전두엽 전두극 피질이 담당하고 있다. 배외측 전전두엽과 내측 전전두엽에서는 과제와 관련된 정보에 주의를 줘서 과제를 선정할 수 있도록 돕고, 세운 목표를 유지하게 도와준다. 전두극 피질에서는 상위목표를 세우고 이를 달성하기 위한 하위목표들을 처리하는 역할을 한다. 목표를 세웠으면 어떤 순서로 수행할 것인지 정하는 과정이 요구되며 이 과정은 중앙 배외측 전전두엽이 담당한다. 목표를 세운 다음에는 목표 수집 혹은 목표에 맞는 전략수정의 단계가 진행되며 이 단계는 전전두엽의 하측 우측 영역과 좌측 배외측 전전두엽 영역에서 이루어진다. 지금까지의 단계에 따라 목표와 전략 및 순서를 정했으면 이를 잘 수행할 수 있을지 자기 모니터링과 평가를 진행하는데, 이 역할은 전대상 피질과 외측 전전두 영역 등 다수의 영역이 관여하여 함께 담당한다. 마지막 과정인 억제는 목표를 수행하기 위해 적절하지 않은 행위를 멈추는 능력을 말하며 우반구 중전도피질과 하전두피질이 주로 담당한다. 또한 행동을 멈추기 위해서는 운동신경이 필요하므로 전보조운동영역도 이를 돕는다.

보기

A : 내일이 대회라 연습을 해야 하는데, 비가 오는구나. 오늘은 실내에서 할 수 있는 체력 단련을 해야겠어.

B : 맛있는 밥을 짓기 위해서는 쌀을 씻고 물에 어느 정도 불린 다음 지어야 해.

C : 좋은 회사에 취업하기 위해서는 학점관리, 대외활동 말고도 어학성적과 자격증 취득도 해 놓아야 해.

D : 무기력해서 아무것도 하기 싫고 사람들 대하는 것도 귀찮기만 해.

① A, B   ② A, C   ③ B, C

④ B, D   ⑤ C, D

1회 기출예상

2회 기출예상

3회 기출예상

4회 기출예상

5회 기출예상

6회 기출예상

04. ○○공단에 근무하는 A 사원은 중증장애인 거주시설의 피난관리에 대한 매뉴얼을 작성하여 B 대리에게 피드백을 요청하였다. 피드백에 따라 항목을 2개로 분류하고자 할 때, 다음 중 적절한 것은?

중증장애인거주시설의 피난관리

1) 중증장애의 정의

중증장애는 흔히 말하는 시각, 청각, 지체, 발달장애 등의 유형을 말하는 것이 아니라 장애의 정도를 의미합니다. 즉, 장애의 유형과 관계없이 중도 또는 중등도의 장애를 가지고 있는 경우로 현재 우리나라에서는 모든 장애 유형에 걸쳐 1 ~ 2급 장애 판정을 받은 경우를 중증장애라 합니다. 또한 두 가지 유형 이상의 장애를 중복으로 수반하고 있는 경우 일정한 규정에 따라 장애등급이 상향조정되기도 하는데 이 경우를 중증 중복장애라 합니다.

일반적으로 중증장애라 하면 이동, 보행, 신변자립, 착·탈의 등 자기관리가 불가능한 경우를 연상하기도 하지만 실제로는 모든 장애유형을 망라하여 〈장애의 정도〉가 심한 경우를 의미합니다. 그러므로 중증장애인의 경우 보다 다양한 장애의 유형과 정도, 개인의 특성에 대한 세심한 이해와 적절한 지원이 필요합니다.

2) 중증장애인의 피난에 대한 팁

ㄱ. 자력 피난 가능 여부

ㄴ. 피난기구의 주기적인 점검

ㄷ. 피난이 어려운 장애인을 위한 개인별 대책 필요

ㄹ. 의사소통기능 장애(재난상황 고지방법의 어려움)

ㅁ. 인지 정도에 따른 피난동선 이해 여부

ㅂ. 효율적인 이동을 위한 보조인 동반 필수(보조인 지정 배치)

ㅅ. 피난기구가 장애인의 특성에 적합한가에 대한 점검 필요

ㅇ. 이동기능장애(몸의 불균형, 신체적 경직, 경련에 따른 이동장애)

ㅈ. 휠체어·침대 등의 이동을 위한 충분한 피난로 및 안전지대(공간) 확보

B 대리 : A 사원, 작성한 내용을 보았는데, '2) 중증장애인의 피난에 대한 팁'의 내용이 뒤죽박죽이네요. 이 내용이 익숙한 저는 무엇을 말하는 건지는 알겠는데, 처음 접하는 사람 입장에서는 무슨 말인지 쉽게 와 닿지 않을 듯해요. 항목을 크게 2가지로 나눠서 작성해 보세요.

① 중증장애인의 피난 시 제약사항 확인 / 중증장애인의 피난 절차 및 유의사항

② 중증장애인의 피난 절차 및 유의사항 / 중증장애인의 재난 시 피난을 위한 필수사항

③ 중증장애인의 피난 절차 및 유의사항 / 중증장애인의 피난 시 업무분장

④ 중증장애인의 재난 시 피난을 위한 필수사항 / 중증장애인의 피난 시 제약사항 확인

⑤ 중증장애인의 피난 시 업무분장 / 중증장애인의 재난 시 피난을 위한 필수사항

05. 다음 글에 나타난 ㉠의 특징으로 적절하지 않은 것은?

㉠<u>메타인지</u>는 내가 무엇을 알고 모르는지에 대해 아는 것에서부터 자신이 모르는 부분을 보완하기 위한 계획과 그 계획의 실행과정을 평가하는 전반을 이르는 말로, 자신의 인지적 활동에 대한 지식과 조절이라고 할 수 있다. 이 능력이 뛰어난 사람은 자신의 사고과정 전반에 대한 이해와 평가가 가능하기 때문에 어떤 것을 수행하거나 배우는 과정에서 어떠한 구체적 활동과 능력이 필요한지를 알고, 이에 기초해서 효과적인 전략을 선택하여 적절히 사용할 수 있다. 때문에 메타인지는 학습 능력을 좌우하며 자기주도적이고 성공적 삶을 사는 데 영향을 미친다.

메타인지를 구성하는 요소로는 크게 두 가지가 있는데, 첫째는 메타인지적 지식(Metacognitive Knowledge)이다. 이는 무언가를 배우거나 실행할 때 내가 아는 것과 모르는 것을 정확히 파악할 수 있는 능력이다. 예를 들어, 수학시험 공부를 하면서 순열조합은 잘 알고 있는데 이항정리 부분은 잘 모른다는 것을 파악할 수 있다면 이 능력을 가지고 있는 것이다. 이 능력이 없는 사람의 경우 실생활에서 잘 알고 있는 부분을 계속 들여다보면서 시간을 허비하고 있을 것이다. 둘째는 메타인지적 기술(Metacognitive Skill)이다. 이는 메타인지적 지식에 기초하여 발휘되는 것으로, 내가 모르는 부분을 파악했을 때 어떻게 학습할 것인지 전략을 계획하고 실행하는 능력이다. 예를 들어, 이항정리 부분을 잘 모른다는 것을 알고 있다면, 이 부분을 한 번에 집중적으로 볼지 아니면 여러 차례에 걸쳐 볼지 등에 대해 적절한 전략을 사용하는 능력을 의미한다.

① 스스로의 사고과정에 대한 판단과 이해를 가능하게 하는 능력이다.
② 자신의 인지에 있어서 주도적이고 능동적으로 대응하며, 그에 맞는 개선을 가능하게 한다.
③ 자신이 알고 있는 것과 모르는 것을 파악한 후 알고 있는 부분을 강화할 수 있게 한다.
④ 무언가를 배우고 실행하는 과정에서 자신에게 부족한 부분과 필요한 부분을 명확히 알게 한다.
⑤ 자신의 부족한 점을 채우는 데에 도움이 되는 능력이다.

1회 기출예상

2회 기출예상

3회 기출예상

4회 기출예상

5회 기출예상

6회 기출예상

[06 ~ 08] 다음 기사를 읽고 이어지는 질문에 답하시오.

> (가) ○○○ 원장은 "데이터온에어를 통해 누구나 손쉽게 데이터를 접하고 이해하며 활용할 수 있기를 바라며, 친근한 데이터 이야기, 생생한 데이터 산업 현장 등을 멀티미디어 콘텐츠로 제작해 ㉠끊임없이 소통할 계획"이라고 밝혔다.
>
> (나) A 통신부와 B 진흥원은 개인과 기업의 데이터 역량 ㉡재고를 목표로 데이터 트렌드 정보와 교육 콘텐츠 서비스를 제공하는 '데이터온에어'를 선보인다고 밝혔다.
>
> (다) (㉮) 데이터 인사이트를 통해 데이터 전문가와 소통할 수 있는 공간도 마련하여 전문 지식 교류 등으로 다양한 의견을 ㉢수렴할 계획이다.
>
> (라) 데이터온에어는 전문가용 데이터지식포털 디비(DB)가이드넷을 개편한 사이트로 최신의 데이터 기술·동향 등 지식정보를 ㉣기반으로 데이터 활용 사례, 데이터 기업 지원 사업정보 등을 제공하는 원스톱 통합 포털로 보강했다.
>
> 국내외 데이터 산업 ㉤동향뿐만 아니라 데이터 기초부터 분석 방법론 등 온라인 강의와 연구 보고서, 데이터 활용 비즈니스 사례, 기업 인터뷰, 데이터 교육 로드맵(데이터 분석, 데이터 아키텍처, 데이터 엔지니어) 등 데이터 산업의 전반적인 이해도를 높일 수 있는 다양한 정보를 제공한다.

06. (가) ~ (라)를 논리적 순서에 맞게 재배열한 것은?

① (나) – (다) – (가) – (라)　　　② (나) – (라) – (다) – (가)
③ (라) – (가) – (나) – (다)　　　④ (라) – (다) – (가) – (나)
⑤ (라) – (다) – (나) – (가)

07. 윗글의 빈칸 ㉮에 들어갈 단어로 적절한 것은?

① 아울러　　　　② 그러므로　　　　③ 그러나
④ 하지만　　　　⑤ 따라서

08. 윗글의 ㉠ ～ ㉤ 중 그 활용이 적절하지 않은 것은?

① ㉠   ② ㉡   ③ ㉢

④ ㉣   ⑤ ㉤

09. 다음은 X 기업, Y 기업의 연도별 제품 판매액에 관한 자료이다. 이에 대한 설명으로 옳지 않은 것은?

〈X 기업, Y 기업의 연도별 제품 판매액〉

(단위 : 천 원)

구분		20X0년	20X1년	20X2년	20X3년	20X4년	20X5년	20X6년
X 기업	A 제품	294,621	389,664	578,578	943,056	1,089,200	1,143,402	1,469,289
	B 제품	0	0	0	0	6,089	350,681	1,285,733
	C 제품	917,198	1,103,227	1,605,182	2,556,300	3,979,159	5,122,441	7,056
	D 제품	862,884	912,760	1,148,179	1,145,557	1,342,439	1,683,142	2,169,014
Y 기업	E 제품	4,490,107	3,862,087	4,228,112	2,753,924	2,150,013	2,858,714	2,819,882
	F 제품	52,307	465,924	483,777	492,172	495,354	395,556	489,466
	G 제품	524,623	1,027,251	1,839,558	4,656,237	5,546,583	6,237,564	7,466,664
	H 제품	10,203,907	11,737,151	11,554,426	14,334,944	22,468,966	22,754,303	23,867,053

① Y 기업의 제품 중 판매액이 매년 지속적으로 증가한 제품은 한 종류이다.

② 20X0년 대비 20X4년에 판매액이 감소한 제품은 한 종류이다.

③ 20X0 ～ 20X6년 동안 매년 Y 기업의 판매액 총합이 X 기업의 판매액 총합보다 컸다.

④ D 제품의 판매액이 전년 대비 감소한 해에는 E 제품의 판매액도 전년 대비 감소하였다.

⑤ Y 기업의 제품 중 20X0년 대비 20X6년 판매액 증가율이 가장 높은 제품은 F 제품이다.

10. 다음은 연료별 자동차의 연간 총 주행거리 및 비중을 나타낸 자료이다. 이에 대한 설명으로 옳지 않은 것은?

구분	연간 총 주행거리(백만 km)					비중(%)			
	전체	휘발유	경유	LPG	전기	휘발유	경유	LPG	전기
20X0년	290,009	108,842	130,146	45,340	5,681	38	45	16	2
20X1년	298,323	110,341	137,434	44,266	6,282	37	46	15	2
20X2년	311,236	115,294	149,264	39,655	7,023	37	48	13	2
20X3년	319,870	116,952	156,827	37,938	8,153	37	49	12	3
20X4년	327,073	116,975	164,264	36,063	9,771	36	50	11	3

① 20X0년 대비 20X4년의 연간 총 주행거리 증가율이 가장 큰 것은 경유 자동차이다.

② LPG를 사용하는 자동차의 연간 총 주행거리는 매년 감소하고 있다.

③ 휘발유를 사용하는 자동차의 연간 총 주행거리는 매년 증가하고 있다.

④ 20X4년 기준 경유 자동차는 총 주행거리의 50%를 차지하고 있다.

⑤ 전기를 사용하는 자동차의 연간 총 주행거리는 매년 증가하고 있다.

11. 다음은 20X5 ~ 20X9년 동안 해외여행자 수의 전년 대비 증가율 추이를 나타낸 자료이다. 이에 대한 설명으로 옳은 것은?

<목적별 해외여행자 수의 전년 대비 증가율>

(단위 : %, 명)

구분	계	관광	업무	기타
20X5년	23.4 (8,426,867)	24.6 (7,028,001)	16.9 (1,120,230)	21.4 (278,636)
20X6년	14.7	15.3	9.3	19.1
20X7년	12.8	12.1	22.6	23.3
20X8년	−3.3	−4.2	0.7	−3.9
20X9년	10.9	13.1	0.5	18.6

※ (   ) 안의 수치는 20X5년의 해외여행자 수이다.

① 전체 해외여행자 수의 전년 대비 증가 수는 20X7년이 20X6년보다 많다.

② 20X5년 대비 20X9년 업무 목적의 해외여행자 수는 감소하였다.

③ 20X5 ~ 20X9년 동안 관광 목적의 해외여행자 수가 전년 대비 가장 크게 감소한 해는 20X8년이다.

④ 20X6년 대비 20X8년 업무 목적의 해외여행자의 증가 수는 30만 명 이상이다.

⑤ 20X5 ~ 20X9년 동안 관광 목적의 해외여행자 수가 전년 대비 감소했던 해는 없다.

[12 ~ 13] 다음은 L 지역 건축물 현황이다. 이어지는 질문에 답하시오.

〈L 지역 건축물 현황〉

L 지역 건축물은 상업용, 주거용, 공업용, 문화 · 교육 · 사회용과 기타로 구성되어 있다. 상업용이 4만 3,846동, 공업용이 1만 4,164동, 문화 · 교육 · 사회용이 6,378동, 기타가 1만 1,598동이다.

10개 군 · 구로 구성된 L 지역의 노후건축물 비중은 저마다 달랐다. 경제자유구역을 품고 있는 서구가 상대적으로 노후건축물 비중이 낮으며, L 지역의 대표적인 원도심이라 할 수 있는 지역들은 높은 편이다. 중구는 영종 · 경제자유구역의 영향으로 비중이 비교적 낮게 나타난다.

구분	합계		주거용	
	동 수(동)	연면적(m²)	동 수(동)	연면적(m²)
합계	220,573	189,019,253	144,587	95,435,474
10년 미만	35,541	53,926,006	19,148	25,000,123
10년 이상 ~ 15년 미만	17,552	26,141,452	8,035	13,447,067
15년 이상 ~ 20년 미만	23,381	24,463,931	13,716	11,443,662
20년 이상 ~ 25년 미만	20,587	26,113,376	11,449	13,176,750
25년 이상 ~ 30년 미만	30,279	30,608,783	20,129	17,948,163
30년 이상 ~ 35년 미만	23,442	12,875,191	17,220	7,409,831
35년 이상	48,724	12,114,897	37,972	6,001,760
기타	21,067	2,775,617	16,918	1,008,118
노후건축물 비중(%)	㉠	㉡	㉢	㉣

※ 노후건축물 : 사용승인 후 30년 이상 된 건물(기타 건축물은 포함하지 않음)

www.gosinet.co.kr

1회 기출예상

2회 기출예상

3회 기출예상

4회 기출예상

5회 기출예상

6회 기출예상

12. 위 자료에 대한 설명으로 옳지 않은 것은?

① L 지역의 건축물 중 가장 큰 비중을 차지하는 용도는 주거용이다.

② L 지역에 들어선 건축물은 22만 동 이상이다.

③ L 지역은 주요 원도심부터 도시재생을 실시할 필요가 있다.

④ L 지역 건축물의 노후화 비중은 상업용이 가장 높고, 주거용과 공업용이 그 뒤를 잇고 있다.

⑤ L 지역은 35년 이상 된 건축물의 비중이 제일 높다.

13. 위 표의 ㉠ ~ ㉣에 들어갈 수치로 옳은 것은? (단, 소수점 아래 첫째 자리에서 반올림한다)

① ㉠ : 43% ② ㉡ : 13% ③ ㉢ : 21%

④ ㉣ : 20% ⑤ ㉣ : 30%

[14 ~ 15] 다음은 20X3년 ~ 20X8년의 전력 판매량 추이를 나타낸 자료이다. 이어지는 질문에 답하시오(단, 전력 판매량은 아래 주어진 6가지 용도로만 구성된다).

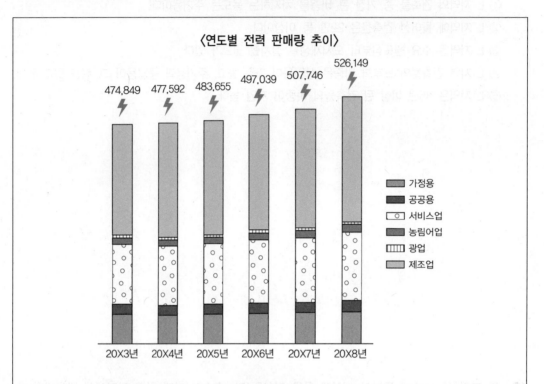

〈연도별 전력 판매량 추이〉

〈세부용도별 변화 추이〉

(단위 : Gwh)

구분	20X3년	20X4년	20X5년	20X6년	20X7년	20X8년
가정용	63,970	62,675	63,794	66,173	66,517	70,687
공공용	21,982	21,669	22,179	22,908	23,605	24,569
서비스업	132,055	128,630	132,049	137,982	140,952	147,189
농림어업	13,062	13,556	14,645	15,397	15,981	17,126
광업	1,478	1,571	1,631	1,755	1,746	1,478
제조업	242,301	249,490	249,357	252,824	258,945	265,100
합계	474,849	477,592	483,655	497,039	507,746	526,149

14. 다음 중 위 자료에 대한 해석으로 잘못된 것은?

① 20X3년부터 20X8년까지 전체 전력 판매량은 매년 증가해왔다.

② 전체 전력 판매량 중 차지하는 비율이 가장 큰 세부용도는 20X3년부터 20X8년까지 매년 제조업이다.

③ 20X3년부터 20X8년까지 전력 판매량이 매년 증가한 세부용도는 없다.

④ 세부용도 중, 20X8년에 전력 판매량이 가장 큰 폭으로 증가한 용도는 서비스업이다.

⑤ 20X3년부터 20X8년까지 매년 제조업의 전력 판매량 비율은 전체의 50% 이상을 기록하였다.

15. 20X3 ~ 20X8년 중 전체 전력 판매량의 전년 대비 증가율이 가장 높은 해에, 전력 판매량의 전년 대비 증가율이 가장 높은 세부용도는?

① 가정용   ② 공공용   ③ 서비스업
④ 농림어업   ⑤ 제조업

1회 기출예상
2회 기출예상
3회 기출예상
4회 기출예상
5회 기출예상
6회 기출예상

[16 ~ 17] 다음은 개인보호장비 착용의 필요성에 대한 인식 조사 결과이다. 이어지는 질문에 답하시오.

〈종사상 지위별 개인보호장비 착용의 필요성〉

구분	사례수(명)	그렇다(%)	아니다(%)	모름/무응답(%)
고용원이 없는 자영업자	7,709	30.7	69.2	0.1
고용원이 있는 자영업자/사업주	2,998	32.6	67.3	0.1
임금근로자(피고용자)	37,132	28.7	71.2	0
무급가족종사자	2,162	36.6	63.3	0.1
그 외 종사자	204	27.4	69.6	3.1

〈직업별 개인보호장비 착용의 필요성〉

구분	사례수(명)	그렇다(%)	아니다(%)	모름/무응답(%)
관리자	291	25.1	74.9	0
전문가 및 관련종사자	10,027	22.1	77.9	0
사무종사자	9,496	8.3	91.7	0.1
서비스종사자	6,020	29.6	70.3	0.2
판매종사자	6,623	9.1	90.8	0.1
농림어업 숙련종사자	2,725	58.5	41.4	0
기능원 및 관련기능종사자	4,870	62.9	37.1	0.1
장치, 기계조작 및 조립종사자	5,381	48.4	51.6	0
단순노무종사자	4,653	44.7	55.3	0
군인	119	54	46	0

16. 위 자료에 대한 설명으로 옳지 않은 것은?

① 전체 응답자 수는 50,205명이다.

② 종사상 지위별 개인보호장비 착용의 필요성에 긍정하는 답을 한 응답자 비율은 10%p 이내에서 큰 격차를 보이지 않았다.

③ '그렇다'라고 답한 응답자 비율이 가장 낮은 직업과 가장 높은 직업에서 '그렇다'라고 답한 응답자 수의 차이는 2,600명 이상이다.

④ 서비스종사자 중 '그렇다'라고 답한 응답자는 약 1,782명, '아니다'라고 답한 응답자는 약 4,232명이다.

⑤ 사무종사자 중 '아니다'라고 답한 응답자는 약 8,708명이다.

17. 다음 ㉠ ~ ㉢에 해당하는 값의 크기를 올바르게 비교한 것은? (단, 모든 계산은 소수점 아래 첫째 자리에서 반올림한다)

> ㉠ 단순노무종사자가 모두 임금근로자로 분류될 경우, 긍정 응답을 한 임금근로자 중 단순노무종사자의 비율(%)
>
> ㉡ 서비스종사자와 판매종사자 두 직업에서 긍정 응답을 한 응답자의 비율(%)
>
> ㉢ 무급가족종사자의 50%가 사무종사자로 분류될 경우, 사무종사자 중 부정 응답을 한 무급가족종사자 비율의 최댓값(%)

① ㉠ > ㉡ > ㉢   ② ㉠ = ㉡ > ㉢   ③ ㉠ > ㉡ = ㉢

④ ㉡ > ㉠ > ㉢   ⑤ ㉢ > ㉡ > ㉠

www.gosinet.co.kr gosinet

1회 기출예상

2회 기출예상

3회 기출예상

4회 기출예상

5회 기출예상

6회 기출예상

18. 다섯 개의 한글 자음으로 이루어진 암호문자는 〈암호 변환절차〉에 따라 〈암호표〉를 사용하여 암호문으로 변환된다. 다음 중 〈암호문 A〉가 의미하는 암호문자는?

〈암호 변환절차〉

1. 암호문자를 세로로 쓰고 하단의 〈암호표〉에서 해당하는 자음의 오른쪽에 나열된 숫자(5개)를 〈예시〉의 (과정 1)과 같이 순서대로 나열한다.
2. 첫 번째 과정을 통해 순서대로 나열한 숫자를 〈예시〉의 (과정 2)와 같이 왼편부터 한 열씩 세로로 쓰면 암호문이 완성된다.

〈암호표〉

ㄱ	1	6	4	5	2
ㄴ	3	4	7	2	9
ㄷ	0	4	3	2	1
ㄹ	8	2	0	1	7
ㅁ	8	3	5	1	2
ㅂ	4	6	5	8	1
ㅅ	8	3	2	9	4
ㅇ	2	7	2	0	9
ㅈ	3	5	2	1	4
ㅊ	7	4	7	2	9
ㅋ	1	3	2	7	5
ㅌ	5	0	1	2	5
ㅍ	2	4	9	7	5
ㅎ	6	3	0	1	8

〈예시〉

암호문자 'ㅈㅇㅎㅊㄱ'의 변환 과정

(과정 1)

ㅈ	3	5	2	1	4
ㅇ	2	7	2	0	9
ㅎ	6	3	0	1	8
ㅊ	7	4	7	2	9
ㄱ	1	6	4	5	2

(과정 2)

32671　57346　22074　10125　49892

<앞호문 A>

32051   47406   72314   20225   99152

① ㅈㅌㅇㄷㅂ   ② ㄴㅇㅁㅍㄹ   ③ ㄴㅁㅈㅅㅂ
④ ㄴㅇㄷㅌㄱ   ⑤ ㅈㅇㄷㅌㅋ

19. 다음의 SWOT 분석 내용을 보고 수립한 전략으로 적절한 것은?

강점	약점
• 국민안전처 신설 등 자연재해 저감을 위한 정부의 적극적 의지 • IT 기반 산업의 기술 수준 우수	• 지하수의 영향에 의한 지반구조물의 안전에 관한 연구는 전무한 상태 • 국내 지하수 관리 관련 기업이 영세함. • 국내 지하수 관리 및 토사계측기술 미흡
기회	위협
• 지하수 관리를 위한 센서관리 및 네트워크 기술 분야는 고부가가치 창출 가능 • 대심도 지하 공간의 개발이 활발하게 추진 • 국내 지중환경에 부합하는 조사/탐사 필요성 및 인식도 향상	• 기후변화 등으로 수문환경이 수시로 변화하여 지반의 미세한 불안전성이 과거보다 증가 • 일본의 조사/탐사 기술 및 장비는 기술경쟁력에서 우위 • 미국, 일본 등 선진국들은 체계적인 지반·지하 대응방안 보유

① SO 전략 – 국내 지중환경에 부합하는 지하수관리 및 조사계측 전문인력 양성
② ST 전략 – 우수한 장비와 IT기술을 바탕으로 센서 및 네트워크 기술의 해외진출 추진
③ WO 전략 – 정부의 적극적인 R&D를 통한 조사/탐사 장비 기술격차 축소
④ WO 전략 – 지하수 영향에 의한 자연재해 저감을 위한 국내 지중환경 조사의 정부 지원 촉구
⑤ WT 전략 – 해외 기업의 시장잠식에 대비한 국내 지하수관리 산업보호육성

20. 다음 △△공단 본사 홍보관에 대한 안내에 따라 세운 방문 계획으로 가장 적절한 것은?

- 관람 전 안내사항
  - 자유관람은 별도 예약신청 없이 자유롭게 이용 가능합니다.
  - 10명 이상 단체견학은 온라인 견학신청을 해 주시기 바랍니다.
  - 안전한 관람을 위하여 바퀴 달린 신발, 인라인 스케이트, 킥보드 등의 착용 및 휴대를 삼가 주시기 바랍니다.
  - 홍보관 내에서는 시각장애 안내견 이외의 애완동물의 출입은 금지되어 있습니다.
  - 관람운영일 : 매일 오전 9시 ~ 오후 6시(오후 5시 입장마감)
  - ※ 휴관일 : 1월 1일, 설·추석연휴

- 홍보관 해설 시간
  - 매주 화 ~ 일요일 오전 11시 / 오후 2시 / 오후 4시 (총3회), 회당 40명 이내
  - 해설코스 : 홍보관 1층 로비(회사소개 영상관람) → 홍보관 → 특별전시
  - 해설 소요시간 : 40분(회사소개 영상 10분, 해설 30분)
  - 참여방법 : 홍보관 1층 데스크에서 선착순 접수, 방문기념품 제공
  - ※ 해당 시간 단체견학이 있을 경우 동반 해설 진행
  - ※ 외국인 대상 영어 해설 : 관람 4일 전까지 유선 신청
  - ※ 관람 입장시간 및 관람 소요시간은 당일 신청인원과 홍보관 내부 사정에 따라 지연·변경될 수 있습니다.

- 자체제작 애니메이션 상영 안내
  - 애니메이션명 : 네버랜드를 구하라(20분), 트러스트(8분) 총 2편
  - 매일 오전 10시 30분 / 오후 1시 30분 / 오후 3시 30분 총 3회, 홍보관 로비 멀티비전

---

① 홍보관 관람을 위해서는 바퀴 달린 신발을 신고 가는 것뿐만 아니라 소지하는 것도 안 되겠구나. 또한 모든 애완동물의 출입이 금지되므로 시각장애인 친구와 함께 방문하는 것은 어렵겠어.

② 이번 주 일요일에 아이들과 함께 방문하여 관련 애니메이션을 볼 수 있겠어. 이 애니메이션은 일반 극장에서도 쉽게 볼 수 있겠구나.

③ 외국인 친구와 함께 방문할 때에는 미리 인터넷 홈페이지에서 영어 해설을 신청하는 것이 좋겠구나.

④ 반 친구들 8명과 함께 단체 견학을 하려고 하는데 별도의 예약신청은 필요 없겠구나. 홍보관 해설도 들으려면 일찍 가서 홍보관 1층 데스크에서 신청하는 게 필요하겠어.

⑤ 특별전시관에서 연휴맞이 특별전시 기획이 있다니 이번 설 연휴에 가볼 수 있겠어.

21. 다음은 지진 발생 시 국민행동요령 중 일부이다. 빈칸 ㉠ ~ ㉤에 들어갈 내용으로 적절하지 않은 것은?

〈지진 발생 직후 행동요령〉

• (㉠   )
  - 지진은 여러 번 발생할 수 있습니다. 여진은 취약해진 건물에 치명적인 손상을 줄 수 있으므로 철저히 대비해야 합니다.

• 부상자 파악 후 구조 요청
  - 부상자를 살펴보고 즉시 구조를 요청하여야 하며 부상자가 위치한 곳이 위험하지 않다면 부상자를 그 자리에 그대로 두어야 하고, 만약 부상자를 옮겨야만 한다면 먼저 기도를 확보하고 머리와 부상부위를 고정한 후 안전한 곳으로 옮깁니다.
  - (㉡   )
  - 담요를 이용하여 환자의 체온을 유지하되, 환자의 체온이 너무 올라가지 않도록 주의합니다.

• 처리가 어려운 물건은 그대로 두고 대피
  - 건물 내에 쏟아진 약품, 표백제, 유류 등을 정리하되 양이 많거나 환기가 안 되거나 종류·처리방법을 모를 때에는 그대로 두고 대피합니다.

• 지진 발생 이후 행동 주의사항
  - (㉢   )
  - 긴급사태 관련 뉴스를 주의 깊게 듣습니다.
  - (㉣   )

• 전선, 가스관, 수도관 등 대처방법
  - 가스 새는 소리가 나거나 냄새가 나면 창문을 열어 놓고 대피하되, 가능하면 밸브를 잠급니다.
  - (㉤   )

---

① ㉠ : 추가 여진 발생 우려로 철저한 대비

② ㉡ : 의식을 잃은 부상자에게는 물을 주지 않도록 합니다.

③ ㉢ : 복구 시 참고할 수 있도록 사진을 촬영합니다.

④ ㉣ : 소방관, 경찰관, 구조요원의 도움이 있기 전까지는 피해지역으로 접근하지 않습니다.

⑤ ㉤ : 하수관로의 피해 여부를 확인하기 전까지 수세식 화장실을 사용하지 않습니다.

[22 ~ 23] ○○기업의 교육부서에 근무하는 B 사원은 이번 달에 실시할 신입사원 대상 교육 프로그램을 분석하는 업무를 담당하게 되었다. 이어지는 질문에 답하시오.

• 개발되는 교육 프로그램
 – 주제 : 사내 인트라넷을 활용하여 서류 결재, 회의 준비, 업무 공유하기
 – 대상 : 20XX년 8월 이후 ○○기업에 입사한 모든 사원
 – 일시 : 20XX년 9월 12, 13일(둘 중 택1하여 참석) 14시 ○○기업 4층 대회의실
• 교육 대상

성명	부서	성명	부서
A	회계	F	교육
B	교육	G	영업
C	회계	H	영업
D	마케팅	I	마케팅
E	마케팅	J	영업

• 부서별 신입사원 일정

부서	일정	시간
회계	부서 전체 회의	9월 12일 9시 ~ 10시, 13일 14시
교육	하반기 본사 교육 로드맵 작성	9월 12일 9시 ~ 11시, 13일 13시 ~ 15시
영업	계약 관련 외부 출장	9월 11일 출발 ~ 12일 15시 도착
마케팅	시장조사 보고서 작업	9월 10일 ~ 13일 12시 예정

※ 교육 프로그램 일정과 부서별 일정이 겹칠 경우 부서별 일정을 우선한다.
• 오프라인 교육에 참석하는 인원수에 맞춰 다과를 준비할 것
• 교육 1주일 전 해당 교육의 참석 대상에게 장소, 시간 등을 알리는 메일을 보낼 것
• 오프라인 교육을 이수하지 못한 교육 대상에게는 오프라인 교육 종료 후 온라인 교육 이수 대상임을 알릴 것

22. 위 자료를 참고할 때 B 사원이 해야 할 일로 적절하지 않은 것은?

① 9월 12일에 필요한 4인분의 다과를 준비한다.

② 9월 5일에 회계부서 사원에게 12일의 교육 일정을 알리는 메일을 보낸다.

③ 9월 6일에 영업부서 사원에게 13일의 교육 일정을 알리는 메일을 보낸다.

④ 9월 6일에 교육, 마케팅부 사원에게 13일의 교육 일정을 알리는 메일을 보낸다.

⑤ 9월 13일에 필요한 5인분의 다과를 준비한다.

23. 온라인 교육을 이수하는 데 필요한 계정을 1인당 1개씩 생성해야 할 때, B 사원이 생성해야 하는 온라인 계정의 개수는?

① 0개 　　　　　　② 1개 　　　　　　③ 2개

④ 3개 　　　　　　⑤ 4개

24. 5층짜리 건물에 5명이 각각 다른 층에 거주하고 있으며, 모두 다른 직업을 가지고 있다. 〈조건〉을 바탕으로 할 때, 4층에 거주하고 있는 사람의 직업은?

조건

• 시나리오 작가의 위층에는 아무도 살지 않으며, 시나리오 작가와 새로운 영화를 준비하는 감독이 같은 건물에 살아 마감 원고를 들고 두 개의 층을 내려갔다.

• 경찰은 자신이 있는 동안은 건물 보안을 책임지겠다며 자발적으로 1층에 입주하였다.

• 교사는 체험학습 프로그램을 고민하던 중 같은 건물 2층에 사는 국립과학박물관의 큐레이터에게 전시 정보를 물어보았다.

---

① 경찰 　　　　　　② 큐레이터 　　　　　　③ 영화감독

④ 교사 　　　　　　⑤ 시나리오 작가

1회 기출예상　2회 기출예상　3회 기출예상　4회 기출예상　5회 기출예상　6회 기출예상

25. Gagoole사는 각 부서의 의견을 반영하여 자사 포털 사이트의 메인화면을 개편하고자 한다. 사이트 개편 태스크 포스팀 김 대리가 다음 의견에 따라 수정한 항목으로 적절하지 않은 것을 모두 고르면?

〈메인화면 개편을 위한 부서별 의견〉

• A 부서 : 회사 로고는 페이지 좌측 상단에 위치해야 합니다. 검색창은 회사 로고 우측에 위치해야 하며, 로고의 글씨와 비슷한 크기로 검색창이 설정될 필요가 있습니다. 또한, 지금의 로고는 회사의 특색을 부각하지 못하고 있기 때문에 빅데이터를 활용하여 다시 디자인을 해야 합니다.

• B 부서 : 검색창 하단에는 메일, 카페, 블로그, 지식 채널과 더불어 자사에서 주력하고 있는 GO-TV를 배치하여 포털사이트 이용자들이 메인화면에서 GO-TV를 바로 클릭할 수 있도록 한다면, GO-TV 이용자를 확보하는 데 더욱 효과적일 것으로 예상합니다. 또한 GO-TV가 제공하고 있는 실시간 인기 영상을 '로그인 / 회원가입' 탭 하단에 지속적으로 노출할 필요가 있습니다.

• C 부서 : 우리 회사는 광고 수익이 가장 중요한 수입원이므로, 사이트 개편을 통해서 수익성 광고가 메인화면에 나타날 필요가 있습니다. 메인 상단 탭(메일, 카페, 블로그, 지식 채널 등)과 종합 뉴스 기사 탭 사이에 수익성 광고를 배치해야 합니다. 또한, GO-TV 실시간 인기 영상 하단에 빅테이터를 기반으로 메인 화면 특성에 맞추어 보여주는 광고를 배치하는 형태로 변경하는 것을 제안합니다.

• D 부서 : 뉴스 탭의 경우 현재 '가, 나, 다' 순으로 언론사가 나열되어 이용자들이 불편을 겪고 있습니다. 이번 개편을 통해 뉴스 탭에서 이용자들이 주로 선호하는 언론사를 상단에 위치할 수 있도록 개편할 필요가 있습니다.

• E 부서 : 메인 페이지 하단에는 단순히 가입자 수가 많은 카페와 블로그를 나열하는 것보다 이용자들이 관심을 가질만한 Best 정보성 게시글(일정 이상의 조회 수나 공유 횟수 달성)을 제공하도록 개선할 필요가 있습니다. 지난 3분기 조사에 따르면 정보성 게시글이 메인에 오를 경우 이용자들이 카페와 블로그 서비스를 이용할 확률이 10% 증가한 것으로 밝혀졌음을 참고해 주십시오.

〈개편 후의 메인화면〉

ⓐ

Gagoole

▼

카페 블로그 지식채널 ⓒGO-TV 사전 증권 지도 웹툰	실시간 검색어
수익성 광고	ⓒGO-TV 지난 주간 영상
ⓔ종합뉴스〈언론사〉 인기순 정렬 S○○뉴스 H○○일보 L○○데일리 B매거진 W경제뉴스 N○○뉴스 G○○일보 K○○경제 Z○○뉴스 J○○신문	ID PW 로그인/비밀번호 찾기 회원가입
주제별 일간 BEST 카페/블로그 게시글	ⓜ주제별 주간 BEST 카페/블로그 게시글	빅데이터 기반 맞춤형 광고

① ⓐ, ⓒ　　　　　② ⓒ　　　　　③ ⓒ

④ ⓔ　　　　　⑤ ⓔ, ⓜ

[26 ~ 27] 다음 자료를 보고 이어지는 질문에 답하시오.

경영관리부에서 근무하는 A는 직원들의 휴가 사용 관리 업무를 담당하고 있다.

• 20X1년 휴가 사용 일수 관련 자료

부서	인원	부서별 평균 휴가 사용일
경영관리부	10명	7일
영업부	15명	8일
마케팅부	10명	6일
생산부	35명	10일
품질부	10명	8일
개발부	20명	6일

• 20X2년 휴가 사용 일수 관련 자료

부서	인원	부서별 평균 휴가 사용일
경영관리부	10명	12일
영업부	15명	10일
마케팅부	10명	5일
생산부	35명	6일
품질부	10명	9일
개발부	20명	7일

• 사내 휴가 규정
  - 회사는 직원들에게 1년에 10일의 휴가를 제공한다.
  - 미사용 유급휴가 1일당 10,000원의 급여가 지급되며, 미사용 유급휴가 급여가 지급될 경우 해당 휴가는 이월되지 않고 소멸된다.
  - 직전 연도의 미사용 유급휴가 급여를 받지 않을 경우, 미사용 휴가는 다음 연도에 이월되어 사용할 수 있다.
  - 단, 20X0년으로부터 이월된 휴가는 없다고 가정한다.

26. A는 상사의 요청으로 회사 전체 직원의 20X1년 평균 미사용 휴가 일수를 계산하려고 한다. 제시된 부서 이외의 직원은 없다고 한다면, A가 보고해야 할 일수는?

① 1일   ② 2일   ③ 3일
④ 4일   ⑤ 5일

27. 20X1년 휴가에 대해 미사용 유급휴가 급여를 받은 사람이 없다고 가정할 때, 20X2년 미사용 휴가 일수가 잘못 계산된 부서는?

부서	20X2년 부서별 평균 휴가 미사용 일수
경영관리부	1일
영업부	2일
마케팅부	5일
생산부	4일
품질부	3일
개발부	7일

① 경영관리부   ② 마케팅부   ③ 생산부
④ 품질부   ⑤ 개발부

[28 ~ 29] 원두커피를 판매하는 K사는 신제품 출시에 따라 프로모션용으로 고객에게 제공할 머그컵을 공급받으려 한다. 이어지는 질문에 답하시오.

- 품목 : 머그컵
- 크기 : 500ml 용량
- 구매 수량 : 1,000개(세라믹, 유리, 스테인리스 재료 중 선택)
- 프로모션 행사일 : 4월 5일(행사 전날까지 납품받아야 함)

〈원재료 종류 및 단가〉

(단위 : 원)

원재료	재료비용/개	포장비용/개	제조비용/개
세라믹	200	50	3,000
유리	300	50	2,000
스테인리스	400	25	3,500

〈공급처별 현황〉

구분	A 공장	B 공장	C 공장	D 공장	E 공장
생산가능품	스테인리스	유리	세라믹	세라믹	유리
운임	10만 원	12만 원	8만 원	14만 원	15만 원
작업일수	5일	11일	7일	12일	9일

28. 위 자료를 고려할 때, K사에게 가장 낮은 가격으로 납품할 수 있는 공급처로 적절한 곳은?

① A 공장　　　　　② B 공장　　　　　③ C 공장
④ D 공장　　　　　⑤ E 공장

29. K사의 머그컵 발주일이 3월 26일일 경우, K사가 선택할 수 있는 가장 경쟁력 있는 공급처로 적절한 곳은? (단, 3월의 마지막 날은 31일이며 모든 공장은 휴무일 없이 운영한다)

① A 공장　　　　　② B 공장　　　　　③ C 공장
④ D 공장　　　　　⑤ E 공장

[30 ~ 31] 다음은 핸드폰 A ~ F의 특성을 정리한 표이다. 이어지는 질문에 답하시오.

구분	A	B	C	D	E	F
성능	좋음	좋음	보통	좋음	보통	보통
디자인	보통	보통	좋음	좋음	좋음	좋음
가격	보통	높음	낮음	보통	매우 높음	매우 높음
무게	가벼움	보통	무거움	보통	가벼움	보통
화면 크기	작음	큼	큼	작음	작음	보통

※ 성능과 디자인은 평가가 나쁠수록, 가격은 높을수록, 무게는 무거울수록, 화면 크기는 작을수록 낮은 점수를 부여한다.

※ 구매자가 원하는 특성들의 합산 점수가 높을수록 좋은 선택이다.

30. 저렴한 가격과 가벼운 무게를 중요시하는 사람에게는 어떤 핸드폰을 구매하는 것이 최상의 선택인가?

① A
② B
③ D
④ E
⑤ F

31. 디자인과 무게만 평가하는 사람이 F 핸드폰을 구매했을 때, 더 나은 조건으로 선택할 수 있는 핸드폰은?

① A
② B
③ C
④ D
⑤ E

[32 ~ 34] P는 카페의 새로운 이벤트를 기획하기 위해 프로모션 유형별 특징을 조사하였다. 이어지는 질문에 답하시오.

기준 유형	가능 기간	고객 충성도	고객 만족도	표적 소비자
쿠폰	제약 없음.	★★★★★	★★★☆☆	직장인
1+1 이벤트	한 달	★☆☆☆☆	★★★★★	주부
세트메뉴	제약 없음.	★★★☆☆	★★★★☆	학생
신메뉴 할인	제약 없음.	★★☆☆☆	★★★★☆	모든 고객
무한리필	일주일	★★★★☆	★☆☆☆☆	모든 고객

〈순위 점수 환산표〉

순위	1	2	3	4	5
점수	5	4	3	2	1

※ 5개 유형의 기준에 따른 순위를 매기고 순위에 따라 환산한 점수를 부여함.

※ 고객 충성도와 고객 만족도는 높을수록 높은 순위를 받음.

※ 표적 소비자는 1. 모든 고객 2. 직장인 3. 주부 4. 학생 순으로 높은 순위를 받음.

※ 동 순위가 있을 경우, 다음 순위는 생략함.
　㉠1순위가 둘일 경우, 2순위는 생략하고 순위를 매김.

※ 최종점수가 같을 경우, 고객 충성도가 더 높은 프로모션을 선택함.

〈경쟁사 프로모션 현황〉

경쟁사	유형	기간
A	쿠폰	기한 없이 계속
B	무한리필	8.1.부터 두 달 간
C	신메뉴 할인	7.5. ~ 7.19.
D	세트메뉴	7.10. ~ 9.9.

〈시너지 효과〉

1+1 이벤트	표적 소비자가 모든 고객으로 늘어남.
무한리필	고객 충성도 50% 하락, 표적소비자가 모든 고객으로 늘어남.
쿠폰	고객 충성도 50% 하락함.
세트메뉴	고객 만족도 50% 하락함.

※ 시너지 효과는 경쟁사와 같은 기간에 같은 프로모션을 진행할 경우 발생하며 순위를 매기기 전에 발생함.

32. 5개의 유형 중 3주 이상 진행 가능한 이벤트를 선택하려고 한다. 선택할 수 없는 유형은?

① 쿠폰   ② 1+1 이벤트   ③ 세트메뉴

④ 신메뉴 할인   ⑤ 무한리필

33. P는 가능 기간과는 상관없이 고객 충성도에 2배, 고객 만족도에 3배의 가중치를 부여해 점수를 계산하려 한다. 다음 중 최종 선택할 유형은?

① 쿠폰   ② 1+1 이벤트   ③ 세트메뉴

④ 신메뉴 할인   ⑤ 무한리필

34. P의 카페는 7월 12일부터 7월 15일까지 4일간 프로모션을 진행하려 한다. 모든 것을 고려할 때, 최종 선택할 유형은?

① 쿠폰   ② 1+1 이벤트   ③ 세트메뉴

④ 무한리필   ⑤ 쿠폰, 세트메뉴

1회 기출예상

2회 기출예상

3회 기출예상

4회 기출예상

5회 기출예상

6회 기출예상

35. 경영의 4가지 구성 요소에 포함되지 않는 것은?

① 조직의 목적과 이를 수행하기 위해 택할 과정과 방법
② 경영활동에 사용할 수 있는 금전
③ 조직의 자원을 효과적으로 운영하기 위한 전략
④ 직원의 복지향상을 위한 노력
⑤ 직무를 수행할 조직구성원

36. 다음 기업의 경영환경에 대한 구조도를 참고할 때, 경영환경과 그 요소가 바르게 연결된 것은?

① 내부 환경 – 경영자, 소비자, 공급자
② 내부 환경 – 조직문화, 종업원, 경영자
③ 외부 직접 환경 – 주주, 소비자, 금융기관
④ 외부 직접 환경 – 사익단체, 경쟁자, 국제적 환경
⑤ 외부 간접 환경 – 경제적 환경, 기술적 환경, 지역사회

37. 캐플런(R. B. Kaplan)은 다양한 문화권에 속하는 이들이 글을 쓸 때 글을 구성하는 방식이 다르다는 사실에 주목하였다. 〈보기〉에서 설명하고 있는 문화권은?

> **보기**
>
> – 이 문화권의 화자들은 변죽을 울린다. 이들은 자신이 하고 싶은 내용을 직접적으로 제시하기보다 큰 주제에 대해서 말하고 나서 점점 하고 싶은 내용으로 축소해 나간다.
> – 결국 이들이 하고 싶은 이야기는 마지막에 있기 때문에 처음부터 내용의 주제를 찾기는 어렵다.

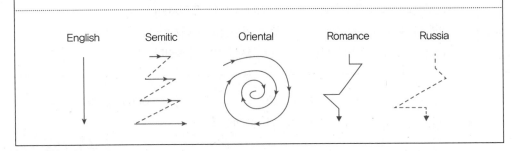

English   Semitic   Oriental   Romance   Russia

① 영어권(English)   ② 아랍어권(Semitic)   ③ 동양어권(Oriental)

④ 라틴어권(Romance)   ⑤ 러시아어권(Russia)

38. 다음 경영전략 추진과정의 각 단계별 설명으로 적절하지 않은 것은?

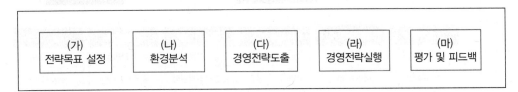

| (가) 전략목표 설정 | (나) 환경분석 | (다) 경영전략도출 | (라) 경영전략실행 | (마) 평가 및 피드백 |

① (가) : 경영전략을 통해 미래에 달성하고자 하는 비전을 규명하고 미션을 설정한다.

② (나) : 환경에 대한 SWOT 분석을 통해 우위를 점할 수 있는 강점과 기회 요인 위주로 분석한다.

③ (다) : 환경분석을 토대로 조직 전략, 사업 전략, 부문 전략을 정한다.

④ (라) : 원가우위 전략, 차별화 전략, 집중화 전략 등을 실행한다.

⑤ (마) : 실행된 경영목적 달성에 대해 평가하고 피드백을 진행한다.

1회 기출예상   2회 기출예상   3회 기출예상   4회 기출예상   5회 기출예상   6회 기출예상

39. 교역과 해외 경제 활동이 자국 내에서의 경제 활동에 비해 상대적으로 증가할 때, 한 국가의 경제가 보다 글로벌화된다고 말할 수 있다. 또한 국가 간 경제 활동이 한 두 지역에 집중되었을 때보다, 세계 여러 지역으로 확산될 때 더 글로벌화가 된다. 다음 중 경제의 글로벌화가 더 진전될 수 있는 상황을 모두 고른 것은?

> **보기**
>
> ㉠ 무역 장려 정책을 수립하여 구매력을 증대시킨다.
> ㉡ 무역 장벽의 감소로 소모적인 무역 분쟁의 소지가 줄어든다.
> ㉢ FDI(해외 직접투자)를 통한 자본과 기술 유입을 증진시킨다.
> ㉣ 이동과 수출 비용의 절감으로 교역의 가능성을 확대시킨다.
> ㉤ 다국적 기업의 증가를 통한 국가 간 경제통합을 강화한다.

① ㉠, ㉡
② ㉡, ㉢
③ ㉡, ㉢, ㉣
④ ㉠, ㉡, ㉢, ㉣
⑤ ㉠, ㉡, ㉢, ㉣, ㉤

40. 다음 조직도를 바탕으로 할 때, 밑줄 친 A 사업을 담당하는 부서로 가장 적절한 것은?

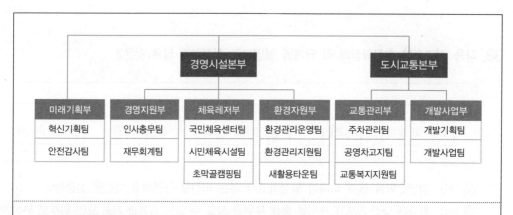

A 사업은 「자원순환도시 비전 2030」을 토대로 환경적, 사회적, 경제적 인식을 넓히고, 버려지는 자원에 디자인을 더하거나 활용방법을 바꿔 새로운 가치를 만들어 내는 업사이클링(Upcycling) 기반 산업의 생태계를 육성하고자 합니다.

① 혁신기획팀
② 개발기획팀
③ 새활용타운팀
④ 환경관리지원팀
⑤ 환경관리운영팀

[41 ~ 42] 다음은 서로 다른 조직에 있는 김 대리와 이 대리의 대화 내용이다. 이어지는 질문에 답하시오.

• 김 대리 : 우리 조직은 높은 유연성과 개성을 강조해. 그렇다보니 외부 환경이 변할 때 신축적인 대응이 가능하지. 주로 도전의식, 모험성, 창의성 같은 역량을 바탕으로 한 조직의 성장과 발전에 관심이 높아.

• 이 대리 : 우리 조직은 내부의 통합과 안정성을 매우 중요하게 생각해. 업무를 처리할 때도 규칙과 법을 무조건 준수하고 문서의 형식을 매우 중요하게 생각하지.

---

41. 다음 중 이 대리가 속해 있는 조직문화의 유형으로 적절한 것은?

① 집단문화 ② 개별문화 ③ 계층문화
④ 협력문화 ⑤ 혁신문화

42. 다음 중 김 대리가 속한 조직문화 유형의 특징으로 적절한 것은?

① 조직구성원 간의 협동과 공감을 가장 중요하게 생각한다.
② 조직구성원의 자유재량권 부여 여부가 핵심 요인이다.
③ 조직구성원 간의 업무성과에 관한 상호경쟁적인 성향을 보인다.
④ 계층화된 조직구조를 가진다.
⑤ 질서의 가치를 강조하고 권위 체계를 중요하게 생각한다.

43. 다음 중 데이터베이스의 필요성으로 적절한 것은?

① 데이터를 여러 곳에서 보관할 수 있다.

② 결함이 없는 데이터를 유지하는 것이 훨씬 쉽다.

③ 프로그램의 개발기간이 길어질 수 있다.

④ 모든 사원이 데이터에 대한 읽기와 쓰기 권한을 가질 수 있다.

⑤ 데이터 유지비용이 증가하게 된다.

44. 다음의 빈칸에 공통으로 들어갈 말로 적절한 것은?

> 인포메이션은 하나하나의 개별적인 정보를 의미한다. 반면 (   )은/는 무수히 많은 인포메이션 가운데 몇 가지를 선별해 그것을 연결시켜 판단하기 쉽게 도와주는 하나의 정보 덩어리이다. 단순 인포메이션이 아닌 직접적인 도움을 줄 수 있는 (   )을/를 수집해야 한다.

① 정보원   ② 카테고리   ③ 1차 자료

④ 2차 자료   ⑤ 인텔리전스

45. 다음 중 워드프로세서와 구분되는 텍스트에디터의 올바른 특성을 모두 고른 것은?

> ㄱ. 문서 자체에 직접 암호화할 수 있다.
> ㄴ. 글자들만 단순히 입력할 수 있다.
> ㄷ. 대부분 이진파일로 문서가 저장된다.
> ㄹ. 불특정 다수에게 배포할 파일로 유리하다.

① ㄱ, ㄴ   ② ㄱ, ㄹ   ③ ㄴ, ㄷ

④ ㄴ, ㄹ   ⑤ ㄷ, ㄹ

46. 보통 정보를 기획할 때는 5W2H 원칙(What, Where, When, Why, Who, How, How Much)을 따른다. 다음 중 정보원을 파악하는 단계로 적절한 것은?

① Who ② Why ③ What
④ How much ⑤ Where

47. 다음 프로그램의 주된 용도를 올바르게 설명한 것은?

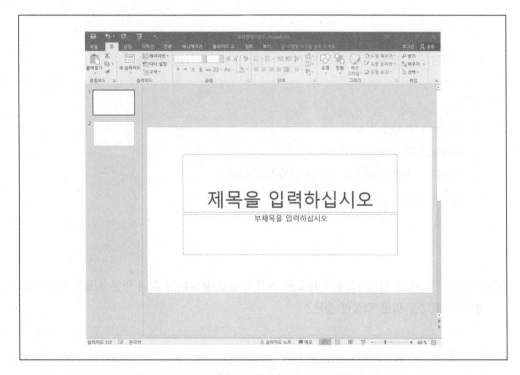

① 보고, 회의, 상담, 교육 등에서 정보를 전달하는 데 널리 활용된다.
② 경리, 회계 등을 할 때 쓰기에 가장 적합하다.
③ 우리가 보는 책, 신문, 잡지, 보고서 등과 같은 여러 형태의 문서를 제작하는 용도이다.
④ 새로운 그림을 그리거나 그림 또는 사진 파일을 불러와 편집하는 용도이다.
⑤ 대량의 자료 관리와 내용 구조화를 통한 검색 작업에 가장 적합하다.

1회 기출예상
2회 기출예상
3회 기출예상
4회 기출예상
5회 기출예상
6회 기출예상

48. 인터넷을 이용한 정보검색 시 검색방식의 유형에는 대표적으로 4가지가 있다. 다음 중 4가지 유형에 해당되지 않는 것은?

① 키워드 검색방식　② 통합형 검색방식　③ 단일형 검색방식
④ 자연어 검색방식　⑤ 주제별 검색방식

49. 다음 〈산업재해 예방대책〉 중 빈칸에 해당하는 단계의 내용으로 적절하지 않은 것은?

〈산업재해 예방대책〉
안전 관리 조직 → 사실의 발견 → 원인 분석 → 기술 공고화 → (　　　　　)

① 안전 감독 실시
② 컨테이너 조작법 교육
③ 컨테이너 문 개폐방법 개선
④ 컨테이너 내부 적재물의 무너짐 방지조치 실시
⑤ 컨테이너 장비 결함 개선

50. 다음은 ○○공단 환경사업부가 새로운 환경 기술을 홍보하기 위해 만든 자료집의 머리말이다. 빈칸에 들어갈 말로 적절한 것은?

저희 ○○공단은 이용 가능한 자원과 에너지를 고려하고, 자원이 사용되고 그것이 재생산되는 비율의 조화를 추구하기 위해 고갈되지 않는 자연 에너지를 활용하여 낭비적인 소비 행태를 지양하고 기술적 효용만이 아닌 환경적 효용을 동시에 추구하는 (　　　　)을 활용하여 새로운 환경 기술을 선보이고자 합니다.

① 지속 가능한 기술　② 제조 중심적 기술　③ 자율 선도적 기술
④ 인간 중심적 기술　⑤ 환경 중심적 기술

51. 다음은 ○○공사 신입직원 박서준 씨가 직무상황에 대해 선배와 나눈 대화이다. 빈칸 ㉠에 들어갈 내용으로 적절한 것은?

박서준 사원 : 선배님, 이번에 B 부서로 발령을 받고 업무 전반에 대한 이해가 부족하여 걱정이 됩니다. 특히 우리 부서에서 철도차량과 관련하여 기술 전반에 대해 공통적으로 알아야 할 기술의 원리와 절차가 어떤 것이 있나요?

선배 사원 : 모든 기술의 원리와 절차를 이해하는 것은 힘든 일이죠. 그래서 현대 기술의 특성으로 개별 기술이 네트워크로 결합해서 만들고 있는 독특한 특성인 (㉠)을/를 이해할 필요가 있어요. 이것은 인공물의 집합체만 아니라 회사, 투자 회사, 법적 제도, 정치, 과학, 자연과학을 모두 포함하는 개념이죠. 그래서 기술적인 것과 사회적인 것이 결합해서 공존하는 개념이에요.

① 기술 절차 ② 기술 교양 ③ 기술 원리
④ 기술 차별성 ⑤ 기술 시스템

52. 다음은 ○○공사에서 PDCA 업무 사이클을 이용하여 계획한 안전관리체계의 일부이다. (가) 단계에서 할 일로 가장 적절한 것은?

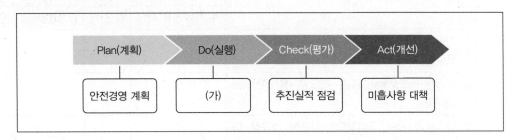

① 안전모니터링 ② 안전교육 평가 ③ 분야별 안전사업 추진
④ 안전교육 시행계획 ⑤ 지적사항 개선 조치

1회 기출예상
2회 기출예상
3회 기출예상
4회 기출예상
5회 기출예상
6회 기출예상

53. 다음은 벤치마킹의 종류 중 경쟁적 벤치마킹과 전략적 벤치마킹을 설명한 것이다. 밑줄 친 내용 중 적절하지 않은 것은?

종류	정의	장점	단점
경쟁적 벤치마킹	동일 업종에서 고객을 직접적으로 공유하는 경쟁기업을 대상으로 한 벤치마킹	• ① 정보수집의 지속성 • ② 업무 및 기술에 대한 비교 가능	• ④ 자료수집의 곤란성 • 윤리적인 문제 우려
전략적 벤치마킹	최우수 사례의 회사가 성공한 장기적 전략과 방법을 조사함으로써 회사의 전체성과를 향상하는 것을 목표로 하는 벤치마킹	• ③ 신기술 및 신제품을 위한 역량 개발	• ⑤ 적대적 태도의 우려 • 장기경영 계획 수립 시 실행 여부가 불투명

54. 다음은 □□기업 사원들의 기술에 대한 인식을 조사한 결과이다. 사원 A ~ E 중 '기술'에 대한 인식이 가장 우수한 사원은?

〈기술에 대한 인식 조사 체크리스트〉					
※ 다음 항목 중 옳다고 생각하는 내용에 √표 하시오.					
항목	사원별 평가 결과				
	A 사원	B 사원	C 사원	D 사원	E 사원
㉠ 기술은 Know-Why에 대한 이론 정립을 목적으로 한다.	✓		✓		
㉡ 기술은 소프트웨어보다는 하드웨어를 생산하는 과정이다.		✓	✓	✓	
㉢ 기술은 추상적인 이론보다는 실용성, 효용성, 디자인을 강조한다.	✓			✓	✓
㉣ 기술은 보편적인 진리나 법칙을 발견하기 위한 체계적인 지식이다.		✓	✓		✓
㉤ 기술은 파악된 문제와 해결책을 개발하고 평가할 수 있어야 한다.	✓	✓		✓	

① A 사원
② B 사원
③ C 사원
④ D 사원
⑤ E 사원

55. 다음은 기술혁신과 관련된 내용이다. ㉠ ~ ㉤에 대한 설명으로 옳지 않은 것은?

> 혁신은 목적(Why), 범위 또는 대상(What), 방법(How) 등에 따라 여러 가지로 구분할 수 있다. 오슬로 매뉴얼은 기업혁신을 제품혁신, 공정혁신, 조직혁신, ㉠마케팅혁신 등 4가지로 분류하고 있다. 이 4가지 분류는 ㉡기술혁신(Technology Innovation)과 비기술(Non-tech) 혁신으로 분류된다. ㉢제품혁신은 품질이나 생산성 향상을 위해 기존 방식보다 개선된 서비스를 생산-제공하는 활동이다.
>
> (중략)
>
> ㉣제품혁신이 'How to do?'의 문제라면, 공정혁신은 'What to do?'의 문제인 셈이다.
> ㉤ 기술혁신의 동력인 기술은 내부에서 개발하거나(   ) 외부 즉, 국내/외 산학인과 협력해서 개발하고, 이미 개발되어 있는 것을 기술료를 지불하고 구매-사용하거나, 필요한 기술을 보유한 업체와 전략적 제휴/협력, 인수/합병(M&A, A&D), 공동개발 등을 통해 확보한다.

① ㉠은 매출액이나 시장점유율을 높이기 위해 제품의 속성, 디자인/패키징, 가격, 유통채널, 판촉 (방식) 등을 개선하는 활동이다.

② ㉡에는 제품혁신과 공정혁신이 포함된다.

③ ㉢은 잘못된 설명이다.

④ ㉣은 옳은 설명이다.

⑤ ㉤의 빈칸에 들어갈 적절한 말은 '폐쇄적 R&D'이다.

56. 다음 사례의 폭발사고 원인으로 가장 적절한 것은?

> 지난 1월 ○○시에 위치한 A 공장 폭발사고로 하청업체 직원 6명이 숨지고 경비원 1명이 다치는 대형 참사가 발생했다. 경찰과 노동계에 따르면 A 공장 폭발사고는 폐수처리장 시설 확충을 위해 가로 17미터, 세로 10미터, 높이 5미터, 총 700세제곱미터 규모의 폐수 저장조 상부에 설치된 펌프 용량을 늘리기 위해 배관을 설치하는 용접 작업 중 발생했다. 용접불티가 저장조 내부에서 새어 나온 메탄가스로 추정되는 잔류가스와 만나 폭발이 발생했을 가능성이 유력하게 지목되고 있다.
>
> 사고의 원인으로 추정되는 물질인 메탄가스는 무색·무취의 극인화성가스이자 고압가스다. 주로 부유물·폐수 등에서 자연발생하는 화학물질인데, 열이나 스파크·화염에 쉽게 점화된다. 폭발이나 화재 시 자극성·부식성·독성 가스가 발생하고 흡입할 경우 구토·호흡곤란·두통·질식·경련·의식불명·혼수상태에 빠질 수 있는 위험물질이다.
>
> 이 사고는 많은 점에서 몇 년 전 발생한 B 공장의 폴리에틸렌 저장조 보강판 보수 용접과정에서 발생한 폭발사고를 떠올리게 한다. 당시 저장조 내부 폴리에틸렌 잔류가스를 없애는 퍼지작업(가스 청소) 등 필요한 안전조치를 소홀히 하면서 용접불티가 잔류가스에 착화돼 폭발했다. 폴리에틸렌은 유독물질은 아니지만 인화물질을 함유하고 있다. 작업에 투입되는 노동자들은 취급 전 안전교육을 받아야 하지만 작업에 투입된 하청업체 노동자들은 작업과 관련한 안내·교육을 받지 못했다. 피해자들이 하청업체 노동자인 것도 똑같다. B 공장 폭발사고로 하청업체 노동자 6명이 목숨을 잃었다. A 공장에서도 하청업체 노동자 6명이 사망했다.

① 불안전한 행동   ② 교육의 부재   ③ 기술적 원인

④ 불안전한 상태   ⑤ 작업 관리상 원인

1회 기출예상

2회 기출예상

3회 기출예상

4회 기출예상

5회 기출예상

6회 기출예상

57. ○○공사 교육부 K 대리는 L 팀장으로부터 다음과 같이 업무 지시를 받았다. K 대리가 선택해야 할 교육 방법은?

> L 팀장 : 환경사업부를 대상으로 새로운 정비 기술을 교육하려 합니다. 다들 근무시간이 상이하기 때문에 원하는 시간과 장소에서 학습이 가능해야 하고 학습자가 스스로 내용과 진도를 통제할 수 있어야 합니다. 그리고 추가로 개발되는 기술이 신속하게 반영될 수 있도록 조치해 주세요.

① OJT를 활용한 기술교육
② E-Learning을 활용한 기술교육
③ 상급학교 진학을 통한 기술교육
④ 전문 연수원을 통한 기술과정 연수
⑤ 프로젝트 활동을 통한 기술교육

58. 페로우(C. Perrow)는 기술의 유형을 조직구조 설계와 연관 지어 구분하였다. 다음 (가) ~ (라)에 들어갈 말이 적절하게 나열된 것은? (단, 빈칸은 고려하지 않는다)

구분	일상적 기술	비일상적 기술	장인 기술	공학적 기술
공식화	(가)			
집권화		(나)		
감독범위			(다)	
조정과 통제				(라)

	(가)	(나)	(다)	(라)
①	높음	높음	넓음	회의, 가치관
②	높음	낮음	중간	보고서, 모임
③	낮음	높음	중간	훈련, 모임
④	낮음	중간	넓음	규칙, 예산
⑤	낮음	높음	좁음	보고서, 모임

59. ○○기업은 직원들의 복지 향상을 위해 마사지건을 구입하였다. 구입 일주일 후 경영지원팀 김 사원이 마사지건을 사용하려는데 마사지건이 작동하지 않았다. 다음 사용설명서를 읽고 원인을 파악하려고 할 때, 김 사원이 확인해야 할 사항이 아닌 것은?

[안전 지침] 감전, 화재 및 부상의 위험과 기기의 고장을 줄이기 위해 다음 지침에 따라 본 기기를 사용하여 주십시오.
• 건조하거나 깨끗한 신체 부위, 옷 표면 위로만 사용하시고, 가볍게 압력을 가하여 사용하시되 각 신체 부위당 약 60초 동안 사용하십시오.
• 강도 단계 혹은 가하는 압력과 관계없이 타박상이 발생할 수 있습니다. 통증이 발생할 경우 즉시 사용을 중단하십시오.
• 기기 통풍구에 먼지나 이물질이 끼거나 들어가지 않도록 주의하여 주십시오.
• 기기를 물에 담그거나 통풍구에 물 또는 액체가 들어가지 않도록 하십시오.
• 패키지에 포함된 전용 어댑터를 사용하여 주십시오.
• 기기 사용 전, 기기의 배터리에 이상이 없는지 확인하여 주십시오.
• 자체적으로 기기를 해체하거나 수리하지 마십시오.

[A/S 및 A/S 보내기 전 확인 사항]
• A/S 시 왕복 배송비는 고객 부담입니다.
• 무상 A/S 기간은 1년입니다(단, 고객 과실의 경우 비용이 청구될 수 있습니다).
• 반드시 구성품 모두를 함께 보내 주셔야 합니다.
• 마사지건이 충전되지 않는 경우 어댑터의 자사 정품 여부를 확인해 주십시오.
• 하단 on/off 버튼을 켜고, 상단의 작동버튼을 눌렀는지 확인해 주십시오.
• 충전기가 꽂혀 있으면 작동하지 않습니다. 충전기를 빼고 작동시켰는지 확인해 주십시오.
• 제품이 빨리 방전되는 경우, 하단의 on/off 버튼을 off인 상태로 보관하였는지 확인해 주십시오.

① 충전기가 꽂혀 있는지 확인한다.
② 기기에 물이 들어갔는지 확인한다.
③ 정품 어댑터로 충전하였는지 확인한다.
④ 마사지건의 구성품이 모두 있는지 확인한다.
⑤ 하단의 on/off 버튼을 확인한다.

60. 다음은 ○○공사 홈페이지 내 시민의 소리 게시판에 등록된 글이다. 이를 토대로 할 때 담당자가 준비할 수 있는 것은?

제목	휠체어 리프트 사용에 관해		
작성자	김새벽		
작성일	202X.04.05.	조회	102
처리단계		접수부서	고객상담 부서

○○공사에서 장애인 휠체어 리프트 작동에 대해 관심을 가져 주시기 부탁드립니다. 리프트 사용이 필요할 때 도우미 분들이 계시지 않더라도 사용자가 직접 해당 장비를 사용할 수 있도록 리프트의 기능 설명, 사용방법, 간단한 고장 조치 방법 등에 대해 정보를 제공해 주셨으면 합니다. 특히 제품의 의도된 안전한 사용과 사용 중에 해야 할 일 또는 하지 말아야 할 일까지 구체적으로 안내해 주시길 바랍니다.

① 양해각서

② 작업지시서

③ 체크리스트

④ 매뉴얼

⑤ 직무명세서

1회 기출예상 2회 기출예상 3회 기출예상 4회 기출예상 5회 기출예상 6회 기출예상

유형별 출제비중

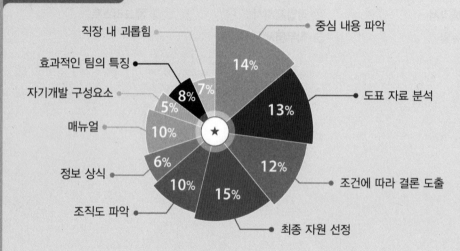

직장 내 괴롭힘 7%
효과적인 팀의 특징 8%
자기개발 구성요소 5%
매뉴얼 10%
정보 상식 6%
조직도 파악 10%
최종 자원 선정 15%
조건에 따라 결론 도출 12%
도표 자료 분석 13%
중심 내용 파악 14%

출제분석

피듈형 의사소통능력에서는 보고서, 공문서, 기사 등의 글의 내용과 소재를 바르게 이해하는 문제와 중심내용을 파악하는 문제가 출제되었다. 수리능력에서는 도표 자료를 분석하고 도표를 작성하는 문제가 출제되었다. 문제해결능력에서는 조건에 따라 추론하는 문제와 공고문, 규정 등의 자료를 분석하여 결론을 도출하는 문제처리 문제가 주로 출제되었다. 자원관리능력에서는 동선 및 비용 계산과 장소 또는 협력사 선정 등의 문제가 출제되었다. 조직이해능력에서는 사내 규정, 조직도와 결재 절차를 이해하는 문제가 출제되었다. 정보능력에서는 정보 관리, 명령어, 컴퓨터 바이러스 등의 기본 상식에 관한 문제가 출제되었다. 기술능력에서는 주로 매뉴얼에 따라 적절한 행동을 선택하는 문제가 출제되었다. 자기개발능력에서는 자기개발 계획과 자기성찰의 개념, 대인관계능력에서는 갈등해결방법, 효과적인 팀의 특징, 내적 동기부여 등의 개념 이해에 관한 문제가 주로 출제되었다. 마지막으로 직업윤리에서는 직장 내 괴롭힘 금지 규정, 성실함 등의 개념 이해에 관한 문제가 출제되었다.

회

고시넷 NCS 피듈형

통합 오픈봉투 모의고사

영역	문항 수	시험시간	비고
의사소통능력 수리능력 문제해결능력 자원관리능력 조직이해능력 정보능력 기술능력 자기개발능력 대인관계능력 직업윤리	80문항	100분	서울교통공사 등의 필기시험 유형을 기반으로 구성하였습니다.

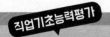
01. 다음 글의 주제로 적절한 것은?

> 신(神)은 신성하거나 성스러운 것으로 간주되는 자연적 혹은 초자연적 존재로, 모르는 것이 없고 못하는 일이 없으며 어떠한 일이라도 다 해내는 절대자의 지혜와 능력을 가진 전지전능한 존재로 정의된다. 철학자들은 신이 존재하는가에 대해 다양한 신 존재 증명 이론을 내세웠다. 신의 존재에 대한 다양한 증명 이론 중 목적론적 신 존재 증명은 존재론적 증명, 우주론적 증명과 함께 신의 존재를 증명하기 위한 고전적 3대 증명으로 손꼽힌다.
>
> 목적론적 신 존재 증명에서 이 세계는 정연한 목적론적 질서를 드러내고 있고, 그것은 전지전능한 신에 의해 만들어진 것이라는 추론형식을 취한다. 목적론적인 질서에는 복잡한 유기체의 구조나 본능적 행동의 합목적성에서부터 우주의 정연한 질서가 상정되어 있으며, 목적론적 신 존재 증명은 이 세계가 매우 탁월한 질서를 가지고 있다고 전제한다. 이 세계를 설계하고 유기체를 창조한 고도의 이성적 능력을 가진 원인으로서의 신이 존재해야 한다고 추론하는 것이다. 따라서 목적론적 신 존재 증명은 결과인 자연현상으로부터 그 원인인 신을 추론하는 증명이다.

① 신의 존재를 증명하는 고전적 3대 이론의 비교
② 목적론적 신 존재 증명이론의 개념
③ 고전 철학자들의 진화이론과 우주의 이해
④ 삼단추론논법을 활용한 신 존재 이론에 대한 이해
⑤ 철학적인 자연현상의 이해

02. 다음은 로봇 개발 연구소 연구원들이 나눈 대화이다. 빈칸에 들어갈 문장으로 알맞은 것은?

> 인공지능(AI)은 1956년에 처음 등장한 단어로, 기계가 경험을 통해 학습하고 새로운 입력 내용에 따라 기존 지식을 조합하여 사람과 같은 방식으로 과제를 수행할 수 있도록 하는 것을 의미한다. 체스를 두는 컴퓨터에서부터 직접 운전을 하는 자동차 등 많은 분야와 관련이 있으며, 대량의 데이터를 처리하고 데이터에서 패턴을 인식함으로써 특정한 과제를 수행하도록 컴퓨터를 훈련시킬 수 있다.
>
> 표 사원 : 인공지능이 발전을 거듭할수록 일자리에 미칠 영향력에 대한 대중의 우려가 커지고 있어.
> 정 사원 : 그럴 만해. 우리나라 전체 일자리의 43%가 인공지능으로 대체될 가능성이 높은 고위험군이라 하더라고.
> 강 사원 : 하지만 요즘은 인구 감소의 문제와 맞물리면서 노동의 부족에 대한 걱정이 이만저만이 아니어서 인공지능 기술이 생산성 향상에 필연적이라는 의견도 만만치 않아.
> 유 사원 : (   )

① 또한 인공지능의 발전이 오히려 새로운 일자리를 창출하는 경우도 많이 있다고 해.

② 맞아. 실제로 이러한 인구 감소 문제를 안고 있는 국가들은 인구 증대 방안이 매우 시급한 실정이야.

③ 실제로 과거엔 사무직, 생산직처럼 단순 반복적 직무만 로봇이 대체할 것이라 예상했지만, 지금은 전문직도 안전하지 않다는 인식이 점차 많아지고 있어.

④ 그래서 요즘에는 AI로봇 전문가, 생명정보 분석가, 의료정보 분석가, 닥터 셰프 등과 같은 인공지능이 대체하기 어려운 직업들이 향후 유망 직업으로 꼽히고 있어.

⑤ 그럼에도 인간 생활의 편리성 향상과 과학의 발전을 위해 인공지능 발전을 더욱 지원해야 해.

03. 다음 글을 읽고 직원들이 나눈 대화의 중심 소재로 적절한 것은?

속독은 책의 내용을 이해하면서도 빨리 읽는 법 또는 그러한 기능을 익히는 법으로, 급속도로 발달하고 변천하는 현대사회에서 빠르면서도 효율적으로 지식과 정보를 얻기 위해 개발되었다. 현대적인 개념으로는 보통 1분에 글자 2,100자 이상을 읽고, 그 내용을 정확히 이해·기억하는 정도로 해석된다. 세계 각국에서는 오래 전부터 이 속독법에 관한 연구가 진행되었는데, 한국에서도 1960년대부터 본격적인 연구가 시작되어 1970년부터 성행하기 시작하였다. 이러한 현대적 속독법 이전에도 개인적으로 속독법을 익혀 사용한 사람들은 많이 있었으나, 그 근거가 남아 있지 않아 널리 보급되지는 못하였다.

한국에서는 이이(李珥)가 성혼(成渾)과 나눈 대화 중 성혼이 "나는 책을 읽을 때 한꺼번에 7 ~ 8줄밖에 못 읽는다."라고 하자, 이이는 "나도 한꺼번에 10줄밖에 못 읽는다."라고 대답하였다는 일화를 비롯해, 1604년 고승 유정(惟政)이 일본에 사신으로 갔을 때 가마를 타고 성까지 가면서 길 양쪽에 펴 놓은 금 병풍에 쓰인 시를 다 읽고 그대로 이야기를 하여 일본사람들을 놀라게 했다는 이야기 등 속독에 관한 여러 일화가 전해진다.

외국의 속독가로는 미국의 케네디, 독일의 히틀러, 프랑스의 나폴레옹 1세 등이 유명하다. 그러나 현대적인 의미의 속독법은 1878년 프랑스의 안과의사 에밀제블이 아이 카메라(eye camera)를 발명하여 안구의 움직임을 촬영하면서부터 본격적인 연구가 이루어지기 시작하였다는 것이 정설이다. 그 후 미국에서 비행기 조종사 훈련에 계기 빨리 보기와 목표물 빨리 찾기 훈련 등을 포함시키는 과정에서 속독의 원리를 알아내 심리학·의학·교육학 분야 등의 지원을 얻어 독립 이론으로 정립시켰으나 실용화되지는 못하였다.

갑 : 그 이후 미국의 여성 교육자 우드가 1950년대에 체계적인 속독법을 개발했어.

을 : 실질적인 의미에서 그녀가 만든 방법을 현대적인 속독법의 효시라고 할 수 있겠군?

병 : 우드의 속독법은 두 눈을 지그재그로 움직여 책을 빨리 읽는 방법인데 이 기술을 익히면 1분에 5,000 ~ 6,000개의 단어를 읽고 이해할 수 있대.

정 : 그 뒤로 미국 각지에 속독 교육센터가 생기면서 속독법이 널리 확산되기 시작하였다고 하더라.

① 속독법의 원리   ② 속독 교육의 필요성

③ 속독법의 변천 과정   ④ 속독법의 이점

⑤ 현대적 속독법의 시작

04. 다음의 신문 기사를 읽고 올바르게 이해한 사람은?

정부, 육아휴직 제도 전격 도입

김○○ 기자 / 일력 2021. 05. 04. / 4면 / 댓글 14

정부는 2021년 6월부터 공기업과 사기업을 포함한 모든 사업장에 육아휴직 제도를 도입한다고 밝혔다. 육아휴직은 사업장의 소속 근로자가 만 8세 이하 또는 초등학교 2학년 이하의 자녀(입양 자녀 포함)를 양육하기 위하여 휴직을 신청하는 경우에 사업주는 이를 허용해야 하는 제도이다.

「남녀고용평등과 일·가정 양립 지원에 관한 법률」 제19조 제1항에 의거하여 추진되는 육아휴직 제도는 육아휴직을 시작하려는 날의 전날까지 해당 사업장에서 계속 근로한 기간이 6개월 이상인 근로자가 활용할 수 있는 제도이다. 육아휴직을 신청할 수 있는 근로자는 여성만을 요하지 않고 그 영아의 생부모만을 요하지 않는다. 육아휴직의 기간은 1년 이내로 하며, 사업주는 육아휴직을 이유로 해고나 그 밖의 불리한 처우를 해서는 안 된다. 그리고 사업을 계속할 수 없는 경우를 제외하고는 육아휴직 기간에 그 근로자를 해고하지 못한다.

또한 육아휴직을 마친 후에는 육아휴직 전과 동일한 업무 또는 같은 수준의 임금을 지급하는 직무에 복귀시켜야 하며, 육아휴직 기간은 근속기간에 포함되어야 한다. 마찬가지로 기간제 근로자 또는 파견근로자의 육아휴직 기간은 사용기간 및 파견 기간에 산입되지 않는다.

---

① 갑 과장 : 나는 2021년 1월에 입사했고 3개월 육아휴직을 사용하려고 하는데, 추후 이직 등을 고려할 때 3개월의 근속 단절은 크게 영향을 미칠 것 같지 않아서 다행이야.

② 을 차장 : 정부는 다양한 육아 정책을 펼치고 있지만 사실 그동안에는 크게 효과가 없다고 느끼는 정책들도 많았는데, 이번 육아휴직은 아빠와 남편으로서 제대로 역할을 할 수 있게 해 주겠지?

③ 병 주임 : 저희 남편의 회사 상황이 녹록치 않아서 제가 6월부터 육아휴직을 해서 아이를 돌봐야 할 것 같은데, 제 파견종료일이 올해 7월까지라서 육아휴직 시작과 동시에 퇴사를 준비해야 하니까 겸사겸사 이직 준비도 하고 좋은 것 같아요.

④ 정 대리 : 육아휴직 후에는 소속 팀과 담당 업무가 변할 가능성이 커서 고민인데 달리 생각해 보면 다양한 경험을 쌓고 역량을 향상시킬 수 있는 기회로 활용할 수가 있어요.

⑤ 무 사원 : 곧 아이를 낳을 예정이라 육아휴직을 신청해야 하는데 휴직 가능 기간이 1년 3개월로 연장되어 육아에 더 전념할 수 있어 좋은 것 같아요.

[05 ~ 06] 다음 글을 읽고 이어지는 질문에 답하시오.

특정 상품에 대한 어떤 사람의 수요가 다른 사람들의 수요에 의해 영향을 받는 것을 네트워크효과(Network Effect)라고 말한다. 이러한 네트워크효과에는 유행효과와 속물효과가 있다.

어느 한 상품이 유행하게 되면 다른 사람들도 그 상품을 구입하려는 양상이 나타날 수 있다. 이렇게 소비를 결정하는 과정에서 다른 사람들이 물건을 사는 것에 영향을 받아 그 물건을 구입하게 되는 것을 유행효과라고 한다. 예를 들어 유행효과가 전혀 존재하지 않는 상황에서는 A 게임기의 가격이 20만 원일 때 5천 대, 15만 원일 때 6천 대로 수요량이 변한다고 한다. 그런데 유행효과가 존재하는 경우, 20만 원이었던 A 게임기의 가격이 15만 원으로 하락했을 때 게임기의 수요량이 6천 대가 아닌 8천 대로 늘어난다고 하자. 이는 가격이 떨어짐에 따라 게임기를 사려는 사람이 늘어나게 되고, 이들의 소비가 다른 사람들의 소비에 영향을 미쳐 새로운 소비가 창출하게 되어, 수요량의 증가폭이 더욱 커지게 된 것이다. 이러한 유행효과는 유행에 민감한 소비자들이나 연예인을 동경하는 소비자들에게 더욱 두드러지게 나타난다.

(   ) 어떤 상품을 소비할 때 소수만이 소유하기를 바라는 심리가 깔려 있는 경우, 그 상품을 구입하는 사람들이 많아지면 그 상품을 구입하지 않으려는 사람들도 생기게 된다. 이렇게 소비를 결정하는 과정에서 다른 사람들이 물건을 사는 것에 영향을 받아 그 물건을 구입하지 않게 되는 것을 속물효과라 한다. 예를 들어 속물효과가 존재하지 않는 상황에서는 B 손목시계 가격이 3백만 원에서 1백만 원으로 하락했을 때 수요량이 1천 개 더 늘어난다고 한다. 그런데 속물효과가 존재하는 경우, B 손목시계의 가격이 1백만 원으로 하락했을 때 수요량의 증가폭이 5백 개에 그쳤다고 하자. 이는 가격 하락으로 인해 수요량이 증가하게 되어 남들과 차별화하고자 하는 심리가 충족되지 못해 그 상품을 사지 않겠다는 사람이 생겨나므로, 결과적으로 수요량의 증가폭이 감소하게 된 것이다. 이러한 속물효과는 상품의 희소성이 약화될 때 나타나기 때문에, 판매자들은 높은 희소성을 유지하기 위해 가격 할인이나 적극적인 판촉 활동을 자제하게 된다.

일반적으로 소비자들이 다른 소비자들과 독립적으로 소비를 결정한다고 생각하지만, 실제로는 위의 두 경우와 같이 여러 사람의 수요가 상호의존적으로 영향을 주고받기도 한다.

05. 다음 중 윗글을 이해한 내용으로 적절하지 않은 것은?

① 속물효과는 주로 사용하는 저가의 생활필수품에 나타난다고 볼 수 있다.

② 속물효과가 있는 상품은 가격할인이 이루어지지 않는 것이 회사에 도움이 될 수 있다.

③ 상품의 네트워크효과를 고려하여 상품의 판매 전략을 수립하는 것이 기업에 유리할 수 있다.

④ 유행효과와 속물효과를 통해 특정 소비자의 소비가 다른 소비자의 소비와 서로 영향을 주고받는다는 것을 알 수 있다.

⑤ 유행효과가 있는 상품은 적절한 시기에 가격할인이 이루어지는 것이 회사에 도움이 될 수 있다.

06. 다음 중 빈칸에 들어갈 단어로 가장 적절한 것은?

① 또한   ② 한 가지 덧붙이자면   ③ 이와는 달리

④ 그리고   ⑤ 그래서

1회 기출예상
2회 기출예상
3회 기출예상
4회 기출예상
5회 기출예상
6회 기출예상

[07 ~ 08] 다음 새로운 산업트렌드 관련 특강에 대한 글을 읽고 이어지는 질문에 답하시오.

초개인화 기술이 실현되기 위해서는 일반적으로 세 가지 단계를 거쳐야 한다. 1) 고객 접점에서 발생하는 모든 상황을 분석 가능한 형태로 데이터화하고 2) 해당 데이터를 AI의 알고리즘을 통해 분석하며 3) 다양한 미디어를 통해 서로 커뮤니케이션하는 것이다.

(가) 축적된 데이터와 이를 분석한 AI가 있다 해도 고객과 소통할 수 있는 수단이 없다면 기술적 활용이 제한될 수밖에 없다. 소비자와의 원활한 소통이 가능해야 기술이 제 몫을 다할 수 있다. 과거에 가장 많이 사용되었던 커뮤니케이션 방식은 우편이었다. 기술의 발달과 함께 우편에서 전화, 문자, 이메일, 이제는 다양한 SNS로까지 이어지고 있다. 예전엔 기업이 일방적으로 정보를 제공하고 회원들의 특정 정보만을 수집했다면, 이제는 미디어의 발달로 댓글부터 소비자의 직접적인 정보 생성까지 가능해지면서 기업과 소비자의 쌍방향적 소통이 수월해졌다. 불특정 일반 대중에서 세분화된 소비자 중심으로 타깃 전략이 진화하며 더욱 효율적인 커뮤니케이션이 이뤄지고 있다.

(나) 개인화 작업은 AI와 실시간 데이터 활용을 통해 고객 구매 설계 프로세스를 끊임없이 변화시킬 수 있다. 이러한 단순한 개인화에서부터 소비자의 라이프사이클―시간―날씨 · 요일 등 외부적 변수와 구매 맥락까지 고려한다면 더 정확하게 소비자의 마음을 읽을 수 있다. 다가올 미래 모습과 기술 동향을 읽어내고 초개인화를 실현시키기 위해 AI · 사물인터넷 · 5G · 가상현실 · 증강현실의 이해는 필수적이다. 더 많은 데이터, 즉 관련성 높은 콘텐츠와 제품 및 서비스 정보를 추가로 확보하고 발전된 알고리즘으로 적절히 분석한 후 각 사용자에게 제공하면 소비자와 기업 간의 상호작용을 한 단계 더 발전시킬 수 있다. 이러한 초개인화 기술을 활용한 소비자의 구매 여정 설계가 가능하려면 소비자 개인을 꼼꼼히 들여다보는 수준이 아닌 마음을 털어놓고 공감을 쌓는 수준까지 나아가야 한다.

(다) 공상과학소설 같았던 기술이 실현될 수 있는 바탕에는 센서를 통해 다양한 곳에서 무궁구진하게 쏟아지는 '데이터'가 있다. GPS · 와이파이 · 모션센서 · SMS · 캘린더 등 다양한 데이터를 수집해 사용자의 생활 패턴을 인식하고 필요한 정보를 추천할 수 있게 된 것이다. 소비자의 단순한 행동 예측뿐만 아니라 그 안에 숨어 있는 패턴을 찾아 소비자의 진정한 의도를 파악하기 위해서는 다양한 데이터가 필요하다. 위치 데이터, 구매 내역, 인구통계, 사물인터넷 기기 수집 데이터, 스마트워치 데이터, 모바일 기기 데이터 등 모든 데이터는 분석의 기본단위가 된다. 더불어 후기 리뷰와 소셜미디어의 사용자 생성 데이터도 중요한 요소다. 각 터치 포인트에서 고객 여정 전반에 걸쳐 수집된 데이터는 기업과 소비자의 모든 상호작용을 알려 주고 기업이 개인화에 익숙해진 소비자의 기대치를 충족시키는 데 도움을 준다.

07. 윗글을 비판적 읽기의 관점에서 이해한 내용으로 적절한 것을 모두 고르면?

> ㄱ. 1인 미디어 시대가 도래하였다.
>
> ㄴ. 다양한 알고리즘이 개발되어 기술에 대한 낮아진 진입장벽으로 소비자와 직접 소통이 가능해졌다.
>
> ㄷ. 다양한 미디어와 플랫폼을 통해 소비자와의 접점이 많아지고 있다.
>
> ㄹ. 대량생산 방식에서 다품종 소량생산 방식을 거쳐 이제는 개인의 모든 니즈에 맞춘 생산 시스템으로 전환이 필요해진 시점이다.

① ㄱ, ㄴ   ② ㄱ, ㄹ   ③ ㄴ, ㄷ

④ ㄴ, ㄹ   ⑤ ㄷ, ㄹ

08. (가) ~ (다) 문단을 글에 맞게 단계별로 재구성할 때 순서대로 연결한 것은?

	1단계	2단계	3단계		1단계	2단계	3단계
①	(가)	(나)	(다)	②	(가)	(다)	(나)
③	(나)	(다)	(가)	④	(다)	(가)	(나)
⑤	(다)	(나)	(가)				

1회 기출예상 2회 기출예상 3회 기출예상 4회 기출예상 5회 기출예상 6회 기출예상

[09 ~ 10] 다음은 '신기술 기반의 교통서비스 활성화 방안'에 관한 연구보고서(이하 연구보고서)이다. 이어지는 질문에 답하시오.

[제1장] 서론	제1절 연구의 필요성 및 목적 제2절 연구의 범위 및 방법 제3절 선행연구 고찰 및 연구 차별성
[제2장] 미래 경제 · 사회 · 기술의 변화	제1절 국내 · 외 경제 · 사회 · 환경여건 전망 제2절 국내 · 외 기술의 변화 제3절 미래 교통부문 이용자 관점 및 환경 변화 제4절 시사점 및 미래 교통서비스 분석 방향
[제3장] 신기술 기반의 미래 교통서비스	제1절 Big Data를 활용한 미래 교통서비스 Keyword 도출 제2절 신기술 기반 교통서비스 국내의 사례고찰 제3절 신기술 기반 교통관련 특허기술 동향 조사 제4절 신기술 등장과 미래 교통서비스
[제4장] 신기술 기반 교통서비스 수요 조사	제1절 신기술 기반 교통서비스 수요 조사 개요 제2절 신기술 기반 교통서비스 조사 결과
[제5장] 신기술 기반 교통서비스 활성화 여건 진단 및 개선방안	제1절 신기술 기반 교통서비스 현황 및 여건 진단 제2절 신기술 기반 교통서비스 활성화를 위한 개선방안

09. 연구보고서 목차의 항목 중 〈보기〉의 글이 수록될 수 있는 항목으로 적절한 것은?

보기

경제, 사회, 환경, 기술의 발전과 변화는 새로운 교통서비스를 등장시켰고 변화를 이끌었다. 기술 성장으로 인해 대량 생산이 가능해지면서 차량 보급은 급격하게 증가하였지만, 이는 오히려 심각한 정체와 사고를 유발하였다. 또한, 저출산 및 고령화에 의한 인구구조 변화로 인해 사회적 변화는 교통약자에게 최소한의 교통권 보장의 중요성을 증가시키고 있다.

최근 들어 가스와 석유 같은 화석 에너지 소비 증가는 지구 온난화의 주요 원인으로 지목되고 있으며, 특히, 자동차에서 나오는 배기가스로 인한 환경오염에 대한 우려가 커지고 있다. 일부 유럽 국가에서는 화석 연료자동차 생산 중단을 선언하였으며, 클린에너지(전기, 수소 등)를 기반으로 하는 차량의 생산과 공급이 급격히 증가할 것이다.

모바일인터넷(MI)의 등장은 교통서비스에 혁신적인 변화를 가져왔다. 스마트폰이 등장하기 이전의 교통서비스는 공급자 중심의 서비스였다. 버스 이용자들은 버스를 타기 위해 정류소에서 많은 시간을 무작정 기다려야 했으며, 택시 이용자들은 빈 택시가 올 때까지 기다려야 했다. 스마트폰의 등장은 교통 서비스에서 공급자와 이용자를 연결시켰으며, 서비스를 이용하기 위해 대기하는 시간을 감소시켰다. 이와 같이 새로운 교통서비스의 등장은 이용자의 요구뿐만 아니라 경제, 사회, 환경, 기술 등의 복합적 변화로 인해 탄생되고 새로운 문제를 야기하기도 하며 또 다른 변화로 인해 재탄생하거나 사라지기도 한다.

www.gosinet.co.kr

1회 기출예상

2회 기출예상

3회 기출예상

4회 기출예상

5회 기출예상

6회 기출예상

① 제1장 서론

② 제2장 미래 경제·사회·기술의 변화

③ 제3장 신기술 기반의 미래 교통서비스

④ 제4장 신기술 기반 교통서비스 수요 조사

⑤ 제5장 신기술 기반 교통서비스 여건 진단 및 개선방안

10. 다음은 연구보고서 '제5장'에 수록된 내용을 요약한 것이다. 이 글에서 연구자가 주장한 내용으로 적절하지 않은 것은?

> 미래 신 교통서비스의 활성화를 위해서는 관련 법제도의 개선방안과 함께 더욱 구체적인 실행계획이 필요한 실정이다. 대부분의 신 교통서비스는 우리나라의 행정기구 특성상 2개 이상의 정부부처가 담당하여 주관부처가 모호한 경우가 많다고 할 수 있다. 이 경우 객관적인 기관에서 교통서비스에 대한 단계별 실행계획과 담당부처의 역할, 법제도 개선방안을 제시할 필요가 있다. 또한 신 교통서비스의 도입을 검토할 때 유사업종의 반발을 예상할 수 있는데 이 부분에 대해서는 피해업체의 보상방안, 도입되는 교통서비스의 부작용 방지방안, 수입에 따른 세금 등 공정성 확보방안 등에 대해 대안을 확보할 필요가 있다.
>
> 인터넷 환경은 점차 좋아지고 전자 통신기술은 빠른 속도로 발전하고 있으며 국민들의 교통서비스에 대한 요구수준은 이와 비슷한 속도로 높아지고 있다. 그러나 현실적으로 교통서비스를 제공하고 있는 행정기관의 법제도는 이를 따라가지 못하고 있으며 수요자 맞춤형 교통서비스를 제공하려는 민간기업을 오히려 제도권 울타리 안으로 막기 바쁜 실정이다. 이제는 기존 제도권 안에서 이들 민간기업과 국민들의 요구를 수용하기보다는 수요자 중심으로 이들 신 교통서비스의 활성화 방안을 모색해 볼 때가 되었다고 할 수 있다.

① 신 교통서비스를 담당하는 기관은 교통서비스의 효과적인 제공을 위하여 역할이 명확해야 한다.

② 신 교통서비스를 활성화시키기 위해서는 구체적인 실행방법을 수립하고 법제도를 개선해야 한다.

③ 신 교통서비스를 도입할 경우에는 유사업종의 부작용을 방지할 수 있는 대안을 마련해야 한다.

④ 신 교통서비스의 국민 요구를 충족시키기 위해서는 기존의 제도를 고려하여 현실적인 방안을 모색해야 한다.

⑤ 신 교통서비스의 활성화를 위해 수요자 중심의 교통서비스 제공을 확대, 지원해야 한다.

11. 다음 자료를 참고하여 '나-전달법'을 사용할 때의 결과로 적절한 것을 〈보기〉에서 모두 고르면?

나-전달법(I-Message)이란 상대방이 나의 상황을 명확히 이해할 수 있게 해 주는 기술이다. 상대방과의 관계에서 내가 화가 나거나 문제의식을 지닐 때 사람들은 흔히 너-전달법(You-Message, '너'를 중심으로 하는 표현)을 사용하여 상대방의 행동을 표현함으로써 상대방을 공격, 비난한다는 느낌을 전달하기 쉽다. 이와 달리 나-전달법('나'를 중심으로 하는 표현)을 사용하여 상대방의 행동과 관련된 자신의 생각이나 감정을 표현하는 대화방식은 상대방에게 개방적이고 솔직하다는 느낌을 전달함으로써 상대방과 관계된 문제해결에 더욱 효과적일 수 있다.

구분	나-전달법	너-전달법
정의	'나'를 중심으로 하여 상대방의 행동에 대한 자신의 생각이나 감정을 표현하는 대화방식	'너'를 중심으로 하여 상대방의 행동을 표현하는 대화방식
예	• 의사표현 : "서류 제출 마감일이 오늘까진데 일이 자꾸만 늦어져서 걱정이네요." • 담당자 : 서류 제출 일정을 맞추지 못할까 봐 초조함. • 상대방 : 담당자가 일정을 맞추지 못할까 봐 걱정하고 있구나.	• 의사표현 : "김 주임은 항상 제시간에 일을 마치는 법이 없어! 가뜩이나 시간도 부족한데…." • 담당자 : 서류 제출 일정을 맞추지 못할까 봐 초조함. • 상대방 : 담당자가 내가 게으르다고 생각하는구나.

보기

ㄱ. 상대방에게 문제가 있다고 표현함으로써 상호관계를 파괴하게 된다.
ㄴ. 상대방에게 나의 입장과 감정을 전달함으로써 상호이해를 도울 수 있다.
ㄷ. 상대방은 나의 느낌을 수용하고 자발적으로 자신의 문제를 해결하고자 하는 의도를 갖게 된다.
ㄹ. 상대방은 변명하려 하거나 반감, 저항, 공격성을 보이게 된다.

① ㄱ, ㄴ   ② ㄱ, ㄷ   ③ ㄴ, ㄷ
④ ㄴ, ㄹ   ⑤ ㄷ, ㄹ

12. 다음은 □□공단에서 개최하는 공모전의 〈공모요강〉이다. 이를 읽고 나눈 〈대화〉 중 올바르게 이해하지 못한 사람을 모두 고르면?

〈공모요강〉

□□공단에서 개최한 〈공공건축물 그린리모델링 맞춤형 모델 네이밍 공모전〉 일정을 다음과 같이 연장하오니 관심 있는 분들의 많은 참여 부탁드립니다.

1. 공모 개요

가. 공모명 : 공공건축물 그린리모델링 맞춤형 모델 네이밍 공모전

나. 접수기간 : 2022. 07. XX. (월) 09 : 00 ~ 2022. 08. XX. (금) 18 : 00
   ※ 기존 8월 XX일에서 2주 연장함.

다. 참가대상 : 그린리모델링 지역거점 플랫폼 참여대학(35개) 대학(원)생

라. 선정규모 : 총 6명(최우수상 1명, 우수상 2명, 장려상 3명)

마. 선정방법 : 1차 심사(주관기관)를 통한 5배수 후보군 선정, 2차 심사(평가위원회)에서 최종 선정

2. 공모내용

가. '공공건축물 그린리모델링 맞춤형 모델'에 그린리모델링의 가치와 이미지를 부여할 수 있는 명칭

나. 일반 국민들과 사용자들에게 친숙하고 참신하게 다가갈 수 있는 명칭

3. 시상내역

시상(인원)	최우수상(1명)	우수상(2명)	장려상(3명)
시상품	100만 원	각 50만 원	각 20만원

※ 심의 결과 그 등급에 해당하는 제안이 없을 경우 선정하지 않을 수 있으며, 심사 등급 및 결과에 따라 시상금 및 수상인원이 조정될 수 있음.

※ 시상품은 제세공과금을 제외하고 지급(수상자 부담)

※ 지급방법은 향후 개별 공지 예정

4. 접수방법

가. 제출서류 : 공모전 신청서 1부, 개인정보 수집ㆍ이용ㆍ제공 동의서 1부, 재학증명서(공모자 확인용) 1부

나. 출품제한 : 1인당 1점(개인별 최초 접수된 1작품만 인정)

다. 유의사항

   – 응모작품은 국내외 저작권 등 타인의 권리를 침해하지 않을 것

   – 공모접수는 마감일 2022. 08. XX. (금) 18 : 00까지의 접수분에 한해 유효

   – 출품된 작품 중 심사기준에 미달이 될 경우, 수상인원을 변경하거나 또는 수상작을 선정하지 않을 수 있음.

1회 기출예상
2회 기출예상
3회 기출예상
4회 기출예상
5회 기출예상
6회 기출예상

- 제출 시 작성한 인적사항 등 개인정보는 본 공모전 목적으로만 사용
- 공모전 신청서의 기재란 일부 또는 전체가 미기재 되었거나 신청서 양식에 맞지 않는 작품은 심사에서 제외
- 동일한 작품이 접수될 경우, 도착시점을 기준으로 먼저 제출된 하나의 작품만 인정
- 수상작은 일체 반환되지 않으며 저작권 등 모든 권한은 □□공단에 귀속되며, 정책 수립 및 출판, 전시, 배포, 홍보 등 공익적 목적으로 사용될 수 있으며 명칭 활용 과정에서 필요에 따라 수정·변형하여 사용될 수 있음.
- 최우수작은 '공공건축물 그린리모델링 맞춤형 모델'의 정식 명칭으로 활용 예정
- 다음 항목에 해당하는 경우 심사에서 제외하며, 선정이 된 후라도 수상을 취소하고 상장 및 시상품을 환수할 수 있으며 모든 법률적 문제는 신청자 본인에게 책임이 있음.
  1) 타인의 창작물을 표절하였을 경우(저작권)
  2) 타 기관, 홈페이지 등에서 이미 사용하고 있는 명칭과 동일하거나 유사한 경우
  3) 국내외에서 이미 동일 또는 유사한 공모전에서 수상한 작품일 경우
  4) 타인 지적재산권을 침해한 것으로 주최 측이 인정한 경우
  5) 타인의 명의를 도용한 경우 등

라. 접수처 : 이메일 접수(abc123@□□korea.co.kr)

마. 문의처 : □□공단 공모전 담당자(☎ 02-XXX-XXXX)

　※ 단, 근무시간(09 : 00 ~ 18 : 00)에 한함.

5. 심사 및 발표일정

가. 심사방법 : 1차 심사(주관기관, 5배수 선정) → 2차 심사(평가위원회, 최종 선정)

나. 심사기준(1, 2차 심사 동일)

평가항목	세부평가 항목	배점
참신성	그린리모델링의 가치와 이미지를 표현한 아이디어와 독창성	35
연관성	그린리모델링 사업 연관성 및 구체성	35
표현력	사용 어휘의 적절성, 발음 용이성	30

다. 선정발표 : 2022년 9월 XX일(금) 예정

　※ 발표일 1주 연장

　※ 선정 결과는 □□공단 홈페이지 공지 및 개별 통보

　※ 위 일정은 추진 일정 및 평가위원회 회의 소집 일정에 따라 변경될 수 있음.

6. 문의처

- □□공단 공모전 담당자(☎ 02-XXX-XXXX)

www.gosinet.co.kr gosinet

1회 기출예상

2회 기출예상

3회 기출예상

4회 기출예상

5회 기출예상

6회 기출예상

대화

A : 출품작품의 저작권은 모두 참여자에게 있어.

B : 총 상금 규모는 260만 원이네. 조금 더 늘리면 좋겠어.

C : 동일한 작품이 접수될 경우 모두 인정되지 않기 때문에 주의해야겠어.

D : 참가 가능한 대학 목록이 왜 없지? 누락된 것 같은데 추가해 달라고 요청해야겠어.

E : 참여자가 제출해야 하는 서류에는 공모전 신청서뿐만 아니라 개인정보 수집·이용·제공 동의서, 성적증명서 등이 포함되겠군.

① A, B, D   ② A, C, E   ③ B, C, E

④ B, C, D   ⑤ C, D, E

---

13. 다음은 A 공사의 출장비 규정이다. 제시된 〈상황〉에 따라 최 사원이 청구해야 할 출장비는 얼마 인가?

〈출장비 규정〉

- 출장비＝기본출장비＋기름값
- 기름값＝1,800원/l
- 비가 올 때의 연비＝10km/l
- 기본출장비＝총 걸린 시간×14,000원
- 비가 오지 않을 때의 연비＝14km/l

상황

- 최 사원은 자가용으로 출장을 다녀왔다.
- 총 이동거리는 700km이며, 100km/h로 운전을 했다.
- 이동하는 동안 절반은 비가 왔다.

① 108,000원   ② 188,000원   ③ 206,000원

④ 224,000원   ⑤ 246,000원

14. A 기업은 제품 생산에 필요한 부품을 구입하기 위해 업체별 가격을 비교하고 있다. 다음 〈조건〉을 참고할 때, 최소 몇 개의 부품을 구입해야 Q 업체에서 구입하는 것이 이익인가?

구분	P 업체	Q 업체
부품의 개당 가격	3,000원	2,500원
A 기업과의 거리	5km	15km

※ A 기업과 떨어진 거리에 따라 1km당 1,000원의 배송비가 발생한다.

① 18개   ② 19개   ③ 20개
④ 21개   ⑤ 22개

15. 경리과 현 차장은 매 분기마다 누적 사업비용을 통해 예상 연간 사업비용을 계산하여, 예상 연간 사업비용이 연 초에 설정한 연간 예산을 초과할 것으로 판단되는 분기를 상부에 보고할 예정이다. 연 초에 연간 예산을 700만 원으로 설정하였을 때, 1 ~ 4분기 중 예산을 초과한 분기는 총 몇 회인가?

구분	사업비용	예상 연간 사업비용 계산 방식
1분기	150만 원	
2분기	210만 원	(누적 사업비용)×(총 분기/현재 분기)
3분기	170만 원	
4분기	160만 원	

※ 누적 사업비용=(해당 분기의 사업비용)+(전 분기들의 사업비용 합)
  예 3분기의 누적 사업비용은 1분기와 2분기의 사업비용 합과 3분기의 사업비용을 합한 값임.

① 0회   ② 1회   ③ 2회
④ 3회   ⑤ 4회

16. 다음은 A 기업의 신입사원 채용 필기시험 성적을 나타낸 도수분포표이다. 성적이 72점인 지원자가 속하는 계급의 지원자 수가 전체의 19%일 때, 성적이 80점 이상 90점 미만인 지원자는 모두 몇 명인가?

성적(점)	지원자 수(명)
50 ~ 59	4
60 ~ 69	30
70 ~ 79	
80 ~ 89	
90 ~ 100	42
합계	200

① 38명   ② 56명   ③ 86명

④ 98명   ⑤ 101명

17. 최 사원은 이번 사내 행운의 복권 행사에서 두 번의 복권 추첨 기회를 얻게 되었다. 당첨금 액수별 당첨권 수가 다음과 같을 때, 최 사원의 당첨금 합계가 100만 원이 될 확률은? (단, 최 사원은 반드시 두 개의 복권을 뽑아야 하고, 첫 번째 복권을 뽑아 결과를 확인한 후에 다시 집어넣지 않고 두 번째 복권을 뽑으며, $\frac{7}{99}$ =0.07로, $\frac{95}{99}$ =0.95로 계산한다)

〈당첨금 액수별 발행 복권 매수〉

당첨금 액수	당첨권 수
200만 원	1장
100만 원	2장
50만 원	5장
0원	92장
계	100장

① 3.97%   ② 15.72%   ③ 17.92%

④ 20.72%   ⑤ 23.64%

18. A 기업 황 대리는 B 기업의 박 대리에게 서류를 전달하려고 한다. 다음 도로망을 참고할 때, A 기업에서 B 기업으로 가는 가장 빠른 방법은 몇 가지인가? (단, 도로망은 직사각형 구조로 되어 있으며 신호등은 없다고 가정한다)

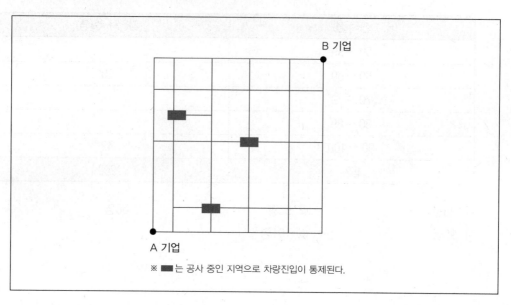

※ ■ 는 공사 중인 지역으로 차량진입이 통제된다.

① 21가지　　　　　② 22가지　　　　　③ 23가지
④ 24가지　　　　　⑤ 25가지

19. 다음은 건강보험료 산정 방법에 대한 안내문이다. 이에 대한 설명으로 옳은 것은?

<직장가입자 건강보험료 산정 안내>

• 건강보험료율 : 6%

구분	계	가입자부담	사용자부담	국가부담
근로자	6%	3%	3%	–
공무원	6%	3%	–	3%
사립학교 교직원	6%	3%	2%	1%

• 가입자부담(50%) 건강보험료 산정＝보수월액×보험료율(3%)

－ 보수월액(월평균보수)＝$\dfrac{\text{연간 총보수액}}{\text{근무월수}}$

－ 1인 총 건강보험료＝가입자부담 건강보험료(10원 미만 단수 버림)×2

보수월액 범위	보험료율(가입자부담)	월보험료 산정
28만 원 미만	3%	28만 원×3%
28만 원 이상 ~ 6,500만 원 이하	3%	보수월액×3%
6,500만 원 초과	3%	6,500만 원×3%

① 보수월액이 400만 원인 근로자 A의 총 건강보험료는 12만 원이다.

② 보수월액이 8,000만 원인 근로자 B의 총 건강보험료는 240만 원이다.

③ 보수월액이 300만 원인 공립학교 교직원 C에 대해 국가가 부담하는 건강보험료는 3만 원이다.

④ 30만 원을 건강보험료로 납부하는 근로자 D의 보수월액은 1,000만 원이다.

⑤ 12만 원을 건강보험료로 납부하는 사립학교 교직원 E에 대해 학교에서 부담하는 건강보험료는 12만 원이다.

20. 다음 우리나라의 연령별 인구를 나타낸 자료를 바탕으로 〈보기〉에서 옳지 않은 설명을 모두 고른 것은?

(단위 : 명)

구분	총인구	남성	여성
0 ～ 4세	2,102,959	1,077,714	1,025,245
5 ～ 9세	2,303,030	1,185,280	1,117,750
10 ～ 14세	2,276,763	1,178,964	1,097,799
15 ～ 19세	2,922,140	1,523,741	1,398,399
20 ～ 24세	3,517,690	1,872,652	1,645,038
25 ～ 29세	3,407,757	1,815,686	1,592,071
30 ～ 34세	3,447,773	1,804,860	1,642,913
35 ～ 39세	4,070,681	2,100,211	1,970,470
40 ～ 44세	4,037,048	2,060,634	1,976,414
45 ～ 49세	4,532,957	2,295,736	2,237,221
50 ～ 54세	4,122,551	2,082,358	2,040,193
55 ～ 59세	4,258,232	2,120,781	2,137,451
60 ～ 64세	3,251,699	1,596,954	1,654,745
65 ～ 69세	2,315,195	1,113,374	1,201,821
70 ～ 74세	1,756,166	802,127	954,039
75 ～ 79세	1,543,849	643,508	900,341
80 ～ 84세	943,418	335,345	608,073
85 ～ 89세	434,947	119,540	315,407
90 ～ 94세	141,555	31,590	109,965
95 ～ 99세	32,154	6,435	25,719
100세 이상	3,943	565	3,378

※ 성비 : 여성 100명에 대한 남성의 수

1회 기출예상

2회 기출예상

3회 기출예상

4회 기출예상

5회 기출예상

6회 기출예상

보기

⊙ 15세 미만 총인구는 55세 이상 총인구보다 많다.

⊙ 20대의 성비가 가장 높게 나타난다.

⊙ 성비는 100세 이상 연령에서 가장 낮게 나타난다.

⊙ 남성과 여성 모두 전체 인구 중 40대가 차지하는 비율이 가장 높다.

⊙ 0세에서 50대까지의 연령에서는 남성의 비율이 높고, 60대에서 100세 이상의 연령에서는 여성의 비율이 높다.

① ㉠, ㉢   ② ㉠, ㉢   ③ ㉡, ㉣

④ ㉣, ㉤   ⑤ ㉡, ㉤

[21 ~ 23] 다음 자료를 바탕으로 이어지는 질문에 답하시오.

○○공단 민 대리는 고용동향에 관한 통계를 바탕으로 보고서를 작성하려고 한다.

〈자료 1〉 실업률 동향

		2X17년	2X18년	2X19년					2X20년	
		연간*	연간	연간	1분기*	2분기	3분기	4분기	1분기	2분기
실업자 수(만 명)		102.3	107.3	106.4	124.8	117.6	94.6	89.1	116.2	122.6
실업자 수 증감** (만 명)	-남성	1.2	2.3	△0.3	3.3	△2.7	△12.7	△3.2	17.1	4.1
	-여성	0.1	2.7	△0.6	2.2	△4.0	△10.8	△2.3	10.0	2.3
실업률(%)		3.7	3.8	3.8	4.5	4.1	3.3	3.1	4.2	4.4
-15 ~ 29세		9.8	9.5	8.9	9.7	10.6	8.1	7.1	8.8	10.1
-30 ~ 39세		3.3	3.4	3.3	3.4	3.8	3.2	2.9	3.2	3.7
-40 ~ 49세		2.1	2.5	2.3	3.6	2.4	2.1	2.0	2.4	2.8
-50 ~ 59세		2.2	2.5	2.5	3.0	2.6	2.3	2.2	3.0	3.5
-60 ~ 69세		2.9	3.1	3.4	5.7	3.1	2.3	2.8	5.3	3.5

△ : 감소율 의미

* 연간은 연간 평균값을 의미, 각 분기는 각 분기별 평균 평균값을 의미

** 전년 동기와 비교하여 증감된 값

  (예) 2X19년 1분기 여성 실업자 수 증감=2X19년 1분기 여성 실업자 수−2X18년 1분기 여성 실업자 수)

〈자료 2〉 비경제활동인구 동향

	2X17년	2X18년	2X19년					2X20년	
	연간*	연간	연간	1분기*	2분기	3분기	4분기	1분기	2분기
비경제활동인구(만 명)	1,618.0	1,628.4	1,632.1	1,627.0	1,628.8	1,638.8	1,635.8	1,647.1	1,711.4
경제활동참가율(%)	63.2	63.1	63.3	62.4	63.9	63.6	63.4	62.5	62.7
비경제활동인구 증감** (만 명)	△1.3	10.4	3.7	4.4	1.8	8.0	△1.0	11.3	64.3
－육아	△9.6	△7.5	△1.5	△2.6	△1.1	△0.1	△2.4	0.2	4.9
－가사	0.8	7.6	△13.7	△8.8	△14.3	△13.0	△16.9	△7.9	19.6
－재학·수강 등	△9.1	△10.6	△12.7	△14.1	△14.6	△9.2	△13.1	△9.8	△8.2
－연로	8.1	1.5	0.3	2.8	△0.4	△0.3	△1.1	△1.0	5.6
－쉬었음.	10.8	11.8	23.8	15.2	22.4	29.9	27.7	25.1	35.0
－취업준비	4.5	2.4	3.4	10.7	3.2	4.1	1.9	△0.9	6.4

△ : 감소율 의미

* 연간은 연간 평균값을 의미, 각 분기는 각 분기별 평균 평균값을 의미

** 전년 동기와 비교하여 증감된 값

　㉓ 2X19년 1분기 비경제활동인구증감＝2X19년 1분기 비경제활동인구－2X18년 1분기 비경제활동인구

21. 다음 중 위 자료를 이해한 내용으로 적절하지 않은 것은?

① 2X19년 분기별 실업자 수는 감소하는 추세이다.

② 비경제활동인구과 경제활동참가율은 항상 반비례하지는 않는다.

③ 재학·수강 등의 연간 평균 비경제활동인구증감은 2X17년부터 2X20년까지 매년 감소하고 있다.

④ 15 ～ 29세의 실업률은 전체 실업률보다 항상 크다.

⑤ 60 ～ 69세의 실업률이 전체 실업률보다 컸던 경우는 한 번 이상이다.

22. 위 자료를 바탕으로 민 대리는 보고서에 〈보기〉의 내용을 추가하고자 한다. 다음 중 빈칸에 들어갈 알맞은 수치는?

보기

　비경제활동인구는 2X16년 (　　　　)만 명, 2X17년 1,618만 명, 2X18년 1,628.4만 명, 2X19년 1,632.1만 명으로 2X17년부터 확연한 증가추세를 보이고 있으며, 2X20년 또한 이 추세가 이어질 것으로 예상한다.

① 1,616.7   ② 1,619.3   ③ 1,627.1

④ 1,628.4   ⑤ 1,630.2

23. 민 대리가 위 자료를 참고하여 보고서에 그래프를 추가하고자 한다. 다음 중 적절하지 않은 것은?

① [2X16 ~ 2X19년 연간 평균 실업자 수]

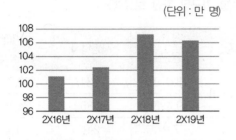

② [2X19년 분기별 경제활동참가율]

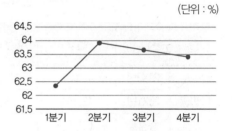

③ [2X19년 분기별 평균 실업자 수 증감]

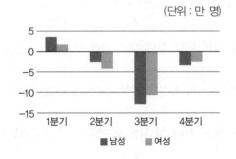

④ [2X19년 분기별 전체 실업률]

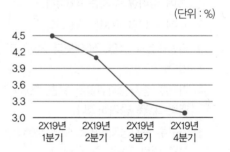

⑤ [분기별 30 ~ 40대 실업률]

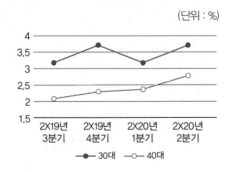

24. 다음 자료에 대한 설명으로 가장 옳지 않은 것은?

<가구주 연령대별 가구당 자산 보유액>

(단위 : 만 원, %)

구분		전체	30세 미만	30대	40대	50대	60세 이상
평균	20X0년	42,036	9,892	31,503	44,776	48,441	41,738
	20X1년	43,191	10,994	32,638	46,947	49,345	42,026
	증감률	2.7	11.1	㉠	4.8	1.9	0.7

<가구주 종사상지위별 가구당 자산 보유액>

(단위 : 만 원, %)

구분		전체	상용근로자	임시 · 일용근로자	자영업자	기타 (무직 등)
평균	20X0년	42,036	46,695	18,070	53,347	33,715
	20X1년	43,191	48,532	19,498	54,869	34,180
	증감률	2.7	㉡	7.9	2.9	1.4

① ㉠에 들어갈 수치는 3.6이다.

② ㉡에 들어갈 수치는 3.9이다.

③ 연령대별로 보면, 50대보다 30세 미만에서 20X1년의 전년 대비 자산 보유액의 증감률이 더 작다.

④ 가구주 종사상지위별로 보면, 20X1년 상용근로자의 자산 보유액이 4억 8,532만 원으로 전년 대비 3.9% 증가하였다.

⑤ 가구주 종사상지위별로 보면, 20X1년 임시 · 일용근로자의 자산 보유액이 1억 9,498만 원으로 전년 대비 7.9% 증가하였다.

25. 다음 〈조건〉이 모두 참인 경우 반드시 참이 되는 것은?

조건

- 이수는 예지보다 크다.
- 민우는 이수보다 크다.
- 송이는 예지보다 작다.
- 지성은 예지보다 작지 않다.

① 예지는 민우, 이수보다 작지만 송이보다는 크다.

② 지성은 송이보다 크고 이수보다 작다.

③ 민우는 이수, 예지, 송이, 지성보다 크다.

④ 송이는 이수, 예지보다 작지만 지성보다는 크다.

⑤ 지성은 민우보다 크다.

26. 5층 건물에 하, 파, 타, 카, 차 5명이 각 층에 살고 있다. 하와 파 간의 층수 차이와 타와 파 간의 층수 차이는 다르고, 카는 차보다 더 높은 층에 살고 있다. 만약 하가 5층에, 타가 1층에 살고 있다면, 다음 중 반드시 거짓인 것은?

① 차는 짝수 층에 살 수 있다.

② 파는 차보다 높은 층에 살 수 있다.

③ 파는 카보다 낮은 층에 살 수 있다.

④ 카와 차는 바로 위 아래층에 붙어살지 않을 수 있다.

⑤ 카는 하의 바로 아래층에 살 수 있다.

1회 기출예상 2회 기출예상 3회 기출예상 4회 기출예상 5회 기출예상 6회 기출예상

27. 올해 ○○기업에 신입사원으로 입사한 갑, 을, 병, 정, 무 총 5명은 모두 생일이 같다. 다음 〈조건〉을 참고하여 윤년에 태어난 사람을 모두 고르면? (단, 윤년은 2월을 29일로 둔 해를 의미한다)

조건

• 각각 한 살씩 차이가 나며 같은 나이인 사람은 없다.
• 갑과 병은 한 살 차이이다.
• 갑이 태어난 해의 2월 1일은 금요일이고, 3월 1일은 토요일이다.
• 무가 태어난 해의 목요일과 금요일은 53회였다.
• 을이 태어난 해의 12월 31일은 토요일이었다.

① 갑, 정   ② 갑, 무   ③ 을, 무
④ 병, 정   ⑤ 병, 무

28. 현도, 래원, 선미, 한솔, 소라, 시원 6명은 원탁에 둘러앉아 식사를 하려고 한다. 모두 동일한 간격으로 떨어져 앉고 다음 〈조건〉을 따른다고 할 때, 항상 옳은 것은?

조건

• 현도는 한솔이와 마주 보지 않고 이웃하여 앉지 않는다.
• 래원이는 현도와 이웃하여 앉지 않는다.
• 선미는 시원이와 마주 보며 앉는다.

① 현도는 선미와 이웃하여 앉는다.
② 래원과 한솔이는 마주 보며 앉는다.
③ 래원이는 시원이와 이웃하여 앉는다.
④ 소라는 현도와 이웃하여 앉는다.
⑤ 시원이는 현도와 이웃하여 앉는다.

29. 다음 〈조건〉을 참고할 때, 김유정 씨가 면세점에서 가방을 구입하고 남은 금액은 얼마인가?

조건

- 김유정 씨는 600만 원으로 면세점에서 가방을 최대한 많이 구입할 예정이다.
- 김유정 씨는 무게(g)당 가격이 저렴한 것부터 순서대로 구입하며, 남은 금액으로 더 이상 구입할 수 없을 때 쇼핑을 끝낸다.
  ※ 단, 바로 다음 순서의 상품을 구입하려고 하는데 남은 금액을 초과한다면, 그 다음 순서의 상품으로 넘어간다.
- 김유정 씨는 D 브랜드를 선호하지 않아 이 브랜드의 가방은 구입하지 않는다.
- 가격 = 정가 $\times \left(1 - \dfrac{\text{면세할인율}}{100}\right)$
- 면세점에서 판매 중인 가방의 정보는 아래의 표와 같다.

브랜드	품목	무게	정가	면세할인율
A	A001	36g	60만 원	10%
B	B002	68g	160만 원	15%
C	C003	252g	280만 원	10%
D	D004	300g	320만 원	25%
E	E005	560g	350만 원	20%

① 11만 원   ② 12만 원   ③ 13만 원
④ 14만 원   ⑤ 15만 원

1회 기출예상 2회 기출예상 3회 기출예상 4회 기출예상 5회 기출예상 6회 기출예상

30. 〈축구대회 순위규칙〉과 〈예선라운드 경기 결과〉를 근거로 판단할 때, 다음 라운드에 진출할 1위 팀과 2위 팀을 차례대로 나열한 것은?

〈축구대회 순위규칙〉

- 예선라운드에서 한 조는 4개 팀으로 구성되며, 각 조의 1, 2위가 다음 라운드에 진출한다.

- 각 팀의 순위는 승률을 기준으로 결정하며, 승률은 $\dfrac{\text{승리한 경기 수}}{\text{총 경기 수}}$ 로 계산한다.

- 승률이 같은 팀이 나올 경우 승점이 높은 팀이 우선순위가 된다. 승점은 각 팀의 모든 경기 득점의 합에서 모든 경기 실점의 합을 뺀 값이다.

〈예선라운드 경기 결과〉

경기	결과
타이거즈 : 라이온즈	1 : 2
자이언츠 : 이글스	0 : 2
타이거즈 : 자이언츠	3 : 2
라이온즈 : 이글스	2 : 3
타이거즈 : 이글스	1 : 4
라이온즈 : 자이언츠	1 : 2

① 라이온즈, 자이언츠
② 라이온즈, 타이거즈
③ 이글스, 자이언츠
④ 이글스, 라이온즈
⑤ 자이언츠, 타이거즈

31. 유민 씨는 체력 관리를 위해 퇴근 후 운동을 하고자 피트니스 센터에 쿠폰제로 수강 등록을 하였다. 다음을 참고하여 유민 씨가 구매한 쿠폰을 모두 소진하기 위해 앞으로 X월 중에 운동을 가야 하는 날을 모두 고른 것은?

> 유민 씨가 등록한 수강 쿠폰은 총 10회로 당월에 모두 소진해야 하며 이월되지 않는다. X월 3일 등록 후 당일에 바로 운동을 시작하였으나 첫날은 체험 수업으로 쿠폰 차감 없이 무료로 진행되었다. 운동 시작부터 무리하지 않기 위해 다음날에는 운동을 쉬었고, 공휴일과 주말은 센터가 운영하지 않아 하루를 더 쉬고 그다음 날 운동을 갔다. 그다음 주에는 월, 수, 금 주 3회 운동을 하였고, 오늘 17일까지 운동을 다녀왔다. 매주 화요일에는 모임이 있고, 매달 세 번째 금요일에는 회식이 있으며, 매달 말일에는 야근을 하여 시간상 운동을 하러 가기 어렵다.

〈X월〉

일	월	화	수	목	금	토
						1
2	3	4	5 공휴일	6	7	8
9	10	11	12	13	14	15
16	17	18	19 공휴일	20	21	22
23	24	25	26	27	28	29
30	31					

① 19, 21, 24, 26
② 20, 24, 26, 27
③ 19, 21, 24, 26, 27
④ 20, 24, 26, 27, 28
⑤ 20, 21, 25, 27, 28

1회 기출예상 2회 기출예상 3회 기출예상 4회 기출예상 5회 기출예상 6회 기출예상

[32 ~ 33] 다음 상황을 보고 이어지는 질문에 답하시오.

○○기업 인사팀 김 사원은 다음 사내 복지제도에 대한 설문조사 결과를 분석하고 있다.

〈○○기업 사내 복지제도에 대한 사원들의 생각〉

※ 조사시기 : 20X9. 04. 15. ~ 04. 25.

※ 조사대상 : 사원 453명

질문	응답	명	%
귀하는 현재 직장 내 복지제도에 만족하십니까?	그렇다.	91	20.1
	아니다.	362	79.9
귀하가 원하는 사내 복지제도는 무엇입니까? (복수응답 가능)	자녀교육비 지원	126	34.8
	의료비 지원	124	34.3
	보육시설	52	12.4
	휴식공간	137	37.8
	여가활동 지원	250	69.1
	사내 동호회 지원	84	23.2
	휴가비 지원	192	53.0
	편의시설	121	33.4
	기타	30	8.3
현재 가장 부족하다고 생각하는 사내 복지제도는 무엇입니까?	자녀교육비 지원	45	12.4
	의료비 지원	17	4.7
	보육시설	16	4.4
	휴식공간	41	11.3
	여가활동 지원	122	33.7
	사내 동호회 지원	2	0.4
	휴가비 지원	81	22.4
	편의시설	26	7.2
	기타	12	3.3
사내 복지제도가 미흡한 이유는 무엇이라 생각하십니까?	기업 내 예산 부족	95	26.2
	정부의 지원 미비	19	5.3
	사내 복지제도에 대한 CEO의 의식 미흡	200	55.2
	조직원들의 복지제도 개선 노력 부족	41	11.2
	기타	7	2.0
사내 복지제도가 좋은 기업이라면 현재보다 연봉이 다소 적더라도 이직할 의향이 있습니까?	그렇다.	311	68.7
	아니다.	142	31.3

32. 김 사원은 설문조사 결과를 토대로 이 팀장과 회의를 진행했다. 다음 중 ㉠에 들어갈 적절한 복지제도는?

> 이 팀장 : 설문조사 결과가 나왔는데 어떻게 분석하셨나요?
>
> 김 사원 : 전반적으로 예상한 결과가 나온 것 같습니다.
>
> 이 팀장 : 사원들이 원하는 복지제도와 부족하다고 느끼는 복지제도의 종류가 비슷하네요.
>
> 김 사원 : 맞습니다. 그 두 문항에서 가장 수요가 크게 나타났던 '여가활동 지원'은 단기간에 개선하기 힘든 특성이 있기 때문에 그 다음으로 수요가 많은 (㉠)을/를 먼저 개선하는 방향으로 계획했습니다.

① 여가활동 지원   ② 사내 동호회 지원

③ 자녀 교육비 지원   ④ 의료비 지원

⑤ 휴가비 지원

33. 다음 중 설문조사의 내용을 분석한 진술로 옳은 것은?

① 비슷한 연봉이라면 사내 복지제도를 더 우선시하는 사원이 그렇지 않은 사원보다 적다.

② 사내 복지제도 중 가장 적은 수의 사원들이 부족하다고 생각하는 것은 의료비 지원이다.

③ 일부 사원은 원하는 사내 복지제도에 두 개 이상을 응답했다.

④ 편의시설이 가장 부족한 복지제도라고 생각하는 사원이 편의시설을 원하는 사원보다 많다.

⑤ 정부의 미비한 지원으로 인해 사내 복지제도가 미흡하다고 응답한 사원의 수가 가장 많다.

1회 기출예상 · 2회 기출예상 · 3회 기출예상 · 4회 기출예상 · 5회 기출예상 · 6회 기출예상

NCS 피듈형 통합 오픈봉투모의고사

[34 ~ 36] 다음 자료를 보고 이어지는 질문에 답하시오.

○○발전의 김 대리는 발전사업자 지원사업 문의답변 업무를 위해 관련된 설명자료를 열람하고 있다.

〈발전사업자 지원사업〉

■ 사업 개요
20X6년부터 발전사업자(○○발전)의 자체자금으로, 기금사업과 동일한 규모의 사업자 지원사업을 시행할 수 있는 정책 근거를 마련하였습니다. 이를 통해 발전소 주변지역에 발전소 건설 및 가동 기간 동안 교육·장학 지원사업, 지역경제협력사업, 주변환경개선사업, 지역복지사업, 지역문화진흥사업 등 다양한 사업을 실시하고 있습니다.

■ 목표 및 추진전략
• 목표 : 지역과 함께하는 ○○발전
• 추진전략
발전산업의 지속가능경영 기반 구축＋주변지역경제기여 및 복지향상＋지역주민과 기업의 조화로운 발전

■ 추진절차

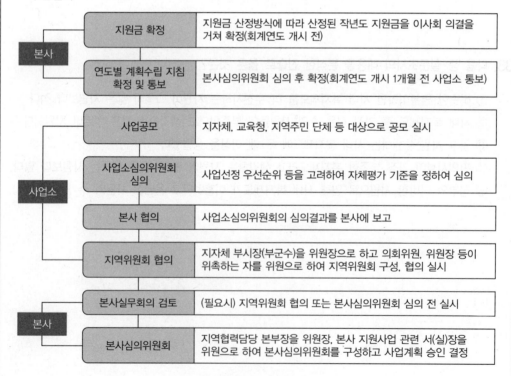

264 NCS 피듈형 통합 오픈봉투모의고사

■ 사업종류

구분	사업세부내용
교육·장학 지원사업	지역 우수인재 육성, 기숙사 마련, 영어마을 연수, 우수교사 유치 및 장학사업 등 교육 관련 지원사업
지역경제협력사업	지역특산물 판로 지원 및 지역산업 경쟁력 강화지원 등 지역경제 활성화를 지원하는 사업
주변환경개선사업	바다정화, 도로정비 및 주거환경 개선 등 지역의 생활환경을 쾌적하게 조성하는 사업
지역복지사업	복지시설 지원, 육아시설 건립·운영, 체육시설 마련 및 마을버스 등 지역주민 복지 향상 사업
지역전통문화진흥사업	문화행사 지원 및 문화시설 건립 지원 등 지역주민이 문화생활을 즐길 수 있는 환경을 조성하는 사업
기타 사업자 지원사업	지역홍보 등 지역특성을 살리고 주민복지증진, 지역현안 해결 및 지역이미지 제고 등을 위한 사업, 사업자지원사업의 계획 및 운영과 관련한 부대사업

34. 다음 중 위 자료를 이해한 내용으로 적절하지 않은 것은?

① 발전사업자 지원사업은 법적 근거에 따라 실시되고 있다.

② 발전사업자 지원사업은 발전소 주변 지역에서 발전소가 가동되는 기간 동안에만 시행된다.

③ 본사실무회의 검토는 필요한 경우에 한하여 실시한다.

④ 발전사업자 지원사업은 다섯 가지 사업 외에도 별도의 사업이 운영될 수 있다.

⑤ 발전사업자 지원사업의 추진전략은 발전산업 경영이 지속적으로 이루어질 수 있는 기반을 마련하는 것을 포함한다.

35. 위 자료를 바탕으로 김 대리가 답변한 내용 중 적절하지 않은 것은?

①

Q	발전사업자 자원사업은 어떤 방향성을 가지고 시행되는 건가요?
A	발전산업의 지속가능경영을 위한 기반을 구축하고, 지역경제 및 복지향상에 기여함으로써 지역주민과 기업이 상생할 수 있도록 발전사업자 지원사업을 실시하고 있습니다.

②

Q	발전사업자 지원사업 공모는 누구를 대상으로 하는 것인가요?
A	발전사업자 지원사업은 발전소 주변 지자체, 교육청, 지역주민 단체 등을 공모 대상으로 하고 있습니다.

③	Q	지역위원회는 어떻게 구성되나요?
	A	발전사업자 지원사업의 협의를 위해 지자체 부시장 혹은 부군수를 위원장으로 하고 위원장 등이 위촉한 위원들로 구성됩니다.

④	Q	사업소에는 발전사업자 지원사업에 대한 연도별 계획수립 지침이 언제 정해지는 거죠?
	A	발전사업자 지원사업은 본사심의위원회의 심의를 통해 확정되며, 이는 회계연도 개시 후 사업소에 통보됩니다.

⑤	Q	본사심의원원회는 어떻게 구성되나요?
	A	지역협력담당 본부장이 위원장, 본사의 지원사업 관련 서장 또는 실장이 위원이 되어 구성됩니다.

36. 다음 회의 내용에서 ㉠에 들어갈 발전사업자 지원사업은?

> 위원장 : 사업소심의위원회를 개최하겠습니다. 우리 지역은 발전소 건립 지역으로 발전사업자 지원사업에 참여할 예정인데, 이에 대해 우리가 참여할 사업을 정해 보고자 합니다.
> 위원 A : 최근 우리 지역에서 학생들 수가 크게 감소하고 있는 추세입니다. 이를 해결할 수 있는 사업이 좋지 않을까 생각합니다.
> 위원 B : 학생들 수가 줄어들고 있기는 하지만, 최근 지역 간 도로 건설 및 마을버스 신규 개통 등 교통수단이 좋아지면서 타지로 학교를 다니는 학생들이 많아져서 그런 것뿐이니 그 문제는 괜찮을 것 같습니다.
> 위원 C : 최근 우리 지역의 전통문화가 국제기구의 주목을 받는다는 소식이 퍼지면서 전통문화진흥사업을 진행한다고 했습니다. 때문에 유사한 사업은 피하는 것이 좋을 것 같습니다.
> 위원 D : 네, 저도 그렇게 생각합니다. 우리 지역의 숨은 역량을 강화할 수 있도록 하는 지역 경제를 이루는 것이 좋을 것 같습니다.
> 위원장 : 네, 그렇다면 우리 지역에서 참여할 사업으로 (㉠   )을 고르겠습니다.

① 지역복지사업   ② 지역전통문화진흥사업
③ 주변환경개선사업   ④ 교육 · 장학 지원사업
⑤ 지역경제협력사업

37. 다음 보도자료를 참고하여 직무설계를 세운 목적으로 적절한 것을 모두 고르면?

> (주)○○는 20X1년부터 기존 연 2회 실시하던 정기 공채를 없애고 '직무중심 상시 공채'로 전환할 것이라고 밝혔다. (주)○○는 "현 2회 실시하는 정기 공채로는 미래 산업환경에 맞는 융합형 인재를 적기에 확보하기가 어렵고 4차 산업혁명 시대에 맞게 채용방식의 변화가 필요하다고 판단했다"라고 설명했다. 이어 "연중 상시로 지원할 수 있어 채용기회도 넓어졌고 회사와 지원자 모두 윈윈(Win-win)하는 효과가 있을 것"이라고 했다.
>
> 채용 주체도 본사가 주도하는 인사부서 선발에서 해당 현업부문이 주도하는 직무중심 선발로 바뀐다. 상시 공채에서는 채용 직무별로 세부정보와 회사가 요구하는 역량을 상세하게 공개한다. 지원자는 직무와 상관없는 '스펙 쌓기'식 지원 대신 회사가 필요로 하는 직무 역량을 쌓는 것이 더 중요해진다. 'XX기업 공채 대비' 같은 취업 준비 프로그램 자체가 무의미해지는 셈이다.
>
> ---
>
> ㄱ. 산업안전보건을 통한 삶의 질 개선   ㄴ. 작업 조직의 기능화
> ㄷ. 성장과 안정을 위한 기회 제공   ㄹ. 인간 능력의 이용과 개발 기회 활용

① ㄱ, ㄴ   ② ㄴ, ㄷ   ③ ㄱ, ㄴ, ㄷ
④ ㄱ, ㄷ, ㄹ   ⑤ ㄴ, ㄷ, ㄹ

38. ○○기계 생산팀은 제품 제조과정에서 발생하는 보조부문 원가를 어떻게 제조부문에 배분할지에 관해 논의하고 있다. 잘못된 의견을 제시한 경우를 모두 고르면?

> ㄱ. 정 사원 : 보조부문 원가를 제조부문에 배분할 때에는 상호 간의 용역수수관계를 어느 정도 인식하는지에 따라 직접배분법, 단계배분법, 상호배분법으로 나눌 수 있습니다.
> ㄴ. 민 대리 : 직접배분법은 보조부문 원가를 제조부문에만 배분하기 때문에 비교적 간단하게 적용 가능합니다.
> ㄷ. 박 대리 : 단계배분법은 배분순서에 따라 결과가 달라진다는 단점이 있습니다.
> ㄹ. 여 과장 : 상호배분법도 배분순서에 따라 달라지는 단점이 있죠. 적용하기도 복잡하구요.
> ㅁ. 추 부장 : 보조부문 상호 간의 용역수수관계를 전부 인정하는 방법은 단계배분법이지.

① ㄱ, ㄴ   ② ㄴ, ㄹ   ③ ㄹ, ㅁ
④ ㄱ, ㄷ, ㄹ   ⑤ ㄴ, ㄹ, ㅁ

www.gosinet.co.kr gosinet

1회 기출예상
2회 기출예상
3회 기출예상
4회 기출예상
5회 기출예상
6회 기출예상

39. ○○물산 총무팀은 신년 부서 연찬회를 낮 최고 기온이 가장 따뜻한 지역의 연수원에서 1박 2일 일정으로 진행하기로 하였다. 연찬회가 시작되는 날의 일기예보가 다음과 같을 때 〈진행일정〉을 참고하여 고른 연찬회 장소는 어디인가?

강릉	광주	대전	대구	백령	부산
구름조금 −5/9℃	구름조금 −5/9℃	구름조금/안개 −8/4℃	구름조금 −8/7℃	구름조금 −11/2℃	맑음 −2/10℃

서울	울릉	전주	제주	청주	춘천
구름조금/안개 −8/3℃	구름많음/비 1/5℃	구름조금 −7/5℃	구름조금 4/11℃	구름조금/안개 −9/3℃	구름조금 −11/1℃

진행일정

가. 연찬회 출발일 : 202X. 1. 5.

나. 연수원 위치 : 강릉, 청주, 전주, 부산, 제주

다. 이용하는 교통편 : 기차 및 연수원 소재 승용차 등

① 강릉 ② 청주 ③ 전주
④ 부산 ⑤ 제주

www.gosinet.co.kr gosinet

1회 기출예상

2회 기출예상

3회 기출예상

4회 기출예상

5회 기출예상

6회 기출예상

40. K 기업 김 사원은 행사를 위해 강의실을 대관하고자 한다. 최소 비용으로 찾을 수 있는 강의실 조합은?

〈대관 시설 현황〉

구분	강의실	강의실 수	수용인원 (명)	주요 장비	대관료(원/4시간)		
					오전	오후	야간
K 건물	대강당	1	500	방송장비, e-station, 통역실	550,000	550,000	660,000
	A 강의실	1	80	빔프로젝트, 방송장비	165,000	165,000	245,000
	B 강의실	2	90	빔프로젝트, 방송장비	194,000	194,000	284,000
	C 강의실	1	108	빔프로젝트, 방송장비, e-station	220,000	220,000	300,000
	중강의실	4	42	방송장비, e-station	140,000	140,000	230,000
	소강의실	9	18	방송장비, e-station	87,000	87,000	150,000
	토의실	11	8	빔프로젝트	66,000	66,000	120,000
P 건물	창의관	1	130	빔프로젝트, 방송장비, 전자교탁	250,000	250,000	330,000
	미래관	3	55	빔프로젝트, 방송장비	180,000	180,000	250,000
	토론관	5	15	빔프로젝트, 방송장비, e-station	36,700	36,700	80,000
	운동장	1	250	축구 골대, 90m 트랙	275,000	275,000	360,000

※ 오전은 8 ~ 12시, 오후는 12 ~ 18시, 야간은 18 ~ 22시이다.

※ 대관 시간이 초과하는 경우, 1시간 단위로 추가 이용료를 부과한다(1시간당 대관료의 30% 부과).

※ 사전 준비 및 철거를 위한 대관도 동일한 이용료를 부과한다.

〈행사 진행 사항〉

• 인원 : 48명
• 일정 : 20X0년 5월 7일 11 : 00 ~ 13 : 00
• 필요 물품 : 방송장비, 의자, 테이블
• 예산 : 550,000원
• 기획 사항
  1) 해당 행사 담당 직원들은 행사 시작 전 1시간, 행사 종료 후 1시간 동안 행사 세팅 및 정리해야 함.
  2) 한 강의실에서 행사 진행 후 1시 이후에는 12명씩 4팀으로 나누어 4개의 다른 강의실로 재배정하여 진행함.
  3) 의자 및 테이블은 시설관리팀에서 개수와 무관하게 보증금 50,000원 지불 후 대여 가능 (이상 없이 반납 시, 보증금 전액 반납)

① A 강의실 2개
② A 강의실 1개, 토론관 4개
③ 미래관 1개, 토론관 4개
④ C 강의실 1개, 소강의실 4개
⑤ C 강의실, 토의실 4개

[41 ~ 42] 다음 상황을 보고 이어지는 질문에 답하시오.

다음은 ○○자동차 경영기획팀 본부장의 지시내용이다. 경영기획팀 P 대리는 다음 사항을 참고하여 2023년에 신규계약을 체결할 부품제조 협력사를 선정해서 보고해야 한다.

〈2023년 부품제조 협력사 선정기준〉

Ⅰ. 개요
  1. 제목 : 차체공장 협력사 변경·선정 검토보고의견
  2. 생산시간 : 07 : 00 ~ 12 : 00
  3. 협조공장 : 프레스공장, 조립공장 이상 2개소

Ⅱ. 차체공장 상황(2022. 05. 기준)
  1. 전기사용량 : 3,375Kwh(설비 1대 기준)
  2. 전기사용료 : 월 102만 원
  3. 연료사용료 : 월 175만 원
  4. 조립공장 대비 : 약 30% 생산비용 추가 소요(설비 1대 기준)

Ⅲ. 향후 협력사 변경을 위한 검토사항
  1. 생산부품 : A 업체와 B 업체 중 선정할 것
  2. A 업체와 B 업체 선정 시 예상 비교 현황

구분	개선효과	예상 지출내역
A 업체	전기사용료 33% 절감	매년 계약금 300만 원씩 지불
B 업체	연료사용료 38% 절감	6개월마다 계약금 200만 원씩 지불

  끝.

의명 ○○자동차(주) 대표이사

41. ○○자동차 차체공장 협력사를 A 업체로 선정하는 경우, 이익이 발생하기까지 몇 개월이 소요되는가?

① 5개월　　　　　② 6개월　　　　　③ 7개월
④ 8개월　　　　　⑤ 9개월

42. ○○자동차 차체공장 협력사로 A 업체와 B 업체가 공동 선정되어 각각 1년씩 생산했을 때, 두 업체의 생산비용 차이는 얼마인가? (단, 생산비용은 계약금을 포함하며, 전기와 연료사용료는 2022년 5월을 기준으로 한다)

① 2,150,400원　　　　② 2,620,000원　　　　③ 2,940,800원
④ 3,196,000원　　　　⑤ 3,278,000원

1회 기출예상
2회 기출예상
3회 기출예상
4회 기출예상
5회 기출예상
6회 기출예상

[43 ~ 45] 성진이는 다음 자료를 바탕으로 다섯 곳의 여행지 A ~ E를 여행할 계획을 세우고 있다. 이어지는 질문에 답하시오.

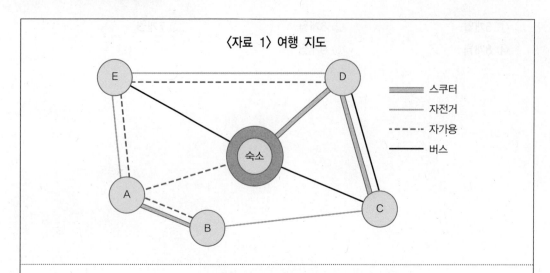

〈자료 1〉 여행 지도

스쿠터
자전거
자가용
버스

〈자료 2〉 여행지 간 거리

(단위 : km)

구분	숙소	A	B	C	D
A	60				
B		30			
C	90		60		
D	60			45	
E	90	120			150

〈자료 3〉 이동수단별 속력 및 시간당 경비

구분	속력	시간당 경비
스쿠터	30km/h	2,000원
자전거	15km/h	무료
자가용	60km/h	4,000원
버스	45km/h	3,000원

43. 성진이는 숙소에서 출발하여 최단거리로 세 곳의 여행지를 둘러보고 다시 숙소로 돌아오려고 한다. 성진이가 이동할 거리는 총 몇 km인가?

① 200km   ② 240km   ③ 280km

④ 320km   ⑤ 340km

44. 성진이는 숙소에서 출발하여 최단 시간으로 모든 여행지를 둘러보고 숙소로 돌아오려고 한다. 성진이가 이동할 시간은 총 몇 시간인가? (단, 들렸던 여행지는 다시 가지 않는다)

① 10시간   ② 11시간   ③ 11시간 30분

④ 12시간   ⑤ 12시간 30분

45. 성진이는 숙소에서 출발하여 최저비용으로 모든 여행지를 둘러보고 숙소로 돌아오려고 한다. 성진이가 교통비로 사용할 금액은 총 얼마인가? (단, 한 번 지나간 길은 다시 지나가지 않는다)

① 12,000원   ② 13,000원   ③ 15,000원

④ 16,000원   ⑤ 18,000원

46. 다음은 ○○기업의 인사관리 직무와 관련된 직무기술서의 일부이다. 밑줄 친 내용 중 인사관리 직무기술서와 가장 관련이 있는 것은?

〈직무기술서〉

직무명	인사관리	직무번호	HM020
직군	사무	직종	인사
직등급	3직급 2등급	직무사업장	본사

[직무 개요]
1) 연간 인사수급계획을 수집하고 종업원의 채용, 배치, 승격, 퇴직에 관한 업무를 수행하며, 관계규정을 관리 · 유지한다.
2) 표준업무량을 조사하여 적정 정원을 배정 · 관리한다.
3) 종업원 능력개발을 위하여 부문별 교육훈련계획을 수립 · 실시한다.
4) ① 안전관리의 산업재해 및 보험업무를 수행한다.
5) 노사협의회 운영에 관한 업무를 수행한다.
6) 노무비의 연간계획을 수립 · 분석한다.
7) 임직원의 표상 · 포상 · 징계에 관한 업무를 수행한다.
8) 기타 위에 관련된 업무를 팀장의 지시에 따라 수행한다.

자격요건			
교육경험	학교교육	4년제 대학 졸업 이상	
	기타교육		
	실무경험	인사업무 3년 이상	
	자격 · 면허		
학술적 지식	경영학	경영학 원론, 인사관리론, 조직관리론 등	
	법학	② 법학정론, 민법, 노동조합법, 노동쟁의조정법, 노동기준법, 행정법 등	
	경제학	경제 원론, 미시경제, 거시경제, 국제경제 등	
	통계학	기초 통계적 지식	
실무적 지식	인사제도	사내 인사관리 및 민자기획에 대한 경험	
	직무분석	③ MES Route 관리, 장비가동률관리에 대한 경험	
	규정	지식 재규정 재 · 개폐 경험	

작업 조건		
노력	신체적 노력	비교적 적다.
	정신적 노력	④ 지도, 기억, 계획, 창의에 대한 노력이 크다.
책임	감독 책임	부하에 대한 감독 책임이 크다.
	공적 책임	⑤ 보통이다.
작업 환경		좋다.
위험도		없다.
직업병		없다.

47. 시스템 개발회사에 입사한 김○○ 씨는 회사의 전체적 업무에 대해 더 잘 이해하고자 다음과 같은 업무수행 시트를 찾아보았다. 이에 대한 특징으로 옳은 것은?

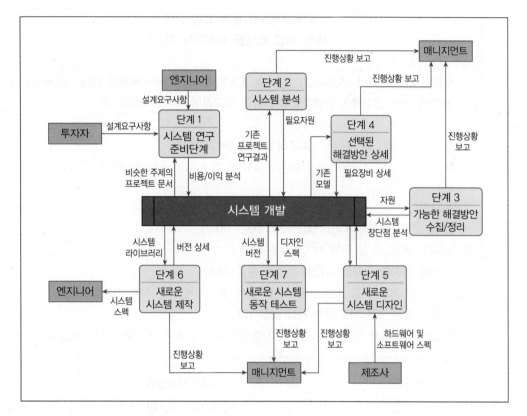

① 단계별로 업무를 수행하는 데 걸리는 시간을 알 수 있다.

② 업무의 각 단계를 효과적으로 수행했는지에 대해 스스로 점검해 볼 수 있다.

③ 전체 일정을 한눈에 볼 수 있다.

④ 업무별 수행수준을 확인하기에 용이하다.

⑤ 일의 흐름을 동적으로 파악할 수 있다.

1회 기출예상

2회 기출예상

3회 기출예상

4회 기출예상

5회 기출예상

6회 기출예상

48. 다음은 K 도시공사 홈페이지 알림판에 올라온 자료이다. 이를 게재한 팀으로 적절한 것은?

다목적체육관 운영 변경 안내
(5월 16일 화요일 15시부터 적용)

    수도권 지역 사회적 거리두기가 2단계로 조정됨에 따라 다목적체육관 실내·외 체육시설을 아래와 같이 변경하여 운영하오니 이용에 참고하여 주시기 바랍니다.

[적용기간] 202X. 5. 16. 15 : 00부터 5. 28. 24 : 00까지
※ 사용가능시설 : 시민체육광장 전 시설, 다목적체육관 전 시설, 소규모체육시설(풋살장 등)

[공통사항]
1. 운영시간이 변경됩니다(6 : 00 ~ 22 : 00).
2. 샤워실 이용 시 한 칸씩 띄어서 사용합니다.
3. 음식물 섭취를 금지합니다(물, 무알콜 음료 허용).
4. K시 시민, K시 직장 소재자, K시 체육단체 및 산하단체만 사용 가능합니다.
5. 신분증 또는 회원카드 필수 지참 바랍니다.
6. 마스크를 반드시 착용해야 하며, 전자출입명부 등을 필수 작성해 주시길 바랍니다.

① 주민제안공모팀   ② 체육레저시설팀
③ 국민건강지원팀   ④ 국민맞춤형서비스지원팀
⑤ 주민시설보수팀

49. 다음 자료를 바탕으로 할 때, 직무역량을 향상시킬 수 있는 행동으로 적절하지 않은 것은?

> 메릴랜드 대학교 경영대학원의 연구는 AI가 이미 인간의 일자리를 일부 잠식하고 있다고 진단하며, 이에 따라 IT 종사자가 인력 관리, 협업, 감성 지능, 협상 기술 등을 갖춰야 한다고 기술하고 있다. 보고서의 공동 저자이자 메릴랜드 대학교의 마케팅 교수인 롤랜드 러스트는 AI와 함께 일하는 미래를 피할 수는 없다고 주장한다. 그는 "AI 시대에서 중요한 것은 AI와의 협업을 인정하는 것이다. AI가 강점을 지닌 부문에서 인간이 경쟁해서는 안 된다"라고 조언했다.
>
> 이어서 그는 "인간은 인간이 잘할 수 있는 것, 즉 '인간적인 역량'에 집중해야 한다. 예를 들어 신입 직원이라면 AI와 협업하는 데 필요한 역량을 개발해야 한다. 또한 AI에게 적합한 직무는 기꺼이 넘겨줄 수 있어야 한다."라고 덧붙였다.
>
> 베인앤컴퍼니의 프랙티스 매니저 메건 베크는 성과 목표를 달성하는 데 영향을 미치는 '역량'에서 변화가 있을 것이라는 의견에 동의했다. 그는 AI가 마치 산업혁명처럼 지형을 재편하고 있다고 설명했다. "물리적 작업을 자동화한 산업혁명이 노동의 가치를 감소시키고, 인간 지성의 가치를 향상시켰다. 이제 AI가 인간의 지성이 필요한 작업, 이를테면 데이터 처리 등을 자동화하고 있다. 이는 곧 인지적 업무의 가치가 떨어지고 있으며, 창의력 혹은 감성 역량 같은 다른 차원의 역량이 부상하고 있음을 의미한다."라고 밝혔다.

① 빅데이터의 가치를 발견하여 선형적인 사고를 통해 처리하는 방법을 개발한다.

② 의사소통, 인간관계 형성, 리더십, 변화관리, 협상 등 소프트 스킬을 개발한다.

③ 하나의 기술을 터득하는 데에만 치중하지 않고 여러 신기술에 적응할 수 있는 능력을 키운다.

④ 자신의 감정을 인식하고 조절하며 타인의 감정을 인식해 이에 알맞게 대처할 수 있는 일을 시킨다.

⑤ 비선형적 사고에 치중해 지성의 수준을 높인다.

50. 다음은 ◇◇기업에서 맥킨지의 7S모델을 활용하여 ○○부서에 대한 내부환경분석을 한 결과이다. 해당 내용은 7S모델 중 어떤 요소에 대한 결과인가?

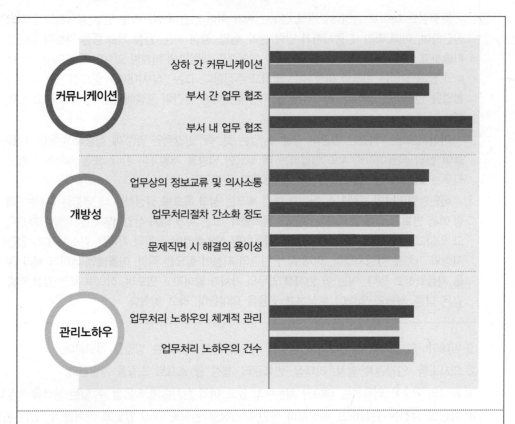

〈시사점〉

• 커뮤니케이션 부문에서 부서 내 업무협조에 대해 상하 간 커뮤니케이션, 부서 간 업무 협조는 원활하지 못한 것으로 인식하고 있음.

• 개방성의 부문에서는 모든 항목에서 타 부서보다 높게 나타남.

• 관리 노하우 부문에서는 업무처리 노하우 전수 항목에서 타 기관 대비 낮은 수준으로 나타남.

① Shared Value(공유가치)   ② Staff(구성원)

③ Strategy(전략)   ④ Structure(조직구조)

⑤ Style(스타일)

51. ○○도시공사는 '소통·협력적 조직문화 조성의 날' 행사를 계획한 뒤, 조직별로 개선방안을 제출하도록 지시하였다. K 팀이 제출한 다음의 보고서를 토대로 할 때, 조직문화 개선방안의 기대효과로 적절하지 않은 것은?

기본에 강하고 사랑과 행복이 넘치는 ○○도시공사

▣ 주제 : 직원 간 업무개선 및 소통, 협력 활성화 방안
▣ 제목 : 칭찬문화 활성화로 신바람 나는 직장분위기 조성

▣ 배경
　• 직원들 간의 관심유발로 인한 유대관계 강화
　• 소정의 상품을 통한 사기진작
　• 업무 외의 영역이 포함된 직원들 간의 관심 및 소통 강화

▣ 본론
　• 직원들 간의 싹트는 관심으로 인하여 직원 상호 간 소통을 유도하고, 업무의 협력을 통한 능률 향상 및 사기 진작
　• 추진방법

　　　- 최초 선정자는 각 부서장(팀장)이 선정한다.
　　　- 선정된 인원이 다음 선정자를 지정한다.
　　　- 선정자는 중복 선정하지 않는다.
　　　- 월 1회 조회시간 등을 이용하여 실시한다.
　　　- 소정의 상품은 10,000원 상당의 상품권 등으로 한다.
　　　- 선정이유는 업무에만 국한되지 않으며, 귀감이 되는 모든 영역을 포함한다.

---

① 직원 간 관심과 격려로 신나는 직장 분위기를 조성할 수 있다.

② 직원 간 및 직원들의 가족 간 화합을 도모할 수 있다.

③ 직원들 간의 부족한 소통 시간을 늘릴 수 있다.

④ 칭찬할 만한 일은 서로가 벤치마킹하여 개개인의 역량을 업그레이드할 수 있다.

⑤ 직원 간 원활한 소통으로 업무에 대한 사기가 증진될 수 있다.

52. 다음은 코로나19 백신 접종과 관련한 자료 중 일부이다. 이를 본 갑 공공기관의 직원들 중 적절하지 않게 말하는 사람을 모두 고르면?

〈코로나19 백신 접종 관련 지방공무원 복무관리 지침〉

Ⅰ. 수립 배경

- 정부는 집단면역 확보를 위해 전 국민 70% 이상 접종을 목표로 2021년 2월부터 코로나19 백신 접종 관련 지침을 적용

  ※「일상 회복을 위한 코로나19 예방접종 계획(2021. 1. 28. 중대본 정례브리핑)」

- 2021년 4월부터 2단계 백신 접종이 시작됨에 따라 백신 접종과 관련한 공무 복무조치 방안 마련 필요

  ※ 코로나19 1차 대응요원은 업무 관련성 등을 고려하여 백신접종 시 '출장', 이상반응 발생 시 '병가' 부여 조치

Ⅱ. 코로나19 백신 접종 단계별 복무관리 지침

1. (접종 당일) 접종에 필요한 시간만큼 '공가' 부여

   - 정부 계획에 따라 공무원이 근무지 외 장소에서 코로나19 백신(이하 '백신')을 접종할 시 직접 필요한 시간*만큼 '공가' 부여(「지방공무원 복무규정」 제7조의 6)

     * 접종기관으로 이동·복귀 시간, 접종에 소요되는 시간, 접종기관에서 이상반응 관찰 시간(15 ~ 30분), 이상반응 발생 등 필요 시 휴식시간 등 포함

     ※ 공가사유 : '코로나19 백신 접종'

   - 코로나19 1차 대응요원*의 경우에는 기 조치(2021. 2. 10.)한 내용에 따라 필요 시 '출장' 처리도 가능

     * 정부의 「코로나19 예방접종 계획」에 따른 코로나19 환자 치료병원 종사자, 코로나19 1차 대응요원(119구급대, 역학조사·검역, 출입국관리 등) 등 코로나19 방역관련 업무를 수행하는 공무원

2. (접종 다음 날) 이상반응 발생자에 대해 진단서 필요없는 1일의 '병가' 부여

   - 백신을 접종받고 직무수행이 어려운 정도의 이상반응*이 발생한 공무원은 「국가공무원 복무규정」 제18조 제3항에도 불구, 접종 다음날 진단서 첨부 없이 '1일의 병가' 사용 가능

     * 근육통, 발열, 두통, 오한, 메스꺼움, 어지러움, 접종부위 반응, 알레르기 반응, 구토, 관절통, 복통, 설사 등

     ※ 병가사유 : '코로나19 백신 접종 후 이상 반응'

   - 다만 이상반응에 따른 병가 사용으로 '21년 병가 사용 누계'가 6일을 초과하게 되는 공무원은 해당 병가 신청을 위해 진단서 대신 '예방접종 내역 확인서' 또는 '예방접종 증명서' 첨부 필요

     ※ 접종기관, 예방접종도우미(www.nip.kdca.go.kr), 정부24에서 발급 가능

III. 백신 접종 관련 복무 관리자 유의사항
- 부서장은 백신 접종으로 인한 부서별 업무 추진 및 행정서비스 제공에 차질이 없도록 접종 순서 등을 소속 공무원과 협의
  - 백신 접종 및 접종 후 이상반응으로 인한 휴가 사용 가능성 등을 고려하여 필요한 경우 사전에 업무대행자 지정 및 인수인계 철저
- 부서장은 소속 공무원에게 백신 접종 후 이상반응이 의심되면 예방접종도우미 누리집 (www.nip.kdca.go.kr)을 통해 이상반응과 대응방법을 확인할 수 있도록 안내
  - 특히, 39도 이상 고열이나 호흡곤란, 두드러기 등의 증상이 나타나거나 접종 후 48시간 이상 이상반응 등이 지속되는 경우에는 즉시 접종기관 또는 가까운 의료기관을 방문할 수 있도록 안내
- 부서장은 백신 접종 당일 소속 공무원들의 백신 접종을 위해 공가를 부여하되, 백신 접종 이외의 목적을 위해 공가를 사용하지 않도록 관리
- 약 33%의 접종자가 근육통, 두통 등 불편함을 호소하였음(질병청 조사 결과)을 고려하여, 부서장은 접종 다음날 소속 공무원에게 이상반응이 발생한 경우 병가를 원활히 사용할 수 있도록 조치
  - 접종 후 이상반응으로 병가를 사용 중인 소속 공무원에 대해 관리자는 매일 해당 공무원의 특이사항 등을 점검하고, 증상이 회복되면 지체 없이 출근할 수 있도록 관리

김 과장 : 백신접종에 필요한 이동시간과 휴식시간까지 공가로 포함되기 때문에 가급적이면 접종을 서둘러 주세요.

이 대리 : 접종 다음 날에도 접종에 대한 이상반응이 있는 경우, 진단서가 있으면 공가가 가능하니까 아픈 걸 참고 무리하지 않아도 됩니다.

박 사원 : 안전진단본부에서 근무하는 제 동기는 접종 후 이상증상이 나타나서 병가 중인데 매일 본부장님이 직접 상태를 확인하셔서 부담스럽다고 합니다.

홍 대리 : 국민의 70% 이상이 접종하는 목표를 이루기 위해 정부에서 애쓰고 있으니, 다소 업무의 공백을 감수하더라도 적극적으로 일하겠습니다.

① 김 과장, 이 대리   ② 이 대리, 박 사원
③ 이 대리, 홍 대리   ④ 박 사원, 홍 대리
⑤ 김 과장, 홍 대리

1회 기출예상

2회 기출예상

3회 기출예상

4회 기출예상

5회 기출예상

6회 기출예상

53. 다음 G 기관의 경영전략체계도 중 '목표 3, 교통서비스 개선 추진'을 위한 전략으로 적절하지 않은 것은?

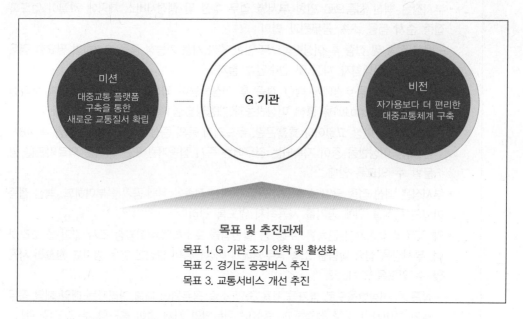

미션
대중교통 플랫폼
구축을 통한
새로운 교통질서 확립

G 기관

비전
자가용보다 더 편리한
대중교통체계 구축

목표 및 추진과제
목표 1. G 기관 조기 안착 및 활성화
목표 2. 경기도 공공버스 추진
목표 3. 교통서비스 개선 추진

① 청소년 교통비 부담 완화를 위한 교통비 지원
② 환승거점 버스이용승객의 편의를 위한 공간 조성
③ 교통서비스 개선을 위한 대중교통 전산플랫폼 구축 추진
④ 노선 입찰제방식 경쟁 입찰에 따른 재정부담 완화
⑤ 버스라운지 조성사업 추진 및 관리

www.gosinet.co.kr

1회 기출예상

2회 기출예상

3회 기출예상

4회 기출예상

5회 기출예상

6회 기출예상

[54 ~ 56] 다음의 조직도를 보고 이어지는 질문에 답하시오.

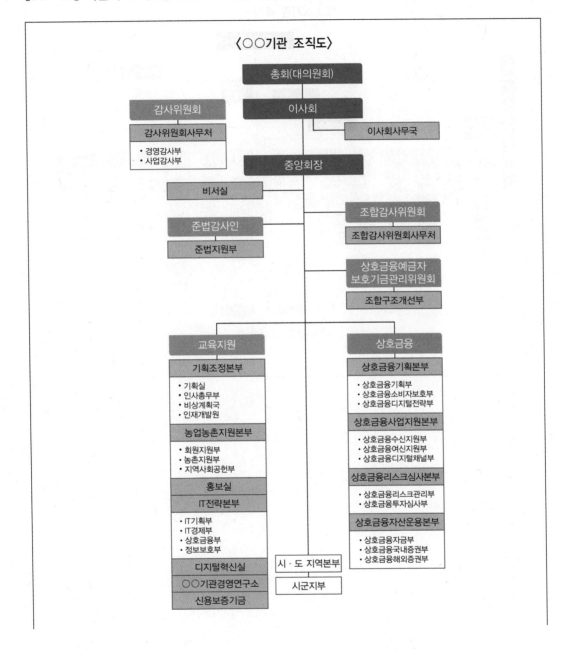

〈○○기관 조직도〉

총회(대의원회)

감사위원회
감사위원회사무처
· 경영감사부
· 사업감사부

이사회
이사회사무국

중앙회장

비서실

준법감시인
준법지원부

조합감사위원회
조합감사위원회사무처

상호금융예금자
보호기금관리위원회
조합구조개선부

교육지원
기획조정본부
· 기획실
· 인사총무부
· 비상계획국
· 인재개발원

농업농촌지원본부
· 회원지원부
· 농촌지원부
· 지역사회공헌부

홍보실
IT전략본부
· IT기획부
· IT경제부
· 상호금융부
· 정보보호부

디지털혁신실
○○기관경영연구소
신용보증기금

상호금융
상호금융기획본부
· 상호금융기획부
· 상호금융소비자보호부
· 상호금융디지털전략부

상호금융사업지원본부
· 상호금융수신지원부
· 상호금융여신지원부
· 상호금융디지털채널부

상호금융리스크심사본부
· 상호금융리스크관리부
· 상호금융투자심사부

상호금융자산운용본부
· 상호금융자금부
· 상호금융국내증권부
· 상호금융해외증권부

시·도 지역본부
시군지부

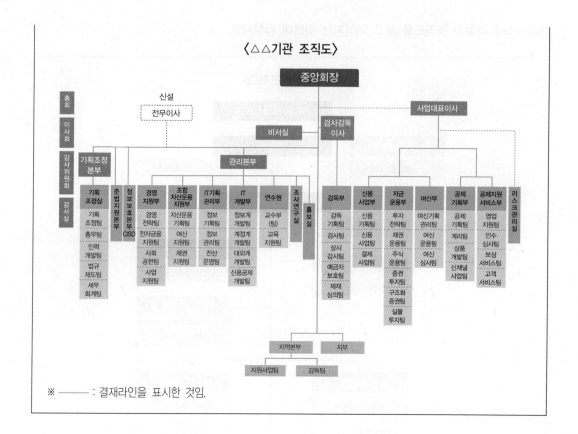

〈△△기관 조직도〉

※ ────── : 결재라인을 표시한 것임.

54. ○○기관의 조직도에 대한 설명으로 옳지 않은 것은?

① 홍보실 업무의 최종 결재권자는 회장이다.

② 조합구조개선부는 회장의 관할이 아니다.

③ 사업에 대한 감사는 조합감사업무와 별개로 실행한다.

④ 위원회마다 보좌할 수 있는 하부 조직이 따로 마련되어 있다.

⑤ ○○기관경영연구소는 교육지원 업무를 수행한다.

55. △△기관의 조직도에 대한 설명으로 옳은 것은?

① 지역본부는 관리이사 관할 조직이다.

② 준법지원업무는 검사감독업무와 다른 결재라인이다.

③ 여신부와 경영지원부는 최종 결재가 같은 라인이다.

④ 인력개발업무 담당조직과 연수원 조직은 같은 이사 관할이다.

⑤ 검사감독 업무와 감사업무는 유사하므로 같은 결재 라인에 있다.

56. ○○기관과 △△기관을 비교한 내용으로 옳지 않은 것은?

① 두 기관 모두 IT 관련 업무를 하는 조직이 존재한다.

② 두 기관 모두 금융업무를 하는 기관이다.

③ 두 기관 모두 비서실이 존재한다.

④ 한 기관은 CEO가 모든 사업을 관장하고, 다른 한 기관은 별도의 대표가 있다.

⑤ 두 기관 모두 준법 감사는 별도의 독립된 조직에서 관장한다.

57. △△공사 홍보팀에서 근무하는 김신영 주임은 이미 진행되었거나 진행 중인 업무 과제 자료를 정리할 때 20X7년 자료, 20X8년 자료, 20X9년 자료 등의 컴퓨터 폴더로 구분하여 분류하고 있다. 김신영 주임이 정보를 분류하는 기준은?

① 주제별 기준　　　　　② 시간별 기준　　　　　③ 용도별 기준
④ 유형별 기준　　　　　⑤ 이름별 기준

58. 한컴오피스 한글 2020의 [수식 편집기] 대화 상자를 통해 〈보기〉와 같은 수식을 입력하였다. 이때, 스크립트 입력 창에서 입력된 명령어가 아닌 것은?

> **보기**
>
> $$2 \times \int_{3}^{2} \lim_{x \to \infty} \sum_{x=1}^{n} f(\triangle x)$$

① TIMES
② sum _{$x=1$} ^{n}
③ {2} over {3}
④ int _{3} ^{2}
⑤ lim _{$x \to$ INF }

1회 기출예상

2회 기출예상

3회 기출예상

4회 기출예상

5회 기출예상

6회 기출예상

59. ○○공사 K 사원이 한글 워드프로세서에서 문서를 작성하며 다음과 같이 '하이퍼링크 고치기'를 실행하였다. 〈보기〉에서 문서에 대한 옳은 설명을 모두 고른 것은?

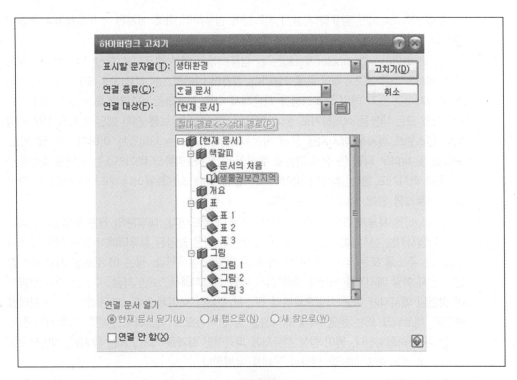

보기

㉠ '생물권보전지역'에 책갈피가 설정되어 있다.

㉡ 문서에는 표, 그림이 포함되어 있다.

㉢ 연결 문서의 종류는 다른 문서에 있는 '아래한글 문서'이다.

㉣ 하이퍼링크가 설정된 '생태환경'을 클릭하면 '생물권보전지역'이라는 책갈피로 이동한다.

① ㉠, ㉡   ② ㉢, ㉣   ③ ㉠, ㉡, ㉣

④ ㉡, ㉢, ㉣   ⑤ ㉠, ㉡, ㉢, ㉣

60. 다음 글을 참고할 때, 〈상황〉에서 J 사원의 노트북이 감염된 멀웨어의 종류로 적절한 것은?

멀웨어(Malware)란 컴퓨터 사용자 시스템에 침투하기 위해 설계된 소프트웨어를 뜻하며 컴퓨터 바이러스, 웜, 트로이 목마, 스파이웨어 등의 종류들이 있다.

컴퓨터 바이러스(Computer Virus)는 한 컴퓨터에서 다른 컴퓨터로 확산되며, 컴퓨터 작동을 방해하는 작은 소프트웨어 프로그램이다. 컴퓨터 바이러스는 컴퓨터의 데이터를 손상시키거나 삭제하고 전자 메일 프로그램을 사용해서 다른 컴퓨터로 바이러스를 퍼뜨리거나 하드 디스크의 모든 내용을 삭제하기도 한다. 컴퓨터 바이러스는 보통 전자 메일 메시지 첨부 파일이나 인스턴트 메시징 메시지를 통해 확산된다. 바이러스는 재미있는 이미지, 인사말 카드, 오디오 및 비디오 파일 등 첨부 파일로 위장할 수 있다. 컴퓨터 바이러스는 인터넷 다운로드를 통해 퍼지기도 한다. 컴퓨터 바이러스는 불법 복제 소프트웨어나 기타 다운로드한 파일 또는 프로그램 안에 숨어 있을 수 있다.

웜(Worm)은 사용자 개입 없이 확산하는 컴퓨터 코드이다. 대부분의 웜은 열었을 때 컴퓨터를 감염시키는 전자 메일 첨부 파일로 시작된다. 웜은 감염된 컴퓨터에서 전자 메일 주소를 포함하는 주소록 또는 임시 웹 페이지와 같은 파일을 검색한다. 웜은 이 주소를 사용하여 감염된 전자 메일 메시지를 보내고 다른 전자 메일 메시지에서 "보낸 사람" 주소를 자주 모방하여 감염된 메시지가 아는 사람으로부터 전송된 것처럼 보이게 한다. 그런 후 웜은 전자메일 메시지, 네트워크 또는 운영 체제 취약성을 통해 자동으로 확산하여 원인이 밝혀지기 전에 시스템을 무력화시킨다. 웜이 항상 컴퓨터에 파괴적인 결과를 가져오지는 않지만, 일반적으로 컴퓨터 및 네트워크 성능과 안정성 문제를 유발한다.

트로이 목마(Trojan Horse)는 다른 프로그램 내에 숨어 있는 악성 소프트웨어 프로그램이다. 화면 보호기와 같은 합법적인 프로그램 내에 숨어서 컴퓨터에 침입한다. 그런 후 해커가 감염된 컴퓨터에 액세스할 수 있도록 하는 코드를 운영 체제에 심는다. 트로이 목마는 일반적으로 스스로 확산되지는 않는다. 바이러스, 웜 또는 다운로드 된 소프트웨어에 의해 확산한다.

스파이웨어(Spyware)의 주요 감염 경로는 P2P 파일공유 프로그램, 각종 무료 유틸리티 프로그램, 스팸메일, 다른 유해 가능 프로그램, 특정 사이트 등이 있다. 이러한 프로그램은 컴퓨터의 구성을 변경하거나 광고성 데이터 및 개인 정보를 수집할 수 있다. 스파이웨어는 인터넷 검색 습관을 추적하고 웹 브라우저를 사용자가 의도하지 않은 다른 웹 사이트로 리디렉션할 수도 있다.

1회 기출예상

2회 기출예상

3회 기출예상

4회 기출예상

5회 기출예상

6회 기출예상

상황

J 사원은 어제 퇴근 후 노트북으로 지인으로부터 간단한 인사말과 안부를 물으며 첨부 파일이 있는 전자메일을 받았다. J 사원은 별다른 의심 없이 해당 첨부 파일을 다운로드 받아 이를 실행했는데, 첨부 파일에 별 내용이 없어 당황했지만 대수롭지 않게 여겼다. 그런데 다음날 출근하여 노트북을 켰더니 컴퓨터의 속도와 성능이 눈에 띄게 저하되어 있었고 네트워크가 안정적으로 연결되지 못하는 문제가 발생했다. J 사원은 혼자서 원인을 파악해 보려고 했으나 시스템이 무력화되어 결국 수리를 맡기기로 하였다.

① 컴퓨터 바이러스 ② 웜
③ 트로이 목마 ④ 스파이웨어
⑤ 아무것에도 해당하지 않음.

61. 다음은 ○○공사에서 산업 재해 예방을 위해 마련한 안전관리시스템 5단계를 나타낸 것이다. 단계별 수행 내용으로 (가) ~ (다)에 들어갈 말을 〈보기〉에서 적절하게 나열한 것은?

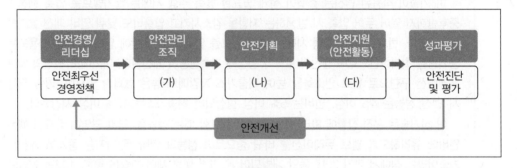

보기

㉠ 중장기 플랜 연계
㉡ 안전관리 컨트롤 타워 운영
㉢ 예방위주 안전증진 활동

	(가)	(나)	(다)		(가)	(나)	(다)
①	㉠	㉡	㉢	②	㉠	㉢	㉡
③	㉡	㉠	㉢	④	㉡	㉢	㉠
⑤	㉢	㉠	㉡				

62. 다음 A 자동차의 신기술 개발에 관한 기사를 파악한 내용으로 적절하지 않은 것은?

A 자동차가 엔진의 종합적인 성능을 획기적으로 높여 주는 최첨단 엔진 신기술을 세계 최초로 개발해 시중판매 중단 자동차에 적용한다고 밝혔다. 이 기술은 지금까지는 부분적으로만 가능했던 엔진 밸브 열림 시간 제어를 획기적으로 늘려 주는 기술로 상충관계인 엔진의 성능과 연료소비효율(이하 연비)을 동시에 향상시키면서 배출가스까지 줄여 주는 것이 특징이다.

자동차의 엔진은 흡입−압축−팽창−배기의 4단계 과정을 통해 연료를 연소시켜 동력을 발생시키는데, 이 과정에서 흡기와 배기가 통과하는 관문인 밸브의 열리고 닫히는 시점과 개폐 깊이를 주행 상황에 따라 조절하는 가변 밸브 제어 기술들을 통해 엔진의 성능과 효율을 높여 준다. 이번 최첨단 엔진 신기술은 엔진의 작동 조건에 따라 흡기 밸브가 열려 있는 기간을 최적화하는 기술이다.

기존의 엔진들은 연비를 우선시하는 아킨슨 사이클, 성능에 중점을 둔 밀러 사이클, 연비와 성능 절충형 오토 사이클 등 세 가지 중 하나의 엔진 사이클을 선택하고 그에 따라 고정된 밸브 듀레이션을 가질 수밖에 없었다. 하지만 이번 신기술은 연비 주행, 가속 주행 등 운전 조건별로 밸브 듀레이션을 길거나 짧게 제어해 아킨슨, 오토, 밀러 사이클을 모두 구현할 수 있다는 것에 기술적인 우수성이 있다. 또한 유효 압축비를 4 : 1 ∼ 10.5 : 1까지 탄력적으로 조절하는 것이 가능해 가변 압축 효과까지 얻을 수 있다.

이 기술이 적용된 엔진은 출력이 적게 필요한 정속 주행 시에는 흡기밸브를 압축 행정의 중후반까지 열어 두어 압축 시 발생하는 저항을 감소시키고 압축비도 낮춰 연비 개선 효과를 볼 수 있다. 반대로 가속 주행 시에는 흡기 밸브를 압축 행정 초반에 닫아 폭발에 사용되는 공기량을 최대화함으로써 엔진의 토크가 향상돼 가속성능이 개선된다. 이외에도 최적의 밸브 듀레이션 구현으로 연료 연소율을 높여 배출가스 저감에도 높은 효과가 있으며, 기술 적용 시 엔진 성능은 4% 이상, 연비는 5% 이상 향상되며 배출가스는 12% 이상 저감된다.

이 신기술은 운전 상황에 따라 성능 영역이 중요할 때는 성능을, 연비 영역이 중요할 때는 연비에 유리하도록 밸브 듀레이션을 바꿔 줌으로써 성능과 연비 두 가지를 동시에 개선한 기술이라는 점에서 과거 30년 동안 개발되어 온 가변 밸브 제어 기술은 물론, 133년 가솔린 엔진 역사에 한 획을 긋는 기술로 평가될 수 있다. A 자동차는 이번 기술 개발을 통해 엔진 분야에서 선도적인 위치에 올라서는 것은 물론, 날로 엄격해지는 배기가스 규제에 적극적으로 대응함으로써 기업 경쟁력을 강화할 수 있을 것이다.

① 신기술을 사용한 자동차의 경우, 정속 주행 시에는 압축 저항과 압축비를 감소시켜 연비를 개선한다.

② 이번 신기술의 가장 큰 특징은 엔진 성능 및 연비는 향상되면서 배출가스는 저감된다는 것이다.

③ A 자동차의 신기술은 기존의 엔진들과는 달리 밸브 듀레이션의 길이를 제어해 기존 엔진들의 특징을 활용한 것이다.

④ A 자동차는 신기술을 사용한 엔진을 시중 판매 차량에 적용할 계획이라고 밝혔다.

⑤ A 자동차의 엔진 신기술은 세계 최초로 개발되었다.

63. 다음은 한 벤치마킹 사례에 대한 기사이다. 이 벤치마킹의 특징으로 옳지 않은 것은?

> ### ○○대학교, '201X 대만 해외 벤치마킹' 전개
>
> ○○대학교(총장 ○○) 외식창업프랜차이즈학과는 지난 4일 '201X 대만 해외 벤치마킹'을 진행했다고 밝혔다. ○○대학교 외식창업프랜차이즈학과는 매년 해외 벤치마킹을 실시, 새로운 창업 아이템 개발과 글로벌시장 트렌드 분석을 통해 학생 창업을 적극 지원한다. 학과생들은 이번 벤치마킹의 테마인 '야시장 투어'에 발맞춰 대만 3대 야시장인 스린 야시장과 라오허제 야시장을 집중 벤치마킹했다. 또한 펑리수 공장을 방문해 펑리수 제조과정 견학과 실습을 실시했다. 스린 야시장은 대만에서 가장 크고 유명한 야시장으로, 지하에는 현지인이 즐겨 찾는 푸드코트를 운영하고 있다.
>
> 외식창업프랜차이즈학과 ○○○ 교수는 "대만은 맞벌이 가정과 1인 가구의 비율이 높아 가정에서 식사가 잘 이뤄지지 않는다. 이에 외식이 보편화된 문화를 갖고 있다."라며 "이러한 이유로 대만의 먹거리는 다양하고, 대만 음식에 대한 국내 소비자의 선호도도 증가하는 추세"라고 설명했다.

① 문화 및 제도적인 차이로 발생되는 효과에 대해 검토하는 모습을 볼 수 있다.

② 이 방법을 이용하면 필요로 하는 정확한 자료의 입수 및 조사가 가능하다.

③ 대상의 적대적인 태도로 인해 자료 수집이 어려울 수 있다.

④ 최고로 우수한 성과를 보유한 동일업종의 비경쟁적 기업을 대상으로 한다.

⑤ 다른 국가에 속한 기업을 대상으로 한다.

64. 다음 〈전력효율 개선장치〉를 참고할 때, 전력효율 개선장치의 전원을 켰을 때의 도선 내부도로 가장 적절한 것은? (단, 선택지의 화살표는 자유전자의 흐름을 나타낸다)

〈전력효율 개선장치〉

1. 기본 이론
   - 전류 : 1A는 전자 6.25×10^{18}개가 1초 동안 단면을 통과하는 전하량을 의미한다.
   - 전류가 흐르면 전기장과 자기장이 생성되고 서로 간 각각 방향 운동으로 전자 간의 충돌이 발생하며 그로 인하여 저항 손실 및 열에너지 손실이 발생한다.
   - 전자는 도선 표면으로 흐르려는 성질이 있으며 이로 인해 수요전력의 약 2 ~ 8% 손실이 발생한다.

2. 전력효율 개선장치 원리

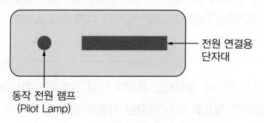

동작 전원 램프
(Pilot Lamp)

전원 연결용
단자대

   - 전력을 사용하는 설비에 별도의 자계를 공급함으로써 전류가 흐르면서 생성되는 자계 방향을 조정하여 전자의 유동속도를 변화시키고 자유전자(e)의 운동방향을 한 방향으로 정렬하게 된다.
   - 자계에너지에 의해 전자흐름이 정렬됨에 따라 전자의 나선운동 반경이 줄어들고 가운데로 정렬되어 전자 간의 충돌로 발생하는 열에너지 손실을 줄이는 절감효과가 있다.
   - 표피로 흐르려는 전자를 감소시켜 유효전류(I)를 증가시킨다.
   - 자유전자는 도선 내부에서 자유롭게 흐르지만 장치를 연결하면 전류와 같은 방향으로 흐른다(전류는 (+)극에서 (−)극으로 흐른다).
   - 자계에너지의 공급장치가 부착된 분전함 등의 설치위치와 전력설비 간 다소 거리가 존재함(최소 10m 이상)에 따라 자계에너지에 의해 개선된 전류흐름이 설비까지 영향을 주는 데 다소 시간이 걸린다.

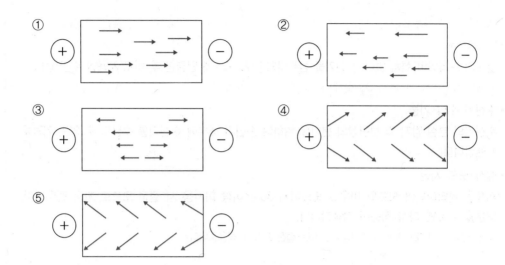

1회 기출예상

2회 기출예상

3회 기출예상

4회 기출예상

5회 기출예상

6회 기출예상

[65 ~ 66] 다음 프레젠터의 제품 매뉴얼을 보고 이어지는 질문에 답하시오.

〈GQ-8700 제품 매뉴얼〉

[제품특징]

• 효과적인 프레젠테이션 지원

  정확한 파워포인트 제어를 위한 2.4GHz 주파수 사용 및 선명한 레이저 포인터와 페이지 UP&Down, F5, Esc, Blank 기능으로 성공적인 프레젠테이션을 지원합니다.

• 트랙볼 마우스 기능

  프레젠터의 트랙볼을 이용하여 보다 손쉽고 편안하게 커서를 움직일 수 있는 마우스 기능을 지원합니다.

• 멀티미디어 제어

  재생, 일시정지, 음량 조절, 이전 곡 및 다음 곡 이동 기능을 지원합니다.

  ※ W 프로그램과 I 프로그램 기준이며 타 미디어 플레이어 예시는 다른 기능이 적용될 수 있습니다.

• LED 라이트

  백색 LED 라이트 기능을 지원합니다.

• 인체공학적 버튼 배열

  인체공학적으로 버튼이 배열되어 편리하고 효율적인 프레젠테이션을 돕습니다.

• Plug&Play

별도의 드라이버 설치 없이, 수신기를 컴퓨터의 USB 포트에 연결한 후 바로 사용할 수 있습니다.

※ Mac OS 이용 시 'Mac OS 설치방법' 참조

• 수신기 수납 기능

수신기의 분실 방지 및 보관상의 편이를 위하여 송신기 내부에 수신기를 수납할 수 있는 기능을
지원합니다.

• 절전 모드 지원

제품을 멀티미디어 모드와 마우스 모드에서 30분 이상 미사용 시 절전 모드로 자동 전환되며,
버튼을 누르면 다시 작동이 가능합니다.

※ 프레젠테이션 모드에서는 미사용 시 바로 절전 모드가 적용됩니다.

[사용설명]

• 운영시스템

Windows 2000 이상 버전의 OS, Mac OS

• 설치방법

PC에 수신기를 장착합니다.

시스템이 Plug&Play 기능으로 새로운 하드웨어를 찾고 자동으로 설치됩니다.

• Mac OS 설치방법

Mac OS에서 첫 사용 시 다음 절차에 따라서 설정을 한 후 사용해 주십시오.

1. 수신기를 노트북이나 컴퓨터에 장착합니다.

2. 키보드 설정 지원 창에서 '계속'을 선택합니다.

3. 키보드 확인 창에서 키보드의 'Z' 키를 누르고 '건너뜀'을 선택합니다.

4. 다음 언어 선택 창에서 'ANSI' 선택 후 '완료' 합니다.

5. 첫 설정 후, 다음 사용 시부터 별도의 설정 없이 Plug&Play 기능이 적용됩니다.

• ID 설정(주파수 설정)

본 프레젠터는 Plug&Play 기능을 지원하지만 만일 제품이 작동하지 않거나 다른 주파수에 의하
여 방해 받을 경우, 다음 절차를 따라서 설정을 한 후 사용해 주십시오.

1. 수신기를 노트북이나 컴퓨터에 장착합니다.

2. 수신기의 Link 버튼을 누르고 적색 LED를 확인합니다.

3. 수신기의 적색 LED가 점등한 상태에서 송신기의 Mode와 Link 버튼을 동시에 2초 이상 누릅
니다.

4. 수신기의 적색 LED가 깜박이면 ID 설정이 완료되었습니다.

• 배터리 설치

송신기 후면의 배터리 커버를 열고 AAA 배터리 2개를 장착합니다.

65. 위 프레젠터 제품 매뉴얼에 대한 이해로 옳지 않은 것은?

① 프레젠터 GQ-8700은 Windows 2000 이상 버전의 OS에서 이용이 가능하다.

② 프레젠터 GQ-8700은 다른 주파수에 의하여 방해를 받을 경우 주파수 설정이 추가적으로 필요하다.

③ 프레젠터 GQ-8700은 멀티미디어 제어 기능도 지원하며, 재생, 일시정지, 음량 조절, 이전 곡 및 다음 곡 이동을 가능하게 해 준다.

④ 프레젠터 GQ-8700은 절전 모드를 지원하며, 프레젠테이션 모드에서 30분 이상 기다려야 절전 모드로 전환된다.

⑤ 프레젠터 GQ-8700 송신기에 사용되는 배터리는 AAA이다.

66. 위 프레젠터 제품 매뉴얼을 참고할 때, 다음의 〈상황〉에서 김 대리가 잘못된 행동을 한 횟수는?

> **상황**
>
> 김 대리는 프레젠테이션 발표를 하기 전에 GQ-8700 프레젠터의 작동을 점검하였다. 하지만 프레젠터의 작동이 되지 않았다. 프레젠터의 건전지를 2개 다 새 AA 건전지로 바꿔 보았으나, 여전히 작동이 되지 않았다. 위 상황을 해결하기 위해 김 대리는 우선 프레젠터의 수신기를 Windows 10 OS가 설치된 노트북에 장착하고, 수신기의 Link 버튼을 눌러 적색 LED를 확인하였다. 그리고 수신기의 적색 LED가 점등된 상태에서 송신기의 Mode와 Link 버튼을 연달아 2초 이상 눌렀다. 수신기의 적색 LED가 깜빡인 것을 보고 ID 설정이 완료되었다고 생각했지만, 프레젠터를 작동시켰을 때 정상적으로 작동되지 않았다.

① 0번   ② 1번   ③ 2번

④ 3번   ⑤ 4번

1회 기출예상 2회 기출예상 3회 기출예상 4회 기출예상 5회 기출예상 6회 기출예상

[67 ~ 68] 시스템관리 업무를 담당하고 있는 최 사원은 다음 〈매뉴얼〉에 따라 업무를 진행한다. 이어지는 질문에 답하시오.

〈매뉴얼〉

• 매주 월요일, 목요일은 정기검침일이다.
• 정기검침일에는 PSD CODE의 절반 값을 적용한다.
• X의 값 : 가운데 계기판 눈금이 (+)일 경우, 가운데 숫자는 고려하지 않는다.
• Serial Mode : 2개 또는 3개의 총합
• Parallel Mode : 2개 또는 3개의 평균값

〈허용범위기준 및 조치방안〉

허용 범위		알림
X ≤ PSD CODE－3		안전
PSD CODE－3 < X ≤ PSD CODE		경계
X > PSD CODE		경고
안전 － 현재를 유지한다.	경계 － Serial : 빨간 버튼 － Parallel : 초록 버튼	경고 － 두 버튼을 모두 누른다.

67. 위 〈매뉴얼〉을 보고 다음 상황의 시스템에서 취해야 할 적절한 행동은?

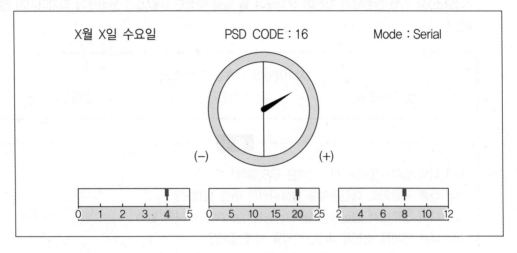

① 현재를 유지한다.　　　　　② 빨간 버튼을 누른다.
③ 초록 버튼을 누른다.　　　　④ 두 버튼을 모두 누른다.
⑤ 알 수 없다.

68. 위 〈매뉴얼〉을 보고 다음 상황의 시스템에서 취해야 할 적절한 행동은?

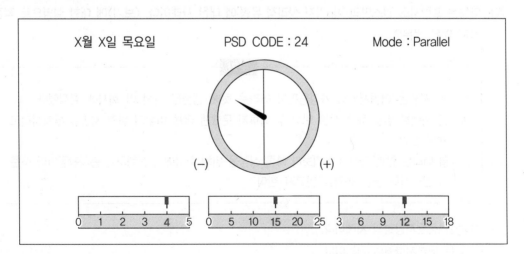

① 현재를 유지한다.　　　　　② 빨간 버튼을 누른다.
③ 초록 버튼을 누른다.　　　　④ 두 버튼을 모두 누른다.
⑤ 알 수 없다.

1회 기출예상
2회 기출예상
3회 기출예상
4회 기출예상
5회 기출예상
6회 기출예상

69. 직업인으로서 자기개발은 자아인식, 자기관리, 경력개발로 나뉜다. 다음 중 〈자기개발을 이루는 구성요소〉와 이와 관련해서 자신이 생각해야 될 일을 작성한 〈예시〉가 올바르게 짝지어지지 않은 것은?

〈자기개발을 이루는 구성요소〉

ㄱ. 자아인식   ㄴ. 자기관리   ㄷ. 경력개발

예시

(가) 나의 업무수행에서 장·단점은 무엇일까?

(나) 다른 사람과의 대인관계를 향상시키기 위한 방법은?

(다) 나의 업무에서 생산성을 높이기 위해서는 어떻게 해야 할까?

(라) 나는 언제쯤 승진을 하고, 퇴직을 하게 될까?

(마) 내가 관심을 가지고 있는 직업군은 무엇이 있는가?

① ㄱ-(가)   ② ㄱ-(마)   ③ ㄴ-(나)

④ ㄷ-(다)   ⑤ ㄷ-(라)

70. 다음은 프란시스 킨스만의 '세 가지 심리적 유형'에 대한 사례이다. 〈보기〉에 대한 설명으로 적절하지 않은 것은?

보기

ㄱ. 강 사원은 어려서부터 가정형편이 어려운 탓에 생존을 위해 이 회사에 취직했다.

ㄴ. 곧 정년을 앞둔 윤 부장은 퇴직 후 이루지 못했던 꿈을 이루기 위해 시간을 투자하려고 계획 중이다.

ㄷ. 황 대리는 함께 입사한 동기보다 빠른 성공을 위해 회사에서 진행하는 봉사활동마다 꾸준히 참석하여 좋은 평가를 받고자 한다.

① ㄱ은 생존지향형의 사례이다.

② ㄴ은 내부지향형의 사례이다.

③ 사람들은 일반적으로 ㄱ → ㄴ → ㄷ 순으로 삶을 추구한다.

④ ㄱ에 해당하는 사람의 경우, 금전적 욕구와 사회적 안전을 최고의 목적으로 삼는다.

⑤ ㄷ에 해당하는 사람의 경우 주변인의 평가, 사회적 지위를 행동 기준으로 삼는다.

71. 다음 〈보기〉는 자기 브랜드 유형과 관련된 사례이다. 이에 대한 설명으로 적절하지 않은 것은?

> **보기**
>
> ㄱ. A 씨는 '독창적인 마케팅 광고의 전문가'라는 콘셉트의 포트폴리오를 만들어 입사지원서를 제출하였다.
>
> ㄴ. B 씨는 홈트, 비키니 몸매 만들기 등 일반적이고 추상적인 운동 책이 아니라 '목표는 애플힙'이라는 엉덩이 집중 운동 책을 발간하였다.
>
> ㄷ. C 씨는 각각의 분야에서 능력이 출중한 사람들과 한 팀을 만들어 함께 회사를 운영하며 동일 업종에서 큰 시너지를 내고 있다.
>
> ㄹ. D 씨는 상세한 시장 조사를 통해 비슷한 경쟁자가 없음을 확인하고 '최초의 정신과 의사 출신 컨설팅 전문가'라는 키워드를 내세워 홍보하였다.

① 자기 브랜드 유형은 크게 개척가형, 집중형, 틈새형, 조합형 등 4가지로 나뉜다.

② ㄱ은 집중형, ㄹ은 개척가형의 사례이다.

③ ㄱ과 ㄴ은 함께 생각할 때 더 큰 효과를 얻을 수 있다.

④ ㄴ은 한 분야에서 지속적으로 전문성을 쌓아 시장의 흐름을 꿰뚫어보는 노하우를 가진 사람에 해당한다.

⑤ ㄷ은 ㄱ에 해당하는 사람들이 서로 뭉쳐서 더 큰 시너지를 내는 것이다.

72. 박혜미 씨는 자신의 흥미와 적성을 바탕으로 진로를 탐색하고자 먼저 Holland의 6가지 모형을 공책에 정리하였다. 정리한 내용이 알맞지 않은 것은?

〈Holland의 진로탐색검사 6가지 유형〉

[현실형]
정서적으로 안정된 것을 선호하고 실용적이고 검소하며 인내력이 있고 기계적 적성이 높다.

[탐구형]
독립적이고 내향적이며 논리적·분석적·합리적이며 지적호기심이 많고 수학적 적성이 높다.

[예술형]
상상력이 풍부하고 감수성이 강하며, 자유분방, 개방적이며 창의적 적성이 높다.

[사회형]
인간주의적이고 친절하고 이해심이 많으며 다른 사람의 복지에 대해 관심을 갖는다.

[진취형]
지도력·설득력이 있고 열성적·경쟁적·야심적·외향적이며 통솔력과 언어적성이 높다.

[관습형]
이상적·창조적이고 변화를 좋아하며 심미적인 일에 가치와 신념을 가지고 있다.

① 탐구형   ② 예술형   ③ 사회형

④ 진취형   ⑤ 관습형

73. 다음 중 협상에서 일어나는 일반적인 실수와 그에 대한 대처 방안의 연결이 올바른 것을 모두 고르면?

협상에서의 실수		대처 방안
㉠	충분한 준비 없이 협상을 시작함.	상대방이 먼저 협상을 요구하거나 재촉하면 아직 준비가 덜 되었다고 솔직히 말한다. 그리고 질문을 통해 상대방의 입장을 파악하도록 한다. 준비가 되지 않았다면 상대방의 의견을 듣기만 하는 것도 좋다.
㉡	잘못된 상대와 협상함.	협상 대상의 착오를 방지하기 위해 가능한 최고책임자와 협상을 하는 것이 좋다. 책임을 질 수 있고 타결 권한을 가지고 있는 최고책임자의 권한이 확인되면 바로 협상을 시작한다.
㉢	협상과정 중 통제권을 잃을까 두려움.	협상은 상대를 통제하는 것이 아니라 함께 의견 차이를 줄이며 최선의 해결책을 찾는 것이다. 통제권을 잃을까 염려되면 그 사람과의 협상 자체를 다시 생각해 본다. 자신의 한계를 파악하고 이를 주의하면 그러한 걱정을 하지 않게 된다.
㉣	상대방에 대해 너무 많이 염려함.	너무 많은 염려는 불필요하지만 협상을 타결 짓기 전 자신과 상대방의 결과를 비교해 볼 필요가 있다. 협상 결과가 현실적으로 효력이 있더라도 자신의 결과가 만족스럽지 않다면 회피 전략(Lose-Lose 전략)을 사용하는 것도 좋다.

① ㉠, ㉡
② ㉠, ㉣
③ ㉡, ㉢
④ ㉡, ㉣
⑤ ㉢, ㉣

1회 기출예상 2회 기출예상 3회 기출예상 4회 기출예상 5회 기출예상 6회 기출예상

74. 다음은 A 출판사 박 대표와 편집부 최 부장, 영업부 김 부장의 회의 내용이다. 다음 설명 중 옳지 않은 것은?

> 박 대표 : 다음 달에 나올 신간은 잘 진행되고 있나요?
>
> 최 부장 : 현재 원고 정리 마무리 단계에 있는데요. 사실 원고가 너무 부실해서 그대로 진행하면 책답지 않은 책이 나올 것 같습니다.
>
> 박 대표 : 그렇다면?
>
> 최 부장 : 시간은 들겠지만 저자에게 원고를 보강해 달라고 하고, 사진 자료를 더 넣는 것이 어떻...
>
> 김 부장 : 잠깐만요. 지금 준비하는 그 책이 채식에 관한 거죠? 요즘 사회적 이슈가 채식이니까 지금이 책이 나올 적기인데.
>
> 최 부장 : 저도 알아요. 하지만 원고를 정리하면서 이건 아니다 싶으니까 편집부 회의를 통해...
>
> 김 부장 : 그러니까 이제 와서 엎자는 거예요?
>
> 최 부장 : 누가 엎자고 했습니까? 보충하자는 것이지요.
>
> 김 부장 : 그 말이 그 말이죠. 최 과장님은 영업을 잘 모르겠지만 요즘은 내용으로 승부하는 게 아니라 제목, 표지, 영업력이 좋아야 해요. 요즘 사람들은 머리 쓰는 거 싫어서 깊이 있는 내용의 무거운 책은 잘 안 팔리는 추세고요.
>
> 최 부장 : 아니, 김 과장님! 편집을 그렇게 쉽게 생각하시다니! 이런 식의 책 작업은 우리 회사 철학에도 맞지 않고...
>
> 김 부장 : 발끈하시기는. 대표님, 이 책은 지금 내야 팔리는 책입니다. 이제 와서 원고를 보강하느라 시간을 버리는 건 말도 안 되지요.

① 박 대표는 상사로서 두 사람의 갈등을 중재하지 못하고 있다.

② 김 부장과 최 부장은 개인적 수준에서 서로를 감정적으로 공격하고 있다.

③ 김 부장과 최 부장은 서로 접촉을 꺼려 갈등이 증폭되고 있다.

④ 김 부장은 최 부장의 말이 끝나기도 전에 상대의 의견에 대해 공격하고 있다.

⑤ 김 부장과 최 부장은 각자의 의견만 고수하고 있다.

75. 다음은 로버트 켈리의 멤버십 유형에 관한 내용이다. (가), (나)에 대한 설명으로 옳지 않은 것은 모두 몇 개인가?

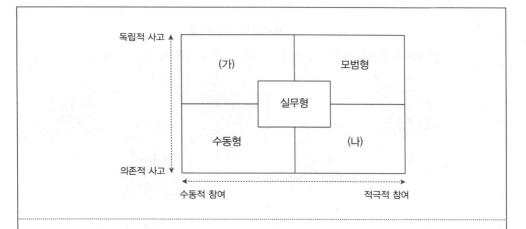

㉠ (가) 유형은 지시가 있어야 행동한다.
㉡ (가) 유형은 조직이 자신을 인정해 주지 않는다고 생각한다.
㉢ (가) 유형은 동료들로부터 종종 부정적이라는 평가를 받는다.
㉣ (나) 유형은 조직의 운영방침에 민감하다.
㉤ (나) 유형은 개인의 이익을 극대화하기 위해 흥정에 능하다.
㉥ (나) 유형은 조직의 질서를 따르는 것을 중요하게 여겨 리더의 의견을 거스르지 않는다.

① 1개   ② 2개   ③ 3개
④ 4개   ⑤ 5개

76. A 기관의 인사팀 H 대리는 다음과 같이 관리자를 위한 리더십 교육을 진행 중이다. ㉠~㉤ 중 변화관리방법에 대한 내용으로 옳지 않은 것은?

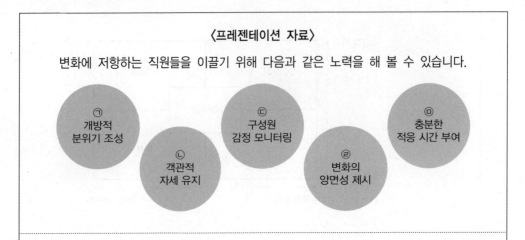

〈프레젠테이션 자료〉

변화에 저항하는 직원들을 이끌기 위해 다음과 같은 노력을 해 볼 수 있습니다.

㉠ 개방적 분위기 조성
㉡ 객관적 자세 유지
㉢ 구성원 감정 모니터링
㉣ 변화의 양면성 제시
㉤ 충분한 적응 시간 부여

㉠ 먼저 개방적인 분위기를 조성해야 합니다. 개방성만큼 조직구성원들을 자신의 편으로 만드는 데 좋은 것은 없습니다. 거리낌 없이 질문하게 하고, 솔직하게 답변하시기 바랍니다.

㉡ 변화를 함에 있어 객관적인 자세로 임해야 합니다. 논리적이고 합당한 근거를 직접 직원들에게 확인시켜 변화가 필요한 이유를 명확히 설명해야 합니다.

㉢ 조직구성원들의 감정을 세심하게 살피셔야 합니다. 사람은 본능적으로 변화를 거부하게 되어 있습니다. 변화가 이루어지면 이익이 생기는 한편, 중요하게 여기는 것을 포기해야 할 수도 있다는 점을 알려줄 필요가 있습니다.

㉣ 변화가 지닌 양면성을 설명해야 합니다. 변화의 긍정적인 면뿐만 아니라, 잠재적인 문제점을 부각하여, 끊임없는 개선을 이끌어내야 합니다.

㉤ 조직구성원들이 변화에 적응할 시간을 충분히 줘야 합니다. 기존 업무를 바탕으로 새로운 것에 집중하도록 자극하여 긍정적 목표를 달성하는 것이 중요합니다.

① ㉠   ② ㉡   ③ ㉢
④ ㉣   ⑤ ㉤

77. 다음 〈보기〉를 바탕으로 할 때, '친절'에 대해 설명한 내용으로 적절하지 않은 것은?

> **보기**
>
> "안녕하십니까? 제 이름은 이다원입니다. 먼저 제 이름으로 삼행시를 지어 볼까 합니다. 다 함께 제 이름을 기억하시고 운을 띄워 주세요. 하나! 둘! 셋! …"
> '이' 다원은 경남 ○○군 ○○사무소 친절 얼짱입니다.
> '다' 원이는 자신이 있습니다. 특히 친절, 건강, 미소에 자신이 있습니다.
> '원' 하시는 것이 무엇인가요? 정성껏 도와드리겠습니다.
>
> 지난 20일 ○○시 인재개발원 대강당에서 치러진 '201X년 베스트 친절공무원 콘테스트'에서 ○○군 대표로 참가한 이다원 주무관(사회복지 9급)의 발표내용이다.
>
> 이 주무관은 공직생활에서 완생의 필수요소는 친절이며 친절은 내 얼굴에서부터 나오는 것이라고 강조했다. 눈의 목적은 고객의 눈높이에 맞게 낮추는 것이며, 귀로는 항상 고객의 작은 소리까지 들어야 한다는 '이청득심'의 마음으로 경청해야 하며, 내가 먼저 반갑게 다가가서 인사하는 입을 가져야 민원인의 마음을 움직일 수 있다는 것이다.

① 고객이 원하는 바를 신속하게 해결해 주어 고객의 마음을 편안하고 기분 좋게 해 주는 것도 친절이라고 할 수 있어.

② 이청득심(耳聽得心)이라는 말도 있잖아. 고객의 작은 소리에 귀를 기울여야 고객의 마음을 얻을 수 있지.

③ 친절은 주로 공무원 아니면 사기업의 서비스직에서 요구되니까 우리 같은 연구직 종사자는 친절 교육을 받지 않아도 돼.

④ 〈보기〉와 같은 친절 콘테스트는 확실히 직원의 사기진작과 친절 분위기 확산에 기여한다고 봐.

⑤ 친절은 직장생활 시 타인을 대함에 있어 가장 기본적인 태도들 중 하나야.

78. 다음 〈보기〉의 내용은 회사가 직장 내 괴롭힘에 대해 중요하게 생각하고 있음을 인식시키기 위해 작성한 '반(反)괴롭힘 정책 선언문'이다. 이를 통해 알 수 있는 선언문의 작성 목적으로 적절하지 않은 것은?

보기

〈반(反)괴롭힘 정책 선언문〉

회사는 직원들을 존중하고, 직원들이 안전하게 근무할 수 있는 환경을 조성하기 위하여 노력한다. 회사는 직원들의 인격이 무시되는 어떠한 직장 내 괴롭힘 행위도 용인하지 않음을 분명히 선언한다.

경영진은 최우선적으로 직장에서 괴롭힘을 예방하기 위한 정책을 중요하게 다룰 것이며, 직장 내 괴롭힘이 발생할 경우 대응 매뉴얼에 따라 피해자가 그 피해를 복구할 수 있도록 최선을 다해 지원할 것이다.

관리자는 직원들이 회사 생활을 원만하게 하도록 돕고, 직원들 간의 괴롭힘 행위가 발생하지 않는지를 항상 예의주시하여야 한다. 또한 직원들과의 커뮤니케이션에 신경 써서 직장 내 괴롭힘이 발생하지 않도록 사전에 예방하여야 한다.

직원들은 다른 직원을 대함에 있어 상호 존중을 기본으로 삼아야 하며, 다른 직원을 신체적, 정신적으로 괴롭히는 행동을 절대 하지 말아야 한다.

① 직원 간의 상호 존중을 강조하여 안전한 근무환경을 조성하기 위함이다.
② 직장 내 괴롭힘 발생 시 가해자에 대한 강력한 처벌 기준을 규정하기 위함이다.
③ 경영자가 적극적인 의지를 가지고 직장 내 괴롭힘 근절 메시지를 선언하기 위함이다.
④ 직장 내 괴롭힘 사전 예방을 위한 직원들과의 커뮤니케이션의 중요성을 알리기 위함이다.
⑤ 직원들의 인격 존중에 대해 유념하고 있음을 알리기 위함이다.

79. 다음은 법령 정보 관련 웹사이트의 '질문 있어요' 게시판에 올라온 글이다. 질문에 대한 답으로 적절하지 않은 것은?

〈동성(同性) 및 남성에 대한 성희롱〉

Q1. 생산직 사원(성인 남성)으로 근무하고 있는데, 작업을 하고 있으면 상사들(모두 남성)이 뒤에서 껴안듯이 하며 엉덩이를 만지거나 툭툭 치기도 합니다. 기분이 나쁜데, 이것도 성희롱인가요?

Q2. 작업장에서 직장동료인 B(여성)가 나(남성)를 껴안으려 하자, 다른 동료 A(여성)가 "내 거야. 손대지 마!"라고 하여 불쾌했습니다. 평소에도 A는 근무 중에 나의 엉덩이를 툭툭 건드리거나 볼에 뽀뽀를 하는 등 이를 거부해도 아랑곳하지 않아 성적 굴욕감을 느껴 회사를 그만두었습니다. 이것도 직장 내 성희롱인가요?

---

① 사업주는 직장 내 성희롱 피해를 입은 근로자나 성희롱 피해를 입힌 가해자를 회사 기준에 따라 해고하거나 불리한 조치를 취할 수 있습니다.

② 업무관련성이 있고 그와 같은 행위로 인해 성적 굴욕감이나 성적 수치심을 느꼈다면 직장 내 성희롱에 해당합니다.

③ 사업주·상급자가 아닌 직장동료들도 업무와 관련하여 다른 근로자에게 성적 언동 등으로 성적 굴욕감 또는 혐오감을 느끼게 하면 직장 내 성희롱에 해당합니다.

④ 성희롱 피해자의 성별은 제한되지 않으며 남성의 남성에 대한 성희롱, 여성의 여성에 대한 성희롱도 있을 수 있습니다.

⑤ 상대방이 원하지 않는 성적인 언동이나 행동이 반복되거나, 한 번의 성적 언동이라도 심한 경우에는 직장 내 성희롱이 성립됩니다.

80. 다음 기사로 알 수 있는 생산자와 관계자가 갖춰야 할 윤리 항목으로 적절한 것은?

〈냉장식품 유통기한 위·변조한 □□마트 적발〉

　지난 11일 □□마트에서 젓갈을 구입하여 먹은 소비자들이 집단으로 식중독에 걸려 병원에 입원하는 일이 있었다. 해당 마트는 유통기한이 지난 식품의 날짜 표기를 새롭게 바꾸는 식으로 유통기한을 위·변조해 판매하여 이익을 얻은 사실이 경찰에 의하여 적발되었다.

　식약처가 문제의 젓갈을 수거하여 검사한 결과, 대장균이 검출되어 □□마트에 영업정지 등의 행정조치를 내렸다고 한다. 아울러 식약처는 건전한 식품 문화 조성을 위해 식품 관련 위법 행위를 목격하거나 불량식품으로 의심되는 제품에 대해서는 민원상담 전화 110으로 신고해 줄 것을 당부했다.

---

① 신의와 정직　　　　② 평등과 공정성　　　　③ 봉사와 희생
④ 충성과 복종　　　　⑤ 친절과 배려

초록이 피톨핑 모의고사

1회 기출예상문제

감독관 확인란

성명표기란

(ㄱ)	(ㄱ)	(ㄱ)	(ㄱ)	(ㄱ)	(ㄱ)	(ㄱ)	(ㄱ)

수험번호

⑨	⑧	⑦	⑥	⑤	④	③	②	①	⑩
⑨	⑧	⑦	⑥	⑤	④	③	②	①	⑩
⑨	⑧	⑦	⑥	⑤	④	③	②	①	⑩
⑨	⑧	⑦	⑥	⑤	④	③	②	①	⑩

(주민등록 앞자리 생년제외) 월일

⑨	⑧	⑦	⑥	⑤	④	③	②	①	⑩
⑨	⑧	⑦	⑥	⑤	④	③	②	①	⑩
⑨	⑧	⑦	⑥	⑤	④	③	②	①	⑩
⑨	⑧	⑦	⑥	⑤	④	③	②	①	⑩

문번	답란
1	① ② ③ ④ ⑤
2	① ② ③ ④ ⑤
3	① ② ③ ④ ⑤
4	① ② ③ ④ ⑤
5	① ② ③ ④ ⑤
6	① ② ③ ④ ⑤
7	① ② ③ ④ ⑤
8	① ② ③ ④ ⑤
9	① ② ③ ④ ⑤
10	① ② ③ ④ ⑤
11	① ② ③ ④ ⑤
12	① ② ③ ④ ⑤
13	① ② ③ ④ ⑤
14	① ② ③ ④ ⑤
15	① ② ③ ④ ⑤
16	① ② ③ ④ ⑤
17	① ② ③ ④ ⑤
18	① ② ③ ④ ⑤
19	① ② ③ ④ ⑤
20	① ② ③ ④ ⑤

문번	답란
21	① ② ③ ④ ⑤
22	① ② ③ ④ ⑤
23	① ② ③ ④ ⑤
24	① ② ③ ④ ⑤
25	① ② ③ ④ ⑤
26	① ② ③ ④ ⑤
27	① ② ③ ④ ⑤
28	① ② ③ ④ ⑤
29	① ② ③ ④ ⑤
30	① ② ③ ④ ⑤
31	① ② ③ ④ ⑤
32	① ② ③ ④ ⑤
33	① ② ③ ④ ⑤
34	① ② ③ ④ ⑤
35	① ② ③ ④ ⑤
36	① ② ③ ④ ⑤
37	① ② ③ ④ ⑤
38	① ② ③ ④ ⑤
39	① ② ③ ④ ⑤
40	① ② ③ ④ ⑤

문번	답란
41	① ② ③ ④ ⑤
42	① ② ③ ④ ⑤
43	① ② ③ ④ ⑤
44	① ② ③ ④ ⑤
45	① ② ③ ④ ⑤
46	① ② ③ ④ ⑤
47	① ② ③ ④ ⑤
48	① ② ③ ④ ⑤
49	① ② ③ ④ ⑤
50	① ② ③ ④ ⑤

잘라서 활용하세요

초록이 피튼형 모의고사

2회 기출예상문제

감독관 확인란

문번	답란	문번	답란	문번	답란	문번	답란
1	① ② ③ ④	21	① ② ③ ④	41	① ② ③ ④		
2	① ② ③ ④	22	① ② ③ ④	42	① ② ③ ④		
3	① ② ③ ④	23	① ② ③ ④	43	① ② ③ ④		
4	① ② ③ ④	24	① ② ③ ④	44	① ② ③ ④		
5	① ② ③ ④	25	① ② ③ ④	45	① ② ③ ④		
6	① ② ③ ④	26	① ② ③ ④	46	① ② ③ ④		
7	① ② ③ ④	27	① ② ③ ④	47	① ② ③ ④		
8	① ② ③ ④	28	① ② ③ ④	48	① ② ③ ④		
9	① ② ③ ④	29	① ② ③ ④	49	① ② ③ ④		
10	① ② ③ ④	30	① ② ③ ④	50	① ② ③ ④		
11	① ② ③ ④	31	① ② ③ ④				
12	① ② ③ ④	32	① ② ③ ④				
13	① ② ③ ④	33	① ② ③ ④				
14	① ② ③ ④	34	① ② ③ ④				
15	① ② ③ ④	35	① ② ③ ④				
16	① ② ③ ④	36	① ② ③ ④				
17	① ② ③ ④	37	① ② ③ ④				
18	① ② ③ ④	38	① ② ③ ④				
19	① ② ③ ④	39	① ② ③ ④				
20	① ② ③ ④	40	① ② ③ ④				

성명표기란

수험번호

⓪ ① ② ③ ④ ⑤ ⑥ ⑦ ⑧ ⑨

(주민등록 앞자리 생년제외) 월일

⓪ ① ② ③ ④ ⑤ ⑥ ⑦ ⑧ ⑨

수험생 유의사항

※ 답안은 반드시 컴퓨터용 수성사인펜으로 보기와 같이 바르게 표기해야 합니다.
〈보기〉 ① ② ③ ❹ ⑤

※ 성명표기란 위 칸에는 성명을 한글로 쓰고 아래 칸에는 성명을 정확하게 ● 표기하시며
(단, 성과 이름은 붙여 씁니다)

※ 수험번호 표기란 위 칸에는 아라비아 숫자로 쓰고 아래 칸에는 숫자와 일치하게 ● 표기하십시

※ 출생월일은 반드시 본인 주민등록번호의 생년월을 제외한 월 두 자리, 일 두 자리를 표기하십시
오. (예) 1994년 1월 12일 → 0112

3회 기출예상문제

감독관 확인란

gosinet (주)고시넷

성명표기란

수험번호

수험생 유의사항

※ 답안은 반드시 컴퓨터용 수성사인펜으로 보기와 같이 바르게 표기해야 합니다.
〈보기〉 ① ② ③ ❹ ⑤

※ 성명표기란 위 칸에는 성명을 한글로 쓰고 아래 칸에는 성명을 정확하게 ● 표기하십시오.
(단, 성과 이름은 붙여 씁니다)

※ 수험번호 표기란 위 칸에는 아라비아 숫자로 쓰고 아래 칸에는 숫자와 일치하게 ● 표기하십시
오.

※ 출생월일은 반드시 본인 주민등록번호의 생년을 제외한 월 두 자리, 일 두 자리를 표기하십시
오. (예) 1994년 1월 12일 → 0112

(주민등록 앞자리 생년제외) 월일

문번	답란			
1	①	②	③	④
2	①	②	③	④
3	①	②	③	④
4	①	②	③	④
5	①	②	③	④
6	①	②	③	④
7	①	②	③	④
8	①	②	③	④
9	①	②	③	④
10	①	②	③	④
11	①	②	③	④
12	①	②	③	④
13	①	②	③	④
14	①	②	③	④
15	①	②	③	④
16	①	②	③	④
17	①	②	③	④
18	①	②	③	④
19	①	②	③	④
20	①	②	③	④

문번	답란			
21	①	②	③	④
22	①	②	③	④
23	①	②	③	④
24	①	②	③	④
25	①	②	③	④
26	①	②	③	④
27	①	②	③	④
28	①	②	③	④
29	①	②	③	④
30	①	②	③	④
31	①	②	③	④
32	①	②	③	④
33	①	②	③	④
34	①	②	③	④
35	①	②	③	④
36	①	②	③	④
37	①	②	③	④
38	①	②	③	④
39	①	②	③	④
40	①	②	③	④

문번	답란			
41	①	②	③	④
42	①	②	③	④
43	①	②	③	④
44	①	②	③	④
45	①	②	③	④
46	①	②	③	④
47	①	②	③	④
48	①	②	③	④
49	①	②	③	④
50	①	②	③	④

잘라서 활용하세요.

초록이 피플형 모의고사

감독관 확인란

4회 기출예상문제

성명 표기란

수험번호

(주민등록 앞자리 생년제외) 월일

문번	답란	문번	답란	문번	답란	문번	답란
1	① ② ③ ④ ⑤	21	① ② ③ ④ ⑤	41	① ② ③ ④ ⑤		
2	① ② ③ ④ ⑤	22	① ② ③ ④ ⑤	42	① ② ③ ④ ⑤		
3	① ② ③ ④ ⑤	23	① ② ③ ④ ⑤	43	① ② ③ ④ ⑤		
4	① ② ③ ④ ⑤	24	① ② ③ ④ ⑤	44	① ② ③ ④ ⑤		
5	① ② ③ ④ ⑤	25	① ② ③ ④ ⑤	45	① ② ③ ④ ⑤		
6	① ② ③ ④ ⑤	26	① ② ③ ④ ⑤	46	① ② ③ ④ ⑤		
7	① ② ③ ④ ⑤	27	① ② ③ ④ ⑤	47	① ② ③ ④ ⑤		
8	① ② ③ ④ ⑤	28	① ② ③ ④ ⑤	48	① ② ③ ④ ⑤		
9	① ② ③ ④ ⑤	29	① ② ③ ④ ⑤	49	① ② ③ ④ ⑤		
10	① ② ③ ④ ⑤	30	① ② ③ ④ ⑤	50	① ② ③ ④ ⑤		
11	① ② ③ ④ ⑤	31	① ② ③ ④ ⑤	51	① ② ③ ④ ⑤		
12	① ② ③ ④ ⑤	32	① ② ③ ④ ⑤	52	① ② ③ ④ ⑤		
13	① ② ③ ④ ⑤	33	① ② ③ ④ ⑤	53	① ② ③ ④ ⑤		
14	① ② ③ ④ ⑤	34	① ② ③ ④ ⑤	54	① ② ③ ④ ⑤		
15	① ② ③ ④ ⑤	35	① ② ③ ④ ⑤	55	① ② ③ ④ ⑤		
16	① ② ③ ④ ⑤	36	① ② ③ ④ ⑤	56	① ② ③ ④ ⑤		
17	① ② ③ ④ ⑤	37	① ② ③ ④ ⑤	57	① ② ③ ④ ⑤		
18	① ② ③ ④ ⑤	38	① ② ③ ④ ⑤	58	① ② ③ ④ ⑤		
19	① ② ③ ④ ⑤	39	① ② ③ ④ ⑤	59	① ② ③ ④ ⑤		
20	① ② ③ ④ ⑤	40	① ② ③ ④ ⑤	60	① ② ③ ④ ⑤		

수험생 유의사항

※ 답안은 반드시 컴퓨터용 수성사인펜으로 보기와 같이 바르게 표기해야 합니다.
〈보기〉 ① ② ③ ❹ ⑤

※ 성명표기란 위 칸에는 성명을 한글로 쓰고 아래 칸에는 성명을 정확하게 ● 표기하십시오.
(단, 성과 이름은 붙여 씁니다)

※ 수험번호 표기란 위 칸에는 아라비아 숫자로 쓰고 아래 칸에는 숫자와 일치하게 ● 표기하십시오.

※ 출생월일은 반드시 본인 주민등록번호의 생년을 제외한 월 두 자리, 일 두 자리를 표기하십시오.
(예) 1994년 1월 12일 → 0112

성명표기란

수험번호

(주민등록 앞자리 생년제외) 월일

문번	답란	문번	답란	문번	답란
1	① ② ③ ④ ⑤	21	① ② ③ ④ ⑤	41	① ② ③ ④ ⑤
2	① ② ③ ④ ⑤	22	① ② ③ ④ ⑤	42	① ② ③ ④ ⑤
3	① ② ③ ④ ⑤	23	① ② ③ ④ ⑤	43	① ② ③ ④ ⑤
4	① ② ③ ④ ⑤	24	① ② ③ ④ ⑤	44	① ② ③ ④ ⑤
5	① ② ③ ④ ⑤	25	① ② ③ ④ ⑤	45	① ② ③ ④ ⑤
6	① ② ③ ④ ⑤	26	① ② ③ ④ ⑤	46	① ② ③ ④ ⑤
7	① ② ③ ④ ⑤	27	① ② ③ ④ ⑤	47	① ② ③ ④ ⑤
8	① ② ③ ④ ⑤	28	① ② ③ ④ ⑤	48	① ② ③ ④ ⑤
9	① ② ③ ④ ⑤	29	① ② ③ ④ ⑤	49	① ② ③ ④ ⑤
10	① ② ③ ④ ⑤	30	① ② ③ ④ ⑤	50	① ② ③ ④ ⑤
11	① ② ③ ④ ⑤	31	① ② ③ ④ ⑤	51	① ② ③ ④ ⑤
12	① ② ③ ④ ⑤	32	① ② ③ ④ ⑤	52	① ② ③ ④ ⑤
13	① ② ③ ④ ⑤	33	① ② ③ ④ ⑤	53	① ② ③ ④ ⑤
14	① ② ③ ④ ⑤	34	① ② ③ ④ ⑤	54	① ② ③ ④ ⑤
15	① ② ③ ④ ⑤	35	① ② ③ ④ ⑤	55	① ② ③ ④ ⑤
16	① ② ③ ④ ⑤	36	① ② ③ ④ ⑤	56	① ② ③ ④ ⑤
17	① ② ③ ④ ⑤	37	① ② ③ ④ ⑤	57	① ② ③ ④ ⑤
18	① ② ③ ④ ⑤	38	① ② ③ ④ ⑤	58	① ② ③ ④ ⑤
19	① ② ③ ④ ⑤	39	① ② ③ ④ ⑤	59	① ② ③ ④ ⑤
20	① ② ③ ④ ⑤	40	① ② ③ ④ ⑤	60	① ② ③ ④ ⑤

초록이 피톨형 모의교사

6회 기출예상문제

성명표기란

수험번호

주민등록 앞자리 생년제외 월일

문번	답란	문번	답란	문번	답란	문번	답란
1	① ② ③ ④ ⑤	21	① ② ③ ④ ⑤	41	① ② ③ ④ ⑤	61	① ② ③ ④ ⑤
2	① ② ③ ④ ⑤	22	① ② ③ ④ ⑤	42	① ② ③ ④ ⑤	62	① ② ③ ④ ⑤
3	① ② ③ ④ ⑤	23	① ② ③ ④ ⑤	43	① ② ③ ④ ⑤	63	① ② ③ ④ ⑤
4	① ② ③ ④ ⑤	24	① ② ③ ④ ⑤	44	① ② ③ ④ ⑤	64	① ② ③ ④ ⑤
5	① ② ③ ④ ⑤	25	① ② ③ ④ ⑤	45	① ② ③ ④ ⑤	65	① ② ③ ④ ⑤
6	① ② ③ ④ ⑤	26	① ② ③ ④ ⑤	46	① ② ③ ④ ⑤	66	① ② ③ ④ ⑤
7	① ② ③ ④ ⑤	27	① ② ③ ④ ⑤	47	① ② ③ ④ ⑤	67	① ② ③ ④ ⑤
8	① ② ③ ④ ⑤	28	① ② ③ ④ ⑤	48	① ② ③ ④ ⑤	68	① ② ③ ④ ⑤
9	① ② ③ ④ ⑤	29	① ② ③ ④ ⑤	49	① ② ③ ④ ⑤	69	① ② ③ ④ ⑤
10	① ② ③ ④ ⑤	30	① ② ③ ④ ⑤	50	① ② ③ ④ ⑤	70	① ② ③ ④ ⑤
11	① ② ③ ④ ⑤	31	① ② ③ ④ ⑤	51	① ② ③ ④ ⑤	71	① ② ③ ④ ⑤
12	① ② ③ ④ ⑤	32	① ② ③ ④ ⑤	52	① ② ③ ④ ⑤	72	① ② ③ ④ ⑤
13	① ② ③ ④ ⑤	33	① ② ③ ④ ⑤	53	① ② ③ ④ ⑤	73	① ② ③ ④ ⑤
14	① ② ③ ④ ⑤	34	① ② ③ ④ ⑤	54	① ② ③ ④ ⑤	74	① ② ③ ④ ⑤
15	① ② ③ ④ ⑤	35	① ② ③ ④ ⑤	55	① ② ③ ④ ⑤	75	① ② ③ ④ ⑤
16	① ② ③ ④ ⑤	36	① ② ③ ④ ⑤	56	① ② ③ ④ ⑤	76	① ② ③ ④ ⑤
17	① ② ③ ④ ⑤	37	① ② ③ ④ ⑤	57	① ② ③ ④ ⑤	77	① ② ③ ④ ⑤
18	① ② ③ ④ ⑤	38	① ② ③ ④ ⑤	58	① ② ③ ④ ⑤	78	① ② ③ ④ ⑤
19	① ② ③ ④ ⑤	39	① ② ③ ④ ⑤	59	① ② ③ ④ ⑤	79	① ② ③ ④ ⑤
20	① ② ③ ④ ⑤	40	① ② ③ ④ ⑤	60	① ② ③ ④ ⑤	80	① ② ③ ④ ⑤

초록이 피동형 모의고사

기출예상문제_요습용

성명표기란

수험번호

(주의등 앞자리 생년제외) 월일

수험생 유의사항

※ 답안은 반드시 컴퓨터용 수성사인펜으로 보기와 같이 바르게 표기해야 합니다.
〈보기〉① ② ③ ● ⑤
※ 성명표기란 위 칸에는 성명을 한글로 쓰고 아래 칸에는 성명을 정확하게
(단, 성과 이름은 붙여 씁니다)
※ 수험번호 표기란 위 칸에는 아라비아 숫자로 쓰고 아래 칸에는 숫자와 일치하게 ● 표기하십
시오.
※ 출생월일은 반드시 본인 주민등록번호의 생년월일 제외한 월 두 자리, 일 두 자리를 표기하십시
오. (예) 1994년 1월 12일 → 0112

문번	답란					문번	답란					문번	답란				
1	①	②	③	④	⑤	21	①	②	③	④	⑤	41	①	②	③	④	⑤
2	①	②	③	④	⑤	22	①	②	③	④	⑤	42	①	②	③	④	⑤
3	①	②	③	④	⑤	23	①	②	③	④	⑤	43	①	②	③	④	⑤
4	①	②	③	④	⑤	24	①	②	③	④	⑤	44	①	②	③	④	⑤
5	①	②	③	④	⑤	25	①	②	③	④	⑤	45	①	②	③	④	⑤
6	①	②	③	④	⑤	26	①	②	③	④	⑤	46	①	②	③	④	⑤
7	①	②	③	④	⑤	27	①	②	③	④	⑤	47	①	②	③	④	⑤
8	①	②	③	④	⑤	28	①	②	③	④	⑤	48	①	②	③	④	⑤
9	①	②	③	④	⑤	29	①	②	③	④	⑤	49	①	②	③	④	⑤
10	①	②	③	④	⑤	30	①	②	③	④	⑤	50	①	②	③	④	⑤
11	①	②	③	④	⑤	31	①	②	③	④	⑤						
12	①	②	③	④	⑤	32	①	②	③	④	⑤						
13	①	②	③	④	⑤	33	①	②	③	④	⑤						
14	①	②	③	④	⑤	34	①	②	③	④	⑤						
15	①	②	③	④	⑤	35	①	②	③	④	⑤						
16	①	②	③	④	⑤	36	①	②	③	④	⑤						
17	①	②	③	④	⑤	37	①	②	③	④	⑤						
18	①	②	③	④	⑤	38	①	②	③	④	⑤						
19	①	②	③	④	⑤	39	①	②	③	④	⑤						
20	①	②	③	④	⑤	40	①	②	③	④	⑤						

gosinet (주)고시넷

초록이 피룡형 모의고사

기출예상문제_연습용

감독관 확인란

문번	답란	문번	답란	문번	답란	문번	답란
1	① ② ③ ④ ⑤	21	① ② ③ ④ ⑤	41	① ② ③ ④ ⑤	61	① ② ③ ④ ⑤
2	① ② ③ ④ ⑤	22	① ② ③ ④ ⑤	42	① ② ③ ④ ⑤	62	① ② ③ ④ ⑤
3	① ② ③ ④ ⑤	23	① ② ③ ④ ⑤	43	① ② ③ ④ ⑤	63	① ② ③ ④ ⑤
4	① ② ③ ④ ⑤	24	① ② ③ ④ ⑤	44	① ② ③ ④ ⑤	64	① ② ③ ④ ⑤
5	① ② ③ ④ ⑤	25	① ② ③ ④ ⑤	45	① ② ③ ④ ⑤	65	① ② ③ ④ ⑤
6	① ② ③ ④ ⑤	26	① ② ③ ④ ⑤	46	① ② ③ ④ ⑤	66	① ② ③ ④ ⑤
7	① ② ③ ④ ⑤	27	① ② ③ ④ ⑤	47	① ② ③ ④ ⑤	67	① ② ③ ④ ⑤
8	① ② ③ ④ ⑤	28	① ② ③ ④ ⑤	48	① ② ③ ④ ⑤	68	① ② ③ ④ ⑤
9	① ② ③ ④ ⑤	29	① ② ③ ④ ⑤	49	① ② ③ ④ ⑤	69	① ② ③ ④ ⑤
10	① ② ③ ④ ⑤	30	① ② ③ ④ ⑤	50	① ② ③ ④ ⑤	70	① ② ③ ④ ⑤
11	① ② ③ ④ ⑤	31	① ② ③ ④ ⑤	51	① ② ③ ④ ⑤	71	① ② ③ ④ ⑤
12	① ② ③ ④ ⑤	32	① ② ③ ④ ⑤	52	① ② ③ ④ ⑤	72	① ② ③ ④ ⑤
13	① ② ③ ④ ⑤	33	① ② ③ ④ ⑤	53	① ② ③ ④ ⑤	73	① ② ③ ④ ⑤
14	① ② ③ ④ ⑤	34	① ② ③ ④ ⑤	54	① ② ③ ④ ⑤	74	① ② ③ ④ ⑤
15	① ② ③ ④ ⑤	35	① ② ③ ④ ⑤	55	① ② ③ ④ ⑤	75	① ② ③ ④ ⑤
16	① ② ③ ④ ⑤	36	① ② ③ ④ ⑤	56	① ② ③ ④ ⑤	76	① ② ③ ④ ⑤
17	① ② ③ ④ ⑤	37	① ② ③ ④ ⑤	57	① ② ③ ④ ⑤	77	① ② ③ ④ ⑤
18	① ② ③ ④ ⑤	38	① ② ③ ④ ⑤	58	① ② ③ ④ ⑤	78	① ② ③ ④ ⑤
19	① ② ③ ④ ⑤	39	① ② ③ ④ ⑤	59	① ② ③ ④ ⑤	79	① ② ③ ④ ⑤
20	① ② ③ ④ ⑤	40	① ② ③ ④ ⑤	60	① ② ③ ④ ⑤	80	① ② ③ ④ ⑤

성명표기란

수험번호

(주민등록 앞자리 생년제외) 월일

수험생 유의사항

※ 답안은 반드시 컴퓨터용 수성사인펜으로 보기와 같이 바르게 표기하여야 합니다.
  〈보기〉 ① ② ③ ❹ ⑤

※ 성명표기란 위 칸에는 성명을 한글로 쓰고 아래 칸에는 성명을 정확하게 ● 표기하십시오.
  (단, 성과 이름은 붙여 씁니다)

※ 수험번호 표기란 위 칸에는 아라비아 숫자로 쓰고 아래 칸에는 숫자와 일치하게 ● 표기하십시오.

※ 출생월일은 반드시 본인 주민등록번호의 생년을 제외한 월 두 자리, 일 두 자리를 표기하십시오.
  오. (예) 1994년 1월 12일 → 0112

대기업 적성검사

저마다의 일생에는,
특히 그 일생이 동터 오르는 여명기에는
모든 것을 결정짓는 한 순간이 있다.
그 순간을 다시 찾아내는 것은 어렵다.
그것은 다른 수많은 순간들의 퇴적 속에
깊이 묻혀있다.

- 장 그르니에, 섬 LES ILES

NCS 직업기초능력평가

2023

최신 공기업
필기시험
기출유형

54개 채용대행사
출제패턴
완전 정복

6회

고시넷 공기업

NCS 피듈형
통합 오픈봉투모의고사

동영상 강의 WWW.GOSINET.CO.KR

정답과 해설

gosinet
(주)고시넷

NCS 직업기초능력평가

2023

최신 공기업
필기시험
기출유형

54개 채용대행사
출제패턴
완전 정복

6회

고시넷 공기업
NCS 피듈형
통합 오픈봉투모의고사

동영상 강의 WWW.GOSINET.CO.KR

정답과 해설

gosinet
(주)고시넷

1회 기출예상문제

문제 20쪽

01	③	02	⑤	03	②	04	③	05	⑤
06	④	07	③	08	④	09	①	10	②
11	⑤	12	③	13	④	14	③	15	②
16	⑤	17	③	18	②	19	②	20	⑤
21	④	22	⑤	23	⑤	24	①	25	③
26	④	27	⑤	28	③	29	②	30	⑤
31	①	32	③	33	②	34	⑤	35	④
36	③	37	③	38	①	39	③	40	②
41	①	42	④	43	③	44	⑤	45	③
46	④	47	⑤	48	②	49	②	50	④

01 문서이해능력 글의 주제 파악하기

| 정답 | ③

| 해설 | 제시된 글에서는 도입부에 알파고를 언급해 관심을 환기하며 인공지능의 무한한 가능성이 현실화됨에 따라 직무와 노동방식에 중요한 변화가 발생할 것이라 말하고 있다.

| 오답풀이 |

① 컴퓨터 성능 발전 및 투자비용 감소로 인해 인공지능이 더욱 발전할 것이라 말하고 있다. 컴퓨터 투자비용 감소와 고용서비스의 변화는 직접적인 관련이 없다.

② 알파고는 제시된 글의 도입부에서 독자의 관심을 환기하기 위해 언급한 사례이다.

④ 업무 역량 계발의 필요성에 관해서는 언급이 없다.

⑤ 제시된 글은 인공지능이 가지고 올 노동의 종말에 대한 우려보다 인공지능에 의한 근로방식의 변화와 대응 촉구에 더 초점을 맞추고 있다.

02 문서이해능력 세부 내용 이해하기

| 정답 | ⑤

| 해설 | 두 번째 문단에서 안동 권씨가 당대의 유력 성관

이고, 외손까지 차별 없이 『성화보』에 상세히 기재되었다고 말하고 있다. 또한 조선 건국에서부터 당시까지 과거 급제자의 절반 정도가 『성화보』에 등장한다고 말하고 있다. 따라서 당시에 과거급제자들 사이에서 동일 성관 모임이 있었다면 상당한 규모였을 것을 유추할 수 있다.

| 오답풀이 |

① 서거정은 안동 권씨 권근의 사위가 아니라 외손자였다.

② 대다수의 양반 가계가 족보를 편찬하면서 중인과 평민들도 족보를 보유하려 했던 것만을 알 수 있다. 조상의 계보와 지위를 은폐한 것은 양반들에 관한 설명이다.

③ 마지막 문단에서 『성화보』가 시조 쪽으로 갈수록 기록이 빈약한 편이라고 말하고 있다. 따라서 외손들까지 반영하였어도 먼 조상까지 완벽하게 파악할 수는 없다.

④ 마지막 문단에서 『성화보』 이후 여러 성관의 족보가 활발히 편찬되었다고 말하고 있을 뿐 외손 주도의 족보편찬이 빈번했는지는 알 수 없다.

03 문서이해능력 제시된 정보를 바탕으로 추론하기

| 정답 | ②

| 해설 | 보안성에 대한 시장의 우려를 극복하기 위해 안전성을 높이기 위한 기술의 발전은 계속될 것으로 판단할 수 있으나, 이를 위해 인증 절차가 많아진다는 것은 시대의 흐름에 역행하는 방향으로 볼 수 있다. 예시된 '간편 이체' 서비스는 버튼 하나로 송금이 가능한 것인 만큼 생체 인증 등을 통한 편리하고 간소화된 인증 기술의 발전을 예상하는 것이 합리적이라고 볼 수 있다.

| 오답풀이 |

① (가)를 통해 추론 가능하다.

③ (나)에서 웨어러블 뱅킹의 한계로 제시된 디지털 기기의 높은 가격의 문제가 해결된다면 (가)에서 언급한 웨어러블 뱅킹 시스템이 확대될 것이다.

④ (가)에서 언급한 N 은행의 스마트 금융센터에서 고객별 개인 상담이 이루어진다.

⑤ (다)를 통해 확인 가능하다.

04 문서작성능력 오탈자 찾기

| 정답 | ③

| 해설 | ㉠ '단순히'가 옳은 표현이다.

㉡ '넘어서'가 옳은 표현이다.

㉣ '좇아서'가 옳은 표현이다.

㉤ '일으키는 데'가 옳은 표현이다.

05 문서이해능력 제시된 정보를 바탕으로 추론하기

| 정답 | ⑤

| 해설 | ㉡ 돼지와 돗자리를 귀하게 여기는 바누아트의 관습에 따라 전통 은행의 독특한 금융업무가 존재함을 통해 유추할 수 있다.

㉣ 전통 은행은 실물 자산을 화폐로 교환해 줌으로써 물물 교환의 거래 비용을 감소시켜 주는 역할을 하고 있다.

㉥ 인플레이션의 발생은 화폐가치의 하락을 의미한다. 따라서 돼지와 돗자리를 고정된 금액과 교환한다면 인플레이션 발생 시 이전보다 물가는 오른 상태에서 동일한 금액을 받는 것이기에 돼지와 돗자리의 실질적 가치가 하락하게 된다.

| 오답풀이 |

㉠ 현대 화폐를 통한 경제 활동도 이루어지고 있으므로 모든 경제 문제의 해결이 전통과 관습을 통해 이루어지지는 않는다.

㉢ 제시된 글을 통해서는 전통 은행이 돼지와 돗자리를 현대화폐와 교환해 주고 보관증서를 발급해 준다는 것만 확인할 수 있다. 일반적인 은행과 같이 송금 업무를 수행하는지는 알 수 없다.

㉤ 돼지와 돗자리가 가치 있는 실물 자산으로 화폐와 교환되는 물품이긴 하지만 사회적 약자에게 생계보조비로 지급되는지는 제시된 글을 통해 알 수 없다.

06 문서이해능력 세부 내용 이해하기

| 정답 | ④

| 해설 | 공사 홈페이지가 아닌 한국○○공사 교육기획팀 담당자에게 이메일로 사전 제출해야 한다.

07 문서이해능력 글의 내용을 바탕으로 견해 밝히기

| 정답 | ③

| 해설 | 세 번째 문단에서 에너지 소비효율 등급 기준은 소비 전력량 외에도 제품의 기술 개발 수준과 시장 점유율 등을 고려하여 정해진다고 서술하고 있으나 기술 개발 수준이 높다고 해서 에너지 소비효율 등급이 항상 높은지는 알 수 없다.

| 오답풀이 |

①, ④ 세 번째 문단에 따르면 에너지 소비효율 등급 기준은 소비 전력량 외에도 제품의 기술 개발 수준과 시장 점유율 등에 따라 정해지며, 같은 모델이라도 그 이전에 생산된 제품과 등급이 다를 수 있다고 했으므로 교육 내용과 부합한다.

② 마지막 문단에 따르면 에너지 소비효율 등급을 표시한 라벨을 통해 월간 소비 전력량, 연간 에너지비용 등을 알 수 있으므로 이는 교육내용과 부합한다.

⑤ 네 번째 문단에 따르면 에너지 소비효율 등급의 표기로 인해 소비자들이 고효율의 제품을 활용할 수 있고, 더불어 이산화탄소 배출량에 대한 정보도 얻을 수 있다고 하였으므로 이는 교육내용과 부합한다.

08 문서작성능력 글의 내용을 바탕으로 전제 작성하기

| 정답 | ④

| 해설 | ㉢ 첫 번째 문단과 두 번째 문단, 세 번째 문단의 내용을 결합하여 각 성별의 사고 과정이 어떠한 문자 체계에 적합한지를 밝힘으로써 특정 문자 체계의 보편화가 특정 성별의 사고 과정의 보편화를 의미한다는 것을 우선적으로 전제해야 한다.

㉣ '표음문자 체계의 보편화는 여성의 사회적 권력을 약화시키는 결과를 낳게 된다'는 결론을 이끌어 내기 위해서는 '글을 읽고 이해하는 능력은 사회적 권력에 영향을 미친다'는 전제가 추가되어야 한다.

| 오답풀이 |

㉤ 밑줄 친 결론과 같은 의미이다.

09 문서작성능력 글의 흐름에 맞는 어휘고르기

| 정답 | ①

| 해설 | ㉠ ~ ㉢에 들어가기에 적절한 단어는 복사, 전도,

대류이다.

ⓐ 복사 : 물체로부터 열이나 전자기파가 사방으로 방출됨. 또는 그 열이나 전자기파

ⓒ 전도 : 열 또는 전기가 물체 속을 이동하는 일. 또는 그런 현상. 열전도, 전기 전도 따위가 있다.

ⓕ 대류 : 기체나 액체에서 물질이 이동함으로써 열이 전달되는 현상. 기체나 액체가 부분적으로 가열되면 가열된 부분이 팽창하면서 밀도가 작아져 위로 올라가고 위에 있던 밀도가 큰 부분은 내려오게 되는데, 이런 과정이 되풀이되면서 기체나 액체의 전체가 고르게 가열된다.

| 오답풀이 |

ⓑ 기류 : 온도나 지형의 차이로 말미암아 일어나는 공기의 흐름

ⓓ 기화 : 고체 또는 액체가 기체로 변함.

ⓔ 순환 : 피나 물 따위가 사람의 몸 안이나 건물의 파이프 안 따위를 한 번 돌거나 되풀이하여 돎.

10 문서이해능력 세부 내용 이해하기

| 정답 | ②

| 해설 | 아자방은 한 번 불을 지피면 온기가 49일 유지되었다는 사실에 대한 논쟁이 있다. 아자방이 한국전쟁 때 파괴되었다가 다시 복원된 사실을 고려할 때, 한국전쟁 이전의 아자방은 지금보다 온기가 지속되는 시간이 길었을 가능성이 있다.

| 오답풀이 |

① 황해도 안악 3호분 고분 벽화를 통해 선사시대에 온돌을 사용하였음을 유추할 수 있으나 가장 오래된 온돌인지는 알 수 없다.

③ 선사시대부터 온돌이 사용되었으나 전국적으로 퍼져나간 것은 조선시대부터라고 전해진다.

④ 변성암류는 열이 잘 통하는 돌 중 하나이나 왕실과 사대부가 구들장을 만들기 위해 가장 많이 사용했던 돌인지는 알 수 없다.

⑤ 원적외선이 방출되어 각종 질병의 통증을 없애주는 효과가 있는 돌은 흑운모나 지리산 반야봉 칠불암의 아자방이 흑운모인지는 알 수 없다.

11 의사표현능력 고객의 질의에 적절히 답변하기

| 정답 | ⑤

| 해설 | 【임차권등기명령 신청】에서 확인 가능하다. 계약 기간이 종료되어도 임대인이 보증금을 반환해 주지 않을 경우, 우선변제순위를 유지하기 위하여 임차권등기명령을 받아 등기부에 등재된 것을 확인한 후 이사를 하는 것이 좋은 방법이다.

| 오답풀이 |

① 〈계약기간 중 꼭 확인하세요〉의 【묵시적 갱신 등】에서 확인 가능하다.

②, ③ 〈계약체결 시 꼭 확인하세요〉에서 확인 가능하다.

④ 〈계약기간 중 꼭 확인하세요〉의 【차임증액청구】와 【묵시적 갱신 등】에서 확인 가능하다.

12 문서이해능력 단어의 문맥적 의미 파악하기

| 정답 | ③

| 해설 | '묵시적 갱신'은 미리 임대를 그만두겠다거나 임차를 그만하겠다는 의사를 표시하지 않고 가만히 있는 것을 말한다. 이는 주택임대차보호법에 사용되는 공식 어휘로 적절한 표현이다.

| 오답풀이 |

나머지 어휘의 사용은 다음과 같이 수정되어야 한다.

㉠ 우선변재권 → 우선변제권

㉡ 문맥상 계약금은 이미 지불된 상황에서 최종 잔금을 지불하고 계약을 맺기 전에 확인하는 사항에 대한 언급이므로 '계약금'이 아닌 '보증금'이 적절한 표현이다.

㉣ '해지'는 계약 기간이 만료되어 계약이 종료되는 것을 의미하며 '해제'는 소급하여 원래부터 없던 일로 되돌린다는 의미이므로 이 경우 '해제'가 아닌 '해지'가 적절한 표현이다.

㉤ '청구'는 상대편에 대하여 일정한 행위나 급부를 요구하는 일을 의미하며 '제청'은 어떤 안건을 제시하여 결정하여 달라고 청구하는 것을 의미하므로 이 경우 실질적 금액을 정확히 요구하는 '청구'가 적절한 표현이다.

www.gosinet.co.kr

1회 기출예상

2회 기출예상

3회 기출예상

4회 기출예상

5회 기출예상

6회 기출예상

13 문서이해능력 세부 내용 이해하기

| 정답 | ④

| 해설 | 제5조에 따라 천재지변에 의해 공사가 연장된 때 그 사유는 공사 내역서에 기재되어 공사대금 청구서에 포함된다. 따라서 계약서에 그 사유를 추가할 필요는 없다.

| 오답풀이 |

① 제7조에 수급인의 동의에 따른 공사목적물의 이용 가능성만 명시되어 있을 뿐 수급인이 반드시 동의해야 한다는 내용은 존재하지 않는다.

② 제6조 제3항에 따라 도급인이 기성금액의 지급을 지연하는 경우 수급인은 목적물의 인도를 거절할 수 있다.

③ 제4조에 따라 도급인의 고의나 실수로 인한 하자에 대한 책임은 도급인에게 있다.

⑤ 제6조 제1항에 따라 수급인은 계약서상의 기성부분에 대한 검사를 요청할 수 있는 권리가 있으며, 이때 도급인은 지체 없이 검사를 하여야 한다.

14 의사표현능력 고객의 질의에 적절히 답변하기

| 정답 | ③

| 해설 | 도급인은 공사목적물의 인도 전이라 하더라도 수급인의 동의를 얻어 공사목적물의 전부 또는 일부를 사용할 수 있다고 명시되어 있으며(제7조 제1항), 이어진 제2항에서 도급인의 '선량한 관리자 주의'를 전제하고 있다.

| 오답풀이 |

① 사후 하자보수 시행 기간은 공사 완료 후 3년이므로 26년 10월까지이다.

② 공사가 연장된 때에는 그 사유를 기재한 공사 내역서가 공사대금 청구서에 포함되어야 하고 연장기간에 대한 공사대금은 계약서에 산정한 단가로 하나 즉시 공사대금이 지불되는지 여부는 알 수 없다.

④ 기본적으로 도급인의 고의나 실수로 인한 것이 아닌 하자에 대한 책임은 수급인에게 있다. 모든 하자를 원천적으로 수급인의 책임 사항이라고 하는 것은 옳지 않다.

⑤ 제출도면을 변경하여 공사를 진행해야 할 경우 사전합의가 된 부분이라면 변경 도면과 추가비용 산정약정서에 쌍방이 서명한 후 공사하여야 한다. 따라서 구두 계약으로는 도면을 변경할 수 없다.

15 문서이해능력 글의 중심 내용 이해하기

| 정답 | ②

| 해설 | 첫 번째 문단과 두 번째 문단에 따르면 L사가 발행한 소셜본드는 국내 최초이자 스위스 프랑으로 발행된 세계 최초의 소셜본드로 이는 사회적 가치 실현사업에 투자할 자금을 마련하기 위해 발행되는 것이다. 또한 마지막 문단에 소셜본드로 조달한 자금 전액을 임대주택건설에 활용할 계획이라는 것이 명시되어 있다.

| 오답풀이 |

① 세 번째 문단 마지막 줄과 마지막 문단에 관한 내용만이 요약되어 있으며 핵심 내용인 소셜본드 발행이 생략되어 있다.

③ 소셜본드의 불확실성 방향은 지엽적인 내용에 불과하다.

④ 주택임대사업을 위하는 기업이 서민주택 관련 소셜본드를 발행한 것이 세계 최초라고 나와있다.

⑤ 단순 해외채권 발행과 ESG 평가사 전문의견을 득한 것은 세계 최초가 아니다.

16 문서이해능력 글의 내용을 바탕으로 견해 밝히기

| 정답 | ⑤

| 해설 | 이번 소셜본드는 주택임대사업을 영위하는 기업이 발행한 세계 최초의 서민주택 관련 소셜본드로 그 의미가 크다고 하였으므로 국내 최초의 서민주택 관련 소셜본드이기도 함을 알 수 있다.

| 오답풀이 |

① L사는 인증과 동시에 H 증권을 주관사로 선정하고 신속하게 해외투자자를 물색한 결과 소셜본드를 발행할 수 있었다.

② 제시된 글의 내용으로부터 알 수 있는 것은 7월 31일 발행한 소셜본드로 조달한 자금의 활용계획이며 올 4분기에 발행하는 소셜본드로 조달한 자금의 활용계획은 나와 있지 않다.

③ L사는 공공기관 최초로 사회적 가치 영향평가 제도를 도입하는 등 사회적 가치실현에 가장 앞서가는 모습을 보여 왔다. 따라서 다른 공기업으로부터 영향을 받아 사회적 가치실현을 위한 제도를 도입했다는 것은 옳지 않다.

④ "최근 미국금리 상승으로 스위스 프랑이 금리 측면에서 더 메리트가 있어 일부 불확실성에도 불구하고 스위스 프랑으로 발행을 추진했다."라는 것으로 보아 불확실성으로 인한 단점보다는 금리 측면에서의 유리함이 더 컸음을 짐작할 수 있다.

---

17 문서이해능력 | 단어의 문맥적 의미 파악하기

|정답| ③

|해설| '적확하다'의 뜻은 '정확하게 맞아 조금도 틀리지 아니하다'이므로 문맥상 적절하게 사용되었다.

|오답풀이|

① '시달'의 뜻은 '상부에서 하부로 명령이나 통지 따위를 문서로 전달하다'이므로 전달자 간 상하관계를 내포하고 있다. 따라서 '지시, 명령, 물품 따위를 다른 사람이나 기관에 전하여 이르게 하다'의 뜻을 가진 '전달'이 알맞은 단어이다.

② '조장하다'는 바람직하지 않은 일을 더욱 부추기는 의미로 사용되기 때문에 문맥에 적절하지 않다.

④ '변별'은 '사물의 옳고 그름이나 좋고 나쁨을 가림'이라는 뜻으로 해당 문맥에서는 '일정한 기준에 따라 전체를 몇 개로 갈라 나눔'이라는 뜻의 '구분'이 어울린다.

⑤ '비옥'은 '땅이 걸고 기름짐'이라는 뜻으로 해당 문맥에서는 반대의 의미가 있는 '척박' 혹은 '황량'으로 바꾸어야 한다.

---

18 문서이해능력 | 세부 내용 파악하기

|정답| ②

|해설| '유명세를 만들어 내고 영향력을 확대하여 더 많은 보상을 받는 것'을 A라고 할 때, (나)의 마지막 문장은 '경쟁은 A의 필요조건이다'와 '경쟁이 A의 충분조건은 아니다'라는 두 문장으로 나뉜다. 이때 '경쟁은 A의 필요조건이다'는 'A를 달성했다면 이는 경쟁을 한 것이다'라는 것과 같다. '경쟁이 A의 충분조건은 아니다'는 '경쟁을 한다고 A를 달성할 수 있다는 것은 아니다'와 동일하다.

|오답풀이|

① 시장경제에서의 경쟁의 역할에 주목하고 경쟁적 시장이 자원의 효율적 이용을 가능케 하는 두 가지 요인에 대해 논의하고 있으나 서로 반대되는 의견은 아니다.

③ (가)는 구체적인 사례를 통해 시장경제에 대해 필자가 전달하고자 하는 정보를 보다 효과적으로 제시하고 있을 뿐 필자의 관점을 간접적으로 드러내고 있다고 볼 수는 없다.

④ 경쟁은 '함께 추구한다'라는 뜻을 가지고 있으며, 정치적 측면에서의 경쟁은 민주주의 발전의 핵심적 동인이 되었다는 점에서 어원적 의미를 그대로 지닌 경쟁이라 볼 수 있다. 그러나 '오늘날 경쟁은 어원적 의미와는 달리 변질되어 통용된다'는 문장으로부터 경제적 측면에서 경쟁은 단순히 상대의 이익을 빼앗는 과정으로 달리 이해된다고 주장하고 있다.

⑤ 공유지는 시장경제의 단점을 극복하고자 고안된 것이 아니다. (라)의 공유지의 예시는 시장에만 모든 자원배분을 맡겼을 때 나타날 수 있는 비효율을 설명하기 위해 사용한 것이다.

---

19 기초통계능력 | 경우의 수 구하기

|정답| ②

|해설| 첫 이틀 동안은 김 사원이 반드시 참여하기 때문에 해당 기간에는 남은 3명 중 누가 참여해도 상관이 없다. 또한 남은 3일 동안에는 4명 중 2명이 참여하기 때문에 매일 2명을 고르는 경우의 수는 $_4C_2 = 6$(가지)이다. 다만 이때 단 하루만 박 과장과 정 차장이 설문조사에 함께 참여하기 때문에 그들이 3일차, 4일차, 5일차에 각각 참여하는 경우의 수를 따져야 한다. 더 나아가 박 과장과 정 차장이 설문조사에 하루 참여하는 경우 나머지 이틀간은 그 두 명이 함께 선발되는 경우는 없으므로 5일간의 일정을 정하는 경우의 수는 $3 \times 3 \times (_4C_2 - 1) \times (_4C_2 - 1) \times 3 = 675$(가지)이다.

---

20 기초연산능력 | 전구 점등 횟수 구하기

|정답| ⑤

|해설| 주어진 전구들의 점등 주기의 최소 공배수를 구하면 2,520초이다. 분으로 나타내면 42분이기 때문에 42분마다 모든 전구가 동시에 켜짐을 알 수 있다. 0시부터 오후 7시 30분까지의 시간을 분으로 환산하면 1,170분이므로 $\dfrac{1,170}{42}$

늘 27.86이다. 따라서 오후 7시 30분까지 모든 전구가 점등되는 횟수는 27번이다. 그러나 이는 처음 0시에 모든 전구가 동시에 점등한 것을 고려하지 않은 값이므로, 1회를 더하여 총 28번이다.

---

21 [기초연산능력] 지원자 수 구하기

| 정답 | ④

| 해설 | 1차 시험에 합격한 지원자 중 남자의 수를 x명, 여자의 수를 y명이라고 하면 2차 시험에 합격한 남자의 수는 $50 \times \dfrac{3}{10} = 15$(명), 여자의 수는 $50 \times \dfrac{7}{10} = 35$(명)이므로 다음과 같은 식이 성립한다.

$x : y = 4 : 5$

$(x-15) : (y-35) = 21 : 23$

비례식에서 내항의 곱은 외항의 곱과 같으므로

$5x - 4y = 0, \ 23x - 21y = -390$

두 식을 연립하여 풀면 $x = 120, \ y = 150$이 된다.

따라서 1차 시험에 합격한 지원자는 270명이며 총 지원자 수는 $270 \times 2 = 540$(명)이다.

---

22 [도표분석능력] 보이스피싱 피해신고 그래프 분석하기

| 정답 | ⑤

| 해설 | 2021년 보이스피싱 피해신고 건수의 전년 대비 감소율은 $\dfrac{6,720 - 5,455}{6,720} \times 100 ≒ 18.8$(%)이고 보이스피싱 피해신고 금액의 감소율은 $\dfrac{621 - 554}{621} \times 100 ≒ 10.8$(%)이므로 피해건수의 감소율이 더 크다.

| 오답풀이 |

① 보이스피싱 피해신고 건수 및 금액은 2019년부터 2021년까지 감소한 후, 2022년에 다시 증가하였다.

② 2022년 보이스피싱 피해신고 금액은 2018년에 비해 약 2.6배 증가하였다.

③ 5년간 보이스피싱 피해신고 금액의 평균은 719억 원이다.

④ 5년간의 보이스피싱 피해신고 건수의 평균은 6,570.8건으로 2020년의 보이스피싱 피해신고 건수(6,720건)가 더 높다.

---

23 [도표분석능력] 아파트 관련 자료 분석하기

| 정답 | ⑤

| 해설 | $1,788 < (807 + 469 + 548 + 486) = 2,310$인것으로 생각하기 쉬우나, 전세 가격과 월세 가격의 단위가 다르기 때문에 단순 연산을 통한 비교는 불가능하다.

| 오답풀이 |

① $(5,729 + 2,512 + 2,508 + 2,519 + 1,967) \div 5 = 3,047$(천 원/m²)

② E 아파트 구매 시 비용 $1,967 \times 40 = 78,680$(천 원)과 C 아파트 월세 거주 시 비용 $657 \times 12 \times 9 = 70,956$(천 원)을 비교하면 C 아파트 거주 시의 비용이 더 적게 든다.

③ B 아파트 66m² 크기의 한 세대를 매매할 때 비용은 $2,512 \times 66 = 165,792$(천 원), 30년간 월세를 주는 비용은 $469 \times 30 \times 12 = 168,840$(천 원)이므로 30년간 내는 월세가 더 많다. 그러므로 구매비용을 보전할 수 있다.

④ D 아파트의 165m² 크기의 세대를 판매하는 경우의 가격에서 E 아파트의 1m²당 가격을 나누면 구매 가능한 세대의 크기를 도출할 수 있다.

$\dfrac{2,519 \times 165}{1,967} ≒ 211.3$이므로 E 아파트의 210m² 크기의 세대를 구매할 수 있다.

---

24 [도표분석능력] 빈칸에 들어갈 항목 나열하기

| 정답 | ①

| 해설 | 〈보고서〉에서 경복궁과 창덕궁의 유료 관람객 수는 매년 무료 관람객 수의 2배 이상이었다고 했으므로, A와 D가 이에 해당한다. 또한 유료 관람객을 내국인과 외국인으로 나누어 분석해 보면, 창덕궁의 내국인 유료 관람객 수는 매년 증가하였다고 했으므로, A와 D의 내국인 유료 관람객 수를 계산함에 따라 A와 D의 문화유적지 명칭을 알 수 있다.

(단위 : 천 명)

구분	A의 내국인 유료 관람객 수	D의 내국인 유료 관람객 수
2018년	673 − 299 = 374	1,704 − 773 = 931
2019년	739 − 352 = 387	2,029 − 1,191 = 838
2020년	1,001 − 327 = 674	2,657 − 1,103 = 1,554
2021년	1,120 − 443 = 677	2,837 − 1,284 = 1,553
2022년	1,287 − 587 = 700	3,309 − 1,423 = 1,886

위의 표를 보면 A의 내국인 유료 관람객 수가 매년 증가한 것을 알 수 있다. 그러므로 A는 창덕궁, D는 경복궁이 된다.

〈보고서〉에서 덕수궁과 종묘의 유료 관람객 수와 무료 관람객 수는 각각 2018년보다 2022년에 감소한 것으로 나타났다고 했으므로 B와 C가 이에 해당한다. 특히 종묘는 전체 관람객 수가 매년 감소하였다고 했으므로 다음 표를 참조하면 C가 매년 관람객 수가 감소한 것을 알 수 있다. 그러므로 C는 종묘, B는 덕수궁이다.

(단위 : 천 명)

문화유적지	연도 관람료	2018	2019	2020	2021	2022
B	유료	779	851	716	749	615
	무료	688	459	381	434	368
	합계	1,467	1,310	1,097	1,183	983
C	유료	370	442	322	275	305
	무료	618	344	168	148	111
	합계	988	786	490	423	416

25 도표분석능력 재건축 현황 분석하기

| 정답 | ③

| 해설 | 2022년 지방의 재건축 준공 호수는 전년 대비 $\frac{10.3 - 6.5}{6.5} \times 100 \fallingdotseq 58.5(\%)$ 증가하였다.

| 오답풀이 |

① 인가와 준공의 합계를 구하면 인가는 47.4천 호이고 준공은 40.5천 호다. 동일한 기간 내의 평균을 구하는 것이므로 인가 호수의 평균이 준공 호수의 평균보다 크다.

② 〈자료 2〉를 보면 2022년 지방의 재건축 인가 호수가 전년 대비 가장 큰 변동폭을 나타내고 있으며, 두 번째로 변동폭이 큰 것은 2019년 수도권 인가 호수이다.

④ 수도권의 재건축 인가/준공 호수의 합이 지방보다 더 큰 해는 2018년과 2021년 두 번 있다.

⑤ 비교 항목의 증감 추이는 모두 다르게 나타나고 있다.

26 도표분석능력 그래프 분석하기

| 정답 | ④

| 해설 | ㉠ 국가대표선수의 평균 연령이 높은 순서대로 나열하면 남자는 사격, 농구, 테니스, 역도, 수영, 축구 순이고, 여자는 사격, 농구, 역도, 테니스, 축구, 수영 순이다. 따라서 남녀의 종목 순서는 동일하지 않다.

㉢ 역도 국가대표선수의 평균 연령은 남자가 여자보다 낮다.

㉣ 역도 국가대표선수의 성별 평균 신장 차이는 10cm보다 작다.

| 오답풀이 |

㉡ 국가대표선수의 평균 신장이 큰 순서대로 나열하면 남자는 농구, 테니스, 수영, 축구, 사격, 역도 순이고, 여자는 농구, 테니스, 수영, 역도, 축구, 사격 순이다. 따라서 상위 세 종목은 같다.

27 도표분석능력 제시된 식을 활용하여 수치 계산하기

| 정답 | ⑤

| 해설 | 〈저감량 평가 방법〉에 따라 표의 빈칸을 채우면 다음과 같다.

구분	A 차	B 차
차량 구분	5인승	11인승
냉매의 종류	HFO-134a	저온난화지수냉매
냉매 용량	600g	750g
전기 압축기	있음.	없음.
max credit (M·C)	7.0	9.9
leak score (L·S)	4.1	10.4
GWP		
leak threshold (L·T)	11.0	$750 \times 0.02 = 15$
hileak dis (H·L·D)	$1.1 \times \left(\frac{4.1 - 11.0}{3.3} \right)$ $\fallingdotseq -2.3$이므로 0	$1.3 \times \left(\frac{10.4 - 15}{3.3} \right)$ $\fallingdotseq -1.81$이므로 0

www.gosinet.co.kr gosinet

1회 기출예상

2회 기출예상

3회 기출예상

4회 기출예상

5회 기출예상

6회 기출예상

구분	C 차	D 차
차량 구분	10인승	8인승
냉매의 종류	저온난화지수냉매	HFO−134a
냉매 용량	650g	800g
전기 압축기	있음.	없음.
max credit (M·C)	7.9	7.0
leak score (L·S)	4.1	8.3
GWP	166	715
leak threshold (L·T)	11.0	$800 \times 0.02 = 16$
hileak dis (H·L·D)	GWP가 150보다 크므로 0	GWP가 150보다 크므로 0

따라서 A 차의 Leakage Credit이 주어지지 않았으므로 GWP는 알 수 없다.

|오답풀이|

④ D 차의 Leakage Credit은

$$7.0 \times \left(1 - \frac{8.3}{16.6} \times \frac{715}{1,430} - 0 \right) = 5.25$$이다.

28 도표분석능력 자료의 수치 분석하기

|정답| ③

|해설| 2020년 전 연령의 남성 비중은 50.1%, 14세 이하 연령대의 남성 비중은 51.4%, 15 ~ 64세의 남성 비중 또한 이와 같다. 65세 이상 연령대의 남성 비중은 43.2%이다. 이때 14세 이하와 15 ~ 64세 연령대의 남성 비중이 같으므로 이를 64세 이하 연령대의 남성 비중이 51.4%인 것으로 볼 수 있다. 그리고 전 연령의 남성 비중은 50.1%이므로 64세 이하의 인구수를 x명, 65세 이상의 인구수를 y명이라 하면 $\frac{51.4x + 43.2y}{x + y} = 50.1(\%)$이 성립한다.

식을 정리하면 $1.3x = 6.9y$, $y = \frac{1.3}{6.9}x$이다.

64세 이하 남성 수는 $0.514x$명, 65세 이상 남성 수는 $0.432y = 0.432 \times \frac{1.3}{6.9}x = 0.081x$명이므로 64세 이하 남성 수는 65세 이상 남성 수보다 5배 이상 많다.

|오답풀이|

① 해당 자료는 1970년, 1980년, 1990년 등 정해진 연도에 조사된 내용만을 반영하고 있을 뿐, 해당 기간 사이의 연도에 대해서는 알 수 없다. 또한, 1990년과 2000년에 남성과 여성의 인구 비중 값이 동일하므로 성별 인구 비율 격차가 감소하고 있다고 볼 수 없다.

② 2050년까지 매 기간 지속적으로 감소하다가 2060년에 다시 증가하였다.

④ 2060년 남성 비중은 작아지고 여성 비중은 커져 그 격차가 감소하게 되었다.

⑤ 자료에 명시된 기간에 한하여, 전 연령대의 여성의 비중이 남성의 비중보다 커진 것은 2050년이 최초이다.

29 도표분석능력 비율의 차이 비교하기

|정답| ②

|해설| 14세 이하는 2000년에 남녀 비율이 각각 52.9%와 47.1%로 그 차이가 가장 크며, 15 ~ 64세는 2050년에 남녀 비율이 각각 52.2%와 47.8%로 그 차이가 가장 크다.

30 도표분석능력 자료의 수치 분석하기

|정답| ⑤

|해설| 충남은 10월에, 전북은 11월에 전망 BSI가 가장 높다.

|오답풀이|

① BSI 전망치가 100 이상이었던 횟수를 구하면 된다. 나머지 지역은 각 3번씩이었으나 제주는 2번으로 가장 적다.

③ 제주의 전통시장 체감 BSI는 증가, 증가, 감소, 증가, 감소 순이고 이와 다른 것은 경기 지역 한 군데이다.

④ 증감률이 가장 작은 시기를 고르기 위해서 전월 대비 증감분이 다른 시기에 비해 큰 달은 제외한다.

'8월 : 전월 대비 13.4 증가, 9월 : 전월 대비 25.7 증가, 10월 : 전월 대비 3.9 감소, 11월 : 전월 대비 5.8 증가, 12월 : 전월 대비 37.8 감소'이므로, 10월과 11월의 증감률 크기를 비교한다.

• 10월 : $\frac{83.3 - 87.2}{87.2} \times 100 = -4.47(\%)$

• 11월 : $\dfrac{89.1-83.3}{83.3} \times 100 ≒ 6.96(\%)$

각 증감률의 절댓값을 비교했을 때 10월이 더 작음을 알 수 있다.

31 도표분석능력 | BSI 계산하기

|정답| ①

|해설| 경기동향 조사의 BSI 지수 산출방법에 따라 계산하면 다음과 같다.

• A의 BSI :

$$\dfrac{25 \times 0 + 60 \times 50 + 50 \times 100 + 45 \times 150 + 20 \times 200}{200}$$

$= 93.75$

• B의 BSI :

$$\dfrac{20 \times 0 + 45 \times 50 + 50 \times 100 + 60 \times 150 + 25 \times 200}{200}$$

$= 106.25$

32 도표분석능력 | 표와 그래프 해석하기

|정답| ③

|해설| 2021년까지 꾸준히 감소하다가 2022년에 다시 증가했다.

33 도표분석능력 | 빈칸에 들어갈 수치 계산하기

|정답| ②

|해설| '소득=총수입−경영비'이므로 2022년의 경영비(A)는 974,553−541,450=433,103(원)이 된다.

또한, '소득률=$\dfrac{소득}{총수입} \times 100$'이므로 2021년의 소득률(B)은 $\dfrac{429,546}{856,165} \times 100 ≒ 50.2(\%)$가 된다.

보충 플러스+

표의 전년 대비 증감을 이용하면 복잡한 계산 없이 빠르게 해결할 수 있다.
2021년 경영비는 426,619원이고, 전년 대비 증감은 6,484원이므로 2022년 경영비는 426,619+6,484=433,103(원), 2022년 소득률은 55.6%, 전년 대비 증감은 5.4%p이므로 2021년 소득률은 55.6−5.4=50.2(%)이다.

34 도표분석능력 | 자료 해석하기

|정답| ⑤

|해설| 전체 취업자 중 임금근로자의 비율은 매년 비임금근로자 비율의 2.5배 이상을 차지하고 있다.

• 2018년 : 비임금근로자의 비율=25.3%, 임금근로자의 비율=74.7%이므로 2.9배 이상이다.

• 2019년 : 비임금근로자의 비율=24.6%, 임금근로자의 비율=75.4%이므로 3배 이상이다.

• 2020년 : 비임금근로자의 비율=23.6%, 임금근로자의 비율=76.4%이므로 3.2배 이상이다.

• 2021년 : 비임금근로자의 비율=22.8%, 임금근로자의 비율=77.2%이므로 3.3배 이상이다.

• 2022년 : 비임금근로자의 비율=22.8%, 임금근로자의 비율=77.2%이므로 3.3배 이상이다.

|오답풀이|

① 취업자의 구성 비율은 알 수 있지만, 실제 근로자의 수는 알 수 없다.

② 1년 미만 계약직 근로자는 임시근로자와 일용근로자를 말한다. 2021년과 2022년의 경우 임시근로자와 일용근로자의 비율이 33% 미만이다.

③ 2022년에는 $\dfrac{8.4}{22.8} \times 100 ≒ 36.84(\%)$로 38%에 미치지 않는다.

④ 점차 낮아지다가 2022년에 자영업주의 비율은 다시 증가하였다.

35 도표분석능력 자료를 바탕으로 수치 계산하기

|정답| ④

|해설| 2022년 취업자 중 여성의 비율은 40%로 여성 취업자 수는 $26,725,000 \times 0.4 = 10,690,000$(명)이다. 이 중 일용근로자는 5%로, $10,690,000 \times 0.05 = 534,500$(명)이다.

36 문제처리능력 자료 분석하기

|정답| ③

|해설| (A) : $1,164 - (366 + 227 + 412) = 159$(톤)

(B) : $1,375 - (387 + 169 + 367) = 452$(톤)

전년 대비 전체 매출량의 증감률은 다음과 같다.

• 2019년 : $\dfrac{1,440 - 1,123}{1,123} \times 100 ≒ 28.2(\%)$

• 2020년 : $\dfrac{1,164 - 1,440}{1,440} \times 100 ≒ -19.2(\%)$

• 2021년 : $\dfrac{1,254 - 1,164}{1,164} \times 100 ≒ 7.7(\%)$

• 2022년 : $\dfrac{1,375 - 1,254}{1,254} \times 100 ≒ 9.6(\%)$

2019년의 전체 매출량 증감률이 28.2%로 가장 크다.

|오답풀이|

① A 지점은 감소-감소-증가-증가 추세이나, B 지점은 감소-감소-감소-감소 추세이다.

② C 지점의 매입량은 2019년에 $\dfrac{278 - 168}{168} \times 100 ≒$ 65.5(%) 증가하였으나, 그 다음 해에 $\dfrac{412 - 278}{278} \times 100 ≒ 48.2(\%)$ 증가하였다.

④ 매입량과 매출량의 차이의 절댓값 추이는 B 지점이 120 -49-88-110-78, D 지점이 46-45-221-126-215로 서로 다르다.

⑤ 2022년 매입량이 가장 많은 지점은 452톤인 C 지점이다.

37 사고력 반드시 참이 아닌 것 고르기

|정답| ④

|해설| 수탁사업팀이 1층에 위치하며 대출지원팀과 연이은 층에 있지 않다는 조건에 따라, 대출지원팀이 3층, 4층, 5층, 6층에 있는 경우로 나누어 경우의 수를 따져보면 다음과 같다.

• 대출지원팀이 3층인 경우

6층	여수신관리팀
5층	인재개발팀
4층	(금융혁신팀)
3층	대출지원팀
2층	(금융혁신팀)
1층	수탁사업팀

또는

6층	인재개발팀
5층	여수신관리팀
4층	
3층	대출지원팀
2층	금융혁신팀
1층	수탁사업팀

• 대출지원팀이 4층인 경우

6층	인재개발팀
5층	금융혁신팀
4층	대출지원팀
3층	
2층	여수신관리팀
1층	수탁사업팀

이때, 인재개발팀은 2층에 위치할 수 없고 대출지원팀과 연이은 층에 있을 수 없으므로 여수신관리팀이 6층인 경우는 불가능하다.

• 대출지원팀이 5층인 경우

6층	(금융혁신팀)
5층	대출지원팀
4층	(금융혁신팀)
3층	인재개발팀
2층	여수신관리팀
1층	수탁사업팀

대출지원팀이 5층일 때 금융혁신팀과 인재개발팀이 각각 6층과 3층으로 떨어져 있을 수 있기 때문에 ④가 반드시 참이라 볼 수는 없다.

• 대출지원팀이 6층인 경우

6층	대출지원팀
5층	금융혁신팀
4층	인재개발팀
3층	여수신관리팀
2층	
1층	수탁사업팀

또는

6층	대출지원팀
5층	금융혁신팀
4층	인재개발팀
3층	
2층	여수신관리팀
1층	수탁사업팀

또는

1회 기출예상
2회 기출예상
3회 기출예상
4회 기출예상
5회 기출예상
6회 기출예상

6층	대출지원팀
5층	
4층	여수신관리팀
3층	인재개발팀
2층	금융혁신팀
1층	수탁사업팀

또는

6층	대출지원팀
5층	(금융혁신팀)
4층	(금융혁신팀)
3층	인재개발팀
2층	여수신관리팀
1층	수탁사업팀

38 사고력 조건에 맞는 나이 구하기

|정답| ①

|해설| 2,450을 소인수분해하면 $2,450 = 2 \times 5^2 \times 7^2$이다. 이 숫자들을 조합하여 가장 나이가 어린 C를 중심으로 가능한 경우를 나열하면 다음과 같다.

- C=1일 때, A와 B의 가능한 경우는 (98, 25), (50, 49), (70, 35)
- C=2일 때, A와 B의 가능한 경우는 (49, 25)
- C=5일 때, A와 B의 가능한 경우는 (70, 7), (49, 10), (35, 14)
- C=7일 때, A와 B의 가능한 경우는 (35, 10), (25, 14)

네 번째 조건을 고려하여 A, B, C의 나이에 따라 을의 나이를 추정할 때, 을이 B, C를 출산할 당시의 나이가 19~34세인 경우는 A=49, B=10, C=5 밖에 없다.

39 문제처리능력 기준에 맞는 건축물 파악하기

|정답| ③

|해설| 제4조 제4항을 보면, '허가 또는 신고대상의 같은 대지 내' 주거 또는 비주거를 구분한 제3조 제2항 및 3항에 따른 연면적의 합계가 500㎡ 이상이고 2,000㎡ 미만인 건축물 중 개별 동의 연면적이 500㎡ 미만인 경우가 예외대상에 해당되나, 연면적 합계가 1,000㎡이며 각 동의 연면적이 500㎡ 미만인 '모든 건축물'이 에너지절약설계에 관한 기준 적용예외 대상 건축물이라고는 할 수 없다.

|오답풀이|

① 제4조 제1호에서 지방건축위원회 또는 관련 전문 연구기관 등에서 심의를 거친 결과 이 기준에서 정하는 수준 이상으로 에너지절약 성능이 있는 것으로 인정될 경우 이 기준의 전체 또는 일부를 적용하지 않을 수 있다고 규정한다.

② 제4조 제5호에서는 열손실의 변동이 없는 증축, 용도변경 및 건축물대장의 기재내용을 변경하는 경우에는 별지 제1호 서식 에너지절약 설계 검토서를 제출하지 아니할 수 있다고 규정한다.

④ 제3조 제1항 제2호에는 「건축법 시행령」에 따른 운동시설, 위락시설, 관광 휴게시설 중 냉·난방 설비를 설치하지 아니하는 건축물을 에너지절약계획서를 첨부할 필요가 없는 건축물로 규정한다.

⑤ 제4조 제2호에서는 건축물의 기능·설계조건 또는 시공 여건상의 특수성 등으로 인하여 이 기준의 적용이 불합리한 것으로 지방건축위원회가 심의를 거쳐 인정하는 경우에는 이 기준의 해당 규정을 적용하지 아니할 수 있다고 규정한다.

40 문제처리능력 선정결과 추론하기

|정답| ②

|해설| 나머지 한 안건의 종류에 따라 안건 채택 결과를 예측하면 다음과 같다.

- 원가절감 : '해외진출'을 더 높은 순위로 둔 위원이 2명, 더 낮은 순위로 둔 위원이 1명이므로 '해외진출'이 채택될 것이다.
- 판촉방안 : 모든 위원이 '판촉방안'을 '해외진출'보다 높은 순위로 두고 있으므로 '판촉방안'이 채택될 것이다.
- 자산처분 : '해외진출'을 더 높은 순위로 둔 위원이 2명, 더 낮은 순위로 둔 위원이 1명이므로 '해외진출'이 채택될 것이다.

따라서 (나), (다)가 옳다.

|오답풀이|

(가), (라) '해외진출'은 '원가절감'과 '자산처분' 두 경우에 최종 채택된다.

41 문제처리능력 조건에 맞는 결과 추론하기

|정답| ①

|해설| '자산처분'이 1순위 안건일 경우, 나머지 한 안건의 종류에 따라 안건 채택 결과를 예측하면 다음과 같다.

- '원가절감' : '자산처분'을 더 높은 순위로 둔 위원이 2명, 더 낮은 순위로 둔 위원이 1명이므로 직원 투표에 의해 1표가 추가될 시 '자산처분'이 3표가 되어 '자산처분'이 채택될 것이다.

www.gosinet.co.kr **gosi**net

1회 기출예상

2회 기출예상

3회 기출예상

4회 기출예상

5회 기출예상

6회 기출예상

- '판촉방안' : '자산처분'을 더 높은 순위로 둔 위원이 1명, 더 낮은 순위로 둔 위원이 2명이므로 직원 투표에 의해 1표가 추가될 시 '자산처분'과 '판촉방안'이 동표가 되어 '자산처분'이 채택될 것이다.

- '해외진출' : '자산처분'을 더 높은 순위로 둔 위원이 1명, 더 낮은 순위로 둔 위원이 2명이므로 직원 투표에 의해 1표가 추가될 시 '자산처분'과 '해외진출'이 동표가 되어 '자산처분'이 채택될 것이다.

따라서 '자산처분'은 언제나 최종 안건으로 채택된다.

| 오답풀이 |

② '해외진출'이 1순위 안건일 경우, 최종 안건으로 채택될 수 있는 안건은 '해외진출', '판촉방안' 두 가지이다.

③ '판촉방안'과 '자산처분'이 선정되고 '자산처분'이 직원 투표 1순위를 한다면 '자산처분'이 최종 안건으로 채택된다.

④ '원가절감'과 '해외진출'이 선정되고 '원가절감'이 직원투표 1순위를 한다면 최종 안건으로 선택된다.

⑤ '해외진출'이 2순위 안건일 경우에는 그 어떤 경우에도 최종 안건으로 채택되지 못한다.

42 문제처리능력 글쓴이의 주장 판단하기

| 정답 | ④

| 해설 | 글쓴이는 전반적으로 '환경친화적 토지 이용 및 공급체계'의 구축을 주장하며 향후 토지 개발 시 환경적 측면 위주로 고려할 것을 제안하고 있다. 두 번째 문단의 '경제적 효율성 위주의 토지이용 및 공급체계를 탈피하여 이른바 환경친화적 토지 이용 및 공급체계의 구축이 요구된다'라는 문장이 그 근거이다. 따라서 토지이용의 경제적 효율성을 강조한다는 ④는 글쓴이의 주장과 일치하지 않는다.

43 문제처리능력 자료를 바탕으로 상황 판단하기

| 정답 | ③

| 해설 | ㉡ 임차인 거주 기간 동안 자연 변색이 된 경우 : 임차인이 거주하는 동안 발생한 문제이더라도 기간 경과로 인한 자연 변색은 임대인이 수선비를 부담해야 한다.

㉢ 압정을 박아 벽에 구멍이 발생한 경우 : 못 박기로 인한 손상은 임차인 부담이나, 압정, 핀 등의 구멍자국은 임대인 부담이다.

㉣ 이웃 세대에서도 유사하게 도장이 들뜨고 벗겨진 경우 : 세대 공통으로 발생하는 도장의 박리, 탈락, 들뜸은 임대인 부담이다.

| 오답풀이 |

㉠ 담배로 인해 악취, 변색 등의 손상이 발생한 경우 : 흡연에 의한 변색, 냄새부착, 오염이 발생한 경우 임차인 부담이다.

㉤ 이물질로 인하여 오수관, 배수관이 막힌 경우 : 오물, 쓰레기 투입 등으로 오수관, 배수관이 막히는 것은 임차인 부담이다.

44 사고력 항상 참인 진술 고르기

| 정답 | ⑤

| 해설 | 주어진 조건에 따라 근무표를 완성하면 다음과 같다.

구분	월	화	수	목	금	토	일	야근 횟수
A	O	O	O	O	X	X	X	주중 2회
B	X	X	O	O	O	O	X	주중 2회
C	X	X	X	X	X	O	O	X
D	X	X	X	X	X	O	O	X
E	O	O	O or X	X or O	O	X	X	주중 2회
F	O	O	X or O	O or X	O	X	O	X

따라서 E와 F는 월, 화, 금요일에 동시에 출근한다.

45 문제처리능력 자료 읽고 추론하기

| 정답 | ③

| 해설 | 제시된 표는 의약품 총 허가 건수와 총 신고 건수를 나타내고 있다. 신고된 의약품 중에 허가된 의약품이 모두 포함되어 있는지는 제시된 표로는 알 수 없다. 실제로 수입 완제품의 경우 허가 건수가 신고 건수보다 많으므로 허가와 신고는 서로 포함관계가 아님을 유추할 수 있다.

| 오답풀이 |

① 본부가 허가한 국내제조 완제품 전문의약품의 15%는 $236 \times 0.15 = 35.4$(품목)이다. 본부가 허가한 국내제조 완제품 일반의약품은 35품목이므로 15% 미만이다.

② 국내제조 완제품 일반의약품의 신고 품목 수는 436품목, 허가 품목 수는 35품목이므로 436÷35≒12.5, 즉 12배 이상이다.

④ 국내제조 원료와 수입 원료의 허가와 신고 품목 수는 그 합이 42로 같으며 각각의 품목 수는 동일하지 않다.

⑤ 236품목으로 가장 많은 품목을 허가하였다.

46 문제처리능력 | 자료를 바탕으로 현황표 작성하기

|정답| ④

|해설| 제시된 표의 수치에는 국내제조/수입 의약품의 완제품과 원료 건수를 모두 합한 것이 반영되었다.

국내제조 완제품 허가/신고 건수와 수입 완제품 허가/신고 건수는 다음과 같다.

(단위 : 품목)

구분	허가	신고
국내제조 완제품	1,857	740
수입 완제품	157	7
계	2,014	747

47 문제처리능력 | 자료를 참고하여 조건에 맞게 추론하기

|정답| ⑤

|해설| 각 사무실의 가로, 세로 길이를 모두 추론하면 다음 그림과 같다.

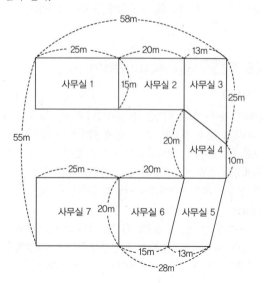

각 사무실의 가로, 세로 길이를 반영하여 계산한 면적은 다음과 같다.

- 사무실 1 : $25 \times 15 = 375(\text{m}^2)$
- 사무실 2 : $20 \times 15 = 300(\text{m}^2)$
- 사무실 3 : $\dfrac{25+15}{2} \times 13 = 260(\text{m}^2)$ (∵사다리꼴)
- 사무실 4 : $\dfrac{20+10}{2} \times 13 = 195(\text{m}^2)$ (∵사다리꼴)
- 사무실 5 : $13 \times 20 = 260(\text{m}^2)$ (∵평행사변형)
- 사무실 6 : $\dfrac{20+15}{2} \times 20 = 350(\text{m}^2)$ (∵사다리꼴)
- 사무실 7 : $25 \times 20 = 500(\text{m}^2)$

총면적이 직장어린이집 면적 기준의 1.5~2배여야 하므로, 이를 위해서는 총 면적이 최소 $100 \times 4.5 \times 1.5 = 675(\text{m}^2)$, 최대 $100 \times 4.5 \times 2 = 900(\text{m}^2)$이어야 한다.

⑤는 면적 총합이 $1,045(\text{m}^2)$로 면적 기준의 2배를 초과하므로 조건에 맞지 않는다.

48 문제처리능력 | 자료를 참고하여 금액 산출하기

|정답| ②

|해설| A 기업과 C 기업의 이행강제금은 다음과 같다.

- A 기업의 이행강제금 : $100 \times 0.65 \times 300,000 \times 0.5 \times 6$
  $= 58,500,000(원)$
- C 기업의 이행강제금 : $60 \times 0.65 \times 300,000 \times 0.5 \times 12$
  $= 70,200,000(원)$

따라서 총 $58,500,000 + 70,200,000 = 128,700,000(원)$이다.

49 문제처리능력 | 자료를 바탕으로 상황 판단하기

|정답| ②

|해설| 제시된 자료에 따르면 신용 평가 등급은 사업비 대출 보증 시공자의 요건에서만 고려된다.

|오답풀이|

① 심사 평점표의 종합 평점이 70점 미만인 경우가 보증 금지 요건이므로 H의 종합 평점은 보증 자격 요건을 충족한다.

③ '보증 금지 요건'의 세 번째 항목을 통해 알 수 있다.

④ $1,000,000,000 \times 0.6 \times 0.0035 \times \dfrac{60}{365} ≒ 345,205$(원)이다.

⑤ H의 건립 세대 규모는 165세대로 보증 금지 요건인 150세대 미만인 사업장에 해당하지 않는다.

50 문제처리능력 자료를 참고하여 보증료 산출하기

|정답| ④

|해설| 각 조합의 보증료를 계산하면 다음과 같다.

• A : $20,000,000,000 \times \dfrac{0.45}{100} \times \dfrac{200}{365}$

  $= 49,315,068.49 \cdots ≒ 49,320,000$(원)

• B : $20,000,000,000 \times \dfrac{0.2}{100} \times \dfrac{365}{365}$

  $= 40,000,000$(원)

• C : $30,000,000,000 \times \dfrac{0.35}{100} \times \dfrac{150}{365}$

  $= 43,150,684.93 \cdots ≒ 43,150,000$(원)

따라서 A-C-B 순으로 보증료가 높다.

2회 기출예상문제 문제 68쪽

01	①	02	②	03	①	04	④	05	③
06	③	07	④	08	④	09	③	10	③
11	④	12	④	13	④	14	③	15	②
16	③	17	③	18	④	19	②	20	④
21	④	22	②	23	③	24	④	25	①
26	①	27	②	28	①	29	③	30	③
31	①	32	④	33	④	34	③	35	①
36	④	37	②	38	④	39	④	40	③
41	①	42	③	43	④	44	④	45	④
46	②	47	①	48	②	49	②	50	②

01 문서이해능력 글의 흐름에 따라 빈칸 채우기

|정답| ①

|해설| 아인슈타인은 양자는 확률이 아닌 입자의 확정적인 운동으로 이루어진다고 주장했다. 따라서 신은 확률에 대한 놀이인 '주사위 놀이'를 하지 않는다고 말하는 것이 적절하다.

02 문서이해능력 글의 요지 파악하기

|정답| ②

|해설| 제시된 글은 합성고분자를 원료로 하는 섬유에서 발생하는 '미세섬유'로 인한 환경오염의 심각성을 제기하는 글이다. 이를 이용하여 프로모션을 효과적으로 할 수 있는 기업은 미세섬유와 관련된 산업이거나 합성섬유를 대체할 신소재 원료를 개발하는 업체, 의류를 재활용할 수 있는 업체 등이다. 따라서 양식에 사용하는 어구·부표 생산 공장은 판매 촉진 활동 시 제시된 글을 활용하기에 적절하지 않다.

03 문서이해능력 세부 내용 이해하기

|정답| ①

|해설| 재료를 급히 처분해야 하는 의류생산자는 하락된 가격으로 물건을 판매할 것이다. 따라서 소비자가 지불하는

가격이 낮아짐에 따라 생산자가 더 많은 세금을 부담해야 한다.

| 오답풀이 |

② 정부는 조세부과 시 어떤 방향으로 조세전가가 일어날지 예측할 수 없으므로 조세 부담자를 파악하기 어렵다.

③ 정부가 소비자에게 세금을 부과하는 경우 생산자가 가격을 하락시킨다면 조세는 생산자에게 전가될 수 있다.

④ 조세전가는 한 방향으로만 발생하는 것이 아니다.

04 문서이해능력 세부 내용 이해하기

| 정답 | ④

| 해설 | 의식주와 같은 필수 재화의 경우, 생산자가 가격 변동을 한다 해도 소비자의 소비량이 줄어들지 않는다는 특징을 가진다. 따라서 국가가 생산자에게 조세를 부담할 경우 조세전가가 일어날 확률이 높고, 소비자에게 조세를 부담할 경우 소비자의 불만이 시장에 반영되어 조세전가가 일어날 확률이 적어진다.

05 문서작성능력 문단 순서 나열하기

| 정답 | ③

| 해설 | 우선 (라)에서 일반 산업계에서 디지털 기기 사용이 확산됨을 언급하고 있다. 이어서 (나)에서 '이렇게 디지털 계측기기의 사용이 일반화된 일반 산업계와는 달리~'라고 시작되고 있으므로 (라) 뒤에 (나)가 오는 것을 알 수 있다. 안정성을 검증하기 어렵다는 (나)의 뒤에는 '그러나 ~많은 장점이 있다'라고 디지털 기기의 장점에 대해 설명하는 (가)가 이어진다. 다음으로는 단점에 대해 나열한 (마)가 올 수 있으며, 마지막으로 국내 디지털계측기술의 현황에 대해 언급한 (다)가 연결되는 것이 적절하다. 따라서 (라)–(나)–(가)–(마)–(다) 순이 적절하다.

06 문서작성능력 문맥에 맞게 문단 나누기

| 정답 | ③

| 해설 | 전 세계적으로 집값이 요동치는 때에도 휴스턴은 탄력적인 주택 공급으로 집값의 보합세를 유지할 수 있었다는 내용이 (가) ~ (나)에 제시되어 있다. 이와 같은 탄력적 주택 공급은 일반적으로 가격 거품을 막아 주는 효과를 낳는데, 그 예로 주택 공급이 어려웠던 26개의 도시에 비해 주택 공급 제한이 덜 했던 28개 도시의 집값은 28%만 오르는 데 그쳤다는 내용이 (다) ~ (라)에 제시되어 있다. 따라서 두 번째 문단이 시작되는 곳으로 (다)가 가장 적절하다.

07 문서이해능력 기사문 제목 정하기

| 정답 | ④

| 해설 | 제시된 기사의 내용은 미국의 청소년 흡연율이 높은 수치를 기록하며, 높은 청소년 흡연율과 낮은 담배 구입 연령 제한이 연관이 있다는 연구 결과가 나와 미국의 여러 주가 담배 구입 연령 제한을 상향했다는 것이다. 따라서 '미국, 심각한 청소년 흡연율에 다수의 주들 담배 구입 연령 21세로 상향 조절'이 가장 적절하다.

08 문서이해능력 세부 내용 이해하기

| 정답 | ④

| 해설 | 마지막 문단을 보면 '바이오시밀러는 고가의 오리지널 바이오의약품에 비해 상대적으로 저렴한 장점이 있으며'라고 하였으나 바이오시밀러와 제네릭의 개발 비용을 비교한 내용은 찾을 수 없다.

09 문서이해능력 세부 내용 이해하기

| 정답 | ③

| 해설 | 두 번째 문단에 따르면 바이오시밀러는 오리지널 바이오의약품과 동등한 품목·품질을 지니며, 비임상·임상적 비교동등성이 입증된 의약품이라고 하였다.

10 문서이해능력 세부 내용 이해하기

| 정답 | ③

| 해설 | 화학 합성의약품 복제약(제네릭)에 대한 설명이다.

11 기초연산능력 월급 계산하기

|정답| ④

|해설| A 씨의 월급을 x만 원이라 하면 다음과 같은 식이 성립한다.

$$\left(x \times \frac{3}{4} \times \frac{2}{3} - 36\right) \times \frac{3}{5} - 52 = \frac{1}{14}x$$

$$\left(\frac{1}{2}x - 36\right) \times \frac{3}{5} - 52 = \frac{1}{14}x$$

$$\frac{3}{10}x - \frac{108}{5} - 52 = \frac{1}{14}x$$

$$21x - 1{,}512 - 3{,}640 = 5x$$

$$16x = 5{,}152$$

$$\therefore x = 322(만 원)$$

따라서 A 씨의 월급은 322만 원이다.

12 기초연산능력 최소공배수 활용하기

|정답| ④

|해설| 초급자 코스는 $12+2+1=15$(분), 중급자 코스는 $9+2+3=14$(분), 상급자 코스는 $7+3+2=12$(분)마다 출발하므로 세 사람이 코스 정상에서 다시 동시에 출발하려면 15, 14, 12의 최소공배수인 420분이 흘러야 한다.

$$
\begin{array}{r|ccc}
3 & 15 & 14 & 12 \\
\times \\
2 & 5 & 14 & 4 \\
\hline
\times & 5 & \times 7 & \times 2
\end{array} = 420
$$

따라서 그 다음으로 세 사람이 코스 정상에서 동시에 출발하는 시간은 7시이다.

13 기초연산능력 최대 일수 구하기

|정답| ④

|해설| 현금 20만 원 중 198,000원으로 지역화폐 1만 원권 22장을 구입하면, 지역화폐 22만 원과 현금 2,000원을 사용할 수 있게 된다. 지역화폐 1만 원권으로 매일 한 번씩 8천 원짜리 백반을 사먹으면 2,000원의 현금 거스름돈을 받게 되므로 22일 동안 지역화폐를 사용하여 백반을 사 먹고 받은 현금 거스름돈은 $2{,}000 \times 22 = 44{,}000$(원)이다. 여

기에 처음에 남은 2,000원을 더하면 46,000원인데, 이 중 45,000원으로 다시 지역화폐 1만 원권 5장을 구입하면 지역화폐 5만 원과 현금 1,000원을 사용할 수 있게 된다. 이렇게 또 5일 동안 지역화폐를 사용하여 백반을 사 먹고 $2{,}000 \times 5 = 10{,}000$(원)의 거스름돈을 받아 1일 더 백반을 사 먹으면 최대 $22+5+1=28$(일) 동안 백반을 사 먹을 수 있게 된다.

14 기초연산능력 유한집합의 원소의 개수 구하기

|정답| ③

|해설| $n(경제학)=37$, $n(경영학)=30$, $n(경제학 \cap 경영학)=12$이므로, 경제학만을 전공한 사람은 $n(경제학)-n(경제학 \cap 경영학)=37-12=25$(명)이다.

15 기초통계능력 방정식 활용하기

|정답| ②

|해설| A 씨를 제외한 인사팀 인원을 x명이라 하면 다음과 같은 식이 성립한다.

$$\frac{34x + 26}{x+1} = 34 - 2$$

$$34x + 26 = 32(x+1)$$

$$2x = 6 \qquad \therefore x = 3$$

따라서 인사팀의 인원은 A 씨를 포함하여 $3+1=4$(명)이다.

16 기초연산능력 예금 만기금액 비교하기

|정답| ③

|해설| 각 상품의 만기 시 금액을 계산하면 다음과 같다.

• 복리희망상품 : $8{,}000 \times (1+0.05)^2 = 8{,}820$(만 원)
• 단리대박상품 : $8{,}000 \times (1+0.09 \times 2) = 9{,}440$(만 원)

따라서 만기 시 받는 금액의 차이는 $9{,}440 - 8{,}820 = 620$(만 원)이다.

17 기초연산능력 **예금 만기금액 비교하기**

| 정답 | ③

| 해설 | 단리대박상품의 신용카드 계열사 이율을 적용한 만기 금액은 $8,000 \times (1+0.11 \times 2) = 9,760$(만 원)이다. **16**번 해설을 참고하면 기본 이율 적용 시 만기금액은 9,440만 원이므로 신용카드를 개설할 경우 A 씨는 9,760 $-9,440=320$(만 원)의 이득을 볼 수 있다.

18 도표분석능력 **자료의 수치 분석하기**

| 정답 | ④

| 해설 | 20X5년에 주택 수가 가장 적은 광역시는 울산광역시로, 인구수가 5년 전 대비 $\frac{1,049-1,014}{1,014} \times 100 = 3.5$ (%) 증가하였다.

| 오답풀이 |

① 20X5년 주택 1호당 평균 인구수는 $\frac{47,279}{13,222.6} = 3.6$ (명)이다.

② 20X5년의 전국 주택 수는 20X0년 대비 $\frac{13,222.6-11,472.4}{11,472.4} \times 100 = 15$(%) 증가하였다.

③ 20X0년 대구와 인천을 비교해 보면, 인구수는 대구가 더 많으나 주택 수는 인천이 더 많다.

19 도표분석능력 **자료의 수치 분석하기**

| 정답 | ②

| 해설 | 교통사고 피해자 수가 미취학 어린이보다 1학년이 더 많으므로 어릴수록 피해자가 많다는 것은 적절하지 않다.

| 오답풀이 |

① 하반기(7 ~ 12월)가 상반기(1 ~ 6월)보다 어린이 교통사고 피해자가 더 많다.

③ 봄(3 ~ 5월), 겨울(12 ~ 2월)보다 여름(6 ~ 8월), 가을(9 ~ 11월)에 어린이 교통사고 피해자가 더 발생한다.

④ 가장 교통사고 피해자가 많은 학년은 8.96천 명으로 1학년이다.

20 도표분석능력 **자료의 수치 분석하기**

| 정답 | ④

| 해설 | ⓒ 전체 직원 중에서 구강건강이 매우 건강한 직원은 $19,597 \times 0.0687 = 1,346$(명)으로 1,300명 이상이다.
ⓔ 구강건강이 매우 건강한 남성 직원은 $10,154 \times 0.0699 = 710$(명), 여성 직원은 $9,443 \times 0.0674 = 636$(명)으로 남성 직원이 더 많다.

| 오답풀이 |

ⓐ 구강건강이 보통인 직원의 비율은 20대가 34.69%, 30대가 40.88%, 40대가 46.01%, 50대 이상이 47.93%로, 연령대가 낮을수록 그 비율이 낮아진다.

21 사고력 **조건에 따라 배치 파악하기**

| 정답 | ④

| 해설 | 지원자 정은 지원자 갑보다 왼쪽에 앉아야 하는데 가장 오른쪽에 앉은 면접관 리의 테이블에 앉았으므로 조건에 맞지 않아 불가능하다.

22 사고력 **명제의 진위 추론하기**

| 정답 | ③

| 해설 | 세 번째 명제의 대우에 따라 '킥보드를 좋아하지 않으면 버스를 좋아하지 않는다'도 참이다.

23 사고력 **정보를 바탕으로 담당자 추론하기**

| 정답 | ③

| 해설 | 두 번째 정보와 다섯 번째, 여섯 번째 정보를 정리하면 E, F → G → D → A이다. 세 번째와 마지막 정보를 보면 G를 만난 후 C를 만나는데 D와 A 사이에 다른 사람을 만나므로 G → D → C → A 순이다. B와 E, F는 첫 번째 정보에서 B는 처음에 만나는 사람이 아니며 네 번째 정보에서 F보다 먼저 만난다고 하였으므로 E → B → F 순임을 알 수 있다. 이를 정리하면 E → B → F → G → D → C → A이다. 따라서 세 번째로 만나는 사람은 F이다.

24 [사고력] 조건을 바탕으로 추론하기

| 정답 | ③

| 해설 | 〈보기〉의 첫 번째, 세 번째 조건에 따르면 세 숫자 중 마지막 숫자는 1, 3, 5, 7 중에 하나이다. 네 번째 조건에서 세 숫자 중 첫 번째 숫자는 다른 두 숫자를 합한 것과 같고, 마지막 조건에서 그 두 숫자는 연속된 수이며 맨 끝자리가 더 크다고 했으므로 마지막 숫자는 3, 5, 7 중에 있다. 이를 네 번째 조건에 적용하면 가능한 숫자는 523이다.

25 [문제처리능력] 자료를 적용하여 추론하기

| 정답 | ①

| 해설 | '산림공원 내 시설 확장' 계획을 보면 주차장, 도로 확장, 공용 편의시설, 건축물 시공이 가능해야 한다. 이 조건에 맞는 건설사는 병, 정이다. '한지체험박물관'의 조건에 맞는 건설사는 을, 병, 정이다. '도시외곽체육시설'의 수상 스포츠 및 자연 암벽장 시공이 가능한 건설사는 정이다. 따라서 참여하지 않는 건설사는 갑이다.

26 [문제처리능력] 우선순위 파악하기

| 정답 | ①

| 해설 | • '산림공원 내 시설 확장'에 적절한 부지는 산림 공원 내에 위치하는 것이 좋다. 또 동쪽에 있는 숲을 최대한 보존하기를 원하므로 동쪽에 대나무 숲이 있어야 한다. 따라서 B 부지가 가장 적절하다.
• '한지체험박물관'은 산림공원 및 대나무 숲과 인접해야 하며 주민들이 쉽게 접근할 수 있도록 주거지역에 인접한 것이 좋다. 따라서 D 부지가 가장 적합하다.
• '도시 외곽 체육시설'은 도시 외곽에 위치하며 수상 스포츠 시공을 필요로 하므로 강 등의 물이 가깝고 자연 암벽장을 시공할 수 있는 곳이어야 한다. 따라서 E 부지가 적합하다.
따라서 건설 계획에 우선순위가 가장 낮은 부지는 A, C 부지이다.

27 [문제처리능력] 탑승구 안내하기

| 정답 | ②

| 해설 | 항공사 AA, 편명 AU1017, 이륙예정시간 18시 50분, 목적지 도쿄이므로 박 씨가 안내할 탑승구는 11이다.

28 [문제처리능력] 가장 저렴한 방법 찾기

| 정답 | ①

| 해설 | 수하물의 무게에 따라 운임이 부과되므로 가능한 한 무거운 짐을 기내 반입 수하물, 무료 위탁 수하물로 지정해야 한다. 기내 반입 수하물 조건에 따라 여행가방은 높이가 30cm이므로 기내에 반입이 불가능하다. 따라서 쇼핑백은 기내로 반입하고 여행가방은 무료 위탁 수하물로 지정하는 것이 가장 저렴한 운임을 내는 방법이다.

29 [사고력] 진위를 바탕으로 숫자 추론하기

| 정답 | ②

| 해설 | 네 사람 중 한 사람이 거짓 진술을 한 경우를 각각 대입해 본다.
• 별이 거짓 진술을 한 경우
하늘의 진술에 따라 '달 카드 숫자＝2×(하늘 카드 숫자)' 이므로 하늘의 카드 숫자가 1이면 달의 카드 숫자는 2, 하늘의 카드 숫자가 2이면 달의 카드 숫자는 4이다. 구름의 진술에 따르면 구름의 카드 숫자는 하늘, 별보다 작은 수이므로 하늘의 카드 숫자는 2, 구름의 카드 숫자는 1, 달의 카드 숫자는 4가 되고 별의 카드 숫자는 3이 된다.
• 하늘이 거짓 진술을 한 경우
별의 카드 숫자가 제일 큰 숫자이므로 4이다. 달의 진술에 따라 두 그룹의 카드 숫자를 더한 값이 같아지려면 1＋4＝2＋3이 되어야 한다. '달＋구름＝하늘＋별'이므로 별의 카드 숫자가 4이기 때문에 하늘의 카드 숫자가 1이 되어야 하지만 구름이의 카드 숫자가 하늘이랑 별의 카드 숫자보다 작다고 했으므로 조건에 맞지 않는다.
• 구름이 거짓 진술을 한 경우
별의 진술에 따라 별의 카드 숫자는 4이다. 달의 진술에 따라 하늘의 카드 숫자는 1이 된다. 하늘의 진술에 따르면 하늘의 카드 숫자의 두 배가 되는 숫자가 달의 카드 숫자라고 했으므로 달의 카드 숫자는 2, 구름의 카드 숫자는 3이 된다.

• 달이 거짓 진술을 한 경우
별의 카드 숫자는 4이다. 하늘의 카드 숫자의 두 배가 달의 카드 숫자이므로 하늘의 카드 숫자는 1, 달의 카드 숫자는 2가 된다. 구름의의 진술에 따르면 구름의 카드 숫자가 하늘과 별의 카드 숫자보다 작아야 하는데 하늘이가 1을 가지고 있으므로 조건에 맞지 않는다.

따라서 네 명의 카드 숫자로 가능한 경우는 다음과 같다.

하늘	구름	별	달
1	3	4	2
2	1	3	4

30 사고력 결론 도출하기

| 정답 | ③

| 해설 | 전제 1의 대우와 전제 2에 따라 이기적이지 않은 사람은 검소하지 않고, 검소하지 않은 사람은 뻔뻔하다는 것을 알 수 있다. 따라서 삼단논법에 의해 이기적이지 않은 사람은 뻔뻔하다는 결론을 도출할 수 있다.

31 자원관리능력 효과적인 자원관리 과정 이해하기

| 정답 | ①

| 해설 | 한정된 자원을 효과적으로 활용하여 최대의 성과를 얻기 위해서 효과적인 자원관리 과정을 거친다. 그 가운데 가장 먼저 해야 할 일은 업무 추진에 어떤 자원이 얼마나 필요하며 얼마만큼 필요한지 파악하는 '필요한 자원의 종류와 양 확인'이 먼저 이루어져야 한다.

32 물적자원관리능력 물적자원의 관리법 이해하기

| 정답 | ④

| 해설 | 술의 특성을 고려하지 않고 은과 금 그릇에 옮겨 담았더니 술맛이 변한 것을 통해 물품은 특성에 맞게 보관 장소를 선정해야 한다는 것을 알 수 있다.

| 오답풀이 |

①, ②, ③ 모두 물적자원을 효과적으로 관리하는 방법이지만 제시된 글의 주제와는 관련이 없다.

33 인적자원관리능력 인사평가 기준 정하기

| 정답 | ④

| 해설 | 평가의 정확성을 위해서는 적정한 수의 평가자가 필요하며, 평가자의 숫자와 정확성이 늘 비례하는 것은 아니다.

34 시간관리능력 일중독자의 특징 파악하기

| 정답 | ③

| 해설 | 일중독자는 가장 생산성이 낮은 일을 가장 오래 하는 경향이 있고, 최우선 업무보다는 가시적인 업무에 전력을 다하는 경향이 있다. 또한 자신의 일을 남에게 맡기지 않는다는 특징이 있다.

35 예산관리능력 직접비와 간접비 구분하기

| 정답 | ①

| 해설 | 컴퓨터 구입비와 인건비, 건물임대료는 직접비용에 해당한다. 따라서 직접비용을 제외한 비용은 간접비용으로 볼 수 있으므로 간접비용은 건물관리비, 광고비, 사무비품비이다.

36 시간관리능력 일정 파악하기

| 정답 | ④

| 해설 | 최대 경관일은 13일마다 반복되므로 마지막 경관일인 8월 19일부터 최대 경관일을 계산하면 8월 19일 → 9월 1일 → 9월 14일 → 9월 27일 → 10월 10일 → 10월 23일이다. 따라서 김 사원이 예상할 수 있는 날짜는 10월 23일이다.

37 시간관리능력 | 일정 파악하기

|정답| ②

|해설| 각 비행기별 비행시간을 계산하면 다음과 같다.

• AK-433 : 10월 1일 23 : 40 출발-10월 3일 15 : 20 도착 → 39시간 40분

• BG-873 : 10월 1일 23 : 35 출발-10월 3일 15 : 25 도착 → 39시간 50분

• CE-359 : 10월 3일 13 : 42 출발-10월 3일 23 : 37 도착 → 9시간 55분

• DW-198 : 10월 3일 16 : 35 출발-10월 4일 02 : 15 도착 → 9시간 40분

따라서 AK-433을 탄 후, DW-198로 갈아타는 것이 가장 비행시간이 적다.

38 인적자원관리능력 | 알리바바의 인재 관리법 이해하기

|정답| ④

|해설| K 씨는 사람이 좋으며 주변 동료들에 대한 배려심도 깊지만 일에 대한 열정이 식어 자연스럽게 도태되며 일에 대한 흥미를 잃는 모습을 보이는 '토끼형'에 속한다. 따라서 열정을 유지해 주고 업무를 지원해 주는 관리방법이 적절하다.

39 예산관리능력 | 사업 예산 파악하기

|정답| ④

|해설| ④는 제품·공정개선에 해당한다. 제품·공정개선의 지정공모과제는 7개 과제/2.24억 원, 품목지정과제는 4개 과제/4억 원이므로 두 과제 모두 2억 원 이상 3억 원 이하의 예산에 해당되지 않는다.

|오답풀이|

① 스마트공장 R&D-디지털현장 개발 : 1개 과제당 2.5억 원의 예산이 들어간다.

② 신규서비스 창출 : 2개 과제/4.5억 원이므로 한 과제당 2.25억 원의 예산이 들어간다.

③ 스마트공장 R&D-클라우드 기반 플랫폼 개발 : 1개 과제당 2억 원의 예산이 들어간다.

40 예산관리능력 | 사업 예산 파악하기

|정답| ③

|해설| 중소벤처기업부 장관이 품목을 지정하는 과제는 품목지정과제로, 신규과제 추진계획에서 품목지정과제는 총 5개였으나 최종 선정된 것은 4개이다. 따라서 중소벤처기업부 장관이 품목을 지정하는 과제는 하나가 포함되지 않았다.

41 정보능력 | 자료, 정보, 지식의 관계 파악하기

|정답| ①

|해설| ㉠은 정보, ㉡은 자료, ㉢은 지식에 대한 설명이다.

보충 플러스+

자료, 정보, 지식의 관계

구분	의미	예시
자료 (Data)	객관적 실제의 반영이며, 그것을 전달할 수 있도록 기호화한 것	고객의 주소, 성별, 이름, 나이, 스마트폰 기종, 스마트폰 활용 횟수 등
정보 (Information)	자료를 특정한 목적과 문제해결에 도움이 되도록 가공한 것	중년층의 스마트폰 기종, 중년층의 스마트폰 활용 횟수 등
지식 (Knowledge)	정보를 집적하고 체계화하여 장래의 일반적인 사항에 대비해 보편성을 갖도록 한 것	스마트폰 디자인에 대한 중년층의 취향, 중년층을 주요 타깃으로 신종 스마트폰 개발 등

42 컴퓨터활용능력 | 바이러스 예방법 이해하기

|정답| ③

|해설| 바이러스가 활동하는 날에는 무조건 사용하지 않는 것보다 시스템을 사전에 미리 검사하고 사용하는 방법이 예방에 더 적절하다.

1회 기출예상 2회 기출예상 3회 기출예상 4회 기출예상 5회 기출예상 6회 기출예상

바이러스 예방법
1. 출처가 불분명한 전자 우편의 첨부파일은 백신 프로그램으로 바이러스 검사 후 사용한다.
2. 실시간 감시 기능이 있는 백신 프로그램을 설치하고 정기적으로 업데이트한다.
3. 바이러스가 활동하는 날에는 시스템을 사전에 미리 검사한다.
4. 정품 소프트웨어를 구입하여 사용하는 습관을 가진다.
5. 중요한 파일은 습관적으로 별도의 보조 기억 장치에 미리 백업을 해 놓는다.
6. 프로그램을 복사할 때는 바이러스 감염 여부를 확인한다.

43 컴퓨터활용능력 스프레드시트 기능 알기

|정답| ④

|해설| 스프레드시트에 대한 설명이다.

|오답풀이|

① 여러 형태의 문서를 작성, 편집, 저장, 인쇄할 수 있는 프로그램으로 워드프로세서를 이용하여 글을 쓰거나 문서를 작성하게 되면 화면으로 확인하면서 쉽게 문서를 고칠 수 있고, 작업한 문서를 인쇄하거나 디스크와 같은 보조기억장치에 보관하여 두었다가 필요할 때 다시 불러내어 사용할 수 있어 편리하다.

② 특정 프로그래밍 언어로 쓰여 있는 문서를 다른 프로그래밍 언어로 옮기는 프로그램을 말한다.

③ 파일의 크기를 압축하거나 줄여 주는 프로그램으로 파일을 압축하면 저장 용량을 적게 차지하므로 디스크의 저장 공간을 넓혀 주고, 파일을 전송하거나 내려 받을 때 걸리는 시간을 단축할 수 있다.

44 컴퓨터활용능력 워드프로세서 단축키 이해하기

|정답| ④

|해설| 문자표를 입력하려면 'Ctrl+F10'을 동시에 눌러야 한다.

|오답풀이|

① Ctrl+F3 : 상용구 내용 보기

② Ctrl+F4 : 문서 닫기

③ Ctrl+F9 : 한자 부수/총획수로 입력

45 정보처리능력 컴퓨터 관련 용어 이해하기

|정답| ④

|해설| A-②, B-①, C-ⓒ, D-ⓒ이 적절하다.

46 컴퓨터활용능력 하드웨어와 소프트웨어 구분하기

|정답| ②

|해설| 하드웨어 업그레이드는 컴퓨터의 처리 성능 개선을 위한 장비 교체 등을 의미하며 그 종류로는 CPU 업그레이드, 하드디스크 업그레이드, RAM 업그레이드가 있다.

|오답풀이|

①, ③, ④ 소프트웨어 업그레이드에 해당한다.

47 정보처리능력 컴퓨터 보안 관련 용어 이해하기

|정답| ①

|해설| 제시된 사례는 모두 유명 기업이나 금융기관을 사칭한 가짜 웹 사이트나 이메일 등으로 개인의 금융 정보와 비밀번호를 입력하도록 유도하여 예금 인출 및 다른 범죄에 이용하는 수법인 피싱(Phishing)에 해당한다. 최근에는 피싱 기법이 더욱 정교해지면서 금융이나 인터넷 업체뿐 아니라 다양한 분야로 범위가 확장되고 있다.

|오답풀이|

② 파밍(Pharming) : 합법적인 도메인을 탈취하거나 도메인 네임 시스템(DNS) 또는 프락시 서버의 주소를 변경함으로써 사용자가 진짜 사이트로 오인하여 접속하도록 유인한 뒤 개인 정보를 훔치는 수법이다.

③ 스미싱(Smishing) : 휴대폰의 메시지를 이용해 바이러스를 주입시켜 개인 정보를 빼내거나 다른 휴대폰으로 바이러스를 확산시키는 새로운 해킹 기법이다.

④ 스푸핑(Spoofing) : 임의의 웹사이트를 구축하여 일반 사용자가 방문하게 한 후, 시스템 권한을 획득하여 정보를 빼가거나 암호, 기타 정보를 입력하게 하는 해킹 기법이다.

48 정보능력 | IoT 기술 이해하기

|정답| ②

|해설| IoT 기술은 인간의 도움 없이도 서로 알아서 정보를 주고받으며 대화를 나눌 수 있어야 한다. 블루투스 이어폰은 귀에 착용할 시 블루투스를 이용해 정보를 주고받지만 이어폰을 착용하고 작동시키는 데까지 인간의 개입이 필요하므로 IoT 기술이라 보기 어렵다.

49 컴퓨터활용능력 | 엑셀 이해하기

|정답| ②

|해설| • 작성했던 파일 열기 → [Ctrl]+[O]
• 제목 텍스트 굵게 설정 → [Ctrl]+[B]
• 각주에 밑줄 추가 → [Ctrl]+[U]
• 좌측 열에 있는 종류에 해당하는 내용에 기울임 설정 → [Ctrl]+[I]
• 인쇄했을 때 어떻게 나오는지 확인하는 인쇄 미리 보기 → [Ctrl+[P] 혹은 [Ctrl]+[F2]

50 컴퓨터활용능력 | 엑셀 이해하기

|정답| ②

|해설| 엑셀에서 작업 전에 숨겨져 있던 탭 메뉴가 작업 후에는 나타나 있음을 통해 [Ctrl] +[F1]로 탭 메뉴 보이기를 하였음을 알 수 있다.
그리고 C5부터 G5까지 '○○안전관리원'이라는 단어가 연속해서 입력된 모습을 통해 C5에 '○○안전관리원'을 입력한 후 D5부터 G5까지 순서대로 [Ctrl]+[R]로 좌측(왼쪽) 값 복사 기능으로 C5의 '○○안전관리원' 내용을 복사하였거나, C5의 내용을 [Ctrl]+[C]로 복사하여 D5부터 G5까지에 [Ctrl]+[V]로 붙여넣기를 하였음을 추측할 수 있다.
또한 작업 후에는 화면 하단에 Sheet1과 Sheet2 사이에 '매크로1' 시트가 새로 생성되어 있음을 통해 [Ctrl]+[F11]로 새 매크로 시트를 삽입하였음을 알 수 있다.

③회 기출예상문제   문제 104쪽

01	②	02	②	03	④	04	②	05	①
06	③	07	①	08	③	09	④	10	①
11	③	12	①	13	④	14	①	15	①
16	①	17	③	18	④	19	②	20	③
21	②	22	④	23	①	24	②	25	②
26	④	27	①	28	②	29	④	30	①
31	④	32	④	33	①	34	③	35	③
36	③	37	④	38	②	39	①	40	④
41	②	42	④	43	③	44	①	45	①
46	②	47	①	48	①	49	④	50	②

01 의사표현능력 | 언어의 기능 이해하기

|정답| ②

|해설| 언어가 시간의 흐름에 따라 끊임없이 생성, 성장, 소멸한다는 것은 언어의 역사성에 대한 설명이다.

|오답풀이|

① 소리와 의미의 관계가 사회적으로 약속된 후에는 개인이 마음대로 바꿀 수 없는 언어의 특성을 사회성이라 한다.

③ 올바르게 사용하기 위한 규칙이 있다는 언어의 특성을 규칙성이라 한다.

④ 상황에 따라 무한하게 많은 말을 새로이 만들어 낼 수 있는 언어의 특성을 창조성이라고 한다.

02 문서이해능력 | 시사하는 바 추론하기

|정답| ②

|해설| (가)의 왕발은 바람으로 인해 쉽게 등왕각에 이르러 훗날 이름을 떨칠 수 있었으며, (나)의 가난한 서생은 천복비에 거의 다다랐으나 벼락으로 인해 탁본을 하지 못하였다. 이는 사람의 일은 알 수 없어서 하늘이 이끄는 것에 따라 때가 이르면 운수가 차고, 아무리 애를 써도 안 될 일은 안 된다는 것을 보여 준다.

1회 기출예상   2회 기출예상   3회 기출예상   4회 기출예상   5회 기출예상   6회 기출예상

03 문서작성능력 어법 적용하기

|정답| ④

|해설| 세 번째 문단에 따르면 '버릇, 생각, 태도 따위가 깊이 배다.'는 '박이다'를 써야 하므로 ④는 옳은 문장이다.

|오답풀이|

①, ③ '박이다'를 써야 한다.

② '박히다'를 써야 한다.

04 문서작성능력 공문서 작성 시 유의사항 알기

|정답| ②

|해설| ㄴ. 제목은 내용을 모두 포괄할 수 있는 문구로 작성하되, 쉽게 알 수 있도록 간단하고 명확하게 기재한다. 따라서 암시하여 자세하게 작성해야 한다는 설명은 적절하지 않다.

ㅁ. 공문이란 회사, 단체, 공공기관 등에서 내부 또는 대외적으로 업무상 작성하여 발송하고 수신하는 공식문서를 의미한다.

05 경청능력 경청의 방해요인 파악하기

|정답| ①

|해설| 을 사원은 요즘 팀원들 사이에서 도는 자신의 안 좋은 소문으로 인해 상의하고자 갑 팀장을 찾아갔으나, 갑 팀장은 을 사원의 말을 듣고 받아들이기보다 도중에 말을 끊으며 자신이 생각하는 을 사원의 단점을 찾아 이를 확인하고 있다. 이는 경청의 방해요인 중 짐작하기에 해당한다.

|오답풀이|

② 슬쩍 넘어가기는 문제를 회피하거나 농담으로 넘기려 하는 것을 말한다.

③ 언쟁하기는 단지 반대하고 논쟁하기 위해서만 상대방의 말에 귀를 기울이는 것을 말한다.

④ 다른 생각하기는 대화 도중에 상대방에게 관심을 기울이지 않고 다른 생각을 하는 것을 말한다.

06 문서이해능력 세부 내용 이해하기

|정답| ③

|해설| 영국에서 아스트라제네카 백신을 접종한 사람들 중 $\frac{309}{33,000,000} \times 100 ≒ 0.0009(\%)$의 사람들에게 혈전증이 생겼다.

|오답풀이|

② 아데노바이러스가 매개체가 돼 코로나 바이러스의 스파이크 단백질을 몸속으로 들여보내는데, 이 과정에서 문제가 발생한다고 하였다.

④ 모더나 백신과 아스트라제네카 백신은 둘 다 코로나 바이러스의 스파이크 단백질을 사용한다. 다만, 아스트라제네카 백신은 스파이크 단백질을 세포핵으로 전달하고, 모더나 백신은 스파이크 단백질의 유전물질을 세포핵이 아닌 세포액으로 전달한다.

07 문서작성능력 자료의 용도 파악하기

|정답| ①

|해설| 기안서는 어떤 안건에 대하여 발의하고자 작성하는 문서로, 어떤 일을 추진하고 싶다고 가정하면 발의 안건에 대해 안건 내용 및 예상 결과까지 개략적으로 기술한다. 따라서 제시된 자료의 용도는 기안서이다.

|오답풀이|

② 지출결의서는 비용발생 시 내부관리상 지출에 대하여 사전 승인을 요청한다는 관리서류이다. 회사에서 비용이 지출될 때 상부에 결재를 받기 위해 작성하거나 지출에 대한 내부통제용으로 사용하기 위해 작성하는 것이 일반적이다.

③ 품의서는 어떤 일의 집행을 시행하기에 앞서 결재권자에게 특정한 사안에 대해 승인해 줄 것을 요청하는 문서로, 기성품의서는 기성청구에 관해 승인을 요청하기 위한 품의서이다.

④ 과업지시서는 건축물에 대한 감리를 시행할 때 감리자가 감리를 진행하는 데 있어 필요한 사항을 기록하여 지시할 때 작성하는 서식이다.

08 문서이해능력 단어의 쓰임 이해하기

| 정답 | ③

| 해설 | ⓒ 전국에 있는 것을 말하고 있으므로 쌓여 있다는 '산적'은 적절하지 않다.

ⓔ 개설은 제도나 은행에서 계좌 등을 마련할 때 쓰는 단어이므로 '설립' 등이 적절하다.

ⓜ 중부지사의 권한이 미치는 팀을 말하고 있으므로 '관할'이 적절하다.

따라서 단어 쓰임이 어색한 것은 3개이다.

09 문서이해능력 세부 내용 이해하기

| 정답 | ④

| 해설 | 존재 양식의 삶에는 상실의 위험에서 오는 걱정과 불안은 없으나 존재 양식의 삶을 살 때 유일한 위험은 내 자신 속에 있다고 하였다.

| 오답풀이 |

① 더 많이 소유하려는 욕망 때문에 방어적이게 되고 경직되며 의심이 많아지고 외로워진다고 하였다.

② 소유하고 있는 것은 잃어버릴 수 있기 때문에 필연적으로 가지고 있는 것을 잃어버릴까 봐 항상 걱정하게 된다고 하였다. 즉, 소유 양식의 삶에는 상실의 위험이 늘 있다고 볼 수 있다.

③ 존재 양식의 삶에서 '나'는 '존재하는 나'이며, 나의 중심은 나 자신 안에 있으며, 나의 존재 능력과 나의 기본적 힘의 발현 능력은 내 성격 구조의 일부로서 나에 근거하고 있다고 하였다. 이를 통하여 볼 때 존재 양식의 삶은 소유 양식의 삶보다 주체성이 있다고 볼 수 있다.

10 문서작성능력 문맥에 맞게 빈칸 채우기

| 정답 | ①

| 해설 | 소유 양식의 삶에는 상실의 위험이 늘 있다고 하였으므로 소유는 사용함으로써 '감소'되는 어떤 것에 바탕을 두고 있다. 반면, 존재는 상실의 위험에서 오는 걱정과 불안이 없고 나의 중심은 나 자신 안에 있으며 나의 기본적 힘의 발현 능력은 나에 근거하고 있다고 하였다. 따라서 존재는 실천함으로써 '성장'한다.

11 기초연산능력 증가율 구하기

| 정답 | ③

| 해설 | '무역수지=수출액−수입액', '무역규모=수출액+수입액'이므로 수입액은 '(무역규모−무역수지)÷2'로 구할 수 있다.

• 20X0년 수입액 : $(2,390-10) \div 2 = 1,190$(억 달러)
• 20X1년 수입액 : $(2,436-36) \div 2 = 1,200$(억 달러)

따라서 A 국가의 20X1년 수입액은 전년 대비

$$\frac{1,200-1,190}{1,190} \times 100 \fallingdotseq 0.84(\%)$$ 증가하였다.

12 기초연산능력 일률 활용하기

| 정답 | ①

| 해설 | 일꾼 1명이 1일 동안 짤 수 있는 비단은 $1,152 \div 24 \div 192 = 0.25$(필)이므로 56명이 240일 동안 비단을 짜면 $0.25 \times 56 \times 240 = 3,360$(필)이다.

13 기초연산능력 승점 계산하기

| 정답 | ④

| 해설 | 팀별로 승점을 계산하면 다음과 같다.

• A : $(17 \times 3)+(13 \times 1)+(8 \times 0)=64$(점)
• B : $(21 \times 3)+(7 \times 1)+(10 \times 0)=70$(점)
• C : $(20 \times 3)+(8 \times 1)+(10 \times 0)=68$(점)
• D : $(22 \times 3)+(5 \times 1)+(11 \times 0)=71$(점)

따라서 순위가 가장 높은 팀은 D이다.

14 기초연산능력 승률 계산하기

| 정답 | ①

| 해설 | 팀별로 승률을 계산하면 다음과 같다.

• A : $\dfrac{17}{17+8}=0.68$

• B : $\dfrac{21}{21+10} \fallingdotseq 0.677$

- C : $\dfrac{20}{20+10} \fallingdotseq 0.667$

- D : $\dfrac{22}{22+11} \fallingdotseq 0.667$

따라서 승률이 가장 높은 팀은 A이다.

15 기초연산능력 승률 계산하기

|정답| ①

|해설| 팀별로 승률을 계산하면 다음과 같다.

- A : $\dfrac{17+13\times0.5}{38} \fallingdotseq 0.618$

- B : $\dfrac{21+7\times0.5}{38} \fallingdotseq 0.645$

- C : $\dfrac{20+8\times0.5}{38} \fallingdotseq 0.632$

- D : $\dfrac{22+5\times0.5}{38} \fallingdotseq 0.645$

따라서 승률이 가장 낮은 팀은 A이다.

16 도표분석능력 자료의 수치 분석하기

|정답| ①

|해설| 40 ~ 44세와 45 ~ 49세의 출산율 차이가 가장 큰 도시는 D로, 9.5-0.3=9.2(명)의 차이가 난다.

|오답풀이|

② 모의 연령별 출산율을 보면, A ~ E 도시 모두 30 ~ 34세의 여성이 가장 높은 출산율을 보이는 것을 알 수 있다.

③ D 도시의 합계출산율은 1.566명으로 A 도시 합계출산율인 0.761명의 $\dfrac{1.566}{0.761} \fallingdotseq 2.1$(배)이다.

④ 가임기 여성 인구수는 A 도시>E 도시>B 도시>C 도시>D 도시 순이고, 합계출산율은 D 도시>C 도시>B 도시>E 도시>A 도시 순이므로, 가임기 여성 인구수가 적을수록 합계출산율이 올라가는 경향을 보인다고 할 수 있다.

17 기초통계능력 경우의 수 계산하기

|정답| ③

|해설| 중앙값이 5개이므로, 15번째 자료값과 16번째 자료값이 모두 5개여야 한다. 자료값 2개와 3개는 총 10개이므로 11번째부터 14번째까지의 자료값은 4개가 될 수 있다. 따라서 가능한 (x, y)는 (0, 11), (1, 10), (2, 9), (3, 8), (4, 7)로 총 5가지이다.

18 도표분석능력 자료의 수치 계산하기

|정답| ①

|해설| 한국의 인구수는 4,500만 명, 한국의 전체 경제활동참가율은 66.2%이고 경제활동인구 중 남성이 차지하는 비율은 100-34=66(%)이므로 전체 경제활동인구 중 남성의 인구수는 4,500×0.662×0.66≒1,966(만 명)이다.

19 도표분석능력 자료의 수치 계산하기

|정답| ②

|해설| 한국의 산업 대분류별 취업자 구성에서 광업과 건설업이 차지하는 비율이 0.1+7.9=8(%)이므로, 한국의 전 산업 취업자 수가 5천 명일 때 광업과 건설업에 종사하는 취업자 수는 5,000×0.08=400(명)이다.

20 도표분석능력 자료의 수치 분석하기

|정답| ③

|해설| 20X0년 수도권과 비수도권의 대형공사 발주금액 차이는 1,886-1,476=410(백억 원)으로 4조 원 이상이다.

|오답풀이|

① 20X1년 수도권의 전체 공사 발주금액은 8,175백억 원으로, 81조 7,500억 원이다.

② 20X2년 비수도권의 소형공사 발주금액은 10,289백억 원으로, 102조 8,900억 원이다.

④ 20X2년의 경우 수도권 발주건수 8,475건, 발주금액 73조 8,400억 원 가운데 대형공사 91건이 17조 7,300억 원을 차지하는 것으로 나타났다.

21 문제해결능력 문제의 유형 이해하기

|정답| ②

|해설| 신입사원 이직률 상승과 인사평가제도의 공정성 의혹, 그리고 여직원들의 불만사항 증가는 이미 발생하여 문제가 되고 있는 발생형 문제인 것과 달리, SNS 환경에서의 유명세 확보는 현재는 문제가 되지 않으나 SNS상의 유명세로 인한 문제가 발생할 수 있음이 예측되는 설정형 문제에 해당한다.

22 사고력 편향적 사고 이해하기

|정답| ④

|해설| 클러스터 착각이란 동일한 사건이 연속해서 일어나는 경우, 우연히 발생한 사건임에도 어떤 의미와 인과관계를 찾으려고 하는 현상이다.

23 사고력 논리적 오류 판단하기

|정답| ①

|해설| 어떤 논점에 대하여 주장하는 사람이 그 논점에서 빗나가 다른 방향으로 주장하는 경우는 논점 일탈의 오류에 해당한다.

|오답풀이|

② 무지의 오류는 증명할 수 없거나 반대되는 증거가 없음을 근거로 자신의 주장이 옳다고 정당화할 때 발생하는 오류이다.

③ 원인 오판의 오류는 한 사건이 다른 사건보다 먼저 발생했다는 이유로 전자가 후자의 원인이라고 잘못 추론할 때 발생하는 오류이다.

④ 복합 질문의 오류는 한 번에 둘 이상의 질문을 하여 답변자가 어떠한 대답을 하여도 질문자의 생각대로 끌려가 한 개의 질문에는 긍정하게 되는 오류이다.

24 사고력 편향적 사고 이해하기

|정답| ④

|해설| '개똥밭에 굴러도 이승이 좋다.'는 속담은 '아무리 천하고 고생스럽게 살더라도 죽는 것보다는 사는 것이 낫

다는 말이다. 과대 할인 편향은 가까운 미래는 상대적으로 높은 할인율에 영향을 받고, 먼 미래는 상대적으로 낮은 할인율에 영향을 받는 성향으로 현재보다 나중에 얻게 될 가치를 낮게 평가하는 것을 뜻한다. 따라서 해당 속담과 편향은 서로 연관이 없다.

25 문제처리능력 SWOT 분석 이해하기

|정답| ②

|해설| 내부환경요인 분석에서는 MMMITI 체크리스트를 활용할 수 있다. MMMITI 체크리스트는 다음과 같이 구성된다.

• Man(사람)
• Material(물자)
• Money(돈)
• Information(정보)
• Time(시간)
• Image(이미지)

|오답풀이|

①, ③, ④ 외부환경요인 분석의 내용이다.

보충 플러스+

1. 외부환경요인 분석
  – 자신을 제외한 모든 정보를 기술한다.
  – 언론매체, 개인 정보망 등을 통하여 입수한 상식적인 세상의 변화 내용을 시작으로 당사자에게 미치는 영향을 순서대로 점차 구체화한다.
  – 인과관계가 있는 경우 화살표로 연결한다.
  – 동일한 데이터라도 자신에게 긍정적으로 전개되면 기회로, 부정적으로 전개되면 위협으로 나눈다.
  – 외부환경분석에는 SCEPTIC 체크리스트를 활용하면 편리하다.
  ※ SCEPTIC 체크리스트
  Social(사회), Competition(경쟁), Economic(경제), Political(정치), Technology(기술), Information(정보), Client(고객)

2. 내부환경요인 분석
  – 경쟁자와 비교하여 나의 강점과 약점을 분석한다.
  – 강점과 약점의 내용을 보유하거나 동원 가능하거나 활용 가능한 자원을 분석한다.
  – MMMITI 체크리스트를 활용할 수 있지만 반드시 적용할 필요는 없다.

26 사고력 조건을 바탕으로 무게 추론하기

|정답| ④

|해설| 정보를 정리하면 다음과 같다.

← 가벼움				무거움 →
●●	♧	⊞⊞	★	⊞
		♧		★

첫 번째와 두 번째 정보의 대소 관계는 ●● < □□, ★와 □□ < ▲ < ♧이므로 ●●가 가장 가볍고 ★의 순서는 아직 알 수 없다. 가장 무거운 물체에 □□와 ★는 포함될 수 없고, 첫 번째 정보에 따라 ●●도 포함되지 않는다. 두 번째 정보에서 □□ < ▲ < ♧ 순이라 하였으므로 가장 무거운 물체는 ♧이다. 두 번째로 무거운 물체는 ★이 될 수 없으므로 ▲이며 세 번째로 무거운 물체가 ★이다. 따라서 가벼운 물체부터 무거운 물체 순으로 나열하면 ●● < □□ < ★ < ▲ < ♧이다.

27 사고력 테이블 정리 횟수 추론하기

|정답| ①

|해설| 대기번호 순서대로 동시에 입장하면 1번이 테이블 한 개, 2번이 테이블 두 개, 3번이 테이블 두 개에 앉는다. 두 번째 조건에 따라 1 ~ 3번이 떠난 후 테이블을 정리한다(1번). 이후 대기번호 4번이 테이블 두 개, 5번이 테이블 2개를 사용한다. 6번은 테이블 두 개를 사용해야 하는데, 남은 테이블은 한 개이므로 4 ~ 5번이 떠나 테이블을 정리한 후(2번) 입장할 수 있다. 따라서 대기 손님을 전부 받았을 때 테이블을 정리한 횟수는 총 2번이다.

28 사고력 삼단논법 적용하기

|정답| ②

|해설| 첫 번째 명제와 두 번째 명제는 삼단논법에 의해 '팀 프로젝트를 잘하는 직원 → 좋은 대학을 나옴 → 영어를 잘함'이 성립한다. 따라서 '팀 프로젝트를 잘하는 직원은 영어를 잘한다.'가 성립한다.

29 사고력 명제 추론하기

|정답| ②

|해설| 불을 무서워하는 사람은 고소공포증이 있는데 그중 어떤 사람은 겁이 있어 귀신을 무서워하므로, 불을 무서워하는 모든 사람이 귀신을 무서워한다는 것은 반드시 참이라고 할 수 없다.

|오답풀이|

① 두 번째 명제의 대우이므로 반드시 참이다.

③ 첫 번째 명제의 대우이므로 반드시 참이다.

④ 두 번째 명제와 세 번째 명제에 따라 반드시 참이다.

30 사고력 조건을 바탕으로 승패 추론하기

|정답| ①

|해설| 6개 팀의 경기 결과를 정리하면 다음과 같다(알 수 없는 것은 공란 표시).

구분	승	무	패
수성	2	–	3
지구	–		
화성	1	2	2
목성			
토성	3	–	2
해왕성	1		

화성팀의 경기 결과를 보면 1승 2무 2패인데, 다섯 번째 〈보기〉에서 화성팀은 토성팀을 이겼으므로 화성팀의 1승은 토성팀과의 경기 결과임을 알 수 있다. 또 세 번째 〈보기〉에 따라 지구팀은 승리한 경기가 없다. 따라서 수성팀의 3패는 지구팀, 화성팀을 제외한 3개 팀과의 경기 결과이다. 따라서 해왕성팀의 1승은 수성팀과의 경기 결과이므로 해왕성팀에게 패배한 팀은 수성팀이다.

31 인적자원관리능력 직무명세서 이해하기

|정답| ④

|해설| (가)는 직무명세서에 해당한다. 직무명세서는 직무분석의 내용을 바탕으로 종업원의 행동, 지식, 능력, 교육, 경험, 훈련 등 직무수행에 필요한 인적 특성을 중심으로 작성하는 문서이다.

32 인적자원관리능력 직무설계의 방법 이해하기

|정답| ④

|해설| 〈보기〉에서 설명하는 직무설계의 방법은 직무전문화(Job Specialization)이다. 직무전문화란 작업자가 수행하는 업무를 기능과 업무의 동질성을 기준으로 세분화하여 작업자가 수행하는 업무의 종류를 줄이는 것으로, 작업자가 하나의 업무에 집중하도록 하여 작업 전환에 필요한 시간을 줄이고 특정 업무에 대한 전문성을 향상시켜 생산성을 높인다.

다만 직무전문화는 작업자에게 동일한 작업을 계속 반복하도록 하는 구조설계상 작업자의 피로감이 쌓여 생기는 피로감 가중, 다른 업무 관계자와의 교류 감소로 인한 심리적 소외감 발생 등으로 작업자의 불만이 쌓이는 등의 장기적인 비효율이 발생할 위험이 크다.

33 인적자원관리능력 직무의 평가 항목 파악하기

|정답| ①

|해설| 박 대리는 다양한 위기상황에 대응하기 위한 정보수집 능력이 뛰어난 사람을 선발해야 한다. 그리고 문제를 찾아 해결하는 위기 대응 능력, 하나의 문제에서 다른 문제로 옮길 수 있는 융통성 있는 사람을 선발해야 한다.

34 물적자원관리능력 QR 코드 이해하기

|정답| ③

|해설| QR 코드는 흑백 격자무늬 패턴으로 정보를 나타내는 매트릭스 형태의 바코드로서 기존의 바코드보다 넉넉한 용량이 강점이며 다양한 정보를 담을 수 있어 활용도가 높다. 하지만 QR 코드를 최초로 개발한 회사에서는 이에 대한 지적재산권을 행사하지 않아서 사용하는 동안 비용을 지불하지 않아도 된다.

35 시간관리능력 업무순서 나열하기

|정답| ③

|해설| 오늘 해야 할 업무를 정리해 보면 먼저 3시 회의 전 자료를 인쇄해야 하고, 회의가 끝나면 용산역에 가서 현수막 설치를 해야 한다. 이때 용산역 가기 전 식당 예약을 해야 하므로 업무 순서는 ⓒ-ⓒ-ⓒ이다.

다음으로 내일 해야 할 업무를 정리해 보면 아침 출근하자마자 업무보고를 하고, 11시 아침 회의 전 테이블 배치와 마이크 체크를 해야 한다. 따라서 내일 업무 순서는 ⓒ-ⓒ이다.

이를 정리하면 전체 업무순서는 ⓒ-ⓒ-ⓒ-ⓒ-ⓒ이다.

36 인적자원관리능력 합격자 선발하기

|정답| ③

|해설| 각 지원자별 평가요소 점수에 합격자 선발 기준의 비율을 적용한 값은 다음과 같다. 이때 AI 면접 점수가 90점 이상인 경우 25%가 아닌 30%를 적용한다는 점에 유의한다.

구분	서류 심사	AI 면접	필기 시험	PT 평가	합계
임경호	17	21	23	24	85
고상덕	15	21	23	24	83
진혜민	16	27	21	29	93
최창로	18	20	23	26	87

따라서 합계점수가 가장 높은 진혜민이 선발된다.

37 예산관리능력 출장비용 계산하기

|정답| ④

|해설| 각 항공권의 도착시간은 출발시간에 소요시간을 더한 후 시차인 17시간을 빼서 계산한다.

항공권	출발시간	소요시간	도착시간
A	2/17 21:15	13:30	2/17 17:45
B	2/14 07:30	16:50	2/14 07:20
C	2/15 11:35	15:30	2/15 10:05
D	2/16 15:55	17:00	2/16 15:55

김 대리는 미팅 일정인 2월 17일보다 최소 하루 전에 도착하고자 하므로 A 항공권은 적절하지 않다. 따라서 B ~ D 항공권의 비용과 16일까지의 숙소를 포함한 경비를 계산하면 다음과 같다.

1회 기출예상 2회 기출예상 3회 기출예상 4회 기출예상 5회 기출예상 6회 기출예상

- B : $1,280,000+150,000+180,000+180,000=$ $1,790,000$(원)
- C : $1,340,000+180,000+180,000=1,700,000$(원)
- D : $1,420,000+180,000=1,600,000$(원)

따라서 김 대리가 선택할 항공권은 D이다.

38 인적자원관리능력 진급자 선발하기

|정답| ②

|해설| A ~ D의 책임감, 신중함 점수를 구하여 합산하면 다음과 같다.

구분	책임감	신중함	합계
A	2	3	5
B	2	3	5
C	3	1	4
D	2	2	4

따라서 책임감과 신중함 점수가 가장 높은 A, B 중 실적이 더 높은 B가 선발된다.

39 인적자원관리능력 진급자 선발하기

|정답| ①

|해설| 38번 해설을 참고하면, 인성 점수가 A는 $3+5=8$ (점), B는 $2+5=7$(점), C는 $1+4=5$(점), D는 $3+4=7$(점) 이므로 A가 선발된다.

40 인적자원관리능력 진급대상자의 특성 파악하기

|정답| ④

|해설| D는 책임감과 신중함이 '중'으로 가장 높은 점수를 받지 않았다.

41 조직이해능력 조직문화 이해하기

|정답| ②

|해설| 해당 조직은 발전문화(혁신지향문화)가 특히 발달

된 조직이다. 발전문화가 발달한 조직은 조직의 변화와 유연성을 강조하면서 조직의 성장을 위한 조직구성원의 도전과 모험, 창의성과 혁신성을 중시한다.

|오답풀이|

① 조직의 단결과 협동을 중시하여 구성원들 간의 가족적인 분위기 형성을 중시하는 문화는 집단문화(관계지향문화)가 발달한 조직이다.

③ 목표 달성에 있어서 효율성과 원가절감을 중시하는 문화는 합리문화(과업지향문화)가 발달한 조직이다.

④ 조직의 목표달성과 생산성을 중시하고 그 과정에서의 상호경쟁을 지향하는 문화는 합리문화(과업지향문화)가 발달한 조직이다.

42 체제이해능력 환경에 따른 조직설계 이해하기

|정답| ④

|해설| '낮은 차별화의 적은 통합방법'은 복잡하고 안정적인 환경에 해당하는 내용이다.

보충 플러스+

		환경의 복잡성	
		단순	복잡
환경의 동태성	안정적	낮은 불확실성 1. 기계적 조직 2. 소수의 변경조직 3. 아주 낮은 차별화 (아주 적은 통합방법) 4. 생산지향적	다소 낮은 불확실성 1. 기계적 조직 2. 다수의 변경조직 3. 낮은 차별화 (적은 통합방법) 4. 약간의 계획
	동태적	다소 높은 불확실성 1. 유기적 조직 2. 소수의 변경조직 3. 높은 차별화 (많은 통합방법) 4. 계획지향적	높은 불확실성 1. 유기적 조직 2. 다수의 변경조직 3. 아주 높은 차별화 (아주 많은 통합방법) 4. 포괄적 계획 예측

43 체제이해능력 조직목표의 특징 이해하기

|정답| ③

|해설| 조직목표는 공식적 목표와 실제적 목표가 다를 수 있다.

44 경영이해능력 경영전략 파악하기

| 정답 | ①

| 해설 | 집중화 전략은 특정 소비자 집단이나 지역적으로 한정된 시장만을 목표로 잡는 전략이다. 제시된 사례는 오스틴시(市)가 시민들을 대상으로 교통체증을 줄이기 위해 도입한 경영전략에 대해 설명하고 있으므로 집중화 전략이 가장 적절하다.

| 오답풀이 |

② 원가우위 전략은 낮은 비용을 경쟁우위의 중요한 원천으로 생각하여 비용면에서 경쟁 회사보다 낮은 비용을 실현하는 전략이다.

③ 차별화 전략은 자사의 제품을 차별화하고 업계 내에서도 특이하다고 보여지는 무언가를 창조하고자 하는 전략이다.

④ 다각화 전략은 기존의 사업과는 다른 새로운 사업 영역에 진출하여 기업의 성장을 꾀하는 전략이다.

45 체제이해능력 조직과 개인의 목표 통합 이해하기

| 정답 | ①

| 해설 | (가) 개인으로 하여금 조직의 목표에 도움이 되는 행동을 가치 있는 것으로 생각하게 하고 그렇지 않은 행동을 가치 없는 것으로 생각하게 하는 감화의 과정을 통해 조직의 목표와 개인의 목표를 통합하고자 하는 교화모형(Socialization Model)이다.

(나) 조직의 입장에서 개인이 목표 성취에 도움이 되는 유인을 개인에게 제공하고 개인은 그것에 대한 대가로 시간과 노력을 조직의 목표달성에 제공함으로써 조직의 목표와 개인의 목표를 통합하고자 하는 교환모형(Exchange Model)이다.

| 오답풀이 |

수용모형(Accommodation Model)은 조직이 목표를 수립하고 목표의 달성 방법 및 절차를 결정할 때 개인의 목표를 고려하고 이를 수용함으로써 조직의 목표와 개인의 목표를 통합하고자 하는 접근법이다.

46 체제이해능력 지방공기업의 특성 이해하기

| 정답 | ②

| 해설 | 제시된 그림으로 해당 기업이 기업성, 공공성, 지역성의 조화를 이루어야 하는 지방공기업임을 알 수 있다. 지방공기업은 항상 기업의 경제성과 공공복리를 함께 증대하도록 운영하여야 한다.

47 경영이해능력 마케팅 믹스 4P 전략 이해하기

| 정답 | ①

| 해설 | 마케팅 믹스란 기업이 타깃시장에서 마케팅 목표의 달성을 위해 사용하는 마케팅 도구로, 다음과 같다.

제품 (Product)	고객의 요구에 충족하는 제품인가?
판매가격(Price)	합당한 가격이 책정되었는가?
판매촉진 (Promotion)	제품의 홍보가 고객에게 잘되고 있는가?
유통경로 (Place)	온라인 또는 오프라인에서 고객이 쉽게 제품에 접근할 수 있는가?

48 경영이해능력 마케팅 믹스 4P 전략 활용하기

| 정답 | ①

| 해설 | • A/S 서비스 : 제품에 대한 전략이므로 Product에 해당한다.

• 고가격전략 : 가격에 대한 전략이므로 Price에 해당한다.

• 온라인 플랫폼 : 유통경로에 대한 전략이므로 Place에 해당한다.

• 라디오 광고 : 제품의 홍보에 대한 전략이므로 Promotion에 해당한다.

49 체제이해능력 7S 모델 적용하기

| 정답 | ④

| 해설 | ④는 ㉠ ~ ㉦에 7S 모델로 들어갈 내용이 아닌 내부 환경 분석 후 얻게 될 시사점에 해당한다.

1회 기출예상 / 2회 기출예상 / 3회 기출예상 / 4회 기출예상 / 5회 기출예상 / 6회 기출예상

| 오답풀이 |

① ⓒ에 들어갈 내용이다.

② ㉠에 들어갈 내용이다.

③ ㉺에 들어갈 내용이다.

50 경영이해능력 조직운영방식 이해하기

| 정답 | ②

| 해설 | 조직개념의 변화는 다음과 같다.

직급중심 운영
• 직급중심의 전근대적 계층구조 • 위계질서에 의한 명령과 통제

직무중심 운영
• 직무중심의 근대적 계층구조 • 직무와 직무담당자의 구분 • 위계질서에 의한 명령과 통제

인간중심 운영
• 인간중심의 수평적 네트워크 구조 • 직무와 직무담당자의 구분 • 구성원들은 독립된 자율적 주체로서의   고유한 성과책임을 감당 • 대화와 토론을 통한 합의문화

4회 기출예상문제

문제 134쪽

01	②	02	④	03	④	04	⑤	05	③
06	②	07	④	08	②	09	②	10	③
11	③	12	⑤	13	⑤	14	④	15	⑤
16	②	17	②	18	①	19	③	20	①
21	①	22	①	23	②	24	②	25	①
26	③	27	②	28	⑤	29	②	30	⑤
31	②	32	①	33	④	34	①	35	④
36	⑤	37	①	38	②	39	⑤	40	④
41	②	42	②	43	⑤	44	③	45	②
46	④	47	④	48	②	49	④	50	⑤
51	③	52	③	53	①	54	④	55	①
56	④	57	⑤	58	①	59	④	60	②

01 문서작성능력 순서 배열하기

| 정답 | ②

| 해설 | 한쪽 손만 사용하면 숙련되지만 관절에 문제가 생긴다는 말로 화두를 던지는 (라)가 가장 앞에 오고 이를 기업에 적용하는 (다)가 이어져야 한다. 이후 (다)의 예시가 되는 (가)가 이어지고, 이를 이겨내는 '양손잡이 경영'을 언급하는 (마)가 올 수 있다. 그 후 이를 바탕으로 우리에게 100세 시대를 준비할 것을 이야기하는 (나)로 끝맺음할 수 있다. 따라서 (라)-(다)-(가)-(마)-(나) 순이 적절하다.

02 문서작성능력 내용 추가하기

| 정답 | ④

| 해설 | 주로 사용하는 손의 역할을 다른 손 또한 할 수 있도록 노력해보겠다는 내용을 담고 있으므로 (라) 문단 다음에 이어지는 것이 가장 적절하다.

03 문서이해능력 세부 내용 이해하기

| 정답 | ④

| 해설 | 네 번째 문단에서 공동체주의는 공동선이 옳기 때문

에 정의의 자격이 부여되는 것이 아니라, 사람들이 좋아하고 그로 인해 행복할 수 있기 때문에 공동선이 정의로서 자격을 갖춘다고 했다. 즉, 공동체가 공유하는 가치가 변한다면 공동선 또한 변할 수 있다. 따라서 절대적으로 정의로운 공동선을 설정한다고 보는 것은 옳지 않다.

| 오답풀이 |
① 두 번째 문단에서 현대 바이오테크놀로지가 내놓은 생명윤리적 쟁점과 질문을 해결하기 위해 공동체주의적 관점의 생명윤리학이 출현하였다고 했다. 따라서 기존의 자유주의 윤리학적 관점만으로는 해결이 어려웠음을 추론할 수 있다.
③ 네 번째 문단에서 공동체주의 접근방식이 개인이 현실적으로 속해 있는 공동체와 대화할 수 있는 길을 열어주었다고 했다. 즉, 자유주의적 관점은 인간을 추상화된 개념의 이상(理想) 속에 고립되고 한정된 존재로 보고 있음을 추론할 수 있다.

04 문서이해능력 세부 내용 이해하기

| 정답 | ⑤

| 해설 | 공동체주의 생명윤리 사상은 개인의 결정뿐 아니라 사회적인 영향까지 고려하므로 이에 대해 고려하고 있는 ⑤가 적절하다.

| 오답풀이 |
①, ②, ③, ④ 환자 또는 의사와 같은 개인의 자율성을 강조한 자유주의 생명윤리 사상의 입장을 나타내고 있다.

05 문서이해능력 세부 내용 이해하기

| 정답 | ③

| 해설 | '종합적인 계산서'는 영국의 브렉시트 결정에 따른 파운드화 가치 하락과 통합에 따른 편익 상실과 함께 브렉시트를 결정하게 된 계기인 유럽 이민자들의 유입 문제 등을 모두 고려하여 영국의 브렉시트 결정에 따른 손익을 산정하는 것을 비유한 표현이다.

06 문서이해능력 세부 내용 이해하기

| 정답 | ②

| 해설 | 필자는 브렉시트 결정에 대해 '종합적인 계산서를

지금 당장 뽑아 보기는 어려울 것이다'라고 하며 평가를 유보하는 입장을 보이고 있다.

| 오답풀이 |
① 필자는 브렉시트가 지난 수십 년 동안 유일무이한 정답으로 인식하고 있던 자유무역의 확장과는 반대되는 방향성을 가진다고 인식하고 있다.
③ 필자의 대학 시절 일화에서 노교수가 아날학파를 설명하면서 한 말의 일화를 들고 그 뒤로 루시앙 페브르와 마르크 블로흐에 대한 이야기를 했다는 점에서 두 인물이 아날학파에 관한 인물임을 유추할 수 있다.
④ 브렉시트를 결정한 배경으로 유럽 이민자의 유입을 거론하는 한편, 출렁이는 파도가 아니라 그 밑에 거대하게 흐르고 있는 해류의 모습을 이해하는 자세가 필요하다는 점을 역설하면서 필자는 브렉시트의 배경에 유럽 이민자 문제뿐만 아니라 그 저변에 있는 큰 역사적 흐름에서 그 원인을 찾고자 한다.
⑤ 브렉시트는 '국경 없는'이란 표현이 진부하게마저 느껴지는 요즘 세상에 국경의 담벼락을 높이 쌓는 결정이다.

07 문서이해능력 세부 내용 이해하기

| 정답 | ④

| 해설 | 전국 확진자 수 300명 초과 상황이 1주 이상 지속된다면 2단계로 격상되고 스포츠 관람은 전체 관중의 10%로 입장을 제한하게 된다.

08 문서이해능력 세부 내용 이해하기

| 정답 | ②

| 해설 | 마스크 착용 의무화는 실내외 전체가 아닌 실내 전체와 위험도가 높은 실외 활동일 경우에 해당한다.

09 도표분석능력 자료의 수치 분석하기

| 정답 | ②

| 해설 | 중국의 전력 소비량 증가값은 $1,073-478=595$ (TWh)임에 비해 미국의 전력 소비량 증가값은 $3,500-2,634=866$(TWh)으로 더 크다.

www.gosinet.co.kr gosinet

1회 기출예상
2회 기출예상
3회 기출예상
4회 기출예상
5회 기출예상
6회 기출예상

|오답풀이|

① 제시된 국가들 중 1990년 전력 소비량이 가장 큰 국가는 2,634TWh의 미국이며, 전 세계 합계 전력 소비량의 25%는 9,702×0.25=2425.5(TWh)이다. 따라서 1990년 전력 소비량이 가장 큰 미국은 같은 해 전 세계 합계 전력 소비량의 25% 이상을 소비했다.

③ 2000년 대비 2010년의 전력 소비량은 변화가 없는 영국을 제외한 모든 국가가 증가했다.

④ 제시된 10개 국가들 중 2010년 대비 2020년 전력 소비량이 감소한 국가는 미국, 일본, 독일, 프랑스, 영국, 이탈리아로 총 6개로 전력 소비량이 감소한 국가 수가 증가한 국가 수보다 더 많다.

⑤ 제시된 국가들 중 2020년 전력 소비량이 가장 많은 중국(5,582TWh)과 가장 적은 이탈리아(292TWh)의 전력소비량 차이는 5,582−292=5,290(TWh)이다.

10 도표분석능력 증감률 구하기

|정답| ③

|해설| ㉢ 1990년 대비 2010년 전 세계 전력 소비량은 $\frac{12,698-9,702}{9,702}\times100 ≒ 30.9(\%)$ 증가하였다.

|오답풀이|

㉠ 1990년 대비 2000년 한국의 전력 소비량은 $\frac{240-94}{94}\times100 ≒ 155.3(\%)$ 증가하였다.

㉡ 2000년 대비 2010년 한국의 전력 소비량은 $\frac{434-240}{240}\times100 ≒ 80.8(\%)$ 증가하였다.

㉣ 2000년 대비 2010년 전 세계 전력 소비량은 $\frac{17,887-12,698}{12,698}\times100 ≒ 40.9(\%)$ 증가하였다.

11 도표분석능력 전출·입 인구 파악하기

|정답| ③

|해설| 다른 도시에서 전입해 온 서울의 인구는 17,764 (3,225+2,895+8,622+3,022)명인데, 이는 전체 전출 인구(190,065)의 10% 이상이 아니므로 적절하지 않다.

12 도표분석능력 자료의 수치 분석하기

|정답| ⑤

|해설| ㉢ 20X0년 10월 이동자 수는 $\frac{529}{1-0.142} ≒ 617$(천 명), 시도 내 이동자 수는 $\frac{365}{1-0.141} ≒ 425$(천 명)이므로 전체 이동자 수에서 시도 내 이동자 수가 차지하는 비중은 $\frac{425}{617}\times100 ≒ 68.9(\%)$이다. 따라서 20X1년 전체 예상 이동자 수에서 시도 내 이동자 수가 차지하는 비중은 20X0년 10월에 비해 증가할 것으로 예상된다.

㉣ 이동률은 20X1년 10월에 전년 동월 대비 0.17%p 감소할 것으로 예상된다.

|오답풀이|

㉡ 20X1년 10월 이동 예상 인원 중 시도 내 이동자 수가 차지하는 비중은 $\frac{365}{529}\times100 ≒ 69(\%)$이다.

13 도표분석능력 자료의 수치 분석하기

|정답| ⑤

|해설| 〈조건〉에서 알 수 있는 A ~ F에 해당하는 6개 지역은 경북, 대전, 전북, 서울, 강원, 충남이다. 첫 번째 조건에 따르면 B, C, D, F 중 경북, 대전, 전북, 서울이 있으므로 A, E는 각각 강원, 충남 중 하나가 된다. 마지막 조건에서 A, D가 강원 또는 전북이므로 A는 강원, E는 충남, D가 전북임을 알 수 있으며 B, C, F 중에 경북, 대전, 서울이 있음을 알 수 있다.

A	B	C	D	E	F
강원			전북	충남	

두 번째 조건에 따르면 A, B, E, F 중에 강원, 경북, 충남, 서울이 있으므로 B, F 중에 경북, 서울이 있고 이에 따라 C가 대전이 된다.

세 번째 조건에 따르면 A, D, E, F 중에 강원, 전북, 충남, 서울이 있으므로 F가 서울이고, 이에 따라 B가 경북이 된다.

A	B	C	D	E	F
강원	경북	대전	전북	충남	서울

따라서 A는 강원, C는 대전이다.

1회 기출예상

2회 기출예상

3회 기출예상

4회 기출예상

5회 기출예상

6회 기출예상

14 도표분석능력 | 자료의 수치 분석하기

| 정답 | ④

| 해설 | 수력 발전원의 발전전력양이 가장 적은 달은 425 GWh를 기록한 11월이다.

| 오답풀이 |

① 2X20년 4월 총발전량의 3월 대비 증감률은
$\frac{42,252 - 46,141}{46,141} \times 100 ≒ -8.4(\%)$이다.

② 2X20년 4월 복합 발전원은 동년 전월 대비 발전전력량이 감소하였다. 2X20년 4월의 전월 대비 발전 전력량이 증가한 발전원은 기력과 대체에너지이다.

③ 2X20년 6월의 발전원별 발전전력량이 두 번째로 많은 발전원은 원자력, 9월은 복합이다.

⑤ 2X20년 10월 원자력과 대체에너지 발전원의 발전전력량이 전월 대비 증가하였고, 감소한 가격, 복합, 수력 발전원보다 그 수가 적다.

15 도표작성능력 | 그래프 작성하기

| 정답 | ⑤

| 해설 | ㉠ 복합 발전원의 발전량은 3월 13,477GWh에서 4월에 9,287GWh로, 5월에 7,555GWh까지 감소하였다가 6월에 9,439GWh, 7월에는 10,367GWh로 다시 10,000GWh 이상의 발전량을 기록하였다. 따라서 ㉠ 그래프는 왼쪽 세로축을 기준으로 볼 때 복합 발전원임을 알 수 있다.

㉡ 대체에너지의 발전량은 3월 2,904GWh로 시작하여 4월에 소폭 증가한 후 5월부터 7월까지 2,607GWh, 2,402GWh, 2,153GWh로 계속 하락하는 추세를 그린다. 따라서 ㉡ 그래프는 왼쪽 세로축을 기준으로 볼 때 대체에너지 발전원임을 알 수 있다.

㉢ 수력 발전원은 3월 534GWh부터 시작해서 7월까지 소폭 감소와 증가를 반복하다 7월에 612GWh를 기록하였다. 따라서 ㉢ 그래프는 오른쪽 세로축을 기준으로 볼 때 수력 발전원임을 알 수 있다.

㉣ 기타 발전원은 3월 738GWh로 시작하여 4월에 소폭 하락 후 6월까지 882GWh로 상승한 후 7월에 다시 788GWh로 소폭 하락하는 추세를 그린다. 따라서 ㉣ 그래프는 오른쪽 세로축을 기준으로 그래프가 인접

한 기준선을 700 ~ 750GWh 사이로 해석하면 기타 발전원임을 알 수 있다.

16 도표분석능력 | 자료의 수치 분석하기

| 정답 | ②

| 해설 | ㉠ 20X5년 우리나라의 수출액은 604,127.29백만 달러, 수입액은 518,292.67백만 달러이므로, 흑자규모는 604,127.29 - 518,292.67 = 85,834.62(백만 달러)이다.

㉣ 20X5년에 기타를 제외한 7개 지역 중 우리나라가 상품수지 적자를 보이고 있는 지역은 수출액보다 수입액이 더 많은 중동, 일본 2개 지역이다.

| 오답풀이 |

㉡ 상품수지 흑자액을 계산하면 다음과 같다.

(단위 : 백만 달러)

구분		20X0년	20X5년
중국	수출	131,577.1÷1.1404 ≒115,378.0	131,577.1
	수입	88,973.7÷0.9367 ≒94,986.3	88,973.7
	흑자액	115,378.0−94,986.3 =20,391.7	131,577.1−88,973.7 =42,603.4
미국	수출	95,485.0÷1.0496 ≒90,972.8	95,485.0
	수입	48,511.9÷0.7726 ≒62,790.4	48,511.9
	흑자액	90,972.8−62,790.4 =28,182.4	95,485.0−48,511.9 =46,973.1

따라서 20X0년에 비해 20X5년 우리나라 상품수지 흑자액은 중국(42,603.4−20,391.7=22,211.7)보다 미국(46,973.1−28,182.4=18,790.7)이 더 적게 증가했다.

㉢ 20X6년에 20X5년의 수출 상위 3개 지역만 수출액이 20%씩 증가한다면 수출 총액은 (143,868.1+131,577.1 +95,485.0)×1.2+65,306.5+35,593.0+34,758.3+ 33,747.3+63,791.99=678,313.33(백만 달러)가 된다.

17 문제처리능력 | 세미나 장소 채택하기

| 정답 | ②

| 해설 | 각 평가 기준에 따른 점수를 계산하면 다음과 같다.

(단위 : 점)

구분	갑 센터	을 구민 회관	병 교통 회관	정 지역 상공 회의소	무 빌딩
이동시간	4	3	5	1	2
수용가능인원	2	3	1	5	4
대관료	4	5	2	3	1
교통편	2	4	4	4	5
빔 프로젝터	2	2	2	2	0
합계	14	17	14	15	12

따라서 총점이 가장 높은 을 구민회관 2층이 채택된다.

18 문제처리능력 자료 분석하기

|정답| ①

|해설| 특수지질로 인해 균열과 단면변형은 일어나지 않는다. 특수지질로 인한 침하, 이동, 경사는 복공내력 저하를 유발할 수 있다.

19 문제처리능력 자료 분석하기

|정답| ③

|해설| ㉠은 자연적 요인, ㉡은 인위적 요인으로 구분할 수 있다.

|오답풀이|

① 지반이완의 주요 원인은 천장공극, 시공불량, 특수지질이며 그 외 원인으로는 배수불량이 있다.

② 특수지형, 특수지질, 저온, 설계불량, 복공불량 중 특수지질로 인해 발생하는 문제가 가장 많다.

④ 배수불량으로 인한 문제는 7가지가 있다.

⑤ 지형의 특수성은 하중증가 중 토압증대의 주요 원인이자 복공내력 저하 중 구조열화의 원인이 된다.

20 문제해결능력 SWOT 분석하기

|정답| ①

|해설| □□식당의 강점(S)인 저렴하고 깔끔한 식당 이미지를 강화하여 기회(O)인 1인 가구 증가로 인한 간단한 식사에 대한 선호 증가를 활용하기 위한 SO 전략으로 적절하다.

|오답풀이|

③ WT 전략에 해당한다.

21 문제해결능력 SWOT 분석하기

|정답| ①

|해설| ○○케이크 전문점의 강점(S)인 SNS 활용 능력을 이용하여 기회(O)인 버스 노선 신설 소식을 알리는 것은 강점을 통해 기회를 활용하는 SO 전략으로 적절하다.

|오답풀이|

② WT 전략에 해당한다.

⑤ SO 전략에 해당한다.

22 문제처리능력 결재선 파악하기

|정답| ①

|해설| ① 2천만 원 초과 ~ 3천만 원 이하의 수의계약이므로 최종 결재선은 부원장이지만, 원장 직속 기관이므로 원장에게 받는다.

② 1천만 원 초과 ~ 3천만 원 이하의 인쇄이며, 수의계약이 적용되지 않아 센터장에게 받는다.

③ 3천만 원 초과 ~ 5천만 원 이하의 용역이므로, 센터장에게 받는다.

④ 1천만 원 초과 ~ 3천만 원 이하의 물품이므로, 센터장에게 받는다.

⑤ 3천만 원 초과 ~ 5천만 원 이하의 용역이므로, 센터장에게 받는다.

따라서 (가) 센터의 박 연구원만 최종 결재선이 다르다.

23 문제처리능력 용역 계약 파악하기

|정답| ②

|해설| 해당 계약은 용역에 해당한다. 부가세 10%를 별도로 계산하여도 1억 원을 넘지 않으므로, 특정한 경우 사유서를 제출할 시 수의계약이 가능하다.

|오답풀이|

① 5천만 원 초과 ~ 1.5억 원 이하이므로 차상위부서장에

게 받아야 한다. (나) 센터는 원장 직속 기관이므로 원장에게 받는다.

③ 3천만 원을 초과하는 용역이므로 경쟁입찰로 진행할 수 있다.

④ 3천만 원을 초과하는 용역이므로 견적서는 2개 이상 필수적으로 필요하다.

⑤ 용역과 수의계약을 맺을 경우 견적서 혹은 산출내역서 1개를 첨부해야 한다.

24 문제처리능력 일자리 안정자금 지원 기준 이해하기

| 정답 | ②

| 해설 | A : 30인 미만 고용사업주는 아니지만 업종이 공동주택 경비이므로 20X8년, 20X9년 모두 지원대상이다.

B : 30인 미만 고용사업주가 아니므로 20X8년, 20X9년 모두 지원대상이 아니다.

C : 30인 미만 고용사업주가 아니므로 20X8년엔 지원대상이 아니지만, 20X9년엔 노인돌봄서비스제공기관에 해당되어 지원대상이다.

D : 30인 미만 고용사업주가 아니므로 20X8년엔 지원대상이 아니지만, 20X9년엔 55세 이상 고령자를 고용하고 있는 경우에 해당되어 지원대상이다.

E, I : 30인 미만 고용사업주이므로 20X8년, 20X9년 모두 지원대상이다.

F : 30인 미만 고용사업주이지만 국가로부터 인건비 재정지원을 받고 있으므로 20X8년, 20X9년 모두 지원대상이 아니다.

G : 30인 미만 고용사업주가 아니므로 20X8년엔 지원대상이 아니지만, 20X9년엔 사회적기업에 해당되어 지원대상이다.

H : 30인 미만 고용사업주이지만 고소득 사업주이므로 20X8년, 20X9년 모두 지원대상이 아니다.

J : 30인 미만 고용사업주이지만 임금체불 명단 공개 중인 사업주이므로 20X8년, 20X9년 모두 지원대상이 아니다.

K : 30인 미만 고용사업주는 아니지만 업종이 공동주택 청소이므로 20X8년, 20X9년 모두 지원대상이다.

따라서 20X8년 대비 20X9년에 새롭게 지원대상 기업이 될 수 있는 사업주는 C, D, G로 3개이다.

25 문제처리능력 지원금 계산하기

| 정답 | ①

| 해설 | 〈자료 2〉에 월평균 보수액을 월평균 근로시간으로 나눈 금액이 20X9년 최저임금(8,350원)보다 적은 근로자가 있는 사업장에 대한 지원이 불가능하다고 명시되어 있다. 최○○의 20X9년 월평균 보수액은 1,650,000원, 월평균 근로시간은 209시간이므로 $\frac{1,650,000}{209}$ ≒ 7,895(원)이 되어 지원이 불가능하다.

26 체제이해능력 조직도의 전후 비교하기

| 정답 | ③

| 해설 | 탄소강 사업부는 마케팅부서의 이름을 개편한 것이지, 생산부서를 통합해 개편한 것은 아니다.

27 업무이해능력 업무량 산정 이해하기

| 정답 | ②

| 해설 | 추석은 법정 공휴일이므로 기준근무시간에 포함되지 않는다.

28 업무이해능력 업무량 산정 이해하기

| 정답 | ⑤

| 해설 | 여유율은 업무의 성격에 따라 그 비율이 달라질 수 있으므로, 국가에서 정해 놓은 비율을 적용한다는 설명은 적절하지 않다.

29 업무이해능력 조직 갈등 이해하기

| 정답 | ②

| 해설 | 제시된 사례는 조직 내 소위들 말하는 '꼰대' 유형에 대해 설명하고 있다. 단정적이고 권위적인 표현을 자주 사용하며 일방적인 지시와 복종을 강요하는 등의 행동을 보이는 '꼰대' 유형이 조직에 있을 경우 조직 내에 여러 가지 분란이 조장될 수 있다. 따라서 경쟁사와의 갈등은 '꼰대' 유형에 따라 발생하는 문제로 보기 어렵다.

1회 기출예상

2회 기출예상

3회 기출예상

4회 기출예상

5회 기출예상

6회 기출예상

30 경영이해능력 강화전략 활용하기

|정답| ③

|해설| 지속적으로 악의적 후기를 작성하는 바람직하지 않은 행동을 하는 고객에게 법적 제재 조치를 가하는 것은 부정적 자극을 준 것이므로 ㉣에 해당한다.

31 경영이해능력 강화전략 활용하기

|정답| ②

|해설| 근무 태도가 불량한 바람직하지 않은 행동에 대해 경고를 부여한 것은 부정적 자극을 준 것이므로 ㉣에 해당한다.

32 업무이해능력 결재양식 이해하기

|정답| ①

|해설| 프로모션 행사비는 업무 추진비에 해당하고 2백만 원 이하이므로 처장 전결의 기안서가 적절하다.

33 업무이해능력 결재양식 이해하기

|정답| ④

|해설| 소방시설공사 비용은 1천만 원이므로 부장 전결사항이며 결재서류는 기안서, 공사계획보고서, 지급요청서이다.

34 업무이해능력 결재양식 이해하기

|정답| ①

|해설| 교육진행비는 총 450만 원이다. 기안서, 출장계획서는 처장, 지출결의서는 이사 전결사항이다.

35 경영이해능력 5 Force Model 활용하기

|정답| ④

|해설| 공급자의 협상력은 기업의 제품과 서비스를 제공하기 위해 도와주는 개인 혹은 기업이 기업에게 미치는 영향력을 의미한다. 공급자의 협상력이 강해지는 요인은 다음과 같다.

- 시장에 공급자의 수가 적을수록
- 공급하는 제품 및 서비스에 대한 대체재를 찾기 어려울수록
- 공급되는 제품 및 서비스가 자사에게 중요한 자원일수록
- 공급자가 자사의 영역까지 전방 통합이 가능할수록
- 공급원을 교체하는 데 드는 전환비용이 클수록
- 구매자가 공급자에게 중요한 영향을 미치지 않을수록
- 현재 공급자가 다른 대체 공급자에 비해 법적 혹은 공식적 영향력이 강할수록

따라서 대체재가 많을 경우 공급자의 협상력은 약해진다.

36 대인관계능력 심리적 방어기제 이해하기

|정답| ⑤

|해설| Displacement Activity란 치환(置換) 또는 전위(轉位)라고 한다. 특정 대상에 대한 자신의 감정을 다른 대상에게 돌리는 것이다. 공 대리는 자신보다 강한 대상(박 과장)으로부터 혼이 나서 그것에 대한 분풀이를 약한 대상(진 사원)에게 표출하는 치환의 방어기제를 사용하고 있다.

|오답풀이|

① Sublimation(승화) : 욕구불만으로 인해 생겨나는 충동과 갈등을 사회적으로 인정되는 형태와 방법을 통해 발산하는 것이다.

② Forgiveness(용서) : 상대방의 허물이나 과실을 눈감아 주며 그 책임을 면제해 주거나 관계를 회복시켜 주는 것이다.

③ Introjection(내적 투사) : 다른 사람의 태도, 가치, 혹은 행동을 마치 자기 자신의 것처럼 동화시키는 무의식적 과정이다.

④ Passive Aggression(수동 공격) : 상대를 방해하거나 기분을 거슬리게 하는 등의 방식으로 분노를 표현하는 것이다.

37 팀워크능력 올바른 협력정신 이해하기

|정답| ①

|해설| 제시된 글에서는 협력과 화합의 중요성을 강조하고

있다. 동시에 다른 이들과의 경쟁과 투쟁에 대해서는 비판적인 태도를 보이고 있으므로 주변 사람들과의 평화를 주장하는 ⊙과 ⓒ이 적절하다.

| 오답풀이 |

② 필자는 경쟁 자체를 부정적으로 바라보고 있다.

38 협상능력 협상의 5단계 이해하기

| 정답 | ②

| 해설 | 협상의 5단계 중 2단계인 상호 이해 단계는 갈등의 진행 상황을 점검하고 적극적으로 경청하고 주장을 제시함으로써 협상 안건을 결정하는 단계이다. 대화 속 집주인과 세입자는 계약 연장에 대한 상대방의 입장을 존중하고 본인들의 주장도 제시함으로써 안건을 결정하고 있다.

39 팀워크능력 효과적인 팀의 특징 알기

| 정답 | ⑤

| 해설 | 효과적인 팀은 의견 불일치가 발생하지 않는 것이 아니라 의견 불일치를 건설적으로 해결하는 팀이다.

40 팀워크능력 팔로워십 이해하기

| 정답 | ④

| 해설 | 팔로워십은 어떤 문제에 대해 리더와는 독립적으로 생각하고 자발적으로 행동함으로써 리더가 목표를 달성할 수 있게끔 도와주는 것이다. 따라서 자신의 의견대로 리더를 움직이게 하는 것은 팔로워십의 조건으로 적절하지 않다. 팔로워십의 기본 조건과 행동강령은 다음과 같다.

책임감 가지기	팔로워는 리더의 아래에 있지만 엄연히 자기의 일을 가지고 있으며 리더와는 하나의 공동 목표를 정해 두고 일하는 파트너이다. 각자의 역할을 책임감 있게 완수해 내고 각자의 일을 완벽히 해 낸다면 리더의 업무에 도움이 되어 줄 수 있을 것이다.
헌신하기	조직의 일은 개인의 상황이나 조건에 따라 달라지기 마련이므로, 본의 아니게 예정에 없던 업무가 생긴다면 대부분의 리더는 신임하는 팔로워에게 일을 맡길 것이다.

대안 제시하기	조직이 길을 잃어 헤맬 때 리더가 갈피를 잡지 못한다면 팔로워들이 대안을 제시할 수 있어야 한다. 조직을 이끄는 것은 리더의 업무지만, 조직을 움직이는 것은 팔로워들이다.

41 팀워크능력 팀워크 저해 요소 알기

| 정답 | ②

| 해설 | 모두가 같이 준비해야 하는 워크숍에서 오 박사는 다른 팀원들과 협력하는 태도를 전혀 보이지 않고 있다. 따라서 오 박사에게 부족한 대인관계능력은 협력하며 각자의 역할에 대해 책임을 다하는 태도이다.

42 팀워크능력 팀의 발전단계 파악하기

| 정답 | ②

| 해설 | 격동기에 대한 설명이다. 격동기에는 경쟁과 마찰이 일어나며, 책임, 규칙, 보상체계, 평가 기준 등에 대한 질문이 제기된다.

보충 플러스+

팀의 발달 단계

[1단계] 형성기	– 안전하고 예측할 수 있는 행동에 대한 안내가 필요하여 리더에게 의지한다. – 인정받기를 원하며 팀원들을 신뢰할 수 있는지 확인한다. – 심각한 논의는 회피하지만 성장을 위해서 마찰 가능성을 각오해야 한다.
[2단계] 격동기	– 집단 내부적으로 갈등이 생기기 시작하는 단계로, 하위집단이 형성되고 의사결정 과정에서 다양한 분열이 일어난다. – 리더와 팀 운영 방식에 불만을 갖는 팀원이 나타나기 시작하고 의사결정이 늦어져 일처리가 지연된다. – 팀의 생산성이 매우 낮다.
[3단계] 규범기	– 팀원 간 신뢰 관계가 형성되기 시작하고 결속력이 강화된다. – 공동의 목표에 대한 공감대가 형성되고 목표 달성 의지가 높아진다. – 의견 차이가 발생했을 때 서로 존중하고 더 나은 대안을 찾기 위해 노력한다. – 생산적인 일 수행 방법 절차를 찾고 팀의 성과를 본격적으로 기대할 수 있다.

[4단계] 성취기	– 가장 높은 성과와 만족도를 내는 단계로, 집단이 성숙되어 각자의 역할에 충실하고 팀원들이 서로 조화롭게 일을 수행한다. – 누군가의 지시 없이도 팀원들이 각자 해야 할 일을 찾아 움직이며 개방된 소통을 즐긴다. – 기존의 성과에 만족하지 않고 더 높은 성과 창출을 목표로 한다.

43 팀워크능력 팀워크 관련 설문조사 이해하기

| 정답 | ⑤

| 해설 | B 사원은 '~상대방의 입장을 이해하고자 노력하는 편이다.'에 '그렇다'라고 답했고, '동료가 나와 상반된 의견을 주장하면 한 귀로 듣고 한 귀로 흘린다.'에 '매우 그렇지 않다'라고 답했으므로 ⑤는 옳지 않다.

44 리더십능력 임파워먼트의 의미 알기

| 정답 | ③

| 해설 | 임파워먼트의 관리 차원 장애요인에는 통제적 리더십 스타일, 효과적 리더십 결여, 경험 부족, 정책 및 기획의 실행 능력 결여, 비전의 효과적 전달능력 결여 등이 있다.

보충 플러스+

임파워먼트의 장애요인

장애요인	내용
개인 차원	역량 결여, 동기 결여, 결의 부족, 책임감 부족, 의존성
대인 차원	성실성 결여, 약속 불이행, 성과를 제한하는 조직의 규범, 갈등처리 능력 부족, 승패를 대하는 태도
관리 차원	통제적 리더십 스타일, 효과적 리더십 결여, 경험 부족, 정책 및 기획의 실행 능력 결여, 비전의 효과적 전달능력 결여
조직 차원	공감대 형성 없는 구조와 시스템, 제한된 정책과 절차

45 협상능력 협상전략 파악하기

| 정답 | ②

| 해설 | 박 과장은 문제를 해결하고자 회사와 협력하고, 자신의 우선순위가 낮은 것에 대해서는 양보하는 협력적 과정을 통해 합의에 이르렀다. 따라서 박 과장이 사용한 협상전략은 협력전략이다.

| 오답풀이 |

① 유화전략 : 상대방이 제시하는 것을 일방적으로 수용하여 협상의 가능성을 높이려는 전략이다.
③ 회피전략 : 협상을 피하거나 잠정적으로 중단하거나 철수하는 전략이다.
⑤ 강압전략 : 상대방의 주장을 무시하고 자신의 힘으로 일방적으로 밀어붙여 상대방에게 자신의 입장을 강요하는 전략이다.

46 고객서비스능력 고객 서비스 이해하기

| 정답 | ④

| 해설 | 고객서비스의 S.E.R.V.I.C.E.는 다음의 의미를 가진다.

- Smile&Speed : 서비스는 미소와 함께 신속하게 하는 것이다. ─㉠
- Emotion : 서비스는 감동을 주는 것이다.
- Respect : 서비스는 고객을 존중하는 것이다. ─㉢
- Value : 서비스는 고객에게 가치를 제공하는 것이다. ─㉣
- Image : 서비스는 고객에게 좋은 이미지를 심어 주는 것이다.
- Courtesy : 서비스는 예의를 갖추고 정중하게 하는 것이다. ─㉥
- Excellence : 서비스는 고객에게 탁월하게 제공되어야 하는 것이다.

따라서 ㉡, ㉤, ㉦이 해당하지 않는다.

47 팀워크능력 팀워크 향상 요인 파악하기

| 정답 | ④

| 해설 | 제시된 자료에서는 팀워크 향상을 위해 필요한 요인

으로 의사소통능력이 가장 높은 점수를 받았다. 따라서 의사소통능력에 대해 설명하고 있는 ④가 가장 적절한 조언이다.

| 오답풀이 |

① 유머에 대한 조언이다.

② 책임감에 대한 조언이다.

③ 창의성에 대한 조언이다.

⑤ 업무능력에 대한 조언이다.

48 정보능력 | 로봇청소기 운전하기

| 정답 | ②

| 해설 | 주어진 코드를 해석하면 다음과 같다.

'왼쪽으로 두 칸 이동 → 앉기, 청소하기, 일어나기 → 아래로 한 칸, 왼쪽으로 한 칸, 아래로 한 칸 이동 → 넣기 → 위로 세 칸 이동 → 앉기, 청소하기, 일어나기 → 아래로 세 칸 이동 → 넣기'

따라서 모든 쓰레기를 청소할 수 있게 된다.

| 오답풀이 |

① 코드를 따라 경로를 이동하면 두 쓰레기 모두 쓰레기통에 버릴 수 있지만, 쓰레기를 버리는 행동을 명령할 때 'Sit, Stand'의 전후 과정을 거쳐야 한다는 조건이 없으므로 적절하지 않다.

③ 한 번에 한 개의 쓰레기만 주울 수 있다고 하였으므로 적절하지 않다.

④ 중간 '3Up'의 명령에 있어서 움직임을 지시하는 'Move'가 생략되었으므로 적절하지 않다.

⑤ 코드를 따라 경로를 이동하면 두 쓰레기 모두 쓰레기통에 버릴 수 있지만, 쓰레기를 청소하는 행동을 명령할 때 'Sit, Stand'의 전후 과정을 거쳐야 한다.

49 정보처리능력 | 컴퓨터 관련 용어 이해하기

| 정답 | ④

| 해설 | IRC(Internet Relay Chat)에 대한 설명이다.

| 오답풀이 |

① WAIS(Wide Area Information Service) : 인터넷의 정보검색 시스템이다.

② FTP(File Transfer Protocol) : 인터넷을 통해 한 컴퓨터에서 다른 컴퓨터로 파일을 전송할 수 있도록 하는 방법과, 그런 프로그램을 모두 일컫는 말이다.

③ USENET : 인터넷을 이용해 이야기를 나누는 토론공간으로 전자게시판의 일종이다.

⑤ TELNET : 원격지의 컴퓨터를 인터넷을 통해 접속하여 자신의 컴퓨터처럼 사용할 수 있는 원격 접속 서비스이다.

50 정보처리능력 | 프로그램 조작법 이해하기

| 정답 | ⑤

| 해설 | 조치 코드는 탐지된 에러에 관하여 반드시 3종의 조직 코드를 입력해야 하므로, HV, CV, IV가 모두 3인 Error에 대해서는 I+J+K를 입력해야 한다.

| 오답풀이 |

① 모든 종류의 Error Factor에 조치 능력을 지닌 조치 코드는 HV, CV, IV가 모두 1인 G 그리고 HV, CV, IV가 모두 2인 H로 총 2개이다.

② 제어장치(C), 연산/논리 장치(L), 기억장치(M) 모두에 적용되는 조치 코드는 G, H, I, J, K로 총 5개이다.

③ 각 장치별로 처리 가능한 Error Factor의 최대치와 그 조치 코드는 다음과 같다.

적용 Device	Hazard		Complexity		Influence	
	최대치	조치 코드	최대치	조치 코드	최대치	조치 코드
C	7	B+H+I	6	A(G)+H+J	6	G+H+K
L	6	G+H+I	7	D+H+J	6	C(G)+H+K
M	6	E(G)+H+I	6	G+H+J	7	F+H+K

④ 기억장치(M)의 경우 가장 높은 Influence Value에 대한 조치 능력은 조치코드 F+H+K를 입력했을 때의 2+2+3=7이다.

51 정보처리능력 | 프로그램 조작법 이해하기

| 정답 | ③

| 해설 | Device Type은 Memory, 각 Error Factor의 합산값은 HV : 1+2=3, CV : 3+0=3, IV : 2+4=6이다.

IV의 합산값이 6이 되기 위해서는 (E 또는 G) + (F 또는 H)+K가 되어야 한다. 이 네 가지 경우 중 HV와 CV의 합산값이 모두 3이 되게 하는 조치 코드는 G+H이므로, 입력해야 할 코드는 G+H+K이다.

| 오답풀이 |

① CV : 0+2+0=2이므로 옳지 않다.

② HV : 0+1+0=1, CV : 0+1+0=1이므로 옳지 않다.

④ HV : 2+3+0=5, CV : 2+0+0=2, IV : 2+0+3=5이므로 옳지 않다.

⑤ IV : 0+0+3=3이므로 옳지 않다.

52　정보처리능력　프로그램 조작법 이해하기

| 정답 | ③

| 해설 | Device Type은 Logic, 각 Error Factor의 합산값은 HV : 2+2=4, CV : 1+2=3, IV : 1+0=1이다.

HV의 합산값이 4가 되기 위해서는 조치 코드 G와 I가 반드시 포함되어야 하며, 그 외에 C, D, J, K 중 하나가 입력되어야 한다. 조치 코드 G와 I를 입력했을 때의 CV와 IV의 합산값은 각각 1이므로 세 조치 코드를 모두 입력한 결과의 CV와 IV의 합산값이 3, 1이 되기 위해서는 남은 하나의 조치 코드의 CV와 IV가 각각 2, 0인 D를 입력해야 한다. 따라서 입력해야 하는 조치 코드는 D+G+I이다.

| 오답풀이 |

① HV : 0+0+2=2, CV : 1+2+2=5, IV : 1+0+2=3이므로 옳지 않다.

② CV : 1+1+0=2, IV : 1+1+0=2이므로 옳지 않다.

④ CV : 1+0+3=4이므로 옳지 않다.

⑤ HV : 3+0+0=3, IV : 0+0+3=3이므로 옳지 않다.

53　정보처리능력　프로그램 조작법 이해하기

| 정답 | ①

| 해설 | Device Type은 Memory, 각 Error Factor의 합산값은 HV : 1+2+0=3, CV : 1+0+1=2, IV : 1+1+3=5이다.

CV의 합산값이 2가 되기 위해서는 조치 코드 H가 반드시 포함되어야 하며, 조치 코드 H의 HV가 2이므로 HV의 합산값이 3이 되기 위해서는 조치 코드 E가 반드시 포함되어

야 한다. 조치 코드 E와 H를 합한 IV는 3이며, IV의 합산값이 5가 되기 위해서는 IV가 2인 조치 코드 F가 포함되어야 한다. 따라서 입력해야 할 조치 코드는 E+F+H이다.

| 오답풀이 |

② HV : 1+0+0=1, CV : 0+0+0=0, IV : 1+2+3=6이므로 옳지 않다.

③ CV : 0+1+2=3이므로 옳지 않다.

④ HV : 0+1+0=1, CV : 0+1+0=1, IV : 2+1+3=6이므로 옳지 않다.

⑤ CV : 1+2+0=3, IV : 1+2+3=6이므로 옳지 않다.

54　정보처리능력　정보 수집 방법 파악하기

| 정답 | ④

| 해설 | '인포메이션'은 하나하나의 개별적인 정보를 말하고, '인텔리전스'는 정보의 홍수라고 불리는 사회의 무수히 많은 인포메이션 중에 몇 가지를 선별해 그것을 연결시켜 뭔가 판단하기 쉽게 도와주는 하나의 정보덩어리를 말한다. 우리는 단순한 인포메이션을 수집할 것이 아니라 직접적으로 도움을 줄 수 있는 인텔리전스를 수집할 필요가 있다.

55　정보능력　사이버 공간에서 지켜야 할 예절 알기

| 정답 | ①

| 해설 | 욕설, 비방(명예 훼손), 도배, 성적 욕설(음담패설), 유언비어, 악성 댓글 등은 인터넷의 역기능 중 사이버 언어폭력에 해당한다.

| 오답풀이 |

② 사이버 사기 : 온라인 거래 시 금전적으로 사기행각을 벌이는 것이다.

③ 인터넷 중독 : 인터넷 이용이 보편화되면서 인터넷에 지나치게 빠져 생활의 곤란을 겪게 되는 것이다.

④ 언어 훼손 : 보다 쉽게, 보다 빠르게, 또는 단순히 재미를 위해 줄여 쓰거나 이어 쓰고 발음 나는 대로 쓰는 등 올바른 언어를 사용하지 않아 실제 생활에서 언어 사용의 문제를 가져올 수 있다.

⑤ 저작권 침해 : 저작권법상의 보호 대상인 저작물을 창작한 사람인 저작자의 허락 없이 무단으로 사용하거나 게재하는 경우가 해당한다.

56 직업윤리 **기업윤리 이해하기**

| 정답 | ④

| 해설 | 윤리는 이슈의 옳고 그름만이 최우선적이며 유일한 판단조건이다. 따라서 기업윤리는 개인과 조직에 의해 사적으로 판단할 수 없다.

| 오답풀이 |

① 기업의 윤리 문제는 비즈니스의 성과와 관계없이 언제나 존재하며 기업윤리는 항상 지켜져야 한다.

② 기업의 지배구조가 안정적이라면 윤리적 가치를 존중할 수 있는 조건들을 갖추기 쉽다.

③ 내부고발제도와 내부고발자의 보호를 통해 기업이 지속적으로 윤리경영을 하도록 감시할 수 있다.

⑤ 기업윤리는 기업과 관련된 광범위한 분야에 걸쳐서 구성원들에게 행동기준을 제시한다.

57 근로윤리 **직업윤리의 덕목 파악하기**

| 정답 | ⑤

| 해설 | 전문가의식이란 자신의 일이 누구나 할 수 있는 것이 아니라 해당 분야의 지식과 교육을 밑바탕으로 성실히 수행해야만 가능한 것이라 믿고 수행하는 태도이다. 따라서 디자이너 A 씨의 사례에서는 전문가의식이 나타나 있지 않다.

| 오답풀이 |

① 소명의식은 자신이 맡은 일은 하늘에 의해 맡겨진 일이라 생각하는 태도이다.

② 직분의식은 자신이 하고 있는 일이 사회나 기업을 위해 중요한 역할을 하고 있다고 믿고 자신의 활동을 수행하는 태도이다.

③ 천직의식은 자신의 일이 자신의 능력과 적성에 꼭 맞는다고 여기고 그 일에 열성을 가지고 성실히 임하는 태도이다.

④ 봉사의식은 직업 활동을 통해 다른 사람과 공동체에 대하여 봉사하는 정신을 갖추고 실천하는 태도이다.

58 직업윤리 **직업윤리의 기본원칙 이해하기**

| 정답 | ①

| 해설 | 개인이익을 최우선으로 하는 것이 아니라 공동의 이익을 최우선으로 하여 공인으로서의 직분을 수행해야 한다.

| 오답풀이 |

② 객관성의 원칙에 해당하는 설명이다.

③ 전문성의 원칙에 해당하는 설명이다.

④ 정직과 신용의 원칙에 해당하는 설명이다.

⑤ 고객중심의 원칙에 해당하는 설명이다.

59 공동체윤리 **직장 내 전화예절 알기**

| 정답 | ④

| 해설 | 전화는 서로의 얼굴을 대면하지 않으므로 비교적 신속하게 일을 처리할 수 있다는 장점이 있지만, 상대방의 표정, 동작, 태도 등을 알 수 없으므로 오해를 불러일으킬 수 있다는 단점이 있다. 따라서 추상적인 단어를 사용하는 것은 신뢰를 주기보다는 오해의 소지를 담을 수 있기 때문에 옳지 않다.

60 직업윤리 **정약용의 윤리관 파악하기**

| 정답 | ②

| 해설 | 다산 정약용의 율기육조는 목민관이 고을에 부임하면서부터 임무를 완수하고 떠날 때까지 지켜야 할 6가지 원칙을 칙궁, 청심, 제가, 병객, 절용, 낙시로 구분하였다. 제시된 글의 내용은 뇌물을 받지 않은 공직자의 이야기를 다루고 있으므로, 청렴함이 공직자의 책무이며 모든 선과 덕의 근원이라는 청심(淸心)과 가장 가깝다고 할 수 있다.

| 오답풀이 |

① 절용은 백성이 피와 땀으로 나라에 바친 세금을 절약해야 한다는 것이다.

③ 병객은 만날 손님과 만나지 말아야 할 사람을 엄격하게 구분해야 한다는 것이다.

④ 칙궁은 스스로의 몸가짐을 삼가고 자세를 바르게 가지며 언제나 깨끗하고 정중한 몸가짐으로 백성을 대해야 한다는 것이다.

⑤ 제가는 청탁과 뇌물이 오갈 수 없도록 먼저 자기 집안의 법도를 바르게 하여 집안을 다스려야 한다는 것이다.

1회 기출예상

2회 기출예상

3회 기출예상

4회 기출예상

5회 기출예상

6회 기출예상

5회 기출예상문제

문제 188쪽

01	⑤	02	④	03	①	04	④	05	③
06	②	07	①	08	②	09	⑤	10	①
11	③	12	④	13	②	14	③	15	④
16	③	17	①	18	④	19	⑤	20	④
21	③	22	④	23	①	24	④	25	③
26	②	27	④	28	②	29	⑤	30	①
31	⑤	32	⑤	33	④	34	④	35	④
36	④	37	④	38	②	39	⑤	40	③
41	③	42	②	43	②	44	⑤	45	④
46	⑤	47	①	48	③	49	②	50	①
51	⑤	52	③	53	⑤	54	④	55	④
56	②	57	④	58	②	59	④	60	④

01 문서작성능력 보충자료 선정하기

|정답| ⑤

|해설| 국가별 신규 건설 대비 유지비용에 대한 내용은 제시되지 않았다.

|오답풀이|

① 네 번째 문단에 제시할 수 있다.

② 세 번째 문단에 제시할 수 있다.

③ 두 번째 문단에 제시할 수 있다.

④ 첫 번째 문단에 제시할 수 있다.

02 의사표현능력 빈칸에 들어갈 말 파악하기

|정답| ④

|해설| B가 키오스크 사용을 선호하는 민원인에 대해 말하고 있었는데 C는 '하지만'으로 대화를 시작하고 있으므로 B와는 반대되는 내용의 말을 해야 한다. 또한 D는 키오스크의 문제점을 말하고 있으며 이와 함께 '게다가'를 사용하여 C의 말에 부연설명하고 있으므로 이를 바탕으로 C의 말을 추론하면 ④가 가장 적절하다.

03 문서이해능력 세부 내용 이해하기

|정답| ①

|해설| • A : 과제와 관련된 정보에 주의를 줘서 '실내 체력 단련'이라는 목표를 선정하고 있다. 따라서 이는 배외측 전전두엽과 내측 전전두엽이 하는 일임을 알 수 있다.

• B : 자신이 세운 목표인 '맛있는 밥 짓기'에 대해 '물에 어느 정도 불린 다음 짓는다'는 순서를 정하고 있다. 따라서 이는 중앙 배외측 전전두엽이 하는 일임을 알 수 있다.

|오답풀이|

• C : '좋은 회사에 취업하기'라는 상위 목표에 대한 하위 목표인 '학점관리, 대외활동, 어학성적, 자격증 취득'을 처리하고 있다. 따라서 이는 전두극 피질이 하는 일임을 알 수 있다.

• D : 무기력함을 느끼고 어떤 일에도 의욕과 호기심을 느끼지 못하고 있다. 따라서 이는 내측 전전두엽의 보조운동영역과 전측대상피질이 하는 일임을 알 수 있다.

04 문서작성능력 내용 분류하기

|정답| ④

|해설| ㄱ, ㄹ, ㅁ, ㅇ은 '중증장애인의 피난 시 제약사항 확인'에 해당하며 ㄴ, ㄷ, ㅂ, ㅅ, ㅈ은 '중증장애인의 재난 시 피난을 위한 필수사항'에 해당한다.

05 문서이해능력 세부 내용 이해하기

|정답| ③

|해설| 메타인지는 자신이 아는 것과 모르는 것을 정확히 파악하고, 자신에게 부족한 부분을 어떻게 보완할 것인지 적절한 전략을 세울 줄 아는 능력을 말한다. 메타인지가 없는 사람의 경우 자신이 잘 알고 있는 부분을 계속 들여다보면서 시간을 허비하게 된다. 따라서 자신이 알고 있는 부분을 강화할 수 있게 한다는 설명은 메타인지의 특징으로 적절하지 않다.

06 문서작성능력 | 문단 배열하기

| 정답 | ②

| 해설 | 먼저 A 통신부와 B 진흥원이 함께 선보이는 데이터 온에어에 대해 화두를 제시하는 (나)가 먼저 온다. 그 후 (나)에서 언급한 데이터온에어의 특징과 기능을 설명하는 (라)가 이어지고, 또 다른 기능을 언급하고 있는 (다)가 올 수 있다. 마지막으로 B 진흥원 원장의 향후 계획을 언급한 (가)가 온다. 따라서 올바른 순서는 (나) → (라) → (다) → (가)이다.

07 문서작성능력 | 문맥에 맞게 빈칸 채우기

| 정답 | ①

| 해설 | (라)에서 언급한 기능과 동시에 (다)의 기능도 제공된다는 의미이므로 '아울러'가 가장 적절하다.

08 문서작성능력 | 문맥에 적절한 단어 파악하기

| 정답 | ②

| 해설 | 개인과 기업의 데이터 역량을 끌어올린다는 의미이므로 '제고'라고 쓰는 것이 적절하다.

09 도표분석능력 | 자료의 수치 분석하기

| 정답 | ⑤

| 해설 | Y 기업의 제품 중 20X0년 대비 20X6년 판매액 증가율이 가장 높은 제품은 G 제품으로, 10배 이상 증가하였다.

| 오답풀이 |

① Y 기업의 제품 중 판매액이 매년 지속적으로 증가한 제품은 G 제품 한 종류이다.

② 20X0년 대비 20X4년에 판매액이 감소한 제품은 E 제품 한 종류이다.

③ X 기업의 경우 판매액 총합이 매년 100억 원 미만이었던 반면, Y 기업의 판매액 총합은 매년 100억 원 이상이었다.

④ D 제품의 판매액이 전년 대비 감소한 해는 20X3년으로, E 제품의 판매액도 감소하였다.

10 도표분석능력 | 자료의 수치 분석하기

| 정답 | ①

| 해설 | 20X0년 대비 20X4년의 연간 총 주행거리 증가율이 가장 큰 것은 전기 자동차로, $\frac{9,771-5,681}{5,681} \times 100 ≒ 72(\%)$ 증가하였다.

| 오답풀이 |

② LPG를 사용하는 자동차의 연간 총 주행거리는 45,340 → 44,266 → 39,655 → 37,938 → 36,063으로 매년 감소하고 있다.

③ 휘발유를 사용하는 자동차의 연간 총 주행거리는 108,842 → 110,341 → 115,294 → 116,952 → 116,975로 매년 증가하고 있다.

⑤ 전기를 사용하는 자동차의 연간 총 주행거리는 5,681 → 6,282 → 7,023 → 8,153 → 9,771로 매년 증가하고 있다.

11 도표분석능력 | 자료의 수치 분석하기

| 정답 | ③

| 해설 | 20X8년 관광 목적의 해외여행자 수는 전년 대비 4.2% 감소하여 주어진 기간 중 가장 크게 감소하였다.

| 오답풀이 |

① 20X6년과 20X7년의 전년 대비 전체 해외여행자 증가 수는 다음과 같다.
   • 20X6년 : 8,426,867×0.147≒1,238,749(명)
   • 20X7년 : 8,426,867×1.147×0.128≒1,237,199(명)
   따라서 20X6년이 20X7년보다 많다.

② 업무 목적의 해외여행자 수의 증가율은 항상 양수이므로 증가하였다.

④ 20X6년과 20X8년의 업무 목적의 해외여행자 수는 다음과 같다.
   • 20X6년 : 1,120,230×1.093≒1,224,411(명)
   • 20X8년 : 1,224,411×1.226×1.007≒1,511,636(명)
   따라서 20X6년 대비 20X8년 업무 목적의 해외여행자 증가 수는 30만 명 이하이다.

⑤ 20X8년에는 관광 목적의 해외여행자 수가 전년 대비 감소하였다.

1회 기출예상
2회 기출예상
3회 기출예상
4회 기출예상
5회 기출예상
6회 기출예상

12 도표분석능력 자료의 수치 분석하기

|정답| ④

|해설| L 지역의 총 건축물과 주거용 건축물의 수치는 제시되었으나, 상업용과 공업용에 대한 구체적인 자료는 제시되지 않았다.

|오답풀이|

① L 지역 건축물은 상업용, 주거용, 공업용, 문화 · 교육 · 사회용과 기타로 구성되어 있으며, 상업용이 4만 3,846동, 공업용이 1만 4,164동, 문화 · 교육 · 사회용이 6,378동, 기타가 1만 1,598동이다. 주거용이 144,587동이므로 가장 큰 비중을 차지함을 알 수 있다.

② L 지역의 건축물은 총 220,573동이다.

③ L 지역의 대표적인 원도심이라 할 수 있는 지역들은 노후건축물 비중이 높은 편이라고 하였으므로 먼저 도시재생을 실시할 필요가 있다.

13 도표분석능력 자료를 바탕으로 수치 계산하기

|정답| ②

|해설| ㉠ ~ ㉣에 들어갈 수치를 계산하면 다음과 같다.

㉠ : $\dfrac{23,442 + 48,724}{220,573} \times 100 ≒ 33(\%)$

㉡ : $\dfrac{12,875,191 + 12,114,897}{189,019,253} \times 100 ≒ 13(\%)$

㉢ : $\dfrac{17,220 + 37,972}{144,587} \times 100 ≒ 38(\%)$

㉣ : $\dfrac{7,409,831 + 6,001,760}{95,435,474} \times 100 ≒ 14(\%)$

따라서 빈칸에 들어갈 수치로 옳은 것은 ②이다.

14 도표분석능력 자료의 수치 분석하기

|정답| ③

|해설| 〈세부용도별 변화 추이〉 자료를 보면 농림어업의 경우 전력 판매량이 매년 증가했음을 알 수 있다.

|오답풀이|

④ 서비스업은 6,237만큼, 제조업은 6,155만큼 각각 증가하였으므로 가장 큰 폭으로 증가한 용도는 서비스업이다.

15 도표분석능력 자료의 수치 분석하기

|정답| ④

|해설| 전체 전력 판매량의 전년 대비 증가율이 가장 높은 해는 20X8년이며, 20X8년 전력 판매량의 세부용도별 전년 대비 증가율은 다음과 같다.

• 가정용 : $\dfrac{70,687 - 66,517}{66,517} \times 100 ≒ 6.3(\%)$

• 공공용 : $\dfrac{24,569 - 23,605}{23,605} \times 100 ≒ 4.1(\%)$

• 서비스업 : $\dfrac{147,189 - 140,952}{140,952} \times 100 ≒ 4.4(\%)$

• 농림어업 : $\dfrac{17,126 - 15,981}{15,981} \times 100 ≒ 7.2(\%)$

• 제조업 : $\dfrac{265,100 - 258,945}{258,945} \times 100 ≒ 2.4(\%)$

따라서 20X8년 전년 대비 전력 판매량의 증가율이 가장 높은 세부용도는 농림어업이다.

16 도표분석능력 자료의 수치 분석하기

|정답| ③

|해설| '그렇다'라고 답한 응답자 비율이 가장 낮은 직업은 사무종사자이고, 가장 높은 직업은 기능원 및 관련기능종사자이다. 사무종사자 중 '그렇다'라고 답한 응답자 수는 9,496×0.083≒788(명)이고, 기능원 및 관련기능종사자 중 '그렇다'라고 답한 응답자 수는 4,870×0.629≒3,063(명)이다. 따라서 응답자 수의 차이는 약 2,275명으로 2,600명보다 적다.

|오답풀이|

① 전체 응답자 수는 7,709+2,998+37,132+2,162+204=50,205(명)이다.

④ 서비스종사자 중 '그렇다'라고 답한 응답자는 6,020×0.296≒1,782(명), '아니다'라고 답한 응답자는 6,020×0.703≒4,232(명)이다.

⑤ 사무종사자 중 '아니다'라고 답한 응답자는 9,496×0.917≒8,708(명)이다.

17 도표분석능력 | 자료를 바탕으로 수치 계산하기

|정답| ①

|해설| ㉠ 단순노무종사자 4,653명이 모두 임금근로자로 분류된다고 가정하면 긍정 응답을 한 임금근로자의 수는 $37,132 \times 0.287 ≒ 10,657$(명)이고, 이 중 단순노무종사자의 수는 $4,653 \times 0.447 ≒ 2,080$(명)이다. 따라서 긍정 응답을 한 임금근로자 중 단순노무종사자의 비율은 $\frac{2,080}{10,657} \times 100 ≒ 20$(%)이다.

㉡ 서비스종사자 중 긍정 응답을 한 응답자는 $6,020 \times 0.296 ≒ 1,782$(명), 판매종사자 중 긍정 응답을 한 응답자는 $6,623 \times 0.091 ≒ 603$(명)이다. 따라서 두 직업에서 긍정 응답을 한 응답자는 약 $1,782 + 603 = 2,385$(명)이고, 비율은 $\frac{2,385}{6,020 + 6,623} \times 100 ≒ 19$(%)이다.

㉢ 무급가족종사자의 50%인 1,081명이 모두 사무종사자로 분류된다고 가정하자. 이때, 무급가족종사자 전체 중 부정 응답 비율이 50% 이상이므로, 사무종사자로 분류된 무급가족종사자 모두가 부정 응답을 한 경우 사무종사자 중 부정 응답을 한 무급가족종사자의 비율이 최대가 된다. 따라서 비율의 최댓값은 $\frac{1,081}{9,496} \times 100 ≒ 11$(%)이다.

따라서 ㉠=20, ㉡=19, ㉢=11이므로 ㉠ > ㉡ > ㉢이다.

18 사고력 | 암호문 해석하기

|정답| ④

|해설| 다섯 개의 숫자로 이루어진 〈암호문 A〉의 다섯 수열들의 첫 번째 수, 두 번째 수, …를 각각 모아 보면, 34729, 27209, 04321, 50125, 16452이다. 이 수가 나열된 자음을 찾으면 ㄴㅁㄷㅌㄱ이다.

19 문제처리능력 | SWOT 분석하기

|정답| ⑤

|해설| 해외 기업의 시장잠식(T)에 대비한 국내 지하수관리 산업보호육성(W)은 약점을 보완해 위협을 회피하는 전략이다.

|오답풀이|

① 국내 지중환경에 부합하는(O) 지하수관리 및 조사계측 전문인력(W) 양성은 약점을 보완해 기회를 잡는 전략이다.

② 우수한 장비와 IT기술(S)을 바탕으로 센서 및 네트워크 기술(O)의 해외진출 추진은 강점을 활용해 기회를 잡는 전략이다.

③ 정부의 적극적인 R&D(S)를 통한 조사/탐사 장비 기술 격차(T) 축소는 강점을 활용해 위협을 줄이는 전략이다.

④ 자연재해를 저감을 위한 정부의 적극적 의지(S)를 이용하여 높아진 국내 지중환경 조사의 필요성 및 인식도(O)를 바탕으로 지중환경 조사에 대한 정부 지원을 촉구하는 것은 강점을 활용해 기회를 잡는 전략이다.

20 문제처리능력 | 안내문 이해하기

|정답| ④

|해설| 단체 관람이 10명 이상일 때는 예약신청이 필요하나, 총 인원이 9명이므로 별도의 예약신청 없이 자유 관람이 가능할 것이다. 또한 홍보관 해설은 선착순으로 마감되므로 일찍 가서 홍보관 1층 데스크에서 신청하는 것이 필요하다.

|오답풀이|

① 시각장애인 안내견의 경우 출입이 가능하다.

② 애니메이션은 자체 제작 애니메이션으로 일반 극장에서 관람하는 것은 어려울 것이다.

③ 영어 해설의 경우 관람 4일 전까지 유선 전화로 신청해야 한다.

⑤ 설 연휴는 휴관일이므로 관람이 불가할 것이다.

21 문제처리능력 | 지진 발생 시 행동요령 알기

|정답| ③

|해설| 긴급한 상황이므로 인명의 위험이 있는 경우를 제외하고는 핸드폰 사용을 자제하는 것이 좋다.

22 문제처리능력 업무 파악하기

|정답| ④

|해설| 교육 부서는 12일에 교육 프로그램에 참석할 수 있으므로 9월 5일에 메일을 보낸다.

|오답풀이|

①, ⑤ 회계 부서는 13일 14시에 부서 전체 회의가 있으므로 12일에 교육에 참석(2명)하여야 하고, 교육 부서는 13일 13시 ~ 15시에 부서 일정이 있으므로 12일에 교육에 참석(2명)하여야 한다. 영업과 마케팅 부서는 출장과 보고서 작업으로 인하여 13일에 교육을 받아야 하므로, 12일에는 4인분의 다과를, 13일에는 5인분의 다과를 준비하여야 한다.

② 회계 부서는 13일 14시에 자체 회의가 있어 12일에 교육을 받아야 하므로 5일에 메일을 보낸다.

③ 영업 부서는 12일에 교육이 불가능하므로 13일 교육일정을 6일에 메일로 보낸다.

23 문제처리능력 생성할 계정 수 파악하기

|정답| ①

|해설| 회계 부서와 교육 부서는 12일, 영업과 마케팅 부서는 13일에 교육 프로그램을 받을 수 있으므로 온라인 계정은 필요없다.

24 사고력 거주하는 층수 추론하기

|정답| ④

|해설| 첫 번째 조건을 통해 시나리오 작가의 위층에는 아무도 살지 않는다는 것을 알 수 있으므로 작가는 5층에 거주한다고 추론할 수 있다. 또한, 영화감독은 시나리오 작가가 두 개의 층을 내려가서 만나므로 3층에 거주한다. 두 번째 조건을 통해 경찰은 1층, 마지막 조건에서 큐레이터는 2층에 거주하는 것을 추론할 수 있으므로 4층에 거주하는 사람은 교사이다.

25 문제처리능력 사이트 개편하기

|정답| ③

|해설| ⓒ B 부서의 의견에 따르면 GO-TV가 제공하고 있는 실시간 인기 영상을 '로그인/회원가입' 탭의 상단이 아니라 하단에 노출해야 한다.

|오답풀이|

㉠ A 부서의 의견에 따라 회사 로고는 페이지 좌측 상단에 배치하였다.

㉡ B 부서의 의견에 따라 검색창 하단에 메일, 카페, 블로그, 지식 채널과 더불어 GO-TV를 배치하였다.

㉣ D 부서의 의견에 따라 뉴스 탭에서 이용자들이 주로 선호하는 언론사를 상단에 위치할 수 있도록 '인기순 정렬' 기능을 추가하였다.

㉤ E 부서의 의견에 따라 메인 페이지 하단에 정보성 게시글을 나타내었다.

26 시간관리능력 휴가 일수 계산하기

|정답| ②

|해설| 각 부처별로 20X1년 미사용 휴가 일수를 구하면 다음과 같다.

부서	인원	부서별 미사용 휴가 일수 합계
경영관리부	10명	3×10=30(일)
영업부	15명	2×15=30(일)
마케팅부	10명	4×10=40(일)
생산부	35명	−
품질부	10명	2×10=20(일)
개발부	20명	4×20=80(일)
합계	100명	200일

따라서 회사 전체 직원의 20X1년 평균 미사용 휴가 일수는 200÷100=2(일)이다.

27 시간관리능력 미사용 휴가 일수 계산하기

|정답| ②

|해설| 20X1년 미사용 휴가가 모두 20X2년에 이월되었다고 가정하고 '20X1년 평균 미사용 휴가 일수+20X2년 제공 휴가 일수(10일)−20X2년 평균 휴가 사용 일수=20X2년 평균 휴가 미사용 일수'에 따라 계산해 보면 각 부서별 결과는 다음과 같다.

- 경영관리부 : 3+10-12=1(일)
- 영업부 : 2+10-10=2(일)
- 마케팅부 : 4+10-5=9(일)
- 생산부 : 0+10-6=4(일)
- 품질부 : 2+10-9=3(일)
- 개발부 : 4+10-7=7(일)

따라서 마케팅부의 평균 미사용 휴가 일수는 5일이 아니라 9일이다.

28 예산관리능력 | 최저 단가의 공급처 구하기

|정답| ②

|해설| 제시된 조건을 종합하여 정리하면 다음과 같다.

A 공장	(3,500+25+400)×1,000(개)+100,000 =4,025,000(원)
B 공장	(2,000+50+300)×1,000(개)+120,000 =2,470,000(원)
C 공장	(3,000+50+200)×1,000(개)+80,000 =3,330,000(원)
D 공장	(3,000+50+200)×1,000(개)+140,000 =3,390,000(원)
E 공장	(2,000+50+300)×1,000(개)+150,000 =2,500,000(원)

따라서 B 공장의 납품가가 가장 저렴하다.

29 예산관리능력 | 가장 경쟁력 있는 공급처 구하기

|정답| ⑤

|해설| 4월 5일이 행사일이므로 4월 4일까지 납품받아야 하고, 3월 26일인 발주일을 감안하여 9 ~ 10일의 작업일 수가 필요하다. 작업일수를 감안하면 납기가 가능한 공장은 A, C, E 공장이며 이 중 가장 경쟁력 있는 납품가를 제시하는 공장은 E 공장이 된다.

30 예산관리능력 | 조건에 맞는 제품 선택하기

|정답| ①

|해설| 가격이 가장 저렴한 핸드폰은 C이지만 무게가 무겁

기 때문에, 가격은 보통이지만 무게가 가벼운 A 핸드폰을 선택하는 것이 적절하다.

31 예산관리능력 | 합리적 선택하기

|정답| ⑤

|해설| 디자인 평가에서 좋음을 받은 C, D, E, F 핸드폰의 무게는 무거운 순서대로 C>D=F>E이므로 F 핸드폰보다 E 핸드폰을 구입하는 것이 더 나은 선택이 된다.

32 시간관리능력 | 조건에 맞는 유형 선택하기

|정답| ⑤

|해설| 쿠폰, 세트메뉴, 신메뉴 할인은 진행 기간의 제약이 없고, 1+1 이벤트는 한 달 동안 진행이 가능하다. 무한리필은 일주일 진행이 가능하므로 선택할 수 없는 유형은 무한리필이다.

33 물적자원관리능력 | 점수 계산하기

|정답| ④

|해설| 가능 기간을 제외하고 순위와 점수를 매기면 다음과 같다.

기준 유형	고객 충성도	고객 만족도	표적 소비자
쿠폰	1순위(5점)	4순위(2점)	3순위(3점)
1+1 이벤트	5순위(1점)	1순위(5점)	4순위(2점)
세트메뉴	3순위(3점)	2순위(4점)	5순위(1점)
신메뉴 할인	4순위(2점)	2순위(4점)	1순위(5점)
무한리필	2순위(4점)	5순위(1점)	1순위(5점)

가중치를 반영하여 총점을 계산하면 다음과 같다.

- 쿠폰 : (5×2)+(2×3)+3=19(점)
- 1+1 이벤트 : (1×2)+(5×3)+2=19(점)
- 세트메뉴 : (3×2)+(4×3)+1=19(점)
- 신메뉴 할인 : (2×2)+(4×3)+5=21(점)
- 무한리필 : (4×2)+(1×3)+5=16(점)

따라서 가장 높은 점수를 받은 신메뉴 할인을 선택한다.

34 물적자원관리능력 프로모션 유형 선택하기

|정답| ④

|해설| 〈경쟁사 프로모션 현황〉의 기간을 보면 A사(쿠폰), C사(신메뉴 할인), D사(세트메뉴)가 같은 기간에 프로모션을 진행함을 알 수 있다. 따라서 시너지 효과를 고려하여 순위와 점수를 매기면 다음과 같다.

기준\유형	고객 충성도	고객 만족도	표적 소비자	합계
쿠폰	★★☆☆☆ (3순위, 3점)	★★★☆☆ (3순위, 3점)	직장인 (3순위, 3점)	9점
1+1 이벤트	★☆☆☆☆ (5순위, 1점)	★★★★★ (1순위, 5점)	주부 (4순위, 2점)	8점
세트 메뉴	★★★☆☆ (2순위, 4점)	★★☆☆☆ (4순위, 2점)	학생 (5순위, 1점)	7점
신메뉴 할인	★★☆☆☆ (4순위, 2점)	★★★★☆ (2순위, 4점)	모든 고객 (1순위, 5점)	11점
무한 리필	★★★★☆ (1순위, 5점)	★☆☆☆☆ (5순위, 1점)	모든 고객 (1순위, 5점)	11점

따라서 신메뉴 할인과 무한리필 중 고객 충성도가 더 높은 무한리필을 선택한다.

35 경영이해능력 경영의 구성요소 알기

|정답| ④

|해설| 경영의 구성요소는 다음과 같다.

경영목적	조직의 목적을 어떤 과정과 방법을 택하여 수행할 것인가를 구체적으로 제시해 준다.
인적자원	조직에서 일하고 있는 구성원들로 이들이 어떤 역량을 가지고 어떻게 직무를 수행할지 결정한다.
자금	경영활동에 사용할 수 있는 돈이다.
경영전략	조직이 가지고 있는 자원을 효과적으로 운영하여 무엇을 해야 하며 어떤 것을 달성해야 하는가를 알려 준다.

따라서 직원들의 복지향상은 경영의 구성요소에 해당하지 않는다.

36 경영이해능력 경영환경 이해하기

|정답| ②

|해설| 경영환경에 따른 요소들은 다음과 같다.
• 외부 환경(시장환경)
  – 간접 환경(일반환경) : 경제적, 기술적, 정치 · 법률적, 사회 · 문화적, 인구통계적, 국제적 환경 등
  – 직접 환경(과업환경) : 소비자, 공급자, 경쟁자, 지역사회, 금융기관, 정부 등
• 내부 환경(조직환경) : 주주, 경영자, 종업원, 조직문화 등

37 국제감각 문화권에 따른 글쓰기 방식 이해하기

|정답| ③

|해설| 캐플런(R. B. Kaplan)은 글을 구성하는 방식이 문화권에 따라 다르다는 점에 주목하여 글쓰기 방식에 따라 문화권을 구분하였다. 이 중 동양어권(Oriental) 화자는 글에 대한 큰 주제를 말한 다음 화자가 의도하는 방향으로 점점 축소해 나가는 방식을 취한다고 보았다.

|오답풀이|

① 영어권(English) 화자는 내용을 서론, 본론, 결론을 직선적으로 구성한다고 보았다.

② 아랍어권(Semitic) 화자는 점층적으로 내용을 확대해 나가는 방식을 취한다고 보았다.

④ 라틴어권(Romance) 화자는 직접적인 논지 전개 중에 이야기를 삽입하는 방식으로 글을 구성한다고 보았다.

⑤ 러시아어권(Russia) 화자는 라틴어권 화자와 비슷한 패턴을 보이나 중간에 유실되는 부분이 있다고 보았다.

38 경영이해능력 경영전략 추진과정 이해하기

|정답| ②

|해설| 환경분석 단계에서는 SWOT 분석을 진행한다. 분석의 결과 중 우위를 점할 수 있는 강점과 기회 요인을 위주로 분석하는 것이 아니라 약점과 위기도 고려하여 이를 극복하고 모면할 수 있는 방법을 찾는 것도 중요하다.

39 국제감각 글로벌화 이해하기

| 정답 | ⑤

| 해설 | ㉠ 무역 장려 정책을 수립하면 구매력이 증대되고 이에 따라 국가 간 경제 활동이 활성화된다.

㉡ 무역 장벽이 감소되면 소모적인 무역 분쟁의 소지가 줄어들고 이에 따라 국가 간 경제 활동이 활성화된다.

㉢ 해외 직접투자를 통해 자본과 기술 유입을 증진시키면 국가 간 경제 활동이 활성화된다.

㉣ 이동과 수출 비용의 절감으로 교역의 가능성이 확대되면 국가 간 경제 활동이 활성화된다.

㉤ 다국적 기업이 증가하면 국가 간 경제통합이 강화되고 이에 따라 국가 간 경제 활동이 활성화된다.

40 업무이해능력 부서별 업무 이해하기

| 정답 | ③

| 해설 | 새활용이란 버려지는 자원에 디자인을 더하거나 활용방법을 바꿔 새로운 가치를 만들어 내는 업사이클링(Upcycling)의 순우리말이다.

41 조직이해능력 조직문화의 유형 이해하기

| 정답 | ③

| 해설 | 이 대리는 조직의 안정과 공식화된 절차를 중시하며 계층별로 권한범위가 규정된 관료적 조직에 속해 있다. 이러한 조직에는 계층에 따른 감독체계와 안전지향적인 계층문화(위계문화)가 형성된다.

| 오답풀이 |

① 집단문화는 조직 내의 구성원들의 상호신뢰와 가족적인 인간관계를 중시하는 조직문화로, 내부의 안정성을 중시한다는 점에서는 계층문화와 같으나 구성원의 참여를 위해 유연한 조직구조를 형성한다는 점에서 차이를 보인다.

42 조직이해능력 조직문화의 유형 이해하기

| 정답 | ②

| 해설 | 김 대리의 조직은 높은 유연성과 개성을 강조하고,

외부환경의 변화에 대한 공격적인 대응으로 조직과 구성원의 위험을 감수하는 도전과 창의력을 중시하는 혁신문화에 해당한다. 혁신문화에서 조직은 구성원들이 창의력과 혁신을 실행하기 위해 넓은 재량권을 부여한 형태의 조직구조를 가진다.

43 컴퓨터활용능력 데이터베이스의 필요성 이해하기

| 정답 | ②

| 해설 | 데이터베이스는 서로 연관된 파일을 의미하며, 여러 개의 파일이 서로 연관되어 있으므로 사용자는 정보를 한 번에 검색해 볼 수 있다. 데이터가 중복되지 않고 한 곳에만 기록되어 있으므로 데이터의 무결성, 즉 결함이 없는 데이터를 유지하는 것이 훨씬 쉽다. 데이터가 변경되면 한 곳에서만 수정하면 되므로 해당 데이터를 이용하는 모든 애플리케이션은 즉시 최신의 데이터를 이용할 수 있다.

| 오답풀이 |

①, ⑤ 데이터베이스 시스템을 이용하면 데이터의 중복이 현저하게 줄어들며, 여러 곳에서 이용되는 데이터를 한 곳에서만 가지고 있으므로 데이터 유지비용을 줄일 수 있다.

③ 데이터가 훨씬 조직적으로 저장되어 있으므로 이러한 데이터를 이용하는 프로그램의 개발이 훨씬 쉬워지고 기간도 단축된다.

④ 대부분의 데이터베이스 관리시스템은 사용자가 정보에 대한 보안등급을 정할 수 있게 해 준다. 예를 들어 어떤 부서의 관리자는 급여데이터에 대해 읽기 권한만을 가질 수 있고, 급여부서의 총책임자에게는 읽기와 쓰기 권한을 모두 부여하여 데이터를 변경할 수 있게 할 수 있다. 일반 사원에게는 읽기와 쓰기 권한 모두 허용되지 않으므로 급여사항에 대한 보안을 유지할 수 있다.

44 정보능력 정보의 수집 이해하기

| 정답 | ⑤

| 해설 | 인텔리전스(Intelligence)는 개별적인 정보인 인포메이션(Information)에서 필요한 정보를 선별하고 이를 연결시켜 판단을 돕는 정보 덩어리를 의미한다.

1회 기출예상 2회 기출예상 3회 기출예상 4회 기출예상 5회 기출예상 6회 기출예상

45 컴퓨터활용능력 소프트웨어들의 차이점 이해하기

|정답| ④

|해설| 텍스트에디터는 글자들만 단순히 입력할 수 있으며 글자의 크기, 색깔 등은 표현이 불가능하다. 텍스트 파일로 저장이 되므로 전문적인 텍스트에디터가 없더라도 충분히 읽을 수 있으며, 불특정 다수에게 배포할 파일로 유리하다. 또한 문서를 직접 암호화할 수는 없으며 ZIP이나 RAR과 같은 프로그램으로 압축한 후 암호를 걸 수 있다. 대표적인 텍스트에디터의 종류로 메모장이 있다.

46 정보능력 5W2H 원칙 이해하기

|정답| ⑤

|해설| 정보의 소스(정보원)를 파악하는 단계는 Where(어디에서)에 해당한다.

보충 플러스+

5W2H 원칙
- What(무엇을?) : 정보의 입수대상을 명확히 한다.
- Where(어디에서?) : 정보의 소스(정보원)를 파악한다.
- When(언제까지?) : 정보의 요구(수집)시점을 고려한다.
- Why(왜?) : 정보의 필요목적을 염두에 둔다.
- Who(누가?) : 정보활동의 주체를 확정한다.
- How(어떻게?) : 정보의 수집방법을 검토한다.
- How much(얼마나?) : 정보수집의 비용성(효용성)을 중시한다.

47 컴퓨터활용능력 프레젠테이션의 용도 알기

|정답| ①

|해설| 제시된 프로그램은 프레젠테이션(Presentation)이다. 보고, 회의, 상담, 교육 등에서 정보를 전달하는 데 널리 활용되는 것으로 파워포인트, 프리랜스 그래픽스 등이 있다.

|오답풀이|

② 스프레드시트(Spread Sheet)에 대한 설명으로 문서를 작성하고 편집하는 기능 이외에 수치나 공식을 입력하여 그 값을 계산해내고 계산 결과를 차트로 표시할 수 있다. 원래 스프레드시트는 미국인들이 경리, 회계업무 시에 사용하던 일정한 형태의 계산용지를 일컫는 말이었다.

③ 워드프로세서(Word Processor)에 대한 설명으로 여러 형태의 문서를 작성, 편집, 저장, 인쇄할 수 있다.

④ 그래픽 소프트웨어(Graphic Software)에 대한 설명으로 새로운 그림을 그리거나 그림 또는 사진 파일을 불러와 편집할 수 있다.

⑤ 데이터베이스(Database)에 대한 설명으로 테이블, 질의, 폼, 보고서 등의 작성을 통해 대량의 자료를 구조화 및 관리할 수 있다.

48 컴퓨터활용능력 정보검색방식 이해하기

|정답| ③

|해설| 인터넷을 이용한 정보검색 시 검색방식의 유형에는 대표적으로 키워드 검색방식, 주제별 검색방식, 자연어 검색방식, 통합형 검색방식 등이 있다.

49 기술능력 산업재해의 예방대책단계 이해하기

|정답| ②

|해설| 제시된 산업재해 예방대책의 빈칸에 들어갈 단계의 내용은 '시정책 적용 및 뒤처리'이다. 이 단계에서는 안전에 대한 교육 및 훈련을 실시하고, 안전시설의 장비의 결함 개선, 안전 감독 실시 등의 시정책을 적용하는 단계이다. 따라서 컨테이너 조작법 교육은 시정책 적용 단계의 내용으로 적절하지 않다.

50 기술능력 지속 가능한 기술 이해하기

|정답| ①

|해설| 지속 가능한 발전(Sustainable Development)은 현재의 욕구를 충족시키면서, 동시에 후속 세대의 욕구 충족을 침해하지 않는 발전으로 미래 세대의 발전과 환경적 요구를 동시에 충족하는 방향으로 진행하는 발전을 하며, 이러한 발전을 가능하게 하는 기술을 지속 가능한 기술(Sustainable Technology)이라고 한다. 지속 가능한 기술은 이용자원과 에너지를 고려하고, 자원의 사용과 재생산의 비율 조화를 추구하며, 자원의 질을 생각하고 이를 생산적인 방식으로 사용하는가를 중시하는 환경효용적 기술이다.

1회 기출예상

2회 기출예상

3회 기출예상

4회 기출예상

5회 기출예상

6회 기출예상

51 기술이해능력 기술 시스템 이해하기

| 정답 | ⑤

| 해설 | 기술 시스템(Technological System)은 현대 기술의 특성을 이해하는 데 있어서 매우 중요한 개념으로, 개별 기술이 네트워크로 결합해서 기술 시스템을 만드는 점은 과학에서는 볼 수 없는 기술의 독특한 특성이다. 기술 시스템은 인공물의 집합체만이 아니라 회사, 투자 회사, 법적 제도, 정치, 과학, 자연자원을 모두 포함하는 것이기 때문에 기술시스템에는 기술적인 것과 사회적인 것이 결합해서 공존하고 있다. 이러한 의미에서 기술 시스템은 사회기술시스템이라고 불리기도 한다.

52 기술선택능력 품질관리 관리 사이클 이해하기

| 정답 | ③

| 해설 | PDCA 사이클에서 Do(실행)는 설정된 계획에 따라 실시하는 단계이다. 따라서 분야별 안전사업을 추진하는 것이 실행 단계에서 할 일이다.

| 오답풀이 |

①, ② 안전모니터링과 안전교육 평가는 Check(평가) 단계에서 할 일이다.

④ 안전교육 시행계획은 Plan(계획) 단계에서 할 일이다.

⑤ 지적사항 개선 조치는 Act(개선) 단계에서 할 일이다.

53 기술선택능력 벤치마킹의 종류 이해하기

| 정답 | ⑤

| 해설 | 경쟁적 벤치마킹은 동일 업종에서 고객을 직접적으로 공유하는 경쟁기업을 대상으로 하는 벤치마킹으로, 경영성과와 관련된 정보 입수가 가능하며 업무·기술에 대한 비교가 가능한 반면 윤리적인 문제가 발생할 소지가 있으며 대상 기업의 적대적 태도로 인해 자료 수집이 어렵다는 단점이 있다.

54 기술능력 기술의 특징 이해하기

| 정답 | ④

| 해설 | 기술은 다음과 같은 특징이 있다.

1. 하드웨어나 인간에 의해 만들어진 비자연적인 대상, 혹은 그 이상을 의미한다.

2. 기술은 '노하우(Know-how)'를 포함한다.

3. 기술은 하드웨어를 생산하는 과정이다.

4. 기술은 인간의 능력을 확장시키기 위한 하드웨어와 그것의 활용을 뜻한다.

5. 기술은 정의 가능한 문제를 해결하기 위해 순서화되고 이해 가능한 노력이다.

6. 기술은 과학과 같이 추상적인 이론보다는 실용성, 효용, 디자인을 강조한다.

7. 기술능력이 뛰어난 사람은 인식된 문제를 위한 다양한 해결책을 개발하고 평가한다.

따라서 모든 항목에 옳게 체크한 D 사원이 '기술'에 대한 인식이 가장 우수한 사원이다.

| 오답풀이 |

㉠ 기술은 노하우(Know-how)와 노와이(Know-why)로 나눌 수 있으며 노하우란 흔히 특허권을 수반하지 않는 과학자, 엔지니어 등이 가지고 있는 체화된 기술이다. 노와이는 어떻게 기술이 성립하고 작용하는가에 관한 원리적 측면에 중심을 둔 개념이다. 노하우는 경험적이고 반복적인 행위에 의해 얻어지는 반면, 노와이는 이론적인 지식으로서 과학적인 탐구에 의해 얻어진다. 기술은 원래 노하우의 개념이 강하였으나 시대가 지남에 따라 노하우와 노와이가 결합하게 되었다.

㉣ 보편적인 진리나 법칙을 발견하기 위한 체계적인 지식은 과학이다.

55 기술이해능력 기술혁신 이해하기

| 정답 | ④

| 해설 | 제품혁신이 'What to do?'의 문제라면, 공정혁신은 'How to do?'의 문제이다.

| 오답풀이 |

③ 품질이나 생산성 향상을 위해 기존 방식보다 개선된 서비스를 생산-제공하는 활동은 '공정혁신'이며, '제품혁

신'은 기술규격, 부품/자재, (제품에 포함된)SW, 사용자 친근성, 기타 기능적 특성 등을 개선하는 활동이다.

56 기술능력 산업재해의 원인 파악하기

| 정답 | ②

| 해설 | 제시된 글에서는 A 공장 폭발사고와 B 공장 폭발사고와의 유사점을 제시하면서, 특히 마지막 문단에서 배관을 설치하는 용접 작업에 투입되는 하청업제 노동자를 대상으로 하는 취급 전 안전교육의 부재를 사고의 근본적 원인으로 지적하고 있다.

57 기술능력 기술교육 향상방법 적용하기

| 정답 | ②

| 해설 | 학습자가 원하는 시간과 장소에서 개별 요구에 맞는 학습이 가능하며, 새로운 교육내용을 신속하게 반영할 수 있는 방법은 E-Learning을 활용한 기술교육이다.

58 기술능력 페로우의 기술 유형 이해하기

| 정답 | ②

| 해설 | 페로우(Perrow) 기술 유형과 조직구조 설계를 정리하면 다음과 같다.

구분	일상적 기술	비일상적 기술	장인 기술	공학적 기술
공식화	높음	낮음	중간	중간
집권화	높음	낮음	중간	중간
감독범위	넓음	좁음	중간	중간
조정과 통제	규칙, 예산, 보고서	회의, 가치관	훈련, 모임	보고서, 모임

59 기술적용능력 제품 사용설명서 적용하기

| 정답 | ④

| 해설 | [A/S 및 A/S 보내기 전 확인 사항]의 세 번째 항목을 보면 구성품에 대한 언급이 있으나, 이는 A/S를 보내기

전 확인해야 할 사항이다. 김 사원은 마사지건이 작동되지 않는 원인을 찾고자 하므로 구성품이 모두 있는지 확인하는 것은 적절하지 않다.

60 기술선택능력 매뉴얼의 특징 이해하기

| 정답 | ④

| 해설 | 게시판에 올라온 글을 보고 담당자가 준비할 수 있는 것은 매뉴얼, 그중에서도 제품 매뉴얼이다. 매뉴얼은 어떤 기계의 조작 방법을 설명해 놓은 사용 지침서, 즉 사용서, 설명서, 편람, 안내서를 의미한다.

제품 매뉴얼의 특징은 다음과 같다.

• 사용자를 위해 제품의 특징이나 기능 설명, 사용방법과 고장 조치방법, 유지 보수 및 A/S, 폐기까지 제품에 관련된 모든 서비스에 대해 소비자가 알아야 할 모든 정보를 제공하는 것이다.

• 제품 사용자의 유형과 사용 능력을 파악하고 혹시 모를 사용자의 오작동까지 고려하여 만들어져야 한다.

• 제품의 의도된 안전한 사용과 사용 중 해야 할 일 또는 하지 말아야 할 일까지 정의해야 한다.

• 제품의 설계상 결함이나 위험 요소를 대변해서는 안 된다.

1회 기출예상

2회 기출예상

3회 기출예상

4회 기출예상

5회 기출예상

6회 기출예상

6회 기출예상문제
문제 234쪽

01	②	02	①	03	⑤	04	②	05	①
06	③	07	③	08	⑤	09	②	10	④
11	③	12	②	13	④	14	④	15	③
16	③	17	①	18	③	19	④	20	①
21	③	22	②	23	⑤	24	③	25	①
26	④	27	②	28	④	29	④	30	④
31	④	32	⑤	33	③	34	②	35	④
36	⑤	37	④	38	③	39	⑤	40	②
41	⑤	42	③	43	②	44	②	45	①
46	①	47	⑤	48	⑤	49	①	50	①
51	②	52	②	53	④	54	②	55	④
56	④	57	②	58	④	59	③	60	②
61	③	62	④	63	④	64	①	65	④
66	③	67	①	68	③	69	④	70	①
71	④	72	⑤	73	①	74	③	75	③
76	④	77	③	78	②	79	①	80	①

01 문서작성능력 글의 주제 파악하기

|정답| ②

|해설| 철학자들이 내세운 다양한 신 존재 증명이론 중 목적론적 신 존재 증명의 개념에 대해 서술하고 있다. 따라서 글의 주제로 '목적론적 신 존재 증명이론의 개념'이 가장 적절하다.

02 의사표현능력 문맥에 맞게 대화하기

|정답| ①

|해설| 강 사원의 말을 보면 인공지능 기술이 인구 감소의 문제를 해결할 수 있는 대안이 될 것이라고 하였다. 이와 관련된 내용을 제시해야 하므로 인공지능이 일자리에 대해 긍정적인 영향을 미칠 것이라는 내용인 ①이 적절하다.

03 문서이해능력 중심 내용 이해하기

|정답| ⑤

|해설| 갑 ~ 정은 현대적인 속독법의 효시라고 불리는 우드의 속독법에 대해 얘기하고 있으며, 우드가 체계적인 속독법을 개발한 뒤로 미국 각지에 속독 교육센터가 생기며 속독법이 널리 확산되었다고 하였다. 따라서 대화의 중심 소재로 '현대적 속독법의 시작'이 가장 적절하다.

04 문서이해능력 기사문 이해하기

|정답| ②

|해설| 이번 육아휴직을 신청할 수 있는 근로자는 여성만을 요하지 않고 그 영아의 생부모만을 요하지 않는다.

|오답풀이|
① 육아휴직 기간은 근속기간에 포함된다.
③ 파견근로자의 육아휴직 기간은 파견 기간에 산입되지 않는다.
④ 육아휴직을 마친 후에는 육아휴직 전과 동일한 업무로 복귀시켜야 한다.
⑤ 육아휴직 기간은 1년 이내이다.

05 문서이해능력 세부 내용 이해하기

|정답| ①

|해설| 속물효과는 다른 사람들이 물건을 사는 것에 영향을 받아 그 물건을 구입하지 않게 되는 것을 말하는데, 여기에는 남들과 차별화하고자 하는 심리가 내재되어 있다. 따라서 속물효과는 저가의 생활필수품에는 나타나지 않고 고가의 사치품에서 나타난다.

06 문서작성능력 빈칸에 알맞은 단어 넣기

|정답| ③

|해설| 빈칸 앞 문단에서는 네트워크효과 중에서 유행효과에 대해 설명하고 있으며 빈칸 뒤의 문단에서는 속물효과에 대한 설명이 제시되어 있다. 따라서 빈칸에는 '이와는 달리'가 들어갈 수 있다.

07 문서이해능력 비판적 읽기의 관점에서 이해하기

| 정답 | ③

| 해설 | (가)를 통해 소비자와의 많은 접점이 있음을 알 수 있으며, (다)의 내용을 통해 다양한 알고리즘으로 소비자와의 직접 소통이 가능함을 파악할 수 있다.

08 문서이해능력 단락별 재구성하기

| 정답 | ⑤

| 해설 | (가) ~ (다) 중 첫 번째 문단에서 말하는 단계에 해당하는 문단을 파악하면 데이터화하는 1단계는 다양한 데이터를 수집하는 (다), 알고리즘을 통해 분석하는 2단계는 발전된 알고리즘으로 분석하는 (나)에 해당한다. 마지막으로 커뮤니케이션을 말하는 3단계는 일반 대중에서 세분화된 소비자 중심으로 타깃 전략이 진화하며 더욱 효율적인 커뮤니케이션이 이뤄지고 있다는 (가)에 해당한다.

09 문서작성능력 글의 구조 파악하기

| 정답 | ②

| 해설 | 〈보기〉는 경제, 사회, 환경, 기술의 발전으로 인한 변화에 따라 교통서비스가 어떻게 변화하는지를 언급하고 있다. 따라서 보기는 '제2장 미래 경제 · 사회 · 기술의 변화'에 들어가는 것이 적절하다.

10 문서이해능력 글쓴이가 주장한 내용 파악하기

| 정답 | ④

| 해설 | 인터넷 환경 등 전자 통신기술이 빠른 속도로 발전하고 있으며 국민들의 교통서비스에 대한 요구 수준도 이와 비슷한 속도로 높아지고 있다고 하였다. 그러나 현실적으로 교통서비스를 제공하는 행정기관의 법제도는 이를 따라가지 못하고 있다고 하면서 기존 제도권 안에서 국민들의 요구를 수용하기보다는 수요자 중심으로 신 교통서비스의 활성화를 모색해야 한다고 주장하고 있다. 따라서 ④는 적절하지 않다.

11 의사표현능력 나-전달법 이해하기

| 정답 | ③

| 해설 | '나-전달법'을 사용했을 때의 결과는 다음과 같다.
- 상대방에게 나의 입장과 감정을 전달함으로써 상호이해를 도울 수 있다.
- 상대방에게 개방적이고 솔직하다는 느낌을 전달하게 된다.
- 상대방은 나의 느낌을 수용하고 자발적으로 자신의 문제를 해결하고자 하는 의도를 갖게 된다.

따라서 적절한 것은 ㄴ, ㄷ이다.

| 오답풀이 |

ㄱ, ㄹ. '너-전달법'을 사용했을 때의 결과이다.

12 문서이해능력 공모요강 이해하기

| 정답 | ②

| 해설 | A. '4-다. 유의사항'을 보면 저작권 등 모든 권한은 □□공단에 귀속된다고 하였다.

C. '4-다. 유의사항'을 보면 동일한 작품이 접수될 경우 도착시점을 기준으로 먼저 제출된 하나의 작품만 인정된다고 하였다.

E. '4-가. 제출서류'를 보면 참여자가 제출해야 하는 서류는 공모전 신청서, 개인정보 수집 · 이용 · 제공 동의서, 재학증명서이다.

| 오답풀이 |

B. '3. 시상내역'을 보면 최우수상 1명 100만 원, 우수상 2명 각 50만 원, 장려상 3명 각 20만 원씩 지급한다고 하였으므로 총 상금 규모는 260만 원이다.

D. '1-다. 참가대상'의 그린리모델링 지역거점 플랫폼 참여대학(35개) 목록이 제시되어 있지 않으므로 올바른 요청이다.

13 기초연산능력 출장비 계산하기

| 정답 | ③

| 해설 | 기본출장비와 기름값을 계산하면 다음과 같다.
- 기본출장비

  $700(\text{km}) \div 100(\text{km/h}) \times 14,000 = 98,000(\text{원})$

• 기름값

이동하는 동안 절반은 비가 왔으므로 350km는 비가 오지 않을 때의 연비, 나머지 350km는 비가 올 때의 연비를 적용해야 한다.

$\{350(\text{km}) \div 14(\text{km}/l) + 350(\text{km}) \div 10(\text{km}/l)\} \times 1,800(\text{원}/l) = 108,000(\text{원})$

따라서 최 사원이 청구해야 할 출장비는 $98,000 + 108,000 = 206,000(\text{원})$이다.

14 [기초연산능력] 부등식 활용하기

|정답| ④

|해설| 부품을 x개 구입한다고 하면 다음과 같은 식이 성립한다.

$3,000x + 5,000 > 2,500x + 15,000$

$500x > 10,000$

$\therefore x > 20$

따라서 최소 21개의 부품을 구입해야 Q 업체에서 구입하는 것이 이익이다.

15 [기초연산능력] 연간 사업비용 구하기

|정답| ③

|해설| 각 분기별 누적 사업비용과 예산 연간사업비용을 구하면 다음과 같다.

• 1분기

– 누적 사업비용 : 150만 원

– 예상 연간 사업비용 : $150 \times \dfrac{4}{1} = 600(\text{만 원})$

• 2분기

– 누적 사업비용 : $150 + 210 = 360(\text{만 원})$

– 예상 연간 사업비용 : $360 \times \dfrac{4}{2} = 720(\text{만 원})$

• 3분기

– 누적 사업비용 : $150 + 210 + 170 = 530(\text{만 원})$

– 예상 연간 사업비용 : $530 \times \dfrac{4}{3} ≒ 707(\text{만 원})$

• 4분기

– 누적 사업비용 : $150 + 210 + 170 + 160 = 690(\text{만 원})$

– 예상 연간 사업비용 : $690 \times \dfrac{4}{4} = 690(\text{만 원})$

따라서 2분기와 3분기에 예상 연간 사업비용이 연초에 설정한 연간 예산인 700만 원을 초과한다.

16 [기초통계능력] 도수분포표 이해하기

|정답| ③

|해설| 성적이 72점인 지원자가 속하는 계급의 지원자 수가 $200 \times 0.19 = 38(\text{명})$이므로, 성적이 80점 이상 90점 미만인 지원자는 $200 - (4 + 30 + 38 + 42) = 86(\text{명})$이다.

17 [기초연산능력] 당첨 확률 구하기

|정답| ①

|해설| 두 개의 복권을 뽑아 당첨금의 합계가 100만 원이 되기 위해서는 50만 원을 두 번 뽑거나, 100만 원과 0원을 한 번씩 뽑는 방법이 있다.

• 두 개의 복권에서 모두 50만 원을 뽑을 확률 :

$\dfrac{5}{100} \times \dfrac{4}{99}$

• 첫 번째에서 100만 원, 두 번째에서 0원을 뽑을 확률 :

$\dfrac{2}{100} \times \dfrac{92}{99}$

• 첫 번째에서 0원, 두 번째에서 100만 원을 뽑을 확률 :

$\dfrac{92}{100} \times \dfrac{2}{99} = \dfrac{2}{100} \times \dfrac{92}{99}$

한편 $\dfrac{7}{99} = 0.07$, $\dfrac{95}{99} = 0.95$라고 하였으므로 $\dfrac{4}{99} = 1 - \dfrac{95}{99} = 1 - 0.95 = 0.05$, $\dfrac{92}{99} = 1 - \dfrac{7}{99} = 1 - 0.07 = 0.93$이 된다.

따라서 당첨금의 합계가 100만 원이 될 확률은

$\left\{ \left(\dfrac{5}{100} \times \dfrac{4}{99} \right) + \left(\dfrac{2}{100} \times \dfrac{92}{99} \right) + \left(\dfrac{92}{100} \times \dfrac{2}{99} \right) \right\} \times 100$

$= \left\{ \left(\dfrac{5}{100} \times \dfrac{4}{99} \right) + \left(\dfrac{2}{100} \times \dfrac{92}{99} \right) \times 2 \right\} \times 100$

$$= \{(0.05 \times 0.05) + (0.02 \times 0.93) \times 2\} \times 100$$
$$= (0.0025 + 0.0372) \times 100 = 3.97(\%) \text{이다.}$$

18 기초통계능력 경로의 수 구하기

| 정답 | ③

| 해설 | A 기업에서 B 기업까지 가는 길을 차례로 더해가며 구하면 다음과 같다.

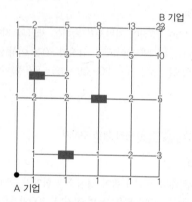

따라서 총 23가지이다.

19 도표분석능력 건강보험료 산정하기

| 정답 | ④

| 해설 | 30만 원을 건강보험료로 납부하므로 보수월액은 $30 \div 0.03 = 1,000$(만 원)이다.

| 오답풀이 |

① 가입자부담 건강보험료가 $400 \times 0.03 = 12$(만 원)이므로 총 건강보험료는 24만 원이다.

② 가입자부담 건강보험료가 $6,500 \times 0.03 = 195$(만 원)이 므로 총 건강보험료는 390만 원이다.

③ 가입자부담 건강보험료가 $800 \times 0.03 = 24$(만 원)이므 로 국가부담 건강보험료도 24만 원이다.

⑤ 12만 원을 건강보험료로 납부하므로 학교에서 부담하는 건강보험료는 $12 \times \dfrac{2}{3} = 8$(만 원)이다.

20 도표분석능력 자료의 수치 분석하기

| 정답 | ①

| 해설 | ㉠ 15세 미만 총인구는 55세 이상 총인구보다 적다. 백만 자리 숫자만 비교해 보아도 쉽게 알 수 있다.

㉢ 55 ~ 59세의 연령에서는 여성이 비율이 높다.

21 도표분석능력 자료의 수치 분석하기

| 정답 | ③

| 해설 | 자료에서 재학·수강 등의 연간 평균 비경제활동인 구증감은 2X17년부터 2X19년까지 매년 감소하였으나, 2X20년의 경우는 2분기까지의 자료만이 제시되어 있어 3, 4분기를 포함한 2X20년 전체의 비경제활동인구증감에 관 한 내용은 알 수 없다.

| 오답풀이 |

① 2X19년 분기별 실업자 수는 1분기 124.8만 명부터 4분 기 89.1만 명까지 지속적으로 감소하였다.

② 2X18년과 2X19년 연간 기록을 비교했을 때 2X19년 경 제활동참가율은 0.2%p 증가하였고 비경제활동인구 역 시 1,628.4만 명에서 1,632.1만 명으로 3.7만 명 증가 하였다.

④ 자료의 기간 동안 전체 실업률은 5%를 초과하지 않은 반 면 15 ~ 29세의 실업률은 8% 미만을 기록하지 않았다.

⑤ 자료의 기간 동안 60 ~ 69세의 실업률이 전체 실업률 보다 컸던 경우는 2X19년 1분기와 2X20년 1분기로 총 두 번이었다.

22 도표분석능력 자료의 수치 계산하기

| 정답 | ②

| 해설 | 2X17년 연간 비경제활동인구인 1,618만 명은 전년 대비 1.3만 명이 감소한 것이므로, 전년도인 2X16년의 연간 비경제활동인구는 1,618 + 1.3 = 1,619.3(만 명)이다.

23 도표작성능력 그래프 작성하기

| 정답 | ⑤

| 해설 | 2X19년 4분기 30대의 실업률은 3분기 3.2%에서

2.9%로 감소하였고, 40대의 실업률 역시 2.1%에서 2%로 감소하였다. ⑤의 그래프는 2X19년 4분기 실업률이 상승한 것으로 표시되어 있으므로 적절하지 않다.

| 오답풀이 |

① 2X17년 연간 실업자 수 102.3만 명은 2X16년 연간 실업자 수에 2X17년 실업자 수 증감량을 합산한 것이다. 2X17년 실업자 수는 1.2+0.1=1.3(만 명)이 증가하였으므로, 2X16년 연간 실업자 수는 102.3-1.3=101(만 명)이다. ①의 그래프는 이를 포함하여 2X19년까지의 연간 평균 실업자 수를 적절하게 표시하였다.

24 도표분석능력 자료의 수치 분석하기

| 정답 | ③

| 해설 | 20X1년의 전년 대비 자산 보유액 증감률은 50대가 1.9%, 30세 미만이 11.1%로, 50대가 더 작다.

| 오답풀이 |

① ㉠에 들어갈 수치는 $\frac{32,638-31,503}{31,503} \times 100 ≒ 3.6$ (%)이다.

② ㉡에 들어갈 수치는 $\frac{48,532-46,695}{46,695} \times 100 ≒ 3.9$(%) 이다.

25 사고력 참·거짓 판단하기

| 정답 | ①

| 해설 | 주어진 〈조건〉을 통해 키가 큰 순서대로 배열하면 민우 > 이수 > 예지 > 송이가 되며 지성은 예지보다 작지 않다고 하였으므로 예지보다 크거나 같은 키이다. 지성이 이수와 민우보다 큰지 작은지는 나머지 조건만으로는 판별할 수 없으므로 예지와의 키 차이를 확실히 알 수 있는 것은 민우, 이수, 송이다. 따라서 ①이 반드시 참이다.

| 오답풀이 |

②, ③ 지성이 송이보다는 크다고 할 수 있지만 이수보다 작은지, 민우보다 작은지는 알 수 없다.

④ 송이는 이수나 예지보다 작으므로 예지보다 크거나 같은 지성보다도 작다.

⑤ 지성이 민우보다 큰지 알 수 없다.

26 사고력 진위 추론하기

| 정답 | ④

| 해설 | 하가 5층, 타가 1층이며 파와 하 간의 층수 차이와 타와 파 간의 층수 차이는 다르다면 파는 3층에 살지 않는다. 카는 차보다 위층에 살아야 하므로 조건에 맞게 정리하면 다음과 같다.

5층	하
4층	파
3층	카
2층	차
1층	타

5층	하
4층	카
3층	차
2층	파
1층	타

따라서 반드시 거짓인 것은 ④이다. 카와 차는 바로 위 아래층에 연이어 산다.

27 사고력 조건을 바탕으로 추론하기

| 정답 | ②

| 해설 | 갑이 태어난 해의 2월 1일은 금요일인데 3월 1일은 토요일이다. 2월 1일부터 4주, 즉 28일이 흐른 날이 2월 29일이므로 갑이 태어난 해가 금요일까지 있는 윤년인 것을 알 수 있다. 첫 번째 조건에서 동갑이 없고 두 번째 조건에서 갑과 병은 한 살 차이라고 제시했으며 윤년은 4년마다 돌아오므로 병은 윤년에 태어나지 않았다.

1년 365일을 7일씩 묶으면 7×52+1이 되므로 52주하고 하루가 더 있다는 것을 알 수 있다. 그러나 네 번째 조건에서 무가 태어난 해의 목요일과 금요일은 53회라 하였으므로 목요일, 금요일이 하루씩 더 있으려면 다른 해보다 하루가 더 있는 윤년이어야 한다. 따라서 윤년에 태어난 사람은 갑과 무이다.

28 사고력 원탁에 자리 배치하기

| 정답 | ④

| 해설 | 먼저 자리를 배치할 수 있는 선미와 시원이를 기준으로 자리를 배치하면 다음과 같은 두 가지 경우로 앉을 수 있다.

www.gosinet.co.kr gosinet

1회 기출예상

2회 기출예상

3회 기출예상

4회 기출예상

5회 기출예상

6회 기출예상

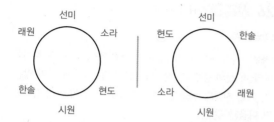

따라서 소라가 현도와 이웃하여 앉는다는 것이 항상 옳다.

29 문제처리능력 남은 금액 계산하기

|정답| ④

|해설| 상품별 가격과 무게(g)당 가격을 구하면 다음과 같다.

브랜드	품목	가격	무게(g)당 가격
A	A001	$60 \times (1-0.1)$ $=54$(만 원)	$54 \div 36$ $=1.5$(만 원/g)
B	B002	$160 \times (1-0.15)$ $=136$(만 원)	$136 \div 68$ $=2$(만 원/g)
C	C003	$280 \times (1-0.1)$ $=252$(만 원)	$252 \div 252$ $=1$(만 원/g)
D	D004	$320 \times (1-0.25)$ $=240$(만 원)	$240 \div 300$ $=0.8$(만 원/g)
E	E005	$350 \times (1-0.2)$ $=280$(만 원)	$280 \div 560$ $=0.5$(만 원/g)

무게(g)당 가격이 저렴한 것부터 순서대로 구입하지만, D 브랜드의 가방은 구입하지 않는다고 했으므로 E 브랜드-C 브랜드-A 브랜드-B 브랜드 순으로 구입하게 된다.

• E 브랜드 : 280만 원 사용, 320만 원 남음.

• C 브랜드 : 252만 원 사용, 68만 원 남음.

• A 브랜드 : 54만 원 사용, 14만 원 남음.

따라서 김유정 씨가 면세점에서 가방을 구입하고 남은 금액은 14만 원이다.

30 사고력 라운드 진출 팀 추론하기

|정답| ④

|해설| 네 팀의 총 경기 수와 승리한 경기 수로 승률을 계산하면 다음과 같다.

구분	타이거즈	라이온즈	자이언츠	이글스
총 경기 수	3	3	3	3
승리한 경기 수	1	1	1	3
승률	0.33	0.33	0.33	1

따라서 승률이 가장 높은 이글스는 반드시 다음 라운드에 진출한다. 나머지 세 개 팀의 승률은 동점이므로, 세 팀의 승점을 계산하면 다음과 같다.

구분	타이거즈	라이온즈	자이언츠
득점의 합	5	5	4
실점의 합	8	6	6
승점	-3	-1	-2

따라서 승점이 가장 높은 라이온즈가 다음 라운드에 진출한다.

31 사고력 조건에 따라 추론하기

|정답| ④

|해설| 달력에 현재까지 운동을 한 날을 표시하면 다음과 같다.

〈X월〉

일	월	화	수	목	금	토
						1
2	3 시작일	4 X	5 공휴일	6 ○	7	8
9	10 ○	11	12 ○	13	14 ○	15
16	17 ○	18	19 공휴일	20	21	22
23	24	25	26	27	28	29
30	31					

10회의 수강쿠폰을 해당 월에 모두 소진해야 하는데 등록일인 3일은 체험 수업으로 차감되지 않고 17일인 현재까지 총 다섯 번 수강하였다. 남은 기간에 다섯 번을 더 수강해야 하며 공휴일과 주말, 모임이 있는 화요일, 회식이 있는 세 번째 금요일인 21일, 야근을 하는 31일을 제외하면 운동이 가능한 날은 20, 24, 26, 27, 28일이다.

32 문제처리능력 | 설문조사 내용 파악하기

| 정답 | ⑤

| 해설 | 언급한 두 문항인 '원하는 사내 복지제도는 무엇입니까?', '현재 가장 부족하다고 생각하는 사내 복지제도는 무엇입니까?'에서 두 번째로 수요가 많은 답변은 '휴가비 지원(53.0%, 22.4%)'이다.

33 문제처리능력 | 설문조사 내용 파악하기

| 정답 | ③

| 해설 | '원하는 사내 복지제도는 무엇입니까'는 복수응답이 가능하다고 언급되어 있으며, 선택률이 높은 여가활동지원(69.1%), 휴가비 지원(53.0%)만 보아도 100%가 넘으므로 일부 사원은 두 개 이상 응답했음을 알 수 있다.

| 오답풀이 |

① '사내 복지제도가 좋은 기업이라면 현재보다 연봉이 다소 적더라도 이직할 의향이 있다'고 밝힌 직원이 아닌 직원보다 많다.

② 사내 복지제도 중 가장 적은 선택을 받은 항목은 '사내 동호회 지원'이다.

④ 편의시설이 가장 부족한 복지제도라고 생각하는 사원은 26명(7.2%)으로 편의시설을 원하는 직원인 121명(33.4%)보다 적다.

⑤ 'CEO의 의식 미흡'을 선택한 사원이 200명(55.2%)으로 가장 많다.

34 문제처리능력 | 자료 분석하기

| 정답 | ②

| 해설 | 발전사업자 지원사업은 발전소가 가동되는 기간 외에 발전소가 건설되는 기간 동안에도 시행된다.

| 오답풀이 |

① 발전사업자 지원사업을 20X6년부터 발전사업자 자체자금으로 기금사업과 동일한 규모로 시행할 수 있는 정책근거를 마련하였다고 제시되어 있다.

③ 본사실무회의 검토는 필요시에 한해 지역위원회 협의 또는 본사심의위원회 심의 전에 실시한다.

④ 발전사업자 지원사업은 교육·장학 지원사업, 지역경제협력사업, 주변환경개선사업, 지역복지사업, 지역전통문화진흥사업의 다섯 가지 사업 외에도 지역홍보 등을 위한 부대사업 등의 기타 사업자 지원사업까지를 포함하고 있다.

⑤ 발전사업자 지원사업의 추진전략은 발전산업의 지속가능경영 기반 구축을 포함하고 있다.

35 문제해결능력 | 자료를 바탕으로 문의답변하기

| 정답 | ④

| 해설 | 발전사업자 지원사업은 회계연도 개시 1개월 전에 사업소에 통보된다.

| 오답풀이 |

② '추진절차'의 사업공모 과정에서 지자체, 교육청, 지역주민 단체 등을 대상으로 발전사업자 지원사업을 공모한다는 내용을 통해 이들을 대상으로 하는 지원사업임을 추론할 수 있다.

36 문제해결능력 | 자료를 바탕으로 사업 선정하기

| 정답 | ⑤

| 해설 | 회의 내용을 통해 위원 D가 제시한 내용에 따라 지역 내의 숨은 역량을 강화하는 지역경제의 형성과 관련된 사업을 진행할 예정임을 알 수 있다. 따라서 ㉠에는 이에 관한 발전사업자 지원사업인 지역경제협력사업이 들어가는 것이 가장 적절하다.

37 인적자원관리능력 | 직무설계의 목적 이해하기

| 정답 | ④

| 해설 | 직무설계(Job Design)는 조직목표의 달성과 개인욕구의 충족을 모두 달성하기 위해 직무를 정의하고, 해당 직무에 필요한 인재상이 어떤지를 구체화하여 이에 맞는 인재를 배치함으로 구성원들이 작업활동에 동기부여를 할 수 있도록 직무활동을 설계하는 것으로, 이를 통해 기업의 효율성을 극대화시킴과 동시에 근로생활의 질과 직무만족을 확보하여 높은 성과를 창출하는 것을 그 목적으로 한다.

| 오답풀이 |

ㄴ. 조직의 기능화는 관리직을 기획직과 집행직으로 나누어 각 부문별로 전문 관리자들을 수평적으로 배치하는 테일러의 기능별 조직에 대한 내용이다. 기능별 조직에서는 재무, 회계, 인사 등의 기능을 전담하는 부서가 설치되어 관리되므로 인사관리에 있어서 현장의 직무 중심이 아닌 인사권을 가진 인사부를 관리하는 본사가 주도하는 구조를 가지게 된다.

38 예산관리능력 원가배분 이해하기

| 정답 | ③

| 해설 | 제조부문에의 원가배분 방법으로는 상호 간의 용역수수관계를 의식하는 정도에 따라 직접배분법, 단계배분법, 상호배분법으로 나뉜다. 직접배분법이란 상호 간의 용역수수관계를 전부 무시하고 각 제조부문에만 사용하는 용역의 비율만큼 배분하는 방법이며, 단계배분법은 보조부문 원가의 배분순서를 인위적으로 설정하여 순서에 따라 다른 보조부문과 제조부문에 배분하는 방법이다. 마지막으로 상호배분법은 보조부문 간의 상호관련성을 모두 고려하여 배분방법의 식을 구성하여 이를 근거로 보조부문 원가를 배분한다.

ㄹ. 상호배분법은 보조부문의 모든 상호관계를 인식하므로 배분순서를 설정하지 않는다.

ㅁ. 보조부문 상호 간의 용역수수관계를 전부 인정하는 방법은 상호배분법이다.

39 물적자원관리능력 연수원 장소 선정하기

| 정답 | ⑤

| 해설 | 연수원의 위치에 해당하는 지역의 날씨와 기온은 다음과 같다.

지역	강릉	청주	전주	부산	제주
날씨	구름 조금	구름 조금/ 안개	구름 조금	맑음	구름 조금
최저기온/ 최고기온(℃)	-5 / 9	-9 / 3	-7 / 5	-2/10	4 / 11

따라서 낮 최고기온이 11도로 가장 높은 제주에서 진행한다.

40 예산관리능력 강의실 대관하기

| 정답 | ②

| 해설 | 〈행사 진행 사항〉에 따르면 총 인원이 48명이므로 48명이 수용되는 강의실 1개가 필요하며 행사 1시간 전후로 세팅 및 정리가 필요하므로 총 대여시간은 10 : 00 ~ 14 : 00이 되어 오전과 오후를 모두 대여해야 한다. 또한 1시부터는 12명씩 4개의 강의실로 나누어 진행해야 하므로 오후 시간대에 12명이 수용 가능한 4개의 강의실을 추가로 대여해야 한다.

따라서 A 강의실을 오전, 오후 시간대, 토론관 4개를 오후 시간 동안 대여해야 하며, 이용료는 총 $165,000+165,000+36,700 \times 4=476,800$(원)으로 예산을 충족함을 확인할 수 있다.

41 예산관리능력 이익발생 소요기간 계산하기

| 정답 | ⑤

| 해설 | 협력사로 A 업체를 선정할 경우 전기사용료는 33% 절감되므로 월 102×0.33(만 원)만큼 절감되며, 매년 계약금 300만 원이 지출된다. 따라서 n개월($n \leq 12$) 후 이익이 발생한다고 가정하면 $102 \times 0.33n \geq 300$, $n \geq 8.9 \cdots$이다. 따라서 이익이 발생하기까지 9개월이 소요된다.

42 예산관리능력 협력사별 생산비용 계산하기

| 정답 | ③

| 해설 | 각 업체의 1년 생산비용은 다음과 같다.

(단위 : 만 원)

구분	전기사용료	연료사용료	계약금	계
A 업체	$102 \times 12 \times$ $(1-0.33)$ $=820.08$	175×12 $=2,100$	300	3,220.08
B 업체	102×12 $=1,224$	$175 \times 12 \times$ $(1-0.38)$ $=1,302$	200×2 $=400$	2,926

따라서 두 업체의 생산비용 차이는 $32,200,800-29,260,000=2,940,800$(원)이다.

43 시간관리능력 최단거리 구하기

| 정답 | ②

| 해설 | 숙소에서 출발하여 최단거리로 세 곳의 여행지를 둘러보고 다시 숙소로 돌아오는 방법은 숙소-A-B-C-숙소(반대도 동일)로, 60+30+60+90=240(km)를 이동해야 한다.

44 시간관리능력 최단 시간 구하기

| 정답 | ②

| 해설 | 숙소에서 출발하여 최단 시간으로 모든 여행지를 둘러보고 숙소로 돌아오는 방법은 다음과 같다.

• 숙소 → A(자가용) : 60(km)÷60(km/h)=1(h)
• A → B(자가용) : 30(km)÷60(km/h)=0.5(h)
• B → C(자전거) : 60(km)÷15(km/h)=4(h)
• C → D(버스) : 45(km)÷45(km/h)=1(h)
• D → E(자가용) : 150(km)÷60(km/h)=2.5(h)
• E → 숙소(버스) : 90(km)÷45(km/h)=2(h)

따라서 성진이가 이동할 시간은 1+0.5+4+1+2.5+2=11(시간)이다(반대도 동일).

45 예산관리능력 교통비 구하기

| 정답 | ①

| 해설 | 숙소에서 출발하여 최저비용으로 모든 여행지를 둘러보고 숙소로 돌아오는 방법은 다음과 같다.

• 숙소 → C(버스)
  90(km)÷45(km/h)=2(h)
  2(h)×3,000(원)=6,000(원)
• C → B(자전거) : 무료
• B → A(스쿠터)
  30(km)÷30(km/h)=1(h)
  1(h)×2,000(원)=2,000(원)
• A → E → D(자전거) : 무료
• D → 숙소(스쿠터)
  60(km)÷30(km/h)=2(h)
  2(h)×2,000(원)=4,000(원)

따라서 성진이가 교통비로 사용할 금액은 6,000+2,000+4,000=12,000(원)이다(반대도 동일).

46 인적자원관리능력 직무기술서 이해하기

| 정답 | ①

| 해설 | 직무기술서는 직무분석 결과로 얻은 직무에 관한 내용, 성질, 수행방법 등 정보자료를 일정한 양식에 정리한 문서로서 직무의 범위나 목적, 내용을 간결한 문장으로 기술한 것이다. 따라서 직무의 개요인 "안전관리의 산업재해 및 보험업무를 수행한다"가 인사관리 직무기술서와 가장 관련이 있다.

47 업무이해능력 워크플로시트 이해하기

| 정답 | ⑤

| 해설 | 제시된 업무수행 시트는 워크플로시트이다. 이는 일의 흐름을 동적으로 보여 주는 시트로, 시트에 사용하는 도형의 종류를 다르게 하여 주된 작업과 부차적인 작업, 혼자 처리할 수 있는 일과 협조를 필요로 하는 일 등을 구분해서 표현한다.

| 오답풀이 |
①, ③ 간트차트에 대한 설명이다.
②, ④ 체크리스트에 대한 설명이다.

48 체제이해능력 자료를 게재한 팀 파악하기

| 정답 | ②

| 해설 | 제시된 자료는 K시의 다목적 체육관 운영 시간 및 이용 가능 시설 등을 알려 주는 안내문으로 K시의 체육 관련 팀이 게재했을 것이다. 따라서 체육레저시설팀이 적절하다.

49 업무이해능력 직무능력 향상 방법 파악하기

| 정답 | ①

| 해설 | AI가 인간의 지성이 필요한 작업, 이를테면 데이터 처리 등을 자동화하고 있다고 하였으므로 데이터 처리 등의 방법을 개발하는 것은 AI시대에 직무역량을 향상시키는

방법으로 적절하지 않다. 또한 AI시대에서는 복잡한 과정을 단순화하고자 하는 선형적 사고보다는 비선형적 사고에 치중하는 것이 좋다.

50 [체제이해능력] 맥킨지의 7S모델 이해하기

| 정답 | ①

| 해설 | 맥킨지의 7S모델 중 공유가치(Shared Value)는 조직의 임직원들이 조직의 비전과 조직문화를 얼마나 잘 공유하고 있는가를 분석하는 것으로 기업의 진취성, 개방성, 변화지향성을 측정한다.

| 오답풀이 |

② 7S모델의 구성원(Staff)은 기업이 가진 인적자원의 우수성과 이를 뒷받침하는 채용구조, 직무훈련, 동기부여와 보상체계를 측정한다.

③ 7S모델의 전략(Strategy)은 기업이 설정한 사업전략의 우수성과 명확성, 그리고 그러한 사업전략이 임직원들에게 얼마나 잘 공유되어 있는가를 측정한다.

④ 7S모델의 조직구조(Structure)는 기업의 조직이 얼마나 효율적으로 조직되어 있는가, 조직구성원들의 상호견제가 가능한 정도, 그리고 조직구조가 변화에 얼마나 능동적으로 대처할 수 있는가를 측정한다.

⑤ 7S모델의 스타일(Style)은 조직 경영자가 어떠한 경영방식과 리더십 스타일을 지니고 있는가, 조직원 또는 고객들과 얼마나 상호교류하고 있는가를 측정한다.

51 [체제이해능력] 조직문화 개선방안 이해하기

| 정답 | ②

| 해설 | 제시된 내용은 직원들 간의 화합을 위한 개선방안이며 직원들의 가족 간 화합을 도모한다고 볼 수 없다.

52 [업무이해능력] 복무관리 지침 이해하기

| 정답 | ②

| 해설 | • 이 대리 : 접종 날에 이상반응이 있는 사람은 진단서가 필요하지 않은 병가를 사용할 수 있다.

• 박 사원 : 접종 후 이상반응으로 병가를 사용 중인 소속 공무원에 대한 점검은 관리자가 담당한다.

| 오답풀이 |

• 김 과장 : 백신접종에 필요한 이동과 휴식에 소요되는 시간까지 공가로 포함한다.

• 홍 대리 : 정부는 집단면역 확보를 위해 전 국민 70% 이상 접종을 목표로 하고 있다.

53 [업무이해능력] 추진과제 이해하기

| 정답 | ④

| 해설 | '노선 입찰제방식 경쟁 입찰에 따른 재정부담 완화'는 '목표 2. 경기도 공공버스 추진'의 내용으로 적절하다.

54 [체제이해능력] 조직도 이해하기

| 정답 | ②

| 해설 | 조합구조개선부는 회장의 관할로 지정되어 있다.

| 오답풀이 |

① 홍보실 업무의 최종 결재권자는 회장으로 지정되어 있다.

③ 사업에 대한 감사는 감사위원회의 사업감사부에서 실행한다.

④ 조합감사위원회에는 조합감사위원회사무처, 상호금융예금자보호기금관리위원회에는 조합구조개선지원부가 있다.

⑤ ○○기관경영연구소는 교육지원 업무에 해당한다.

55 [체제이해능력] 조직도 이해하기

| 정답 | ④

| 해설 | 인력개발업무를 담당하는 조직은 인력개발팀이므로 연수원 조직과 함께 전무이사의 관할이다.

| 오답풀이 |

① 지역본부는 중앙회장 관할 조직이다.

② 준법지원업무와 검사감독업무 모두 중앙회장의 결재를 받는다.

③ 여신부는 사업대표이사에게 최종 결재를 받고, 경영지원부는 중앙회장의 최종 결재를 받는다.

⑤ 검사감독 업무는 검사감독이사 아래로 구성되어 있고, 감사업무는 중앙회장 외에 따로 구성되어 있다.

56 체제이해능력 조직도 이해하기

|정답| ④

|해설| 두 기관 모두 중앙회장이 사업을 관장한다.

57 정보처리능력 효과적으로 정보 관리하기

|정답| ②

|해설| 20X7년, 20X8년, 20X9년과 같이 과제가 진행된 시간별로 정리하고 있으므로 '시간별 기준'에 따른 분류 방법에 해당한다.

|오답풀이|

① 정보사회, □□중학교 등과 같이 정보의 내용에 따라 정보를 분류하는 것이다.

③ 참고자료용, 강의용, 보고서 작성용 등 정보가 이용되는 기능이나 용도에 따라 정보를 분류하는 것으로, 기능별 기준이라고도 한다.

④ 동영상, 한글파일, 음악, 파워포인트 파일 등 정보의 유형에 따라 정보를 분류하는 것이다.

58 컴퓨터활용능력 수식 편집기의 명령어 알기

|정답| ③

|해설| {2} over {3}은 $\frac{2}{3}$에 대한 명령어이다.

|오답풀이|

① ×에 대한 명령어이다.

② $\sum\limits_{x=1}^{n}$에 대한 명령어이다.

④ $\int_{3}^{2}$에 대한 명령어이다.

⑤ $\lim\limits_{x\to\infty}$에 대한 명령어이다.

59 컴퓨터활용능력 한글 워드프로세서 활용하기

|정답| ③

|해설| ㉠ '책갈피' 하위영역에 '생물권보전지역'이 포함되어 있다.

㉡ [현재 문서]에 표와 그림이 포함되어 있다.

㉣ 표시할 문자열에 '생태환경'이 입력되었고 연결 대상은 현재 문서의 책갈피인 '생물권보전지역'이다.

|오답풀이|

㉢ 연결 문서의 종류는 '아래한글 문서'로 [현재 문서]로 설정되어 있다.

60 컴퓨터활용능력 바이러스 이해하기

|정답| ②

|해설| 지인으로부터 온 전자메일로 위장하여 첨부 파일을 통해 확산된 멀웨어가 시스템을 무력화시키고 네트워크 성능 감소 문제를 일으킨 상황이다. 이는 제시된 글에서 설명한 멀웨어의 종류 중 웜에 감염된 상황이다.

61 기술능력 산업 재해 예방하기

|정답| ③

|해설| (가) 안전관리 조직 단계에서 경영자는 안전 목표를 설정하고 안전 관리 책임자를 선정하며 안전계획을 수립하고 이를 시행 감독해야 하므로 '㉡ 안전관리 컨트롤 타워 운영'이 들어가야 한다.

(나) 안전기획 단계에서는 단기 플랜뿐만 아니라 중장기 플랜과 연계하여 기획해야 하므로 '㉠ 중장기 플랜 연계'가 들어가야 한다.

(다) 안전지원(안전활동)에는 '㉢ 예방위주 안전증진 활동'이 들어가야 한다.

62 기술능력 지속 가능한 발전의 사례 이해하기

|정답| ④

|해설| A 자동차는 엔진의 종합적인 성능을 향상시키는 엔진 신기술을 시중판매 중단 자동차에 적용할 것이라고 밝혔다.

63 기술선택능력 벤치마킹의 특징 이해하기

|정답| ③

|해설| 제시된 기사는 외식창업에 관하여 다른 국가인 대만에서의 동일업종인 야시장을 벤치마킹하는 글로벌 벤치마킹을 보여준다. 글로벌 벤치마킹은 동일업종이면서 다른 국가에 속하여 직접 경쟁하지 않는 비경쟁적 기업을 대상으로 하여 접근 및 자료 수집이 용이하고, 그만큼 기술의 습득이 상대적으로 용이하다. 다만 다른 국가의 시장에 작용하는 문화 및 제도적인 차이를 검토하지 않으면 잘못된 분석결과가 발생할 가능성이 높다.

대상의 적대적인 태도로 자료 수집이 어려울 수 있다는 것은 경쟁적 벤치마킹에 대한 설명이다. 글로벌 벤치마킹은 동일한 업종에 속하면서 시장 내에서 직접 경쟁대상이 되지 않는 외국의 사례를 벤치마킹한다는 점에서 경쟁적 벤치마킹에 비해 대상의 적대적인 태도가 나타날 가능성이 낮다는 장점이 있다.

64 기술이해능력 전력효율 개선장치 이해하기

|정답| ①

|해설| 제시된 전력효율 개선장치는 자계에너지를 공급하여 전자흐름을 정렬하여 전자 간의 충돌을 막아 에너지 손실을 줄이는 원리이다. 자유전자는 도선 내부에서 자유롭게 흐르지만, 장치를 연결하여 전원을 켜면 장치가 발생한 자계에너지가 자유전자를 전류와 같은 방향으로 흐르게 한다. 이때 전류는 (+)극에서 (−)극으로 흐르므로, 전력효율 개선장치는 자계에너지를 전류와 같이 (+)극에서 (−)극으로 흐르게 한다.

65 기술선택능력 매뉴얼 이해하기

|정답| ④

|해설| 프레젠터 GQ-8700은 멀티미디어 모드와 마우스 모드에서는 30분 이상 미사용 시, 프레젠테이션 모드에서는 미사용 시 바로 절전 모드로 전환된다.

66 기술선택능력 매뉴얼 이해하기

|정답| ③

|해설| 프레젠터에는 AA 건전지가 아닌 AAA 건전지 2개를 사용한다. 또한 ID 설정에서 수신기의 적색 LED가 점등된 상태에서 송신기의 Mode와 Link 버튼을 연달아 2초 이상 누르는 것이 아닌, 두 버튼을 동시에 2초 이상 눌러야 한다.

67 기술선택능력 매뉴얼에 따라 조치하기

|정답| ①

|해설| 수요일이므로 PSD CODE 값을 모두 적용하며 Serial Mode이고 계기판의 눈금이 (+)이므로 가운데를 제외한 숫자들의 총합 X를 구한다.

X=4+8=12이므로 허용범위 X ≤ PSD CODE−3, 안전에 해당한다. 따라서 현재를 유지해야 한다.

68 기술선택능력 매뉴얼에 따라 조치하기

|정답| ③

|해설| 목요일이므로 PSD CODE의 절반 값을 적용한다. Parallel Mode이고 계기판의 눈금이 (−)이므로 모든 수의 평균값을 구한다.

X=(4+15+12)÷3≒10.3이므로 허용범위 PSD CODE−3 < X ≤ PSD CODE, 경계에 해당한다. 따라서 초록 버튼을 눌러야 한다.

69 자기개발능력 자기개발 구성요소 이해하기

|정답| ④

|해설| 자기개발을 이루는 구성요소와 이를 실행하기 위해 자신이 해야 될 일이나 궁금한 사항은 다음과 같다.

ㄱ. 자아인식은 직업생활과 관련하여 자신의 가치, 신념, 흥미, 적성, 성격 등 자신이 누구인지 아는 것으로, 이 과정에서는 '나의 업무수행에서 장·단점은?', '나의 직업흥미는?', '나의 적성은?' 등을 제시할 수 있다.

ㄴ. 자기관리는 자신을 이해하고, 목표성취를 위해 자신의 행동 및 업무수행을 관리하고 조정하는 것으로, 이 과

정에서는 '업무의 생산성을 높이기 위해서는 어떻게 해야 할까?', '다른 사람과의 대인관계를 향상시키기 위한 방법은?', '자기관리 계획은 어떻게 수립하는 것일까?' 등을 제시할 수 있다.

ㄷ. 경력개발은 개인의 일과 관련된 경험에서 목표와 전략을 수립하고 실행하며 피드백하는 과정으로, 이 과정에서는 '내가 설계하는 나의 경력은?', '나는 언제쯤 승진을 하고, 퇴직을 하게 될까?', '경력개발과 관련된 최근 이슈는 어떤 것이 있을까?' 등을 제시할 수 있다.

따라서 올바르게 짝지어지지 않은 것은 ④이다.

70 자아인식능력 세 가지 심리적 유형 이해하기

| 정답 | ③

| 해설 | ㄱ은 생존지향형, ㄴ은 내부지향형, ㄷ은 외부지향형의 사례이다. 프란시스 킨스만에 의하면 살아가는 것이 힘들고 어려울 때 사람들은 생존하기 위해 발버둥을 친다. 생존의 문제가 어느 정도 해결되면 눈을 밖으로 돌려 이웃을 돌아보고, 봉사를 하고, 보람 있고 가치 있는 일을 추구한다. 이러한 삶이 더 발전하게 되면 내부지향적인 삶을 추구하게 되는데 외부적인 것보다는 내면의 아름다움을 추구하고 물질적인 것보다는 정신적인 것을 더 소중하게 생각하기 시작한다. 즉 사람들은 일반적으로 생존지향형(ㄱ) → 외부지향형(ㄷ) → 내부지향형(ㄴ) 순으로 삶을 추구한다고 볼 수 있다.

71 자기개발능력 자기 브랜드 유형 파악하기

| 정답 | ④

| 해설 | ㄱ. 집중형의 사례로 한 분야에서 지속적으로 전문성을 쌓아 시장의 흐름을 꿰뚫어보는 노하우와 해당 업계의 주요 네트워크를 파악하고 있다. 다른 브랜드 유형과 함께 할 경우 더 큰 시너지를 낸다.

ㄴ. 틈새형의 사례로 기존 시장이나 상품을 벤치마킹해 세분화된 새로운 영역을 창출해 낸다.

ㄷ. 조합형의 사례로 팀이 되었을 때 시너지 효과를 기대할 수 있다.

ㄹ. 개척가형의 사례로 그 분야의 최초임을 내세우는 것이다.

따라서 ④의 설명은 ㄴ이 아닌 ㄱ에 해당한다.

72 자아인식능력 Holland 진로탐색검사 파악하기

| 정답 | ⑤

| 해설 | 관습형에 속하는 사람들은 인내심·책임감이 있고 빈틈이 없고 질서정연하며 변화를 좋아하지 않고 계획성이 있다.

73 협상능력 협상 시의 실수와 대처방안 이해하기

| 정답 | ①

| 해설 | ㉠ 충분한 준비가 되지 않았다면 준비가 덜 되었다고 솔직하게 말하고 상대의 의견을 듣는 기회로 삼는다.
㉢ 통제권을 잃을까 두려운 경우 협상의 목표는 통제권 확보가 아닌 해결책을 찾는 것임을 명심하고 한계를 설정하고 고수한다.

| 오답풀이 |
㉡ 최고책임자는 협상의 세부사항을 잘 모르므로 적절한 상대가 아니다.
㉣ 상대방에 대해 너무 염려하지 말고 모두 만족할 만한 상황인지 확인해야 한다.

74 갈등관리능력 갈등의 단서와 요인 파악하기

| 정답 | ③

| 해설 | 서로 의사소통을 줄이며 접촉을 하지 않는 경우 갈등이 증폭되는 요인이 된다. 그러나 제시된 사례는 감정적으로 논쟁하고 서로를 공격하고 있으므로 접촉을 꺼린다는 설명은 옳지 않다.

75 팀워크능력 멤버십 유형 파악하기

| 정답 | ③

| 해설 | (가)는 소외형, (나)는 순응형이다.
㉠ 수동형에 대한 설명이다.
㉣, ㉤ 실무형에 대한 설명이다.

| 오답풀이 |
㉡ 소외형은 조직이 자신을 인정하지 않고 적절한 보상이 없으며 불공정하다고 생각한다.

ⓒ 소외형은 동료들로부터 냉소적, 부정적이고 고집이 세다고 평가를 받는다.

ⓑ 순응형은 기존 질서를 따르는 것을 중시하며 획일적인 행동에 익숙하고 리더의 의견을 따른다.

76 리더십능력 변화관리방법 이해하기

| 정답 | ④

| 해설 | ⓔ 구성원이 변화의 긍정적 측면을 인식하도록 돕고 변화를 긍정적으로 받아들이는 방법을 찾도록 용기를 주어야 한다. 잠재적인 문제점을 부각시키는 것을 최소화하고 긍정적인 면을 최대한 드러냄으로써, 구성원 스스로 변화가 주는 긍정적인 영향을 깨닫게 해야 한다.

77 공동체윤리 친절 파악하기

| 정답 | ③

| 해설 | 제시된 글에 등장하는 이 주무관은 공직생활에 있어서는 친절이 필수적인 요소이며, 고객의 눈높이를 맞추고 고객의 의견에 집중하고 고객에게 먼저 반갑게 인사하는 등의 태도를 가져야 한다고 하였다. 친절은 이와 같이 직업 생활에 있어서 반드시 필요한 윤리이며 이는 공무원, 사기업에게만 국한된 것이 아니라 모든 직업에 해당되는 것이다.

78 공동체윤리 직장 내 괴롭힘 이해하기

| 정답 | ②

| 해설 | 제시된 선언문은 직장 내 괴롭힘에 대한 기업의 정책에 대해 선언하고 있지만, 가해자에 대한 강력한 처벌 기준의 규정에 대해서는 언급되어 있지 않다.

| 오답풀이 |

① '직원들은 다른 직원을 대함에 상호 존중을 기본으로'를 통해 알 수 있다.

③ '경영진은 직장에서 괴롭힘을 예방하기 위한 정책을 최우선으로 중요하게 다루며'를 통해 알 수 있다.

④ '직원들과의 커뮤니케이션에 신경 써서'를 통해 알 수 있다.

⑤ '회사는 직원들의 인격이 무시되는 어떠한'을 통해 알 수 있다.

79 공동체윤리 직장 내 성희롱 이해하기

| 정답 | ①

| 해설 | 사업주는 직장 내 성희롱 발생이 확인된 경우 지체 없이 행위자에 대하여 징계나 그 밖에 이에 준하는 조치를 해야 한다. 그러나 사업주는 직장 내 성희롱과 관련하여 피해를 입은 근로자나 성희롱 피해를 주장하는 근로자에게 해고나 그 밖의 불리한 조치를 해서는 안 된다.

80 직업윤리 부족한 직업윤리 파악하기

| 정답 | ①

| 해설 | □□마트에서는 정직하지 못한 태도로 젓갈의 유통기한을 속여 판매했다가 구매자들이 식중독에 걸리는 문제를 일으켰다. 따라서 □□마트의 생산자와 관계자들에게 가장 필요한 직업윤리는 신의와 정직임을 알 수 있다.

모든유형 단기공략

응용수리 자료해석

기초에서 완성까지
문제풀이 시간단축
경이로운 계산테크닉

■ 904쪽   ■ 정가_32,000원

■ 440쪽   ■ 정가_22,000원

고시넷 응용수리만점 위드 류준상

1. 사칙연산
2. 수적추리
3. 비와 비율
4. 기수법
5. 방정식
6. 부등식
7. 집합
8. 약수 · 배수
9. 간격[나무 심기]
10. 거리 · 속력 · 시간 기초
11. [열차 통과]
    거리 · 속력 · 시간
12. [흐르는 물]
    거리 · 속력 · 시간
13. 농도
14. 일률
15. 금액
16. 나이 · 날짜 · 시간
17. 경우의 수
18. 순열과 조합
19. 확률
20. 통계
21. 평면도형
22. 입체도형
23. 사물(사람)의 이동

고시넷 자료해석만점 위드 류준상

1. 자료해석 기초지식
2. 그래프와 차트의 종류
3. 자료해석 레벨 업
4. 실전연습

고시넷 공기업

NCS 피듈형
통합 오픈봉투모의고사
6회

고시넷 초록이
모듈형 ② 통합문제집

750쪽 정가 28,000원